LES
CLASSIQUES FRANÇOIS

PUBLIÉS

PAR M. LEFÈVRE.

VINGT ET UNIÈME VOLUME.

PARIS. — TYPOGRAPHIE DE FIRMIN DIDOT FRÈRES,
Imprimeurs de l'Institut de France
RUE JACOB, 56.

ŒUVRES

DE

P. CORNEILLE

AVEC LES NOTES

DE TOUS LES COMMENTATEURS.

TOME SEPTIÈME.

A PARIS,

CHEZ FIRMIN DIDOT FRÈRES, LIBRAIRES,

RUE JACOB, 56;

ET CHEZ L'ÉDITEUR, RUE HAUTEFEUILLE, 18.

M DCCC LV.
1854

DON SANCHE
D'ARAGON,
COMÉDIE HÉROÏQUE.

1650.

A MONSIEUR
DE ZUYLICHEM,

CONSEILLER ET SECRÉTAIRE
DE MONSEIGNEUR LE PRINCE D'ORANGE.

Monsieur,

Voici un poëme d'une espèce nouvelle, et qui n'a point d'exemple chez les anciens. Vous connoissez l'humeur de nos François ; ils aiment la nouveauté ; et je hasarde *non tam meliora quam nova*, sur l'espérance de les mieux divertir. C'étoit l'humeur des Grecs dès le temps d'Æschyle, *apud quos* :

> Illecebris erat et grata novitate morandus
> Spectator.

Et, si je ne me trompe, c'étoit aussi celle des Romains :

> Nec minimum meruere decus, vestigia græca
> Ausi deserere....
> Vel qui prætextas, vel qui docuere togatas.

Ainsi j'ai du moins des exemples d'avoir entrepris une chose qui n'en a point. Je vous avouerai toutefois qu'après l'avoir faite je me suis trouvé fort embarrassé à lui choisir un nom. Je n'ai jamais pu me résoudre à celui de tragédie, n'y voyant que les personnages qui en fussent dignes. Cela eût suffi au bon homme Plaute, qui n'y cherchoit point d'autre finesse : parcequ'il y a des dieux et des rois dans son *Amphitruon*, il veut que c'en soit une; et parcequ'il y a des valets qui bouffonnent, il veut que ce soit aussi une comédie, et lui donne l'un et l'autre nom, par un composé qu'il forme exprès, de peur de ne lui donner pas tout ce qu'il croit lui appartenir. Mais c'est trop déférer aux personnages, et considérer trop peu l'action. Aristote en use autrement dans la définition qu'il fait de la tragédie, où il décrit les qualités que doit avoir celle-ci, et les effets qu'elle doit produire, sans parler aucunement de ceux-là : et j'ose m'imaginer que ceux qui ont restreint cette sorte de poëme aux personnes illustres n'en ont décidé que sur l'opinion qu'ils ont eue qu'il n'y avoit que la fortune des rois et des princes qui fût capable d'une action telle que ce grand maître de l'art nous prescrit. Cependant, quand il examine lui-même les qualités nécessaires au héros de la tragédie, il ne touche point du tout à sa naissance, et ne s'attache qu'aux incidents de sa vie et à ses mœurs. Il demande un homme qui ne soit ni tout méchant ni tout bon; il le demande persécuté par quelqu'un de ses plus proches; il demande qu'il tombe en danger de mourir par une main obligée à le conserver : et je ne vois point pourquoi cela ne puisse arriver qu'à un prince, et que dans un moindre rang on soit à couvert de ces malheurs. L'histoire dédaigne de les marquer, à moins qu'ils ayent accablé quelqu'une de ces grandes têtes; et c'est sans doute pourquoi jusqu'à présent la tragédie s'y est arrêtée. Elle a besoin de son appui pour les événements qu'elle traite; et comme ils n'ont de l'éclat que parcequ'ils sont hors de la vraisemblance ordinaire, ils ne seroient pas croyables sans son autorité, qui agit avec empire, et semble commander de croire ce qu'elle veut persuader. Mais je ne comprends point ce qui lui défend de descendre plus bas, quand il s'y rencontre des actions qui méritent qu'elle prenne soin de les imiter; et je ne puis croire que l'hospitalité violée en la personne des filles de Scédase, qui n'étoit qu'un paysan de Leuctres, soit moins digne d'elle que l'assassinat d'Agamemnon par sa femme, ou la vengeance de cette mort par Oreste sur sa propre mère; quitte pour chausser le cothurne un peu plus bas :

<blockquote>Et tragicus plerumque dolet sermone pedestri.</blockquote>

Je dirai plus, monsieur : la tragédie doit exciter de la pitié et de la crainte, et cela est de ses parties essentielles, puisqu'il entre dans sa définition. Or, s'il est vrai que ce dernier sentiment ne s'excite en nous par sa représentation que quand nous voyons souffrir nos semblables, et que leurs infortunes nous en font appréhender de pareilles, n'est-il pas vrai aussi qu'il y pourroit être excité plus fortement par la vue des malheurs arrivés aux personnes de notre condition, à qui nous ressemblons tout-à-fait, que par l'image de ceux qui font trébucher de leurs trônes les plus grands monarques, avec qui nous n'avons aucun rapport qu'en tant que nous sommes susceptibles des passions qui les ont jetés dans ce précipice; ce qui ne se rencontre pas toujours? Que si vous trouvez quelque apparence en ce raisonnement, et ne désapprouvez pas qu'on puisse faire une tragédie entre des personnes médiocres, quand leurs infortunes ne sont pas au-dessous de sa dignité, permettez-moi de conclure, *à simili,* que nous pouvons faire une comédie entre des personnes illustres, quand nous nous en proposons quelque aventure qui ne s'élève point au-dessus de sa portée. Et certes, après avoir lu dans Aristote que la tragédie est une imitation des actions, et non pas des hommes, je pense avoir quelque droit de dire la même chose de la comédie, et de prendre pour maxime que c'est par la seule considération des actions, sans aucun égard aux personnages, qu'on doit déterminer de quelle espèce est un poëme dramatique. Voilà, monsieur, bien du discours, dont il n'étoit pas besoin pour vous attirer à mon parti, et gagner votre suffrage en faveur du titre que j'ai donné à *Don Sanche*. Vous savez mieux que moi tout ce que je vous dis ; mais comme j'en fais confidence au public, j'ai cru que vous ne vous offenseriez pas que je vous fisse souvenir des choses dont je lui dois quelque lumière. Je continuerai donc, s'il vous plaît, et lui dirai que *Don Sanche* est une véritable comédie, quoique tous les acteurs y soient ou rois ou grands d'Espagne, puisqu'on n'y voit naître aucun péril par qui nous puissions être portés à la pitié ou à la crainte. Notre aventurier Carlos n'y court aucune risque[1]. Deux de ses rivaux sont trop jaloux de leur rang pour se commettre avec lui, et trop généreux pour lui dresser quelque supercherie. Le mé-

---

[1] Le mot *risque* était alors des deux genres. (PAU.)

pris qu'ils en font sur l'incertitude de son origine ne détruit point en eux l'estime de sa valeur, et se change en respect sitôt qu'ils le peuvent soupçonner d'être ce qu'il est véritablement, quoiqu'il ne le sache pas. Le troisième lie la partie avec lui, mais elle est incontinent rompue par la reine ; et quand même elle s'achèveroit par la perte de sa vie, la mort d'un ennemi par un ennemi n'a rien de pitoyable ni de terrible, et par conséquent rien de tragique. Il a de grands déplaisirs, et qui semblent vouloir quelque pitié de nous, lorsqu'il dit lui-même à une de ses maîtresses,

Je plaindrois un amant qui souffriroit mes peines ;

mais nous ne voyons autre chose dans les comédies que des amants qui vont mourir, s'ils ne possèdent ce qu'ils aiment ; et de semblables douleurs ne préparant aucun effet tragique, on ne peut dire qu'elles aillent au-dessus de la comédie. Il tombe dans l'unique malheur qu'il appréhende : il est découvert pour fils d'un pêcheur ; mais, en cet état même, il n'a garde de nous demander notre pitié, puisqu'il s'offense de celle de ses rivaux. Ce n'est point un héros à la mode d'Euripide, qui les habilloit de lambeaux pour mendier les larmes des spectateurs ; celui-ci soutient sa disgrace avec tant de fermeté, qu'il nous imprime plus d'admiration de son grand courage, que de compassion de son infortune. Nous la craignons pour lui avant qu'elle arrive ; mais cette crainte n'a sa source que dans l'intérêt que nous prenons d'ordinaire à ce qui touche le premier acteur, et se peut ranger *inter communia utriusque dramatis,* aussi bien que la reconnoissance qui fait le dénouement de cette pièce. La crainte tragique ne devance pas le malheur du héros, elle le suit; elle n'est pas pour lui, elle est pour nous; et, se produisant par une prompte application que la vue de ses malheurs nous fait faire sur nous-mêmes, elle purge en nous les passions que nous en voyons être la cause. Enfin je ne vois rien en ce poëme qui puisse mériter le nom de tragédie, si nous ne voulons nous contenter de la définition qu'en donne Averroès[1], qui l'appelle simplement un art de louer. En ce cas, nous ne lui pourrons dénier ce titre sans nous aveugler volontairement, et ne vouloir pas voir que toutes ses parties ne sont qu'une peinture des puissantes impressions que les rares qualités d'un honnête homme font sur toutes sortes d'esprits, qui est une façon de louer assez ingénieuse, et hors du commun des panégyriques. Mais j'aurois mauvaise grace de me prévaloir d'un auteur arabe, que je ne connois que sur la foi d'une traduction latine; et, puisque sa paraphrase abrége le texte d'Aristote en cet article, au lieu de l'étendre, je ferai mieux d'en croire ce dernier, qui ne permet point à cet ouvrage de prendre un nom plus relevé que celui de comédie. Ce n'est pas que je n'aye hésité quelque temps, sur ce que je n'y voyois rien qui pût émouvoir à rire. Cet agrément a été jusqu'ici tellement de la pratique de la comédie, que beaucoup ont cru qu'il étoit aussi de son essence; et je serois encore dans ce scrupule, si je n'en avois été guéri par votre

---

[1] Commentateur d'Aristote. Il vivoit au douzième siècle.

M. Heinsius, de qui je viens d'apprendre heureusement que *Movere risum non constituit comœdiam, sed plebis aucupium est, et abusus.* Après l'autorité d'un si grand homme, je serois coupable de chercher d'autres raisons, et de craindre d'être mal fondé à soutenir que la comédie se peut passer du ridicule. J'ajoute à celle-ci l'épithète de héroïque, pour satisfaire aucunement à la dignité de ses personnages, qui pourroit sembler profanée par la bassesse d'un titre que jamais on n'a appliqué si haut[1]. Mais, après tout, monsieur, ce n'est qu'un *interim*, jusqu'à ce que vous m'ayez appris comme

[1] Ce genre purement romanesque, dénué de tout ce qui peut émouvoir, et de tout ce qui fait l'ame de la tragédie, fut en vogue avant Corneille. *Don Bernard de Cabréra, Laure persécutée*, et plusieurs autres pièces, sont dans ce goût; c'est ce qu'on appelait *comédie héroïque,* genre mitoyen qui peut avoir ses beautés. La comédie de *l'Ambitieux,* de Destouches, est à-peu-près du même genre, quoique beaucoup au-dessous de *Don Sanche d'Aragon,* et même de *Laure.* Ces espèces de comédies furent inventées par les Espagnols. Il y en a beaucoup dans Lope de Véga. Celle-ci est tirée d'une pièce espagnole intitulée el *Palacio confuso,* et du roman de *Pélage.*

Peut-être les comédies héroïques sont-elles préférables à ce qu'on appelle la *tragédie bourgeoise,* ou la *comédie larmoyante.* En effet, cette comédie larmoyante, absolument privée de comique, n'est au fond qu'un monstre né de l'impuissance d'être ou plaisant ou tragique. Celui qui ne peut faire ni une vraie comédie, ni une vraie tragédie, tâche d'intéresser par des aventures bourgeoises attendrissantes : il n'a pas le don du comique; il cherche à y suppléer par l'intérêt : il ne peut s'élever au cothurne; il rehausse un peu le brodequin.

Il peut arriver sans doute des aventures très funestes à de simples citoyens; mais elles sont bien moins attachantes que celles des souverains, dont le sort entraîne celui des nations. Un bourgeois peut être assassiné comme Pompée; mais la mort de

j'ai dû l'intituler. Je ne vous l'adresse que pour vous l'abandonner entièrement : et si vos Elzéviers se saisissent de ce poëme, comme ils ont fait de quelques uns des miens qui l'ont précédé, ils peuvent le faire voir à vos provinces sous le titre que vous lui jugerez plus convenable, et nous exécuterons ici l'arrêt que vous en aurez donné. J'attends de vous cette instruction avec impatience, pour m'affermir dans mes premières pensées, ou les rejeter comme de mauvaises tentations : elles flotteront jusque-là ; et si vous ne me pouvez accorder la gloire d'avoir assez appuyé une nouveauté, vous me laisserez du moins celle d'avoir passablement défendu un paradoxe. Mais quand même vous m'ôterez toutes les deux, je m'en consolerai fort aisément, parceque je suis très assuré que vous ne m'en sauriez ôter une qui m'est beaucoup plus précieuse ; c'est celle d'être toute ma vie,

Monsieur,

Votre très humble et très obéissant serviteur,
CORNEILLE.

Pompée fera toujours un tout autre effet que celle d'un bourgeois.

Si vous traitez les intérêts d'un bourgeois dans le style de Mithridate, il n'y a plus de convenance ; si vous représentez une aventure terrible d'un homme du commun en style familier, cette diction familière, convenable au personnage, ne l'est plus au sujet. Il ne faut point transposer les bornes des arts : la comédie doit s'élever, et la tragédie doit s'abaisser à propos ; mais ni l'une ni l'autre ne doit changer de nature. (V.)

ARGUMENT.

Don Fernand, roi d'Aragon, chassé de ses états par la révolte de D. Garcie d'Ayala, comte de Fuensalida, n'avoit plus sous son obéissance que la ville de Catalaïud et le territoire des environs, lorsque la reine D. Léonor, sa femme, accoucha d'un fils, qui fut nommé D. Sanche. Ce déplorable prince, craignant qu'il ne demeurât exposé aux fureurs de ce rebelle, le fit aussitôt enlever par D. Raymond de Moncade, son confident, afin de le faire nourrir secrètement. Ce cavalier, trouvant dans le village de Bubierça la femme d'un pêcheur nouvellement accouchée d'un enfant mort, lui donna celui-ci à nourrir, sans lui dire qui il étoit ; mais seulement qu'un jour le roi et la reine d'Aragon le feroient Grand lorsqu'elle leur feroit présenter par lui un petit écrin, qu'en même temps il lui donna. Le mari de cette pauvre femme étoit pour lors à la guerre ; si bien que, revenant au bout d'un an, il prit aisément cet enfant pour sien, et l'éleva comme s'il en eût été le père. La reine ne put jamais savoir du roi où il avoit fait porter son fils ; et tout ce qu'elle en tira, après beaucoup de prières, ce fut qu'elle le reconnoîtroit un jour quand on lui présenteroit cet écrin où il auroit mis leurs deux portraits, avec un billet de sa main et quelques autres pièces de remarque : mais, voyant qu'elle continuoit toujours à en vouloir savoir davantage, il arrêta sa curiosité tout d'un coup, et lui dit qu'il étoit mort. Il soutint après cela cette malheureuse guerre encore trois ou quatre ans, ayant toujours quelque nouveau désavantage, et mourut enfin de déplaisir et de fatigue, laissant ses affaires désespérées, et la reine grosse, à qui il conseilla d'abandonner entièrement l'Aragon et se réfugier en Castille : elle exécuta ses ordres, et y accoucha d'une fille nommée D. Elvire, qu'elle y éleva jusqu'à l'âge de vingt ans. Cependant le jeune prince D. Sanche, qui se croyoit fils d'un pêcheur, dès qu'il en eut atteint seize, se dérobe de ses parents, et se jette dans les armées du roi de Castille, qui avoit de grandes guerres contre les Maures; et, de peur d'être connu pour ce qu'il pensoit être, il quitte le nom de Sanche qu'on lui avoit laissé, et prend celui de Carlos. Sous ce faux nom, il fait tant de merveilles, qu'il entre en grande considération auprès du roi D. Alphonse, à qui il sauve la vie en un jour de bataille : mais comme ce monarque étoit près de le récompenser, il est surpris de la mort, et ne lui laisse autre chose que les favorables regards de la reine D. Isabelle, sa sœur et son héritière, et de la jeune princesse d'Aragon, D. Elvire, que l'admiration de ses belles actions avoit portées toutes deux jusques à l'aimer, mais d'un amour étouffé par le souvenir de ce qu'elles devoient à la dignité de leur naissance. Lui-même avoit conçu aussi de la passion pour toutes deux, sans oser prétendre à pas une, se croyant si fort indigne d'elles. Cependant tous les grands de Castille ne voyant point de rois voisins qui pussent épouser leur reine, prétendent à l'envi l'un de l'autre à son mariage; et étant près de former une guerre civile pour ce sujet, les états du royaume la supplient de choisir un mari, pour éviter les malheurs qu'ils en prévoyoient devoir naître. Elle s'en excuse, comme ne connoissant pas assez particulièrement le mérite de ces prétendants, et leur commande de choisir eux-mêmes les trois qu'ils en jugent les plus dignes, les assurant que, s'il se rencontre quelqu'un entre ces trois pour qui elle puisse prendre quelque inclination, elle l'épousera. Ils obéissent, et lui nomment D. Manrique de Lare, D. Lope de Gusman, et D. Alvar de Lune, qui, bien que passionné pour la princesse D. Elvire, eût cru faire une lâcheté, et offenser sa reine, s'il eût rejeté l'honneur qu'il recevoit de son pays par cette nomination. D'autre côté, les Aragonois, ennuyés de la tyrannie de D. Garcie et de D. Ramire, son fils, les chassent de Saragosse, et, les ayant assiégés dans la forteresse de Jaca, envoient des députés à leurs princesses, réfugiées en Castille, pour les prier de revenir prendre possession d'un royaume qui leur appartenoit. Depuis leur départ, ces deux tyrans ayant été tués en la prise de Jaca, D. Raymond, qu'ils y tenoient prisonnier depuis six ans, apprend à ces peuples que D. Sanche, leur prince, étoit vivant, et part aussitôt pour le chercher à Bubierça, où il apprend que le pêcheur, qui le croyoit son fils, l'avoit perdu depuis huit ans, et l'étoit allé chercher en Castille, sur quelques nouvelles qu'il en avoit eues par un soldat qui avoit servi sous lui contre les Maures. Il pousse aussitôt de ce côté-là, et joint les députés comme ils étoient prêts d'arriver. C'est par son arrivée que l'aventurier Carlos est reconnu pour le prince D. Sanche; après quoi la reine D. Isabelle se donne à lui, du consentement même des trois que ses états lui avoient nommés; et D. Alvar en obtient la princesse D. Elvire, qui, par cette reconnoissance, se trouve être sa sœur.

ACTEURS.

D. ISABELLE, reine de Castille.
D. LÉONOR, reine d'Aragon.
D. ELVIRE, princesse d'Aragon.
BLANCHE, dame d'honneur de la reine de Castille.
CARLOS, cavalier inconnu, qui se trouve être D. Sanche, roi d'Aragon.
D. RAYMOND DE MONCADE, favori du défunt roi d'Aragon.
D. LOPE DE GUSMAN,
D. MANRIQUE DE LARE, } grands de Castille.
D. ALVARE DE LUNE,

La scène est à Valladolid.

Bavalos pinxit. Tavernier sc.

DON SANCHE.

CARLOS.

Et depuis que mon cœur est capable d'aimer,
A moins que d'une reine, il n'a pu s'enflammer;

DON SANCHE
D'ARAGON[1].

ACTE PREMIER.

SCÈNE I.
D. LÉONOR, D. ELVIRE.

D. LÉONOR.
Après tant de malheurs, enfin le ciel propice[2]
S'est résolu, ma fille, à nous faire justice :

---

[1] Les variantes se trouvent dans l'édition de 1651. (Lef....)

[2] On a déja observé qu'il ne faut jamais manquer à la grande loi de faire connaître d'abord ses personnages et le lieu où ils sont. Voilà une mère et une fille dont on ne connaît les noms que dans la liste imprimée des acteurs. Comment les deviner? Comment savoir que la scène est à Valladolid? On ne sait pas non plus quelle est cette reine de Castille dont on parle. Si votre sujet est grand et connu, comme la mort de Pompée, vous pouvez tout d'un coup entrer en matière; les spectateurs sont au fait, l'action commence dès le premier vers, sans obscurité : mais, si les héros de votre pièce sont tout nouveaux pour les spectateurs, faites connaître dès les premiers vers leurs noms, leurs intérêts, l'endroit où ils parlent. (V.) — Corneille n'a point manqué à la règle. Au onzième vers, D. Léonor nous avertit qu'elle est en Castille, et, dès le troisième, *Notre Aragon*, et la suite de la phrase, indiquent bien deux princesses exilées par

Notre Aragon, pour nous presque tout révolté,
Enlève à nos tyrans ce qu'ils nous ont ôté,
Brise les fers honteux de leurs injustes chaînes,
Se remet sous nos lois, et reconnoît ses reines ;
Et par ses députés, qu'aujourd'hui l'on attend,
Rend d'un si long exil le retour éclatant [1].
   Comme nous, la Castille attend cette journée
Qui lui doit de sa reine assurer l'hyménée :
Nous l'allons voir ici faire choix d'un époux.
Que ne puis-je, ma fille, en dire autant de vous !
Nous allons en des lieux sur qui vingt ans d'absence
Nous laissent une foible et douteuse puissance :
Le trouble règne encore où vous devez régner ;
Le peuple vous rappelle, et peut vous dédaigner,
Si vous ne lui portez, au retour de Castille [2],
Que l'avis d'une mère, et le nom d'une fille.
D'un mari valeureux les ordres et le bras
Sauroient bien mieux que nous assurer vos états,
Et par des actions nobles, grandes et belles,
Dissiper les mutins, et dompter les rebelles.
Vous ne pouvez manquer d'amants dignes de vous [3] ;
On aime votre sceptre, on vous aime ; et, sur tous,
Du comte don Alvar la vertu non commune
Vous aima dans l'exil et durant l'infortune [4].

suite d'une révolte, et espérant bientôt rentrer dans leur patrie. (A.-M.)

[1] Il semble, par la phrase, que ce soit l'exil qui retourne. La diction est aussi obscure que l'exposition. (V.)

[2] *Au retour de Castille* n'est pas plus français que le retour de l'exil, et est beaucoup plus obscur. (V.)

[3] VAR. Et vous ne manquez pas d'amants dignes de vous.

[4] *Le comte don Alvar qui aima dona Elvire sur tous* est bien moins français encore. (V.)

Qui vous aima sans sceptre, et se fit votre appui,
Quand vous le recouvrez, est bien digne de lui[1].

D. ELVIRE.

Ce comte est généreux, et me l'a fait paroître;
Aussi le ciel pour moi l'a voulu reconnoître,
Puisque les Castillans l'ont mis entre les trois
Dont à leur grande reine ils demandent le choix;
Et, comme ses rivaux lui cèdent en mérite,
Un espoir à présent plus doux le sollicite :
Il régnera sans nous. Mais, madame, après tout,
Savez-vous à quel choix l'Aragon se résout,
Et quels troubles nouveaux j'y puis faire renaître,
S'il voit que je lui mène un étranger pour maître?
Montons, de grace, au trône; et de là, beaucoup mieux,
Sur le choix d'un époux nous baisserons les yeux.

D. LÉONOR.

Vous les abaissez trop; une secrète flamme
A déja malgré moi fait ce choix dans votre ame[2] :
De l'inconnu Carlos l'éclatante valeur
Aux mérites du comte a fermé votre cœur.
Tout est illustre en lui, moi-même je l'avoue;
Mais son sang, que le ciel n'a formé que de boue,
Et dont il cache exprès la source obstinément....

D. ELVIRE.

Vous pourriez en juger plus favorablement;
Sa naissance inconnue est peut-être sans tache :
Vous la présumez basse à cause qu'il la cache;
Mais combien a-t-on vu de princes déguisés

---

[1] *Lui* ne se dit jamais des choses inanimées, à la fin d'un vers. Cela paraît une bizarrerie de la langue, mais c'est une règle. (V.) — Il ne se dit *jamais* des choses inanimées, ni à la fin, ni au commencement d'un vers. (A.-M.)

[2] Une secrète flamme qui fait un choix! (V.)

Signaler leur vertu sous des noms supposés,
Dompter des nations, gagner des diadèmes [1],
Sans qu'aucun les connût, sans se connoître eux-mêmes?

D. LÉONOR.

Quoi! voilà donc enfin de quoi vous vous flattez!

D. ELVIRE.

J'aime et prise en Carlos ses rares qualités.
Il n'est point d'ame noble à qui tant de vaillance
N'arrache cette estime et cette bienveillance ;
Et l'innocent tribut de ces affections,
Que doit toute la terre aux belles actions,
N'a rien qui déshonore une jeune princesse.
En cette qualité, je l'aime et le caresse [2] ;
En cette qualité, ses devoirs assidus
Me rendent les respects à ma naissance dus.
Il fait sa cour chez moi comme un autre peut faire :
Il a trop de vertus pour être téméraire;
Et, si jamais ses vœux s'échappoient jusqu'à moi,
Je sais ce que je suis, et ce que je me doi.

D. LÉONOR.

Daigne le juste ciel vous donner le courage
De vous en souvenir, et le mettre en usage!

D. ELVIRE.

Vos ordres sur mon cœur sauront toujours régner.

---

[1] On ne dit point *gagner des diadèmes*; c'est peut-être encore une bizarrerie. (V.)

[2] *Caresse* est pris ici dans le sens de flatterie, sens qu'il conserve encore aujourd'hui. Du temps de Corneille, c'était un mot plein de noblesse, et fort d'usage à la cour. Madame de Motteville dit souvent, en parlant de l'accueil gracieux que la reine faisait à certain courtisan : « Elle crut devoir le caresser beaucoup ; » ce qui veut dire qu'elle le combla de marques de bienveillance. (A. M.)

ACTE I, SCÈNE I.

D. LÉONOR.

Cependant ce Carlos vous doit accompagner,
Doit venir jusqu'aux lieux de votre obéissance
Vous rendre ces respects dus à votre naissance,
Vous faire, comme ici, sa cour tout simplement?

D. ELVIRE.

De ses pareils la guerre est l'unique élément :
Accoutumés d'aller de victoire en victoire,
Ils cherchent en tous lieux les dangers et la gloire.
La prise de Séville, et les Maures défaits,
Laissent à la Castille une profonde paix :
S'y voyant sans emploi, sa grande ame inquiète
Veut bien de don Garcie achever la défaite[1],
Et contre les efforts d'un reste de mutins
De toute sa valeur hâter nos bons destins.

D. LÉONOR.

Mais quand il vous aura dans le trône affermie,
Et jeté sous vos pieds la puissance ennemie[2],
S'en ira-t-il soudain aux climats étrangers
Chercher tout de nouveau la gloire et les dangers?

D. ELVIRE.

Madame, la reine entre[3].

---

[1] Il faudrait que don Garcie fût d'abord connu; le spectateur ne sait ni où il est, ni qui parle, ni de qui l'on parle.(V.) — On sait, par les premiers vers, que les princesses exilées attendent, pour rentrer en Aragon, que le peuple chasse ses tyrans; il est donc évident que le dernier de ces tyrans s'appelle D. Garcie; mais le nom de cet usurpateur est chose si indifférente, que Corneille aurait pu le taire sans inconvénient. (A.-M.)

[2] Jeter une puissance sous des pieds! (V.)

[3] Quelle reine? Rien n'est annoncé, rien n'est développé. C'est sur-tout dans ces sujets romanesques, entièrement inconnus au public, qu'il faut avoir soin de faire l'exposition la plus nette et la plus précise :

SCÈNE II.

D. ISABELLE, D. LÉONOR, D. ELVIRE, BLANCHE.

D. LÉONOR.

Aujourd'hui donc, madame,
Vous allez d'un héros rendre heureuse la flamme,
Et, d'un mot, satisfaire aux plus ardents souhaits
Que poussent vers le ciel vos fidèles sujets[1].

D. ISABELLE.

Dites, dites plutôt qu'aujourd'hui, grandes reines,
Je m'impose à vos yeux la plus dure des gênes,
Et fais dessus moi-même un illustre attentat
Pour me sacrifier au repos de l'état.
Que c'est un sort fâcheux et triste que le nôtre,
De ne pouvoir régner que sous les lois d'un autre;
Et qu'un sceptre soit cru d'un si grand poids pour nous[2],
Que pour le soutenir il nous faille un époux!
A peine ai-je deux mois porté le diadème,
Que de tous les côtés j'entends dire qu'on m'aime,
Si toutefois sans crime et sans m'en indigner
Je puis nommer amour une ardeur de régner.
L'ambition des grands à cet espoir ouverte
Semble pour m'acquérir s'apprêter à ma perte;
Et, pour trancher le cours de leurs dissensions,

J'aimerois encor mieux qu'il déclinât son nom,
Et dît : Je suis Oreste, ou bien Agamemnon. (V.)

[1] Des souhaits qu'on pousse! et madame, qui va rendre heureuse la flamme! (V.)

[2] Et Isabelle qui fait un illustre attentat sur elle-même, et un sceptre qui est cru! (V.)

Il faut fermer la porte à leurs prétentions ;
Il m'en faut choisir un ; eux-mêmes m'en convient,
Mon peuple m'en conjure, et mes états m'en prient ;
Et même par mon ordre ils m'en proposent trois,
Dont mon cœur à leur gré peut faire un digne choix.
Don Lope de Gusman, don Manrique de Lare,
Et don Alvar de Lune, ont un mérite rare :
Mais que me sert ce choix qu'on fait en leur faveur,
Si pas un d'eux enfin n'a celui de mon cœur ?

D. LÉONOR.

On vous les a nommés, mais sans vous les prescrire ;
On vous obéira, quoi qu'il vous plaise élire :
Si le cœur a choisi, vous pouvez faire un roi.

D. ISABELLE.

Madame, je suis reine, et dois régner sur moi.
Le rang que nous tenons, jaloux de notre gloire,
Souvent dans un tel choix nous défend de nous croire,
Jette sur nos desirs un joug impérieux [1],
Et dédaigne l'avis et du cœur et des yeux.

Qu'on ouvre. Juste ciel, vois ma peine, et m'inspire
Et ce que je dois faire, et ce que je dois dire !

---

[1] Un joug impérieux jeté sur des desirs ! (V.) — Voltaire critique avec raison *un joug impérieux jeté sur des desirs,* mais il laisse passer sans le remarquer ce vers si beau et si plein de dignité :

Madame, je suis reine, et dois régner sur moi. (A.-M.)

SCÈNE III.

D. ISABELLE, D. LÉONOR, D. ELVIRE,
BLANCHE, D. LOPE, D. MANRIQUE,
D. ALVAR, CARLOS.

D. ISABELLE.

Avant que de choisir je demande un serment,
Comtes, qu'on agréera mon choix aveuglément;
Que les deux méprisés, et tous les trois peut-être,
De ma main, quel qu'il soit, accepteront un maître :
Car enfin je suis libre à disposer de moi;
Le choix de mes états ne m'est point une loi :
D'une troupe importune il m'a débarrassée,
Et d'eux tous, sur vous trois, détourné ma pensée,
Mais sans nécessité de l'arrêter sur vous.
J'aime à savoir par-là qu'on vous préfère à tous;
Vous m'en êtes plus chers et plus considérables;
J'y vois de vos vertus les preuves honorables;
J'y vois la haute estime où sont vos grands exploits :
Mais quoique mon dessein soit d'y borner mon choix,
Le ciel en un moment quelquefois nous éclaire.
Je veux, en le faisant, pouvoir ne le pas faire [1],
Et que vous avouiez que, pour devenir roi,
Quiconque me plaira n'a besoin que de moi.

D. LOPE.

C'est une autorité qui vous demeure entière;
Votre état avec vous n'agit que par prière,
Et ne vous a pour nous fait voir ses sentiments

---

[1] Quel vers! Nous avons déjà dit qu'on doit éviter ce mot *faire* autant qu'on le peut. (V.)

ACTE I, SCÈNE III. 23

Que par obéissance à vos commandements.
Ce n'est point ni son choix ni l'éclat de ma race [1]
Qui me font, grande reine, espérer cette grace :
Je l'attends de vous seule et de votre bonté,
Comme on attend un bien qu'on n'a pas mérité,
Et dont, sans regarder service ni famille [2],
Vous pouvez faire part au moindre de Castille [3].
C'est à nous d'obéir, et non d'en murmurer :
Mais vous nous permettrez toutefois d'espérer
Que vous ne ferez choir cette faveur insigne,
Ce bonheur d'être à vous, que sur le moins indigne;
Et que votre vertu vous fera trop savoir
Qu'il n'est pas bon d'user de tout votre pouvoir.
Voilà mon sentiment.

D. ISABELLE.
Parlez, vous, don Manrique.

D. MANRIQUE.
Madame, puisqu'il faut qu'à vos yeux je m'explique [4],
Quoique votre discours nous ait fait des leçons
Capables d'ouvrir l'ame à de justes soupçons,
Je vous dirai pourtant, comme à ma souveraine,
Que pour faire un vrai roi vous le fassiez en reine;

[1] *Ce n'est point* est ici un solécisme; il faut *ce n'est ni son choix*. (V.)

[2] VAR. Et dont, sans regarder services ni famille.

[3] *Au moindre de Castille* est un barbarisme; il faut *au moindre guerrier, au moindre gentilhomme de la Castille*. La plus grande faute est que cela n'est pas vrai; elle ne peut choisir le moindre sujet de la Castille. (V.) — Et cependant cela est vrai, parcequ'il est parfaitement entendu qu'elle ne peut pas s'avilir. *Au moindre* dit assez : il ne peut être question que du moindre gentilhomme. Les autres hommes n'existent pas pour une reine. (A.-M.)

[4] VAR. Puisque vous m'ordonnez, reine, que je m'explique.

Que vous laisser borner, c'est vous-même affoiblir
La dignité du rang qui le doit ennoblir ;
Et qu'à prendre pour loi le choix qu'on vous propose,
Le roi que vous feriez vous devroit peu de chose,
Puisqu'il tiendroit les noms de monarque et d'époux
Du choix de vos états aussi bien que de vous.
   Pour moi, qui vous aimai sans sceptre et sans couronne,
Qui n'ai jamais eu d'yeux que pour votre personne,
Que même le feu roi daigna considérer
Jusqu'à souffrir ma flamme et me faire espérer,
J'oserai me promettre un sort assez propice
De cet aveu d'un frère et quatre ans de service ;
Et sur ce doux espoir dussé-je me trahir,
Puisque vous le voulez, je jure d'obéir.

D. ISABELLE.

C'est comme il faut m'aimer. Et don Alvar de Lune?

D. ALVAR.

Je ne vous ferai point de harangue importune.
Choisissez hors des trois, tranchez absolument ;
Je jure d'obéir, madame, aveuglément.

D. ISABELLE.

Sous les profonds respects de cette déférence
Vous nous cachez peut-être un peu d'indifférence ;
Et comme votre cœur n'est pas sans autre amour,
Vous savez des deux parts faire bien votre cour.

D. ALVAR.

Madame....

D. ISABELLE.

   C'est assez ; que chacun prenne place.

(Ici les trois reines prennent chacune un fauteuil, et, après que les trois comtes et le reste des grands qui sont présents se sont assis sur des bancs préparés exprès, Carlos y voyant une place vide, s'y veut seoir, et don Manrique l'en empêche.)

ACTE I, SCÈNE III.

D. MANRIQUE.

Tout beau, tout beau, Carlos! d'où vous vient cette audace[1]?
Et quel titre en ce rang a pu vous établir?

CARLOS.

J'ai vu la place vide, et cru la bien remplir.

D. MANRIQUE.

Un soldat bien remplir une place de comte!

CARLOS.

Seigneur, ce que je suis ne me fait point de honte.
Depuis plus de six ans, il ne s'est fait combat
Qui ne m'ait bien acquis ce grand nom de soldat :
J'en avois pour témoin le feu roi votre frère,
Madame; et par trois fois...

D. MANRIQUE.

                Nous vous avons vu faire[2],
Et savons mieux que vous ce que peut votre bras.

D. ISABELLE.

Vous en êtes instruits; et je ne la suis pas[3];

---

[1] *Tout beau, tout beau,* pourrait être ailleurs bas et familier, mais ici je le crois très bien placé; cette manière de parler est assez convenable d'un seigneur très fier à un soldat de fortune. Cela forme une situation singulière et intéressante, inconnue jusque-là au théâtre. Elle donne lieu très naturellement à Carlos de parler dignement de ses grandes actions. La vertu qui s'élève quand on veut l'avilir produit presque toujours de belles choses. (V.)

[2] *Faire* est ici plus supportable; mais il n'est que supportable. Racine n'aurait jamais dit, *nous vous avons vu faire.* (V.) — Voltaire oublie toujours que Corneille est venu le premier, et qu'il a rendu la route plus facile à son successeur. (A.-M.)

[3] Elle devrait certainement le savoir; Carlos est à sa cour; Carlos a fait des actions connues de tout le monde; il a sauvé la Castille, et elle dit qu'elle n'en sait rien! Il était aisé de sauver cette faute; et la reine, qui a de l'inclination pour Carlos, pouvait prendre un autre tour. Observez qu'il faut *et je ne le suis pas.*

Laissez-le me l'apprendre. Il importe aux monarques
Qui veulent aux vertus rendre de dignes marques [1]
De les savoir connoître, et ne pas ignorer
Ceux d'entre leurs sujets qu'ils doivent honorer.

D. MANRIQUE.

Je ne me croyois pas être ici pour l'entendre [2].

D. ISABELLE.

Comte, encore une fois laissez-le me l'apprendre.
Nous aurons temps pour tout. Et vous, parlez, Carlos.

CARLOS.

Je dirai qui je suis, madame, en peu de mots.
 On m'appelle soldat : je fais gloire de l'être;
Au feu roi par trois fois je le fis bien paroître.
L'étendard de Castille, à ses yeux enlevé,
Des mains des ennemis par moi seul fut sauvé :
Cette seule action rétablit la bataille,
Fit rechasser le Maure au pied de sa muraille,
Et, rendant le courage aux plus timides cœurs,
Rappela les vaincus, et défit les vainqueurs.
Ce même roi me vit dedans l'Andalousie [3]

S'il y avait là plusieurs reines, elles diraient *nous ne le sommes pas*, et non *nous ne les sommes pas*. Ce *le* est neutre : on a déja fait cette remarque; mais on peut la répéter pour les étrangers. (V.) — Reine seulement depuis deux mois, Isabelle a dû, avant de monter au trône, entendre parler de la vaillance d'un soldat de fortune. Aujourd'hui elle veut connaître en détail ses actions, afin de l'honorer et de le récompenser. Il n'y a point là *de faute à sauver*. Au reste, aucun personnage ne satisfait mieux qu'Isabelle au précepte de Voltaire, qui veut que les acteurs d'un drame se fassent connaître par leurs actions, et non par des paroles. Son amour n'est plus un mystère pour personne, et cependant elle n'a point encore dit qu'elle aime. (A.-M.)

[1] *Rendre de dignes marques* est un barbarisme. (V.)

[2] C'est un solécisme; il faut *je ne croyais pas être ici*. (V.)

[3] On a déja fait voir combien *dedans* est vicieux, et sur-tout

ACTE I, SCÈNE III. 27

Dégager sa personne en prodiguant ma vie,
Quand, tout percé de coups sur un monceau de morts,
Je lui fis si long-temps bouclier de mon corps,
Qu'enfin autour de lui ses troupes ralliées,
Celles qui l'enfermoient furent sacrifiées ;
Et le même escadron qui vint le secourir [1]
Le ramena vainqueur, et moi prêt à mourir.
Je montai le premier sur les murs de Séville,
Et tins la brèche ouverte aux troupes de Castille.
  Je ne vous parle point d'assez d'autres exploits,
Qui n'ont pas pour témoins eu les yeux de mes rois.
Tel me voit et m'entend, et mè méprise encore,
Qui gémiroit sans moi dans les prisons du Maure.

D. MANRIQUE.
Nous parlez-vous, Carlos, pour don Lope et pour moi ?

CARLOS.
Je parle seulement de ce qu'a vu le roi,
Seigneur ; et qui voudra parle à sa conscience.
  Voilà dont le feu roi me promit récompense [2] ;
Mais la mort le surprit comme il la résolvoit.

D. ISABELLE.
Il se fût acquitté de ce qu'il vous devoit ;
Et moi, comme héritant son sceptre et sa couronne,

---

quand il s'agit d'une province ; c'est alors un solécisme. (V.) — *Dedans* serait aujourd'hui un solécisme, alors même qu'il ne s'agirait pas d'une province ; mais, à l'époque de Corneille, ce mot n'avait rien *de vicieux*, et l'on disait indistinctement *dedans* ou *dans*. (A.-M.)

[1] Var. Et le même escadron qui le vint secourir.

[2] *Voilà dont* est un solécisme ; il faut, *voilà les services, les exploits, les actions dont*, etc. (V.) — Il faut, voilà *ce* dont. Le pronom *ce* est sous-entendu ; c'est une faute, mais ce n'est pas un solécisme. (A.-M.)

Je prends sur moi sa dette, et je vous la fais bonne [1].
Seyez-vous, et quittons ces petits différents.
D. LOPE.
Souffrez qu'auparavant il nomme ses parents.
Nous ne contestons point l'honneur de sa vaillance,
Madame; et, s'il en faut notre reconnoissance,
Nous avouerons tous deux qu'en ces combats derniers
L'un et l'autre, sans lui, nous étions prisonniers;
Mais enfin la valeur, sans l'éclat de la race,
N'eut jamais aucun droit d'occuper cette place.
CARLOS.
Se pare qui voudra des noms de ses aïeux :
Moi, je ne veux porter que moi-même en tous lieux;
Je ne veux rien devoir à ceux qui m'ont fait naître,
Et suis assez connu sans les faire connoître.
Mais, pour en quelque sorte obéir à vos lois [2],
Seigneur, pour mes parents je nomme mes exploits;
Ma valeur est ma race, et mon bras est mon père [3].
D. LOPE.
Vous le voyez, madame, et la preuve en est claire,
Sans doute il n'est pas noble.
D. ISABELLE.
Eh bien! je l'anoblis,

[1] *Je prends sur moi sa dette, et je vous la fais bonne*, est trop trivial; c'est le style des marchands. (V.)

[2] Quand *pour* est suivi d'un verbe, il ne faut ni d'adverbe entre deux, ni rien qui tienne lieu d'adverbe. (V.)

[3] Cette fière réponse dans la bouche d'un guerrier que de nobles rivaux moins grands que lui cherchent à humilier, nous paraît admirable. Elle naît de la situation et de la passion. Partout ailleurs elle ne serait que bizarre, ici elle touche au sublime. L'étrangeté de l'image et la rudesse des expressions ajoutent même à sa grandeur, et elle est amenée avec tant d'art, qu'elle est un soulagement pour l'ame des spectateurs. (A.-M.)

Quelle que soit sa race et de qui qu'il soit fils.
Qu'on ne conteste plus.
####### D. MANRIQUE.
Encore un mot, de grace.
####### D. ISABELLE.
Don Manrique, à la fin c'est prendre trop d'audace.
Ne puis-je l'anoblir, si vous n'y consentez?
####### D. MANRIQUE.
Oui, mais ce rang n'est dû qu'aux hautes dignités;
Tout autre qu'un marquis ou comte le profane.
####### D. ISABELLE, à Carlos.
Eh bien! seyez-vous donc, marquis de Santillane,
Comte de Peñafiel, gouverneur de Burgos.
Don Manrique, est-ce assez pour faire seoir Carlos?
Vous reste-t-il encor quelque scrupule en l'ame?
(D. Manrique et D. Lope se lèvent, et Carlos se sied.)
####### D. MANRIQUE.
Achevez, achevez; faites-le roi, madame :
Par ces marques d'honneur l'élever jusqu'à nous,
C'est moins nous l'égaler que l'approcher de vous.
Ce préambule adroit n'étoit pas sans mystère;
Et ces nouveaux serments qu'il nous a fallu faire
Montroient bien dans votre ame un tel choix préparé.
Enfin vous le pouvez, et nous l'avons juré.
Je suis prêt d'obéir, et, loin d'y contredire,
Je laisse entre ses mains et vous et votre empire.
Je sors avant ce choix; non que j'en sois jaloux,
Mais de peur que mon front n'en rougisse pour vous.
####### D. ISABELLE.
Arrêtez, insolent : votre reine pardonne
Ce qu'une indigne crainte imprudemment soupçonne;
Et, pour la démentir, veut bien vous assurer

30 DON SANCHE.

Qu'au choix de ses états elle veut demeurer [1];
Que vous tenez encor même rang dans son ame;
Qu'elle prend vos transports pour un excès de flamme;
Et qu'au lieu d'en punir le zèle injurieux [2],
Sur un crime d'amour elle ferme les yeux.

D. MANRIQUE.

Madame, excusez donc si quelque antipathie....

D. ISABELLE.

Ne faites point ici de fausse modestie [3];
J'ai trop vu votre orgueil pour le justifier,
Et sais bien les moyens de vous humilier.
Soit que j'aime Carlos, soit que par simple estime
Je rende à ses vertus un honneur légitime,
Vous devez respecter, quels que soient mes desseins,
Ou le choix de mon cœur, ou l'œuvre de mes mains.
Je l'ai fait votre égal; et, quoiqu'on s'en mutine,
Sachez qu'à plus encor ma faveur le destine.
Je veux qu'aujourd'hui même il puisse plus que moi :
J'en ai fait un marquis, je veux qu'il fasse un roi.
S'il a tant de valeur que vous-mêmes le dites,
Il sait quelle est la vôtre, et connoît vos mérites,
Et jugera de vous avec plus de raison
Que moi, qui n'en connois que la race et le nom.
Marquis, prenez ma bague, et la donnez pour marque [4]

---

[1] *Demeurer au choix* est un barbarisme; il faut, *s'en tenir au choix*, ou *demeurer attachée au choix des états*. (V.)

[2] Le zèle injurieux d'un excès de flamme! (V.)

[3] *Faire de fausse modestie*, barbarisme et solécisme; il faut, *n'affectez point ici de fausse modestie*. Mais il ne s'agit pas ici de modestie, quand Manrique parle d'antipathie. (V.)

[4] La bague du marquis vaut bien l'anneau royal d'Astrate. Cela est tout espagnol.

. . . . Et la donnez pour marque

Au plus digne des trois, que j'en fasse un monarque.
Je vous laisse y penser tout ce reste du jour.
 Rivaux ambitieux, faites-lui votre cour :
Qui me rapportera l'anneau que je lui donne
Recevra sur-le-champ ma main et ma couronne.
 Allons, reines, allons, et laissons-les juger
De quel côté l'amour avoit su m'engager.

SCÈNE IV.

D. MANRIQUE, D. LOPE, D. ALVAR, CARLOS.

D. LOPE.

Eh bien ! seigneur marquis, nous direz-vous, de grace[1],
Ce que pour vous gagner il est besoin qu'on fasse?
Vous êtes notre juge, il faut vous adoucir.

CARLOS.

Vous y pourriez peut-être assez mal réussir.
Quittez ces contre-temps de froide raillerie.

D. MANRIQUE.

Il n'en est pas saison, quand il faut qu'on vous prie.

 Au plus digne des trois, que j'en fasse un monarque; barbarisme et solécisme. (V.) — Le solécisme est ici tout-à-fait imaginaire. *Que, pour afin que,* est bien français. Venez ici, que je vous parle, c'est-à-dire afin que je vous parle. *Donnez-la pour marque au plus digne des trois,* (afin que) *je fasse de lui un monarque.* Quant à l'invention de l'anneau, elle n'a rien d'extraordinaire à une époque de chevalerie. Ici elle venge Carlos, elle anime l'action, et elle produit une scène de la plus grande beauté, que l'on s'étonne de voir si mal appréciée par Voltaire. (A.-M.)

[1] Var. Eh bien, seigneur marquis, qu'est-il besoin qu'on fasse
 Pour avoir quelque part en votre bonne grace ?

CARLOS.
Ne raillons ni prions, et demeurons amis.
Je sais ce que la reine en mes mains a remis;
J'en userai fort bien : vous n'avez rien à craindre;
Et pas un de vous trois n'aura lieu de se plaindre.
 Je n'entreprendrai point de juger entre vous
Qui mérite le mieux le nom de son époux;
Je serois téméraire, et m'en sens incapable;
Et peut-être quelqu'un m'en tiendroit récusable.
Je m'en récuse donc, afin de vous donner
Un juge que sans honte on ne peut soupçonner;
Ce sera votre épée, et votre bras lui-même.
 Comtes, de cet anneau dépend le diadème :
Il vaut bien un combat; vous avez tous du cœur :
Et je le garde....

D. LOPE.
A qui, Carlos?

CARLOS.
A mon vainqueur [1].
Qui pourra me l'ôter l'ira rendre à la reine;
Ce sera du plus digne une preuve certaine.
Prenez entre vous l'ordre et du temps et du lieu;
Je m'y rendrai sur l'heure, et vais l'attendre. Adieu.

---

[1] Cela est digne de la tragédie la plus sublime. Dès qu'il s'agit de grandeur, il y en a toujours dans les pièces espagnoles. Mais ces grands traits de lumière, qui percent l'ombre de temps en temps, ne suffisent pas; il faut un grand intérêt : nulle langueur ne doit l'interrompre; les raisonnements politiques, les froids discours d'amour le glacent, et les pensées recherchées, les tours forcés l'affaiblissent. (V.)

SCÈNE V.

D. MANRIQUE, D. LOPE, D. ALVAR.

D. LOPE.
Vous voyez l'arrogance.
D. ALVAR.
Ainsi les grands courages
Savent en généreux repousser les outrages.
D. MANRIQUE.
Il se méprend pourtant, s'il pense qu'aujourd'hui
Nous daignions mesurer notre épée avec lui.
D. ALVAR.
Refuser un combat!
D. LOPE.
Des généraux d'armée,
Jaloux de leur honneur et de leur renommée,
Ne se commettent point contre un aventurier.
D. ALVAR.
Ne mettez point si bas un si vaillant guerrier :
Qu'il soit ce qu'en voudra présumer votre haine,
Il doit être pour nous ce qu'a voulu la reine.
D. LOPE.
La reine, qui nous brave, et, sans égard au sang,
Ose souiller ainsi l'éclat de notre rang!
D. ALVAR.
Les rois de leurs faveurs ne sont jamais comptables;
Ils font, comme il leur plaît, et défont nos semblables[1].
D. MANRIQUE.
Envers les majestés vous êtes bien discret.

---

[1] Cela n'était pas vrai dans ce temps-là; un roi de Castille ou

Voyez-vous cependant qu'elle l'aime en secret?
####### D. ALVAR.
Dites, si vous voulez, qu'ils sont d'intelligence,
Qu'elle a de sa valeur si haute confiance,
Qu'elle espère par-là faire approuver son choix,
Et se rendre avec gloire au vainqueur de tous trois ;
Qu'elle nous hait dans l'ame autant qu'elle l'adore :
C'est à nous d'honorer ce que la reine honore.
####### D. MANRIQUE.
Vous la respectez fort ; mais y prétendez-vous?
On dit que l'Aragon a des charmes si doux....
####### D. ALVAR.
Qu'ils me soient doux ou non, je ne crois pas sans crime
Pouvoir de mon pays désavouer l'estime ;
Et, puisqu'il m'a jugé digne d'être son roi,
Je soutiendrai par-tout l'état qu'il fait de moi.
 Je vais donc disputer, sans que rien me retarde,
Au marquis don Carlos cet anneau qu'il nous garde ;
Et, si sur sa valeur je le puis emporter,
J'attendrai de vous deux qui voudra me l'ôter :
Le champ vous sera libre.
####### D. LOPE.
     A la bonne heure, comte ;
Nous vous irons alors le disputer sans honte ;
Nous ne dédaignons point un si digne rival :
Mais pour votre marquis, qu'il cherche son égal.

d'Aragon n'avait pas le droit de destituer un homme titré. (V.)

FIN DU PREMIER ACTE.

ACTE SECOND.

SCÈNE I[1].

D. ISABELLE, BLANCHE.

D. ISABELLE.
Blanche, as-tu rien connu d'égal à ma misère?
Tu vois tous mes desirs condamnés à se taire,
Mon cœur faire un beau choix sans l'oser accepter,
Et nourrir un beau feu sans l'oser écouter.

[1] Cette scène et toutes les longues dissertations sur l'amour et la fierté ont toujours un défaut ; et ce vice, le plus grand de tous, c'est l'ennui. On ne va au théâtre que pour être ému ; l'ame veut toujours être hors d'elle-même, soit par la gaieté, soit par l'attendrissement, et au moins par la curiosité. Aucun de ces buts n'est atteint, quand une Blanche dit à sa reine, *vous l'avez honoré sans vous déshonorer*, et que la reine réplique que, *pour honorer sa générosité, l'amour s'est joué de son autorité,* etc. Les scènes suivantes de cet acte sont à-peu-près dans le même goût ; et tout le nœud consiste à différer le combat annoncé, sans aucun événement qui attache, sans aucun sentiment qui interesse. Il y a de l'amour, comme dans toutes les pièces de Corneille ; et cet amour est froid, parcequ'il n'est qu'amour. Ces reines, qui se passionnent froidement pour un aventurier, ajouteraient la plus grande indécence à l'ennui de cette intrigue, si le spectateur ne se doutait pas que Carlos est autre chose qu'un soldat de fortune. On a condamné l'infante du *Cid*, non seulement parcequ'elle est inutile, mais parcequ'elle ne parle que de son amour pour Rodrigue. On condamna de même, dans son *Don Sanche*, trois princesses éprises d'un inconnu, qui a fait de bien moins grandes

Vois par-là ce que c'est, Blanche, que d'être reine [1] :
Comptable de moi-même au nom de souveraine,
Et sujette à jamais du trône où je me voi,
Je puis tout pour tout autre, et ne puis rien pour moi.
 O sceptres! s'il est vrai que tout vous soit possible,
Pourquoi ne pouvez-vous rendre un cœur insensible?
Pourquoi permettez-vous qu'il soit d'autres appas,
Ou que l'on ait des yeux pour ne les croire pas?
BLANCHE.
Je présumois tantôt que vous les alliez croire;
J'en ai plus d'une fois tremblé pour votre gloire.
Ce qu'à vos trois amants vous avez fait jurer
Au choix de don Carlos sembloit tout préparer :
Je le nommois pour vous. Mais enfin par l'issue

choses que le Cid ; et le pis de tout cela, c'est que l'amour de ces princesses ne produit rien du tout dans la pièce. Ces fautes sont des auteurs espagnols ; mais Corneille ne devait pas les imiter. A l'égard du style, il est à-la-fois incorrect et recherché, obscur et faible, dur et traînant ; il n'a rien de cette élégance et de ce piquant qui sont absolument nécessaires dans un pareil sujet. Il faudrait charger les pages de remarques plus longues que le texte, si on voulait critiquer en détail les expressions. Les remarques sur le premier acte peuvent suffire pour faire voir aux commençants ce qu'ils doivent imiter, et ce qu'ils ne doivent pas suivre. Les solécismes et les barbarismes dont cette pièce fourmille seront assez sentis. Comme Corneille n'avait point encore de rivaux, il écrivait avec une extrême négligence ; et quand il fut éclipsé par Racine, il écrivit encore plus mal. (V.) — Il n'est pas vrai que l'amour des deux princesses soit inutile dans la pièce, puisqu'il ennoblit le héros, puisque c'est l'amour d'Isabelle qui amène le récit des exploits de Carlos. Cet amour n'est pas le sujet de la pièce ; mais il est un puissant moyen. Le véritable sujet, c'est la lutte d'un grand homme aux prises avec les préjugés de son temps. (A.-M.)

[1] Var. Voilà, voilà que c'est, Blanche, que d'être reine.

ACTE II, SCÈNE I.

Ma crainte s'est trouvée heureusement déçue ;
L'effort de votre amour a su se modérer ;
Vous l'avez honoré sans vous déshonorer,
Et satisfait ensemble, en trompant mon attente,
La grandeur d'une reine et l'ardeur d'une amante.

D. ISABELLE.

Dis que pour honorer sa générosité
Mon amour s'est joué de mon autorité,
Et qu'il a fait servir, en trompant ton attente,
Le pouvoir de la reine au courroux de l'amante.
D'abord par ce discours, qui t'a semblé suspect,
Je voulois seulement essayer leur respect [1],
Soutenir jusqu'au bout la dignité de reine ;
Et, comme enfin ce choix me donnoit de la peine,
Perdre quelques moments, choisir un peu plus tard :
J'allois nommer pourtant, et nommer au hasard :
Mais tu sais quel orgueil ont lors montré les comtes,
Combien d'affronts pour lui, combien pour moi de hontes !
Certes, il est bien dur à qui se voit régner
De montrer quelque estime, et la voir dédaigner.
Sous ombre de venger sa grandeur méprisée,
L'amour à la faveur trouve une pente aisée :
A l'intérêt du sceptre aussitôt attaché,
Il agit d'autant plus qu'il se croit bien caché,
Et s'ose imaginer qu'il ne fait rien paroître

---

[1] *Essayer le respect ; un choix qui donne de la peine ; il est bien dur à qui se voit régner ; l'amour à la faveur trouve une pente aisée ; il est attaché à l'intérêt du sceptre ; un outrage invisible revêtu de gloire !* Que dire d'un pareil galimatias ! il faut se taire, et ne pas continuer d'inutiles remarques sur une pièce qu'il n'est pas possible de lire. Il y a quelques beaux morceaux sur la fin. Nous en parlerons avec d'autant plus de plaisir, que nous ressentons plus de peine à être obligés de critiquer toujours. C'est suivant ce principe que nous ne les reprenons qu'au cinquième acte. (V.)

Que ce change de nom ne fasse méconnoître.
J'ai fait Carlos marquis, et comte, et gouverneur ;
Il doit à ses jaloux tous ces titres d'honneur :
M'en voulant faire avare, ils m'en faisoient prodigue ;
Ce torrent grossissoit, rencontrant cette digue[1] :
C'étoit plus les punir que le favoriser.
L'amour me parloit trop, j'ai voulu l'amuser ;
Par ces profusions j'ai cru le satisfaire,
Et, l'ayant satisfait, l'obliger à se taire ;
Mais, hélas! en mon cœur il avoit tant d'appui,
Que je n'ai pu jamais prononcer contre lui,
Et n'ai mis en ses mains ce don du diadème
Qu'afin de l'obliger à s'exclure lui-même.
Ainsi, pour apaiser les murmures du cœur,
Mon refus a porté les marques de faveur ;
Et, revêtant de gloire un invisible outrage,
De peur d'en faire un roi je l'ai fait davantage[2] :
Outre qu'indifférente aux vœux de tous les trois,
J'espérois que l'amour pourroit suivre son choix,
Et que le moindre d'eux, de soi-même estimable,
Recevroit de sa main la qualité d'aimable.
Voilà, Blanche, où j'en suis ; voilà ce que j'ai fait ;
Voilà les vrais motifs dont tu voyois l'effet :
Car mon ame pour lui, quoique ardemment pressée,
Ne sauroit se permettre une indigne pensée[3],

[1] Ces sentiments sont admirablement exprimés. La reine se trompe elle-même : elle croit n'élever Carlos que pour humilier ses rivaux ; elle attribue presque à son indignation ce qui était l'effet de son amour. Il y a là une profonde connaissance du cœur de la femme. (A.-M.)

[2] Ce vers est très beau. Il exprime à la fois la faiblesse de la femme et la puissance de la reine, et le respect de soi-même domine tout. (A.-M.)

[3] Var. N'a consenti jamais à la moindre pensée.

Et je mourrois encore avant que m'accorder
Ce qu'en secret mon cœur ose me demander.
Mais enfin je vois bien que je me suis trompée
De m'en être remise à qui porte une épée,
Et trouve occasion, dessous cette couleur,
De venger le mépris qu'on fait de sa valeur.
Je devois par mon choix étouffer cent querelles ;
Et l'ordre que j'y tiens en forme de nouvelles,
Et jette entre les grands, amoureux de mon rang,
Une nécessité de répandre du sang.
Mais j'y saurai pourvoir.

BLANCHE.

      C'est un pénible ouvrage
D'arrêter un combat qu'autorise l'usage,
Que les lois ont réglé, que les rois vos aïeux
Daignoient assez souvent honorer de leurs yeux [1] :
On ne s'en dédit point sans quelque ignominie ;
Et l'honneur aux grands cœurs est plus cher que la vie.

D. ISABELLE.

Je sais ce que tu dis, et n'irai pas de front
Faire un commandement qu'ils prendroient pour affront.
Lorsque le déshonneur souille l'obéissance [2],
Les rois peuvent douter de leur toute-puissance :
Qui la hasarde alors n'en sait pas bien user ;
Et qui veut pouvoir tout ne doit pas tout oser.
Je romprai ce combat feignant de le permettre,

---

[1] Var. Ont daigné bien souvent honorer de leurs yeux.

[2] Des vers tels que ceux-ci méritaient bien d'être remarqués. A une représentation de la pièce, dont nous fûmes témoins, et qui eut lieu à l'époque où les parlements refusaient d'enregistrer quelques édits de Louis XV, ils furent applaudis de manière à donner de l'inquiétude au gouvernement, qui les fit supprimer à la représentation suivante. (P.)

Et je le tiens rompu si je puis le remettre [1].
Les reines d'Aragon pourront même m'aider.
Voici déja Carlos que je viens de mander.
Demeure, et tu verras avec combien d'adresse [2]
Ma gloire de mon ame est toujours la maîtresse.

SCÈNE II.
D. ISABELLE, CARLOS, BLANCHE.

D. ISABELLE.

Vous avez bien servi, marquis, et jusqu'ici
Vos armes ont pour nous dignement réussi :
Je pense avoir aussi bien payé vos services.
 Malgré vos envieux et leurs mauvais offices,
J'ai fait beaucoup pour vous, et tout ce que j'ai fait
Ne vous a pas coûté seulement un souhait.
Si cette récompense est pourtant si petite
Qu'elle ne puisse aller jusqu'à votre mérite,
S'il vous en reste encor quelque autre à souhaiter,
Parlez, et donnez-moi moyen de m'acquitter.

CARLOS.

Après tant de faveurs à pleines mains versées,
Dont mon cœur n'eût osé concevoir les pensées,
Surpris, troublé, confus, accablé de bienfaits,
Que j'osasse former encor quelques souhaits !

D. ISABELLE.

Vous êtes donc content ; et j'ai lieu de me plaindre.

CARLOS.

De moi ?

---

[1] Var. Et je le tiens rompu si je le puis remettre.

[2] Var. Demeure, et sois témoin avec combien d'adresse.

ACTE II, SCÈNE II.

D. ISABELLE.

De vous, marquis. Je vous parle sans feindre :
Écoutez. Votre bras a bien servi l'état,
Tant que vous n'avez eu que le nom de soldat ;
Dès que je vous fais grand, sitôt que je vous donne
Le droit de disposer de ma propre personne,
Ce même bras s'apprête à troubler son repos,
Comme si le marquis cessoit d'être Carlos,
Ou que cette grandeur ne fût qu'un avantage
Qui dût à sa ruine armer votre courage.
Les trois comtes en sont les plus fermes soutiens :
Vous attaquez en eux ses appuis et les miens ;
C'est son sang le plus pur que vous voulez répandre :
Et vous pouvez juger l'honneur qu'on leur doit rendre,
Puisque ce même état, me demandant un roi,
Les a jugés eux trois les plus dignes de moi.
Peut-être un peu d'orgueil vous a mis dans la tête
Qu'à venger leur mépris ce prétexte est honnête ;
Vous en avez suivi la première chaleur :
Mais leur mépris va-t-il jusqu'à votre valeur[1] ?
N'en ont-ils pas rendu témoignage à ma vue ?
Ils ont fait peu d'état d'une race inconnue,
Ils ont douté d'un sort que vous voulez cacher :
Quand un doute si juste auroit dû vous toucher,
J'avois pris quelque soin de vous venger moi-même.
Remettre entre vos mains le don du diadème,
Ce n'étoit pas, marquis, vous venger à demi.
Je vous ai fait leur juge, et non leur ennemi ;
Et si sous votre choix j'ai voulu les réduire,
C'est pour vous faire honneur, et non pour les détruire :
C'est votre seul avis, non leur sang, que je veux ;

---

[1] VAR. Mais ont-ils méprisé vous ou votre valeur ?

Et c'est m'entendre mal que vous armer contre eux.

N'auriez-vous point pensé que, si ce grand courage
Vous pouvoit sur tous trois donner quelque avantage,
On diroit que l'état, me cherchant un époux,
N'en auroit pu trouver de comparable à vous?
Ah! si je vous croyois si vain, si téméraire....

CARLOS.

Madame, arrêtez là votre juste colère;
Je suis assez coupable, et n'ai que trop osé,
Sans choisir pour me perdre un crime supposé.

Je ne me défends point des sentiments d'estime
Que vos moindres sujets auroient pour vous sans crime.
Lorsque je vois en vous les célestes accords
Des graces de l'esprit et des beautés du corps,
Je puis, de tant d'attraits l'ame toute ravie,
Sur l'heur de votre époux jeter un œil d'envie;
Je puis contre le ciel en secret murmurer
De n'être pas né roi pour pouvoir espérer;
Et, les yeux éblouis de cet éclat suprême,
Baisser soudain la vue, et rentrer en moi-même :
Mais que je laisse aller d'ambitieux soupirs,
Un ridicule espoir, de criminels desirs!....
Je vous aime, madame, et vous estime en reine;
Et quand j'aurois des feux dignes de votre haine,
Si votre ame, sensible à ces indignes feux,
Se pouvoit oublier jusqu'à souffrir mes vœux;
Si, par quelque malheur que je ne puis comprendre,
Du trône jusqu'à moi je la voyois descendre,
Commençant aussitôt à vous moins estimer,
Je cesserois sans doute aussi de vous aimer.

L'amour que j'ai pour vous est tout à votre gloire :
Je ne vous prétends point pour fruit de ma victoire;
Je combats vos amants, sans dessein d'acquérir

Que l'heur d'en faire voir le plus digne, et mourir ;
Et tiendrois mon destin assez digne d'envie,
S'il le faisoit connoître aux dépens de ma vie.
Seroit-ce à vos faveurs répondre pleinement,
Que hasarder ce choix à mon seul jugement ?
Il vous doit un époux, à la Castille un maître :
Je puis en mal juger, je puis les mal connoître.
Je sais qu'ainsi que moi le démon des combats
Peut donner au moins digne et vous et vos états ;
Mais du moins si le sort des armes journalières
En laisse par ma mort de mauvaises lumières,
Elle m'en ôtera la honte et le regret ;
Et même, si votre ame en aime un en secret,
Et que ce triste choix rencontre mal le vôtre,
Je ne vous verrai point, entre les bras d'un autre,
Reprocher à Carlos par de muets soupirs
Qu'il est l'unique auteur de tous vos déplaisirs.

D. ISABELLE.

Ne cherchez point d'excuse à douter de ma flamme,
Marquis ; je puis aimer, puisqu'enfin je suis femme ;
Mais, si j'aime, c'est mal me faire votre cour
Qu'exposer au trépas l'objet de mon amour ;
Et toute votre ardeur se seroit modérée
A m'avoir dans ce doute assez considérée :
Je le veux éclaircir, et vous mieux éclairer,
Afin de vous apprendre à me considérer.
Je ne le cèle point, j'aime, Carlos, oui, j'aime ;
Mais l'amour de l'état, plus fort que de moi-même,
Cherche, au lieu de l'objet le plus doux à mes yeux,
Le plus digne héros de régner en ces lieux [1] ;
Et, craignant que mes feux osassent me séduire,

---

[1] Cette inversion n'est pas permise. Le superlatif avec un ré-

44 DON SANCHE.

J'ai voulu m'en remettre à vous pour m'en instruire.
Mais je crois qu'il suffit que cet objet d'amour
Perde le trône et moi, sans perdre encor le jour;
Et mon cœur qu'on lui vole en souffre assez d'alarmes,
Sans que sa mort pour moi me demande des larmes.

CARLOS.

Ah! si le ciel tantôt me daignoit inspirer
En quel heureux amant je vous dois révérer,
Que par une facile et soudaine victoire....

D. ISABELLE.

Ne pensez qu'à défendre et vous et votre gloire[1].
Quel qu'il soit, les respects qui l'auroient épargné
Lui donneroient un prix qu'il auroit mal gagné;
Et céder à mes feux plutôt qu'à son mérite
Ne seroit que me rendre au juge que j'évite.
  Je n'abuserai point du pouvoir absolu
Pour défendre un combat entre vous résolu;
Je blesserois par-là l'honneur de tous les quatre :
Les lois vous l'ont permis, je vous verrai combattre;
C'est à moi, comme reine, à nommer le vainqueur.
Dites-moi cependant, qui montre plus de cœur?
Qui des trois le premier éprouve la fortune?

CARLOS.

Don Alvar.

D. ISABELLE.

Don Alvar!

CARLOS.

Oui, don Alvar de Lune.

gime se met après le nom. Il fallait : *le héros le plus digne de régner*
(A.-M.)

[1] VAR. Ne songez qu'à défendre et vous et votre gloire.

D. ISABELLE.
On dit qu'il aime ailleurs.

CARLOS.
On le dit; mais enfin [1]
Lui seul jusqu'ici tente un si noble destin.

D. ISABELLE.
Je devine à-peu-près quel intérêt l'engage;
Et nous verrons demain quel sera son courage.

CARLOS.
Vous ne m'avez donné que ce jour pour ce choix.

D. ISABELLE.
J'aime mieux au lieu d'un vous en accorder trois.

CARLOS.
Madame, son cartel marque cette journée.

D. ISABELLE.
C'est peu que son cartel, si je ne l'ai donnée :
Qu'on le fasse venir pour la voir différer.
Je vais pour vos combats faire tout préparer.
Adieu. Souvenez-vous sur-tout de ma défense;
Et vous aurez demain l'honneur de ma présence.

SCÈNE III.

CARLOS.

Consens-tu qu'on diffère, honneur? le consens-tu?
Cet ordre n'a-t-il rien qui souille ma vertu?
N'ai-je point à rougir de cette déférence
Que d'un combat illustre achète la licence?
Tu murmures, ce semble? Achève; explique-toi.
La reine a-t-elle droit de te faire la loi?

---

[1] Var. Peut-être a-t-il changé;
Mais du moins jusqu'ici lui seul s'est engagé.

Tu n'es point son sujet, l'Aragon m'a vu naître.
O ciel! je m'en souviens; et j'ose encor paroître!
Et je puis, sous les noms de comte et de marquis,
D'un malheureux pêcheur reconnoître le fils!
   Honteuse obscurité, qui seule me fais craindre!
Injurieux destin, qui seul me rends à plaindre!
Plus on m'en fait sortir, plus je crains d'y rentrer;
Et crois ne t'avoir fui que pour te rencontrer.
Ton cruel souvenir sans fin me persécute;
Du rang où l'on m'élève il me montre la chute.
Lasse-toi désormais de me faire trembler;
Je parle à mon honneur, ne viens point le troubler[1].
Laisse-le sans remords m'approcher des couronnes,
Et ne viens point m'ôter plus que tu ne me donnes.
Je n'ai plus rien à toi : la guerre a consumé
Tout cet indigne sang dont tu m'avois formé;
J'ai quitté jusqu'au nom que je tiens de ta haine,
Et ne puis... Mais voici ma véritable reine.

SCÈNE IV.

D. ELVIRE, CARLOS.

D. ELVIRE.

Ah! Carlos, car j'ai peine à vous nommer marquis,
Non qu'un titre si beau ne vous soit bien acquis,
Non qu'avecque justice il ne vous appartienne,
Mais parcequ'il vous vient d'autre main que la mienne,
Et que je présumois n'appartenir qu'à moi
D'élever votre gloire au rang où je la voi.
Je me consolerois toutefois avec joie

---

[1] Var. Je parle à mon honneur, ne le viens point troubler.

ACTE II, SCÈNE IV.

Des faveurs que sans moi le ciel sur vous déploie,
Et verrois sans envie agrandir un héros,
Si le marquis tenoit ce qu'a promis Carlos,
S'il avoit comme lui son bras à mon service.
Je venois à la reine en demander justice;
Mais, puisque je vous vois, vous m'en ferez raison.
  Je vous accuse donc, non pas de trahison,
Pour un cœur généreux cette tache est trop noire,
Mais d'un peu seulement de manque de mémoire.

CARLOS.

Moi, madame?

D. ELVIRE.

  Écoutez mes plaintes en repos.
Je me plains du marquis, et non pas de Carlos.
Carlos de tout son cœur me tiendroit sa parole [1] :
Mais ce qu'il m'a donné, le marquis me le vole;
C'est lui seul qui dispose ainsi du bien d'autrui,
Et prodigue son bras quand il n'est plus à lui.
Carlos se souviendroit que sa haute vaillance
Doit ranger don Garcie à mon obéissance;
Qu'elle doit affermir mon sceptre dans ma main;
Qu'il doit m'accompagner peut-être dès demain :
Mais ce Carlos n'est plus, le marquis lui succède,
Qu'une autre soif de gloire, un autre objet possède,
Et qui, du même bras que m'engageoit sa foi [2],
Entreprend trois combats pour une autre que moi.
Hélas! si ces honneurs dont vous comble la reine
Réduisent mon espoir en une attente vaine;
Si les nouveaux desseins que vous en concevez
Vous ont fait oublier ce que vous me devez,

[1] Var. Carlos de tout son cœur me garderoit parole.
[2] Var. Et qui, du même bras qui m'étoit engagé,
  Entreprend trois combats même sans mon congé.

48 DON SANCHE.
Rendez-lui ces honneurs qu'un tel oubli profane ;
Rendez-lui Peñafiel, Burgos, et Santillane ;
L'Aragon a de quoi vous payer ces refus,
Et vous donner encor quelque chose de plus.
CARLOS.
Et Carlos, et marquis, je suis à vous, madame ;
Le changement de rang ne change point mon ame :
Mais vous trouverez bon que, par ces trois défis,
Carlos tâche à payer ce que doit le marquis.
Vous réserver mon bras noirci d'une infamie
Attireroit sur vous la fortune ennemie,
Et vous hasarderoit, par cette lâcheté,
Au juste châtiment qu'il auroit mérité.
Quand deux occasions pressent un grand courage[1],
L'honneur à la plus proche avidement l'engage,
Et lui fait préférer, sans le rendre inconstant,
Celle qui se présente à celle qui l'attend.
Ce n'est pas toutefois, madame, qu'il l'oublie :
Mais bien que je vous doive immoler don Garcie[2],
J'ai vu que vers la reine on perdoit le respect[3],
Que d'un indigne amour son cœur étoit suspect ;
Pour m'avoir honoré je l'ai vue outragée,
Et ne puis m'acquitter qu'après l'avoir vengée.
D. ELVIRE.
C'est me faire une excuse où je ne comprends rien,
Sinon que son service est préférable au mien,

---

[1] Var. Dans les occasions, sans craindre aucun reproche,
L'honneur avidement s'attache à la plus proche,
Et préfère sans honte et sans être inconstant.

[2] Var. Je sais que je vous dois le sang de don Garcie ;
Mais j'ai vu qu'à la reine on perdoit le respect.

[3] *Vers* pour *envers*. Ce mot ne s'emploie plus dans ce sens.
(A.-M.)

ACTE II, SCÈNE IV.

Qu'avant que de me suivre on doit mourir pour elle,
Et qu'étant son sujet il faut m'être infidèle.

CARLOS.

Ce n'est point en sujet que je cours au combat;
Peut-être suis-je né dedans quelque autre état :
Mais, par un zèle entier et pour l'une et pour l'autre,
J'embrasse également son service et le vôtre;
Et les plus grands périls n'ont rien de hasardeux
Que j'ose refuser pour aucune des deux.
Quoique engagé demain à combattre pour elle,
S'il falloit aujourd'hui venger votre querelle,
Tout ce que je lui dois ne m'empêcheroit pas
De m'exposer pour vous à plus de trois combats.
Je voudrois toutes deux pouvoir vous satisfaire,
Vous, sans manquer vers elle; elle, sans vous déplaire :
Cependant je ne puis servir elle ni vous,
Sans de l'une ou de l'autre allumer le courroux.
    Je plaindrois un amant qui souffriroit mes peines,
Et, tel pour deux beautés que je suis pour deux reines,
Se verroit déchiré par un égal amour,
Tel que sont mes respects dans l'une et l'autre cour :
L'ame d'un tel amant, tristement balancée,
Sur d'éternels soucis voit flotter sa pensée;
Et, ne pouvant résoudre à quels vœux se borner,
N'ose rien acquérir, ni rien abandonner :
Il n'aime qu'avec trouble, il ne voit qu'avec crainte;
Tout ce qu'il entreprend donne sujet de plainte;
Ses hommages par-tout ont de fausses couleurs,
Et son plus grand service est un grand crime ailleurs.

D. ELVIRE.

Aussi sont-ce d'amour les premières maximes,
Que partager son ame est le plus grand des crimes.
Un cœur n'est à personne alors qu'il est à deux;

50 DON SANCHE.

Aussitôt qu'il les offre il dérobe ses vœux;
Ce qu'il a de constance, à choisir trop timide [1],
Le rend vers l'une ou l'autre incessamment perfide;
Et, comme il n'est enfin ni rigueurs ni mépris
Qui d'un pareil amour ne soient un digne prix [2],
Il ne peut mériter d'aucun œil qui le charme,
En servant, un regard; en mourant, une larme.

CARLOS.
Vous seriez bien sévère envers un tel amant [3].

D. ELVIRE.
Allons voir si la reine agiroit autrement,
S'il en devroit attendre un plus léger supplice.
Cependant don Alvar le premier entre en lice;
Et vous savez l'amour qu'il m'a toujours fait voir [4].

CARLOS.
Je sais combien sur lui vous avez de pouvoir.

D. ELVIRE.
Quand vous le combattrez, pensez à ce que j'aime,
Et ménagez son sang comme le vôtre même.

CARLOS.
Quoi! m'ordonneriez-vous qu'ici j'en fisse un roi?

D. ELVIRE.
Je vous dis seulement que vous pensiez à moi.

[1] Var. Et sa triste constance, à choisir trop timide.

[2] Var. Qui pour un tel amant ne soient un digne prix.

[3] Var. Vous seriez bien sévère envers ce pauvre amant.

[4] Var. Vous savez quel amour il m'a toujours fait voir.

FIN DU SECOND ACTE.

ACTE TROISIÈME.

SCÈNE I.

D. ELVIRE, D. ALVAR.

D. ELVIRE.
Vous pouvez donc m'aimer, et d'une ame bien saine
Entreprendre un combat pour acquérir la reine !
Quel astre agit sur vous avec tant de rigueur,
Qu'il force votre bras à trahir votre cœur ?
L'honneur, me dites-vous, vers l'amour vous excuse :
Ou cet honneur se trompe, ou cet amour s'abuse ;
Et je ne comprends point, dans un si mauvais tour,
Ni quel est cet honneur, ni quel est cet amour.
Tout l'honneur d'un amant, c'est d'être amant fidèle ;
Si vous m'aimez encor, que prétendez-vous d'elle ?
Et, si vous l'acquérez, que voulez-vous de moi ?
Aurez-vous droit alors de lui manquer de foi ?
La mépriserez-vous quand vous l'aurez acquise ?

D. ALVAR.
Qu'étant né son sujet jamais je la méprise !

D. ELVIRE.
Que me voulez-vous donc ? Vaincu par don Carlos,
Aurez-vous quelque grace à troubler mon repos ?
En serez-vous plus digne ? et, par cette victoire,
Répandra-t-il sur vous un rayon de sa gloire ?

D. ALVAR.
Que j'ose présenter ma défaite à vos yeux !

D. ELVIRE.
Que me veut donc enfin ce cœur ambitieux?
D. ALVAR.
Que vous preniez pitié de l'état déplorable
Où votre long refus réduit un misérable.
 Mes vœux mieux écoutés, par un heureux effet,
M'auroient su garantir de l'honneur qu'on m'a fait ;
Et l'état par son choix ne m'eût pas mis en peine
De manquer à ma gloire, ou d'acquérir ma reine.
Votre refus m'expose à cette dure loi
D'entreprendre un combat qui n'est que contre moi ;
J'en crains également l'une et l'autre fortune.
Et le moyen aussi que j'en souhaite aucune?
Ni vaincu, ni vainqueur, je ne puis être à vous :
Vaincu, j'en suis indigne, et vainqueur, son époux ;
Et le destin m'y traite avec tant d'injustice,
Que son plus beau succès me tient lieu de supplice.
Aussi, quand mon devoir ose la disputer,
Je ne veux l'acquérir que pour vous mériter,
Que pour montrer qu'en vous j'adorois la personne,
Et me pouvois ailleurs promettre une couronne.
Fasse le juste ciel que j'y puisse, ou mourir [1],
Ou ne la mériter que pour vous acquérir !
D. ELVIRE.
Ce sont vœux superflus de vouloir un miracle
Où votre gloire oppose un invincible obstacle ;
Et la reine pour moi vous saura bien payer
Du temps qu'un peu d'amour vous fit mal employer.
Ma couronne est douteuse, et la sienne affermie ;
L'avantage du change en ôte l'infamie.
Allez ; n'en perdez pas la digne occasion ;

---

[1] VAR. Et plût au juste ciel que j'y pusse, ou mourir.

ACTE III, SCÈNE I.

Poursuivez-la sans honte et sans confusion.
La légèreté même où tant d'honneur engage
Est moins légèreté que grandeur de courage :
Mais gardez que Carlos ne me venge de vous.

D. ALVAR.

Ah! laissez-moi, madame, adorer ce courroux.
J'avois cru jusqu'ici mon combat magnanime ;
Mais je suis trop heureux s'il passe pour un crime,
Et si, quand de vos lois l'honneur me fait sortir,
Vous m'estimez assez pour vous en ressentir [1].
De ce crime vers vous quels que soient les supplices,
Du moins il m'a valu plus que tous mes services,
Puisqu'il me fait connoître, alors qu'il vous déplaît,
Que vous daignez en moi prendre quelque intérêt.

D. ELVIRE.

Le crime, don Alvar, dont je semble irritée,
C'est qu'on me persécute après m'avoir quittée ;
Et, pour vous dire encor quelque chose de plus,
Je me fâche d'entendre accuser mes refus.

Je suis reine sans sceptre, et n'en ai que le titre ;
Le pouvoir m'en est dû, le temps en est l'arbitre.
Si vous m'avez servie en généreux amant
Quand j'ai reçu du ciel le plus dur traitement,
J'ai tâché d'y répondre avec toute l'estime
Que pouvoit en attendre un cœur si magnanime.
Pouvois-je en cet exil davantage sur moi ?
Je ne veux point d'époux que je n'en fasse un roi ;
Et je n'ai pas une ame assez basse et commune
Pour en faire un appui de ma triste fortune.
C'est chez moi, don Alvar, dans la pompe et l'éclat,

---

[1] On diroit aujourd'hui pour en éprouver du *ressentiment* : le mot *ressentir* ne se prend plus dans cette acception. (A. M.)

Que me le doit choisir le bien de mon état.
Il falloit arracher mon sceptre à mon rebelle,
Le remettre en ma main pour le recevoir d'elle ;
Je vous aurois peut-être alors considéré
Plus que ne m'a permis un sort si déploré :
Mais une occasion plus prompte et plus brillante
A surpris cependant votre amour chancelante ;
Et, soit que votre cœur s'y trouvât disposé,
Soit qu'un si long refus l'y laissât exposé,
Je ne vous blâme point de l'avoir acceptée :
De plus constants que vous l'auroient bien écoutée.
Quelle qu'en soit pourtant la cause ou la couleur[1],
Vous pouviez l'embrasser avec moins de chaleur,
Combattre le dernier, et, par quelque apparence,
Témoigner que l'honneur vous faisoit violence ;
De cette illusion l'artifice secret
M'eût forcée à vous plaindre, et vous perdre à regret :
Mais courir au-devant, et vouloir bien qu'on voie
Que vos vœux mal reçus m'échappent avec joie !

D. ALVAR.

Vous auriez donc voulu que l'honneur d'un tel choix
Eût montré votre amant le plus lâche des trois ?
Que pour lui cette gloire eût eu trop peu d'amorces,
Jusqu'à ce qu'un rival eût épuisé ses forces ?
Que...

D. ELVIRE.

Vous achèverez au sortir du combat,
Si toutefois Carlos vous en laisse en état.
Voilà vos deux rivaux avec qui je vous laisse ;
Et vous dirai demain pour qui je m'intéresse.

D. ALVAR.

Hélas ! pour le bien voir je n'ai que trop de jour.

---

[1] VAR. Quelle qu'en soit pourtant la cause et la couleur.

SCÈNE II.

D. MANRIQUE, D. LOPE, D. ALVAR.

D. MANRIQUE.
Qui vous traite le mieux, la fortune, ou l'amour?
La reine charme-t-elle auprès de done Elvire?
D. ALVAR.
Si j'emporte la bague, il faudra vous le dire.
D. LOPE.
Carlos vous nuit par-tout, du moins à ce qu'on croit.
D. ALVAR.
Il fait plus d'un jaloux, du moins à ce qu'on voit.
D. LOPE.
Il devroit par pitié vous céder l'une ou l'autre.
D. ALVAR.
Plaignant mon intérêt, n'oubliez pas le vôtre.
D. MANRIQUE.
De vrai, la presse est grande à qui le fera roi.
D. ALVAR.
Je vous plains fort tous deux, s'il vient à bout de moi.
D. MANRIQUE.
Mais si vous le vainquez, serons-nous fort à plaindre?
D. ALVAR.
Quand je l'aurai vaincu, vous aurez fort à craindre.
D. LOPE.
Oui, de vous voir long-temps hors de combat pour nous.
D. ALVAR.
Nous aurons essuyé les plus dangereux coups.
D. MANRIQUE.
L'heure nous tardera d'en voir l'expérience.

D. ALVAR.
On pourra vous guérir de cette impatience.
D. LOPE.
De grace, faites donc que ce soit promptement.

SCÈNE III.
D. ISABELLE, D. MANRIQUE, D. ALVAR, D. LOPE.

D. ISABELLE.
Laissez-moi, don Alvar, leur parler un moment :
Je n'entreprendrai rien à votre préjudice ;
Et mon dessein ne va qu'à vous faire justice,
Qu'à vous favoriser plus que vous ne voulez.
D. ALVAR.
Je ne sais qu'obéir alors que vous parlez.

SCÈNE IV.
D. ISABELLE, D. MANRIQUE, D. LOPE.

D. ISABELLE.
Comtes, je ne veux plus donner lieu qu'on murmure
Que choisir par autrui c'est me faire une injure ;
Et, puisque de ma main le choix sera plus beau,
Je veux choisir moi-même, et reprendre l'anneau.
Je ferai plus pour vous : des trois qu'on me propose,
J'en exclus don Alvar ; vous en savez la cause :
Je ne veux point gêner un cœur plein d'autres feux,
Et vous ôte un rival pour le rendre à ses vœux.
Qui n'aime que par force aime qu'on le néglige ;
Et mon refus du moins autant que vous l'oblige.

ACTE III, SCÈNE IV. 57

Vous êtes donc les seuls que je veux regarder :
Mais, avant qu'à choisir j'ose me hasarder [1],
Je voudrois voir en vous quelque preuve certaine
Qu'en moi c'est moi qu'on aime, et non l'éclat de reine.
L'amour n'est, ce dit-on, qu'une union d'esprits;
Et je tiendrois des deux celui-là mieux épris
Qui favoriseroit ce que je favorise,
Et ne mépriseroit que ce que je méprise;
Qui prendroit en m'aimant même cœur, mêmes yeux.
Si vous ne m'entendez, je vais m'expliquer mieux [2].
  Aux vertus de Carlos j'ai paru libérale :
Je voudrois en tous deux voir une estime égale,
Qu'il trouvât même honneur, même justice en vous;
Car ne présumez pas que je prenne un époux
Pour m'exposer moi-même à ce honteux outrage
Qu'un roi fait de ma main détruise mon ouvrage;
N'y pensez l'un ni l'autre, à moins qu'un digne effet
Suive de votre part ce que pour lui j'ai fait;
Et que par cet aveu je demeure assurée
Que tout ce qui m'a plu doit être de durée.

D. MANRIQUE.

Toujours Carlos, madame! et toujours son bonheur
Fait dépendre de lui le nôtre, et votre cœur!
Mais puisque c'est par-là qu'il faut enfin vous plaire,
Vous-même apprenez-nous ce que nous pouvons faire.
  Nous l'estimons tous deux un des braves guerriers
A qui jamais la guerre ait donné des lauriers :
Notre liberté même est due à sa vaillance;
Et, quoiqu'il ait tantôt montré quelque insolence,
Dont nous a dû piquer l'honneur de notre rang,

---

[1] VAR. Mais avant qu'à choisir je m'ose hasarder.
[2] VAR. Si vous ne m'entendez, je m'expliquerai mieux.

DON SANCHE.

Vous avez suppléé l'obscurité du sang.
Ce qu'il vous plaît qu'il soit, il est digne de l'être.
Nous lui devons beaucoup, et l'allions reconnoître,
L'honorer en soldat, et lui faire du bien ;
Mais après vos faveurs nous ne pouvons plus rien :
Qui pouvoit pour Carlos ne peut rien pour un comte [1] ;
Il n'est rien en nos mains qu'il en reçût sans honte ;
Et vous avez pris soin de le payer pour nous.

D. ISABELLE.

Il en est en vos mains des présents assez doux,
Qui purgeroient vos noms de toute ingratitude,
Et mon ame pour lui de toute inquiétude ;
Il en est dont sans honte il seroit possesseur :
En un mot, vous avez l'un et l'autre une sœur ;
Et je veux que le roi qu'il me plaira de faire,
En recevant ma main, le fasse son beau-frère ;
Et que par cet hymen son destin affermi
Ne puisse en mon époux trouver son ennemi.

Ce n'est pas, après tout, que j'en craigne la haine ;
Je sais qu'en cet état je serai toujours reine,
Et qu'un tel roi jamais, quel que soit son projet,
Ne sera sous ce nom que mon premier sujet ;
Mais je ne me plais pas à contraindre personne,
Et moins que tous un cœur à qui le mien se donne.
Répondez donc tous deux : n'y consentez-vous pas ?

D. MANRIQUE.

Oui, madame, aux plus longs et plus cruels trépas,
Plutôt qu'à voir jamais de pareils hyménées
Ternir en un moment l'éclat de mille années.
Ne cherchez point par-là cette union d'esprits :
Votre sceptre, madame, est trop cher à ce prix ;

---

[1] VAR. Qui pouvoit pour Carlos ne peut plus pour un comte

Et jamais....
D. ISABELLE.
Ainsi donc vous me faites connoître
Que ce que je l'ai fait il est digne de l'être?
Que je puis suppléer l'obscurité du sang?
D. MANRIQUE.
Oui, bien pour l'élever jusques à notre rang.
Jamais un souverain ne doit compte à personne
Des dignités qu'il fait, et des grandeurs qu'il donne :
S'il est d'un sort indigne ou l'auteur ou l'appui,
Comme il le fait lui seul, la honte est toute à lui.
Mais disposer d'un sang que j'ai reçu sans tache !
Avant que le souiller il faut qu'on me l'arrache ;
J'en dois compte aux aïeux dont il est hérité,
A toute leur famille, à la postérité.
D. ISABELLE.
Et moi, Manrique, et moi, qui n'en dois aucun compte,
J'en disposerai seule, et j'en aurai la honte.
Mais quelle extravagance a pu vous figurer [1]
Que je me donne à vous pour vous déshonorer?
Que mon sceptre en vos mains porte quelque infamie?
Si je suis jusque-là de moi-même ennemie,
En quelle qualité, de sujet, ou d'amant,
M'osez-vous expliquer ce noble sentiment?
Ah! si vous n'apprenez à parler d'autre sorte....
D. LOPE.
Madame, pardonnez à l'ardeur qui l'emporte ;
Il devoit s'excuser avec plus de douceur.
Nous avons en effet l'un et l'autre une sœur ;
Mais, si j'ose en parler avec quelque franchise,

---

[1] *Se figurer* une chose, c'est se la représenter par la pensée. La phrase de Corneille peut se traduire ainsi : Comment pouvez-vous vous *figurer* que je me donne, etc. (A.-M.)

A d'autres qu'au marquis l'une et l'autre est promise.
D. ISABELLE.
A qui, don Lope?
D. MANRIQUE.
A moi, madame.
D. ISABELLE.
Et l'autre?
D. LOPE.
A moi.
D. ISABELLE.
J'ai donc tort parmi vous de vouloir faire un roi.
Allez, heureux amants, allez voir vos maîtresses;
Et, parmi les douceurs de vos dignes caresses,
N'oubliez pas de dire à ces jeunes esprits
Que vous faites du trône un généreux mépris.
Je vous l'ai déja dit, je ne force personne,
Et rends grace à l'état des amants qu'il me donne.
D. LOPE.
Écoutez-nous, de grace.
D. ISABELLE.
Et que me direz-vous?
Que la constance est belle au jugement de tous?
Qu'il n'est point de grandeurs qui la doivent séduire?
Quelques autres que vous m'en sauront mieux instruire;
Et, si cette vertu ne se doit point forcer,
Peut-être qu'à mon tour je saurai l'exercer.
D. LOPE.
Exercez-la, madame, et souffrez qu'on s'explique.
Vous connoîtrez du moins don Lope et don Manrique,
Qu'un vertueux amour qu'ils ont tous deux pour vous,
Ne pouvant rendre heureux sans en faire un jaloux,
Porte à tarir ainsi la source des querelles
Qu'entre les grands rivaux on voit si naturelles.

ACTE III, SCÈNE IV.

Ils se sont l'un à l'autre attachés par ces nœuds,
Qui n'auront leur effet que pour le malheureux :
Il me devra sa sœur, s'il faut qu'il vous obtienne ;
Et si je suis à vous, je lui devrai la mienne.
Celui qui doit vous perdre, ainsi, malgré son sort,
A s'approcher de vous fait encor son effort ;
Ainsi, pour consoler l'une ou l'autre infortune,
L'une et l'autre est promise, et nous n'en devons qu'une :
Nous ignorons laquelle ; et vous la choisirez,
Puisque enfin c'est la sœur du roi que vous ferez.
    Jugez donc si Carlos en peut être beau-frère,
Et si vous devez rompre un nœud si salutaire,
Hasarder un repos à votre état si doux,
Qu'affermit sous vos lois la concorde entre nous.

D. ISABELLE.

Et ne savez-vous point qu'étant ce que vous êtes,
Vos sœurs par conséquent mes premières sujettes,
Les donner sans mon ordre, et même malgré moi,
C'est dans mon propre état m'oser faire la loi ?

D. MANRIQUE.

Agissez donc enfin, madame, en souveraine,
Et souffrez qu'on s'excuse, ou commandez en reine.
Nous vous obéirons, mais sans y consentir ;
Et, pour vous dire tout avant que de sortir,
Carlos est généreux, il connoît sa naissance ;
Qu'il se juge en secret sur cette connoissance ;
Et, s'il trouve son sang digne d'un tel honneur,
Qu'il vienne, nous tiendrons l'alliance à bonheur ;
Qu'il choisisse des deux, et l'épouse, s'il l'ose.
    Nous n'avons plus, madame, à vous dire autre chose :
Mettre en un tel hasard le choix de leur époux,
C'est jusqu'où nous pouvons nous abaisser pour vous ;
Mais, encore une fois, que Carlos y regarde,

Et pense à quels périls cet hymen le hasarde.
D. ISABELLE.
Vous-même gardez bien, pour le trop dédaigner,
Que je ne montre enfin comme je sais régner.

SCÈNE V.

D. ISABELLE.

Quel est ce mouvement qui tous deux les mutine,
Lorsque l'obéissance au trône les destine?
Est-ce orgueil? est-ce envie? est-ce animosité,
Défiance, mépris, ou générosité?
N'est-ce point que le ciel ne consent qu'avec peine
Cette triste union d'un sujet à sa reine,
Et jette un prompt obstacle aux plus aisés desseins
Qui laissent choir mon sceptre en leurs indignes mains?
Mes yeux n'ont-ils horreur d'une telle bassesse
Que pour s'abaisser trop lorsque je les abaisse?
Quel destin à ma gloire oppose mon ardeur?
Quel destin à ma flamme oppose ma grandeur?
Si ce n'est que par-là que je m'en puis défendre,
Ciel, laisse-moi donner ce que je n'ose prendre;
Et, puisque enfin pour moi tu n'as point fait de rois,
Souffre de mes sujets le moins indigne choix.

SCÈNE VI.

D. ISABELLE, BLANCHE.

D. ISABELLE.
Blanche, j'ai perdu temps.

BLANCHE.
Je l'ai perdu de même ¹.
D. ISABELLE.
Les comtes à ce prix fuyent le diadème.
BLANCHE.
Et Carlos ne veut point de fortune à ce prix.
D. ISABELLE.
Rend-il haine pour haine, et mépris pour mépris?
BLANCHE.
Non, madame, au contraire, il estime ces dames
Dignes des plus grands cœurs, et des plus belles flammes.
D. ISABELLE.
Et qui l'empêche donc d'aimer, et de choisir?
BLANCHE.
Quelque secret obstacle arrête son desir.
Tout le bien qu'il en dit ne passe point l'estime;
Charmantes qu'elles sont, les aimer c'est un crime.
Il ne s'excuse point sur l'inégalité;
Il semble plutôt craindre une infidélité;
Et ses discours obscurs, sous un confus mélange,
M'ont fait voir malgré lui comme une horreur du change,
Comme une aversion qui n'a pour fondement ²
Que les secrets liens d'un autre attachement.
D. ISABELLE.
Il aimeroit ailleurs!
BLANCHE.
Oui, si je ne m'abuse,
Il aime en lieu plus haut que n'est ce qu'il refuse;

---

¹ *Perdre temps* était alors une phrase faite, comme *perdre courage*; mais dans la réplique le pronom *le* se rapporte à *temps*, qui est indéfini. C'est une faute, ou, si l'on veut, une licence. (A.-M.)

² VAR. Comme une aversion qui pour tout fondement
　　　　N'a que les nœuds secrets d'un autre attachement.

Et, si je ne craignois votre juste courroux,
J'oserois deviner, madame, que c'est vous.
D. ISABELLE.
Ah! ce n'est pas pour moi qu'il est si téméraire;
Tantôt dans ses respects j'ai trop vu le contraire :
Si l'éclat de mon sceptre avoit pu le charmer,
Il ne m'auroit jamais défendu de l'aimer.
S'il aime en lieu si haut, il aime donc Elvire;
Il doit l'accompagner jusque dans son empire;
Et fait à mes amants ces défis généreux,
Non pas pour m'acquérir, mais pour se venger d'eux.
 Je l'ai donc agrandi pour le voir disparoître,
Et qu'une reine, ingrate à l'égal de ce traître,
M'enlève, après vingt ans de refuge en ces lieux,
Ce qu'avoit mon état de plus doux à mes yeux!
Non, j'ai pris trop de soin de conserver sa vie.
Qu'il combatte, qu'il meure, et j'en serai ravie.
Je saurai par sa mort à quels vœux m'engager,
Et j'aimerai des trois qui m'en saura venger [1].
BLANCHE.
Que vous peut offenser sa flamme ou sa retraite,
Puisque vous n'aspirez qu'à vous en voir défaite?
Je ne sais pas s'il aime ou donc Elvire ou vous,
Mais je ne comprends point ce mouvement jaloux.
D. ISABELLE.
Tu ne le comprends point! et c'est ce qui m'étonne :
Je veux donner son cœur, non que son cœur le donne;
Je veux que son respect l'empêche de m'aimer,
Non des flammes qu'une autre a su mieux allumer :
Je veux bien plus; qu'il m'aime, et qu'un juste silence
Fasse à des feux pareils pareille violence;

---

[1] Var. Et j'aimerai des trois qui m'aura su venger.

ACTE III, SCÈNE VI.

Que l'inégalité lui donne même ennui ;
Qu'il souffre autant pour moi que je souffre pour lui ;
Que, par le seul dessein d'affermir sa fortune,
Et non point par amour, il se donne à quelqu'une ;
Que par mon ordre seul il s'y laisse obliger ;
Que ce soit m'obéir, et non me négliger ;
Et que, voyant ma flamme à l'honorer trop prompte,
Il m'ôte de péril sans me faire de honte.
Car enfin il l'a vue, et la connoît trop bien :
Mais il aspire au trône, et ce n'est pas au mien ;
Il me préfère une autre, et cette préférence
Forme de son respect la trompeuse apparence :
Faux respect, qui me brave, et veut régner sans moi !

BLANCHE.
Pour aimer done Elvire, il n'est pas encor roi.

D. ISABELLE.
Elle est reine, et peut tout sur l'esprit de sa mère.

BLANCHE.
Si ce n'est un faux bruit, le ciel lui rend un frère.
Don Sanche n'est point mort, et vient ici, dit-on,
Avec les députés qu'on attend d'Aragon ;
C'est ce qu'en arrivant leurs gens ont fait entendre.

D. ISABELLE.
Blanche, s'il est ainsi, que d'heur j'en dois attendre !
L'injustice du ciel, faute d'autres objets,
Me forçoit d'abaisser mes yeux sur mes sujets,
Ne voyant point de prince égal à ma naissance
Qui ne fût sous l'hymen, ou Maure, ou dans l'enfance :
Mais, s'il lui rend un frère, il m'envoie un époux.
   Comtes, je n'ai plus d'yeux pour Carlos ni pour vous ;
Et, devenant par-là reine de ma rivale,
J'aurai droit d'empêcher qu'elle ne se ravale[1] ;

---
[1] Var. Je l'empêcherai bien qu'elle ne se ravale ;

Et ne souffrirai pas qu'elle ait plus de bonheur
Que ne m'en ont permis ces tristes lois d'honneur.
BLANCHE.
La belle occasion que votre jalousie,
Douteuse encor qu'elle est, a promptement saisie!
D. ISABELLE.
Allons l'examiner, Blanche; et tâchons de voir
Quelle juste espérance on peut en concevoir¹.

<small>Je l'empêcherai bien d'avoir plus de bonheur.
¹ Var. Quelle juste espérance il en faut concevoir.</small>

FIN DU TROISIÈME ACTE.

ACTE QUATRIÈME.

SCÈNE I.

D. LÉONOR, D. MANRIQUE, D. LOPE.

D. MANRIQUE.
Quoique l'espoir d'un trône et l'amour d'une reine
Soient des biens que jamais on ne céda sans peine,
Quoiqu'à l'un de nous deux elle ait promis sa foi,
Nous cessons de prétendre où nous voyons un roi.
Dans notre ambition nous savons nous connoître ;
Et, bénissant le ciel qui nous donne un tel maître,
Ce prince qu'il vous rend après tant de travaux
Trouve en nous des sujets, et non pas des rivaux :
Heureux si l'Aragon, joint avec la Castille,
Du sang de deux grands rois ne fait qu'une famille !
Nous vous en conjurons, loin d'en être jaloux,
Comme étant l'un et l'autre à l'état plus qu'à nous ;
Et tous impatients d'en voir la force unie
Des Maures, nos voisins, dompter la tyrannie,
Nous renonçons sans honte à ce choix glorieux,
Qui d'une grande reine abaissoit trop les yeux.

D. LÉONOR.
La générosité de votre déférence,
Comtes, flatte trop tôt ma nouvelle espérance :
D'un avis si douteux j'attends fort peu de fruit ;
Et ce grand bruit enfin peut-être n'est qu'un bruit.

Mais jugez-en tous deux, et me daignez apprendre [1]
Ce qu'avecque raison mon cœur en doit attendre.
   Les troubles d'Aragon vous sont assez connus ;
Je vous en ai souvent tous deux entretenus,
Et ne vous redis point quelles longues misères
Chassèrent don Fernand du trône de ses pères.
Il y voyoit déja monter ses ennemis,
Ce prince malheureux, quand j'accouchai d'un fils :
On le nomma don Sanche ; et, pour cacher sa vie
Aux barbares fureurs du traître don Garcie,
A peine eus-je loisir de lui dire un adieu,
Qu'il le fit enlever sans me dire en quel lieu ;
Et je n'en pus jamais savoir que quelques marques,
Pour reconnoitre un jour le sang de nos monarques.
Trop inutiles soins contre un si mauvais sort !
Lui-même au bout d'un an m'apprit qu'il étoit mort.
Quatre ans après il meurt, et me laisse une fille
Dont je vins par son ordre accoucher en Castille.
Il me souvient toujours de ses derniers propos ;
Il mourut en mes bras avec ces tristes mots :
« Je meurs, et je vous laisse en un sort déplorable !
« Le ciel vous puisse un jour être plus favorable !
« Don Raimond a pour vous des secrets importants,
« Et vous les apprendra quand il en sera temps :
« Fuyez dans la Castille. » A ces mots il expire,
Et jamais don Raimond ne me voulut rien dire.
Je partis sans lumière en ces obscurités :
Mais le voyant venir avec ces députés,
Et que c'est par leurs gens que ce grand bruit éclate,
(Voyez qu'en sa faveur aisément on se flatte !)
J'ai cru que du secret le temps étoit venu,

---

[1] Var. Mais jugez-en vous-même, et me daignez apprendre.

Et que don Sanche étoit ce mystère inconnu ;
Qu'il l'amenoit ici reconnoître sa mère [1].
Hélas! que c'est en vain que mon amour l'espère!
A ma confusion ce bruit s'est éclairci ;
Bien loin de l'amener, ils le cherchent ici :
Voyez quelle apparence, et si cette province
A jamais su le nom de ce malheureux prince.

D. LOPE.

Si vous croyez au nom, vous croirez son trépas,
Et qu'on cherche don Sanche où don Sanche n'est pas;
Mais si vous en voulez croire la voix publique,
Et que notre pensée avec elle s'explique,
Ou le ciel pour jamais a repris ce héros,
Ou cet illustre prince est le vaillant Carlos.
Nous le dirons tous deux, quoique suspects d'envie,
C'est un miracle pur que le cours de sa vie.
Cette haute vertu qui charme tant d'esprits,
Cette fière valeur qui brave nos mépris,
Ce port majestueux qui, tout inconnu même,
A plus d'accès que nous auprès du diadème;
Deux reines qu'à l'envi nous voyons l'estimer,
Et qui peut-être ont peine à ne le pas aimer;
Ce prompt consentement d'un peuple qui l'adore :
Madame, après cela j'ose le dire encore [2],
Ou le ciel pour jamais a repris ce héros,
Ou cet illustre prince est le vaillant Carlos.
Nous avons méprisé sa naissance inconnue;
Mais à ce peu de jour nous recouvrons la vue,
Et verrions à regret qu'il fallût aujourd'hui
Céder notre espérance à tout autre qu'à lui.

---

[1] Var. Qu'il l'amenoit ici reconnoître une mère.
[2] Var. Madame, après cela j'ose vous dire encore.

D. LÉONOR.

Il en a le mérite, et non pas la naissance;
Et lui-même il en donne assez de connoissance,
Abandonnant la reine à choisir parmi vous
Un roi pour la Castille, et pour elle un époux.

D. MANRIQUE.

Et ne voyez-vous pas que sa valeur s'apprête
A faire sur tous trois cette illustre conquête?
Oubliez-vous déjà qu'il a dit à vos yeux
Qu'il ne veut rien devoir au nom de ses aïeux?
Son grand cœur se dérobe à ce haut avantage,
Pour devoir sa grandeur entière à son courage :
Dans une cour si belle et si pleine d'appas,
Avez-vous remarqué qu'il aime en lieu plus bas?

D. LÉONOR.

Le voici, nous saurons ce que lui-même en pense.

SCÈNE II.

D. LÉONOR, CARLOS, D. MANRIQUE, D. LOPE.

CARLOS.

Madame, sauvez-moi d'un honneur qui m'offense :
Un peuple opiniâtre à m'arracher mon nom
Veut que je sois don Sanche, et prince d'Aragon.
Puisque par sa présence il faut que ce bruit meure,
Dois-je être, en l'attendant, le fantôme d'une heure?
Ou si c'est une erreur qui lui promet ce roi,
Souffrez-vous qu'elle abuse et de vous et de moi?

D. LÉONOR.

Quoi que vous présumiez de la voix populaire,
Par de secrets rayons le ciel souvent l'éclaire :

Vous apprendrez par-là du moins les vœux de tous,
Et quelle opinion les peuples ont de vous.
D. LOPE.
Prince, ne cachez plus ce que le ciel découvre ;
Ne fermez pas nos yeux quand sa main nous les ouvre.
Vous devez être las de nous faire faillir.
Nous ignorons quel fruit vous en vouliez cueillir ;
Mais nous avions pour vous une estime assez haute
Pour n'être pas forcés à commettre une faute ;
Et notre honneur, au vôtre en aveugle opposé,
Méritoit par pitié d'être désabusé.
Notre orgueil n'est pas tel, qu'il s'attache aux personnes,
Ou qu'il ose oublier ce qu'il doit aux couronnes ;
Et s'il n'a pas eu d'yeux pour un roi déguisé,
Si l'inconnu Carlos s'en est vu méprisé,
Nous respectons don Sanche, et l'acceptons pour maître,
Sitôt qu'à notre reine il se fera connoître :
Et sans doute son cœur nous en avouera bien.
Hâtez cette union de votre sceptre au sien,
Seigneur, et, d'un soldat quittant la fausse image,
Recevez, comme roi, notre premier hommage.
CARLOS.
Comtes, ces faux respects dont je me vois surpris
Sont plus injurieux encor que vos mépris.
Je pense avoir rendu mon nom assez illustre
Pour n'avoir pas besoin qu'on lui donne un faux lustre
Reprenez vos honneurs, où je n'ai point de part.
J'imputois ce faux bruit aux fureurs du hasard,
Et doutois qu'il pût être une ame assez hardie
Pour ériger Carlos en roi de comédie :
Mais, puisque c'est un jeu de votre belle humeur,
Sachez que les vaillants honorent la valeur ;
Et que tous vos pareils auroient quelque scrupule

A faire de la mienne un éclat ridicule.
Si c'est votre dessein d'en réjouir ces lieux,
Quand vous m'aurez vaincu vous me raillerez mieux :
La raillerie est belle après une victoire ;
On la fait avec grace aussi bien qu'avec gloire.
Mais vous précipitez un peu trop ce dessein :
La bague de la reine est encore en ma main ;
Et l'inconnu Carlos, sans nommer sa famille,
Vous sert encor d'obstacle au trône de Castille.
Ce bras, qui vous sauva de la captivité,
Peut s'opposer encore à votre avidité[1].

D. MANRIQUE.

Pour n'être que Carlos, vous parlez bien en maître ;
Et tranchez bien du prince, en déniant de l'être.
Si nous avons tantôt jusqu'au bout défendu
L'honneur qu'à notre rang nous voyions être dû,
Nous saurons bien encor jusqu'au bout le défendre ;
Mais ce que nous devons, nous aimons à le rendre.
Que vous soyez don Sanche, ou qu'un autre le soit,
L'un et l'autre de nous lui rendra ce qu'il doit.
Pour le nouveau marquis, quoique l'honneur l'irrite,
Qu'il sache qu'on l'honore autant qu'il le mérite ;
Mais que, pour nous combattre, il faut que le bon sang
Aide un peu sa valeur à soutenir ce rang.
Qu'il n'y prétende point, à moins qu'il se déclare :
Non que nous demandions qu'il soit Guzman ou Lare :
Qu'il soit noble, il suffit pour nous traiter d'égal ;
Nous le verrons tous deux comme un digne rival ;
Et si don Sanche enfin n'est qu'une attente vaine,
Nous lui disputerons cet anneau de la reine.
Qu'il souffre cependant, quoique brave guerrier,

---

[1] Var. Peut s'opposer encore à cette avidité.

ACTE IV, SCÈNE III.

Que notre bras dédaigne un simple aventurier.
  Nous vous laissons, madame, éclaircir ce mystère :
Le sang a des secrets qu'entend mieux une mère ;
Et, dans les différents qu'avec lui nous avons,
Nous craignons d'oublier ce que nous vous devons.

SCÈNE III.
D. LÉONOR, CARLOS.

CARLOS.

Madame, vous voyez comme l'orgueil me traite ;
Pour me faire un honneur, on veut que je l'achète :
Mais, s'il faut qu'il m'en coûte un secret de vingt ans ;
Cet anneau dans mes mains pourra briller long-temps.

D. LÉONOR.

Laissons là ce combat, et parlons de don Sanche.
Ce bruit est grand pour vous, toute la cour y penche :
De grace, dites-moi, vous connoissez-vous bien ?

CARLOS.

Plût à Dieu qu'en mon sort je ne connusse rien !
Si j'étois quelque enfant épargné des tempêtes,
Livré dans un désert à la merci des bêtes,
Exposé par la crainte ou par l'inimitié,
Rencontré par hasard, et nourri par pitié,
Mon orgueil à ce bruit prendroit quelque espérance
Sur votre incertitude, et sur mon ignorance ;
Je me figurerois ces destins merveilleux,
Qui tiroient du néant les héros fabuleux,
Et me revêtirois des brillantes chimères
Qu'osa former pour eux le loisir de nos pères :
Car enfin je suis vain, et mon ambition
Ne peut s'examiner sans indignation ;
Je ne puis regarder sceptre ni diadème,

Qu'ils n'emportent mon ame au-delà d'elle-même :
Inutiles élans d'un vol impétueux
Que pousse vers le ciel un cœur présomptueux,
Que soutiennent en l'air quelques exploits de guerre,
Et qu'un coup d'œil sur moi rabat soudain à terre !
 Je ne suis point don Sanche, et connois mes parents ;
Ce bruit me donne en vain un nom que je vous rends ;
Gardez-le pour ce prince : une heure ou deux peut-être
Avec vos députés vous le feront connoître.
Laissez-moi cependant à cette obscurité,
Qui ne fait que justice à ma témérité.

D. LÉONOR.

En vain donc je me flatte, et ce que j'aime à croire
N'est qu'une illusion que me fait votre gloire.
Mon cœur vous en dédit ; un secret mouvement,
Qui le penche vers vous, malgré moi vous dément :
Mais je ne puis juger quelle source l'anime ;
Si c'est l'ardeur du sang, ou l'effort de l'estime ;
Si la nature agit, ou si c'est le desir ;
Si c'est vous reconnoître, ou si c'est vous choisir.
Je veux bien toutefois étouffer ce murmure
Comme de vos vertus une aimable imposture,
Condamner, pour vous plaire, un bruit qui m'est si doux ;
Mais où sera mon fils, s'il ne vit point en vous ?
On veut qu'il soit ici ; je n'en vois aucun signe :
On connoît, hormis vous, quiconque en seroit digne ;
Et le vrai sang des rois, sous le sort abattu,
Peut cacher sa naissance, et non pas sa vertu :
Il porte sur le front un luisant caractère
Qui parle malgré lui de tout ce qu'il veut taire ;
Et celui que le ciel sur le vôtre avoit mis
Pouvoit seul m'éblouir si vous l'eussiez permis.
 Vous ne l'êtes donc point, puisque vous me le dites :

ACTE IV, SCÈNE IV.

Mais vous êtes à craindre avec tant de mérites.
Souffrez que j'en demeure à cette obscurité.
Je ne condamne point votre témérité ;
Mon estime au contraire est pour vous si puissante,
Qu'il ne tiendra qu'à vous que mon cœur n'y consente :
Votre sang avec moi n'a qu'à se déclarer,
Et je vous donne après liberté d'espérer.
Que si même à ce prix vous cachez votre race,
Ne me refusez point du moins une autre grace :
Ne vous préparez plus à nous accompagner ;
Nous n'avons plus besoin de secours pour régner.
La mort de don Garcie a puni tous ses crimes,
Et rendu l'Aragon à ses rois légitimes ;
N'en cherchez plus la gloire, et, quels que soient vos vœux,
Ne me contraignez point à plus que je ne veux.
Le prix de la valeur doit avoir ses limites ;
Et je vous crains enfin avec tant de mérites.
C'est assez vous en dire. Adieu : pensez-y bien,
Et faites-vous connoître, ou n'aspirez à rien.

SCÈNE IV.
CARLOS, BLANCHE.

BLANCHE.
Qui ne vous craindra point, si les reines vous craignent ?
CARLOS.
Elles se font raison lorsqu'elles me dédaignent.
BLANCHE.
Dédaigner un héros qu'on reconnoît pour roi !
CARLOS.
N'aide point à l'envie à se jouer de moi,
Blanche ; et si tu te plais à seconder sa haine,
Du moins respecte en moi l'ouvrage de ta reine.

BLANCHE.

La reine même en vous ne voit plus aujourd'hui
Qu'un prince que le ciel nous montre malgré lui.
Mais c'est trop la tenir dedans l'incertitude ;
Ce silence vers elle est une ingratitude :
Ce qu'a fait pour Carlos sa générosité
Méritoit de don Sanche une civilité.

CARLOS.

Ah! nom fatal pour moi, que tu me persécutes,
Et prépares mon ame à d'effroyables chutes!

SCÈNE V.
D. ISABELLE, CARLOS, BLANCHE.

CARLOS.

Madame, commandez qu'on me laisse en repos,
Qu'on ne confonde plus don Sanche avec Carlos ;
C'est faire au nom d'un prince une trop longue injure :
Je ne veux que celui de votre créature ;
Et si le sort jaloux, qui semble me flatter,
Veut m'élever plus haut pour m'en précipiter,
Souffrez qu'en m'éloignant je dérobe ma tête
A l'indigne revers que sa fureur m'apprête.
Je le vois de trop loin pour l'attendre en ce lieu ;
Souffrez que je l'évite en vous disant adieu ;
Souffrez…

D. ISABELLE.

    Quoi! ce grand cœur redoute une couronne!
Quand on le croit monarque, il frémit, il s'étonne!
Il veut fuir cette gloire, et se laisse alarmer
De ce que sa vertu force d'en présumer!

CARLOS.

Ah! vous ne voyez pas que cette erreur commune

ACTE IV, SCÈNE V.

N'est qu'une trahison de ma bonne fortune ;
Que déja mes secrets sont à demi trahis.
Je lui cachois en vain ma race et mon pays ;
En vain sous un faux nom je me faisois connoître,
Pour lui faire oublier ce qu'elle m'a fait naître ;
Elle a déja trouvé mon pays et mon nom.
　Je suis Sanche, madame, et né dans l'Aragon ;
Et je crois déja voir sa malice funeste
Détruire votre ouvrage en découvrant le reste,
Et faire voir ici, par un honteux effet,
Quel comte et quel marquis votre faveur a fait.

D. ISABELLE.

Pourrois-je alors manquer de force ou de courage
Pour empêcher le sort d'abattre mon ouvrage ?
Ne me dérobez point ce qu'il ne peut ternir ;
Et la main qui l'a fait saura le soutenir.
Mais vous vous en formez une vaine menace
Pour faire un beau prétexte à l'amour qui vous chasse.
Je ne demande plus d'où partoit ce dédain,
Quand j'ai voulu vous faire un hymen de ma main.
Allez dans l'Aragon suivre votre princesse,
Mais allez-y du moins sans feindre une foiblesse ;
Et, puisque ce grand cœur s'attache à ses appas,
Montrez en la suivant que vous ne fuyez pas.

CARLOS.

Ah ! madame, plutôt apprenez tous mes crimes ;
Ma tête est à vos pieds, s'il vous faut des victimes.
　Tout chétif que je suis, je dois vous avouer
Qu'en me plaignant du sort j'ai de quoi m'en louer :
S'il m'a fait en naissant quelque désavantage,
Il m'a donné d'un roi le nom et le courage ;
Et, depuis que mon cœur est capable d'aimer,
A moins que d'une reine, il n'a pu s'enflammer ;

Voilà mon premier crime, et je ne puis vous dire
Qui m'a fait infidèle, ou vous, ou done Elvire;
Mais je sais que ce cœur, des deux parts engagé,
Se donnant à vous deux, ne s'est point partagé,
Toujours prêt d'embrasser son service et le vôtre,
Toujours prêt à mourir et pour l'une et pour l'autre.
Pour n'en adorer qu'une, il eût fallu choisir;
Et ce choix eût été du moins quelque desir,
Quelque espoir outrageux d'être mieux reçu d'elle,
Et j'ai cru moins de crime à paroître infidèle.
Qui n'a rien à prétendre en peut bien aimer deux,
Et perdre en plus d'un lieu des soupirs et des vœux;
Voilà mon second crime : et quoique ma souffrance
Jamais à ce beau feu n'ait permis d'espérance,
Je ne puis, sans mourir d'un désespoir jaloux,
Voir dans les bras d'un autre, ou done Elvire, ou vous.
Voyant que votre choix m'apprêtoit ce martyre,
Je voulois m'y soustraire en suivant done Elvire,
Et languir auprès d'elle, attendant que le sort,
Par un semblable hymen, m'eût envoyé la mort.
Depuis, l'occasion, que vous-même avez faite,
M'a fait quitter le soin d'une telle retraite.
Ce trouble a quelque temps amusé ma douleur;
J'ai cru par ces combats reculer mon malheur.
Le coup de votre perte est devenu moins rude,
Lorsque j'en ai vu l'heure en quelque incertitude,
Et que j'ai pu me faire une si douce loi
Que ma mort vous donnât un plus vaillant que moi.
Mais je n'ai plus, madame, aucun combat à faire.
Je vois pour vous don Sanche un époux nécessaire :
Car ce n'est point l'amour qui fait l'hymen des rois;
Les raisons de l'état règlent toujours leur choix :
Leur sévère grandeur jamais ne se ravale,

ACTE IV, SCÈNE V.

Ayant devant les yeux un prince qui l'égale;
Et, puisque le saint nœud qui le fait votre époux
Arrête, comme sœur, done Elvire avec vous,
Que je ne puis la voir sans voir ce qui me tue,
Permettez que j'évite une fatale vue,
Et que je porte ailleurs les criminels soupirs
D'un reste malheureux de tant de déplaisirs.

D. ISABELLE.

Vous m'en dites assez pour mériter ma haine,
Si je laissois agir les sentiments de reine;
Par un trouble secret je les sens confondus;
Partez, je le consens, et ne les troublez plus.
Mais non : pour fuir don Sanche, attendez qu'on le voie.
Ce bruit peut être faux, et me rendre ma joie.
Que dis-je? Allez, marquis, j'y consens de nouveau;
Mais, avant que partir, donnez-lui mon anneau,
Si ce n'est toutefois une faveur trop grande
Que pour tant de faveurs une reine demande.

CARLOS.

Vous voulez que je meure, et je dois obéir,
Dût cette obéissance à mon sort me trahir :
Je recevrai pour grace un si juste supplice,
S'il en rompt la menace, et prévient la malice,
Et souffre que Carlos, en donnant cet anneau,
Emporte ce faux nom et sa gloire au tombeau.
C'est l'unique bonheur où ce coupable aspire.

D. ISABELLE.

Que n'êtes-vous don Sanche! Ah ciel! qu'osé-je dire?
Adieu : ne croyez pas ce soupir indiscret.

CARLOS.

Il m'en a dit assez pour mourir sans regret.

FIN DU QUATRIÈME ACTE.

ACTE CINQUIÈME.

SCÈNE I.

D. ALVAR, D. ELVIRE.

D. ALVAR.
Enfin, après un sort à mes vœux si contraire,
Je dois bénir le ciel qui vous renvoie un frère ;
Puisque de notre reine il doit être l'époux,
Cette heureuse union me laisse tout à vous.
Je me vois affranchi d'un honneur tyrannique,
D'un joug que m'imposoit cette faveur publique,
D'un choix qui me forçoit à vouloir être roi :
Je n'ai plus de combat à faire contre moi,
Plus à craindre le prix d'une triste victoire ;
Et l'infidélité que vous faisoit ma gloire
Consent que mon amour, de ses lois dégagé,
Vous rende un inconstant qui n'a jamais changé.
D. ELVIRE.
Vous êtes généreux, mais votre impatience
Sur un bruit incertain prend trop de confiance ;
Et cette prompte ardeur de rentrer dans mes fers
Me console trop tôt d'un trône que je perds.
Ma perte n'est encor qu'une rumeur confuse
Qui du nom de Carlos, malgré Carlos, abuse ;
Et vous ne savez pas, à vous en bien parler,
Par quelle offre et quels vœux on m'en peut consoler.
Plus que vous ne pensez la couronne m'est chère ;

Je perds plus qu'on ne croit, si Carlos est mon frère.
Attendez les effets que produiront ces bruits;
Attendez que je sache au vrai ce que je suis,
Si le ciel m'ôte ou laisse enfin le diadème,
S'il vous faut m'obtenir d'un frère ou de moi-même,
Si, par l'ordre d'autrui, je vous dois écouter,
Ou si j'ai seulement mon cœur à consulter.

D. ALVAR.

Ah! ce n'est qu'à ce cœur que le mien vous demande,
Madame, c'est lui seul que je veux qui m'entende;
Et mon propre bonheur m'accableroit d'ennui,
Si je n'étois à vous que par l'ordre d'autrui.
Pourrois-je de ce frère implorer la puissance
Pour ne vous obtenir que par obéissance,
Et, par un lâche abus de son autorité,
M'élever en tyran sur votre volonté?

D. ELVIRE.

Avec peu de raison vous craignez qu'il arrive
Qu'il ait des sentiments que mon ame ne suive :
Le digne sang des rois n'a point d'yeux que leurs yeux,
Et leurs premiers sujets obéissent le mieux.
Mais vous êtes étrange avec vos déférences,
Dont les soumissions cherchent des assurances.
Vous ne craignez d'agir contre ce que je veux,
Que pour tirer de moi que j'accepte vos vœux,
Et vous obstineriez dans ce respect extrême
Jusques à me forcer à dire, « Je vous aime. »
Ce mot est un peu rude à prononcer pour nous;
Souffrez qu'à m'expliquer j'en trouve de plus doux.
Je vous dirai beaucoup, sans pourtant vous rien dire.
Je sais depuis quel temps vous aimez donc Elvire;
Je sais ce que je dois, je sais ce que je puis :

Mais, encore une fois, sachons ce que je suis;
Et, si vous n'aspirez qu'au bonheur de me plaire,
Tâchez d'approfondir ce dangereux mystère.
Carlos a tant de lieu de vous considérer,
Que, s'il devient mon roi, vous devez espérer.
D. ALVAR.
Madame...
D. ELVIRE.
En ma faveur donnez-vous cette peine,
Et me laissez, de grace, entretenir la reine.
D. ALVAR.
J'obéis avec joie, et ferai mon pouvoir
A vous dire bientôt ce qui s'en peut savoir.

SCÈNE II.

D. LÉONOR, D. ELVIRE.

D. LÉONOR.
Don Alvar me fuit-il?
D. ELVIRE.
Madame, à ma prière,
Il va dans tous ces bruits chercher quelque lumière.
J'ai craint, en vous voyant, un secours pour ses feux,
Et de défendre mal mon cœur contre vous deux.
D. LÉONOR.
Ne pourra-t-il jamais gagner votre courage?
D. ELVIRE.
Il peut tout obtenir, ayant votre suffrage.
D. LÉONOR.
Je lui puis donc enfin promettre votre foi?
D. ELVIRE.
Oui, si vous lui gagnez celui du nouveau roi.

ACTE V, SCÈNE III.

D. LÉONOR.

Et si ce bruit est faux, si vous demeurez reine?

D. ELVIRE.

Que vous puis-je répondre, en étant incertaine?

D. LÉONOR.

En cette incertitude on peut faire espérer.

D. ELVIRE.

On peut attendre aussi pour en délibérer :
On agit autrement quand le pouvoir suprême....

SCÈNE III.

D. ISABELLE, D. LÉONOR, D. ELVIRE.

D. ISABELLE.

J'interromps vos secrets, mais j'y prends part moi-même;
Et j'ai tant d'intérêt de connoître ce fils,
Que j'ose demander ce qui s'en est appris.

D. LÉONOR.

Vous ne m'en voyez point davantage éclaircie.

D. ISABELLE.

Mais de qui tenez-vous la mort de don Garcie,
Vu que, depuis un mois qu'il vient des députés,
On parloit seulement de peuples révoltés?

D. LÉONOR.

Je vous puis sur ce point aisément satisfaire;
Leurs gens m'en ont donné la raison assez claire.
On assiégeoit encore, alors qu'ils sont partis,
Dedans leur dernier fort don Garcie et son fils :
On l'a pris tôt après; et soudain par sa prise
Don Raimond prisonnier recouvrant sa franchise,
Les voyant tous deux morts, publie à haute voix
Que nous avions un roi du vrai sang de nos rois,

Que don Sanche vivoit, et part en diligence
Pour rendre à l'Aragon le bien de sa présence :
Il joint nos députés hier sur la fin du jour,
Et leur dit que ce prince étoit en votre cour.
   C'est tout ce que j'ai pu tirer d'un domestique :
Outre qu'avec ces gens rarement on s'explique,
Comme ils entendent mal, leur rapport est confus :
Mais bientôt don Raimond vous dira le surplus.
Que nous veut cependant Blanche tout étonnée?

SCÈNE IV.

D. ISABELLE, D. LÉONOR, D. ELVIRE, BLANCHE.

BLANCHE.

Ah! madame!

D. ISABELLE.

Qu'as-tu?

BLANCHE.

La funeste journée!

Votre Carlos....

D. ISABELLE.

Eh bien?

BLANCHE.

Son père est en ces lieux,

Et n'est....

D. ISABELLE.

Quoi?

BLANCHE.

Qu'un pêcheur.

D. ISABELLE.

Qui te l'a dit?

ACTE V, SCÈNE IV.

BLANCHE.

                          Mes yeux.

D. ISABELLE.

Tes yeux?

BLANCHE.

   Mes propres yeux.

D. ISABELLE.

                   Que j'ai peine à les croire!

D. LÉONOR.

Voudriez-vous, madame, en apprendre l'histoire?

D. ELVIRE.

Que le ciel est injuste!

D. ISABELLE.

                  Il l'est, et nous fait voir,
Par cet injuste effet, son absolu pouvoir,
Qui du sang le plus vil tire une ame si belle,
Et forme une vertu qui n'a lustre que d'elle.
Parle, Blanche, et dis-nous comme il voit ce malheur.

BLANCHE.

Avec beaucoup de honte, et plus encor de cœur.
Du haut de l'escalier je le voyois descendre;
En vain de ce faux bruit il se vouloit défendre;
Votre cour, obstinée à lui changer de nom,
Murmuroit tout autour, «Don Sanche d'Aragon,»
Quand un chétif vieillard le saisit et l'embrasse.
Lui, qui le reconnoît, frémit de sa disgrace;
Puis, laissant la nature à ses pleins mouvements,
Répond avec tendresse à ses embrassements.
Ses pleurs mêlent aux siens une fierté sincère;
On n'entend que soupirs: «Ah, mon fils! Ah, mon père!
«O jour trois fois heureux! Moment trop attendu!
«Tu m'as rendu la vie!» et, «Vous m'avez perdu!»
   Chose étrange! à ces cris de douleur et de joie,

Un grand peuple accouru ne veut pas qu'on les croie [1] ;
Il s'aveugle soi-même : et ce pauvre pêcheur,
En dépit de Carlos, passe pour imposteur.
Dans les bras de ce fils on lui fait mille hontes ;
C'est un fourbe, un méchant suborné par les comtes.
Eux-mêmes (admirez leur générosité)
S'efforcent d'affermir cette incrédulité :
Non qu'ils prennent sur eux de si lâches pratiques;
Mais ils en font auteur un de leurs domestiques,
Qui, pensant bien leur plaire, a si mal-à-propos
Instruit ce malheureux pour affronter Carlos.
Avec avidité cette histoire est reçue ;
Chacun la tient trop vraie aussitôt qu'elle est sue ;
Et, pour plus de croyance à cette trahison,
Les comtes font traîner ce bon homme en prison.
Carlos rend témoignage en vain contre soi-même ;
Les vérités qu'il dit cèdent au stratagème :
Et, dans le déshonneur qui l'accable aujourd'hui,
Ses plus grands envieux l'en sauvent malgré lui.
Il tempête, il menace, et, bouillant de colère,
Il crie à pleine voix qu'on lui rende son père :
On tremble devant lui, sans croire son courroux ;
Et rien.... Mais le voici qui vient s'en plaindre à vous [2].

[1] Var. Un grand peuple amassé ne veut pas qu'on les croie.
[2] Var. Et rien.... Mais le voici qui s'en vient plaindre à vous.

SCÈNE V.

D. ISABELLE, D. LÉONOR, D. ELVIRE, BLANCHE, CARLOS, D. MANRIQUE, D. LOPE.

CARLOS.
Eh bien! madame, enfin on connoît ma naissance;
Voilà le digne fruit de mon obéissance.
J'ai prévu ce malheur, et l'aurois évité,
Si vos commandements ne m'eussent arrêté.
Ils m'ont livré, madame, à ce moment funeste;
Et l'on m'arrache encor le seul bien qui me reste!
On me vole mon père! on le fait criminel!
On attache à son nom un opprobre éternel!
  Je suis fils d'un pêcheur, mais non pas d'un infame;
La bassesse du sang ne va point jusqu'à l'ame;
Et je renonce aux noms de comte et de marquis
Avec bien plus d'honneur qu'aux sentiments de fils;
Rien n'en peut effacer le sacré caractère.
De grace, commandez qu'on me rende mon père.
Ce doit leur être assez de savoir qui je suis,
Sans m'accabler encor par de nouveaux ennuis.

D. MANRIQUE.
Forcez ce grand courage à conserver sa gloire,
Madame, et l'empêchez lui-même de se croire.
Nous n'avons pu souffrir qu'un bras qui tant de fois
A fait trembler le Maure, et triompher nos rois[1],
Reçût de sa naissance une tache éternelle :
Tant de valeur mérite une source plus belle.

---

[1] VAR. A fait trembler le Maure, et ployer sous nos rois.

88 DON SANCHE.
Aidez ainsi que nous ce peuple à s'abuser ;
Il aime son erreur, daignez l'autoriser :
A tant de beaux exploits rendez cette justice,
Et de notre pitié soutenez l'artifice.

CARLOS.

Je suis bien malheureux, si je vous fais pitié [1] !
Reprenez votre orgueil et votre inimitié.
Après que ma fortune a soûlé votre envie,
Vous plaignez aisément mon entrée à la vie;
Et, me croyant par elle à jamais abattu,
Vous exercez sans peine une haute vertu.
Peut-être elle ne fait qu'une embûche à la mienne :
La gloire de mon nom vaut bien qu'on la retienne;
Mais son plus bel éclat seroit trop acheté,
Si je le retenois par une lâcheté.
Si ma naissance est basse, elle est du moins sans tache :
Puisque vous la savez, je veux bien qu'on la sache.
    Sanche, fils d'un pêcheur, et non d'un imposteur,

[1] Tout ce que dit ici Carlos est grand, sans enflure, et d'une beauté vraie. Il n'y a que ce vers, pris de l'espagnol, dont le bon goût puisse être mécontent :

   A l'exemple du ciel, j'ai fait beaucoup de rien.

Ces traits hardis surprennent souvent le parterre ; mais y a-t-il rien de moins convenable que de se comparer à Dieu ? quel rapport les actions d'un soldat qui s'est élevé peuvent-elles avoir avec la création ? On ne sauroit être trop en garde contre ces hyperboles audacieuses, qui peuvent éblouir des jeunes gens, que tous les hommes sensés réprouvent, et dont vous ne trouverez jamais d'exemple, ni dans Virgile, ni dans Cicéron, ni dans Horace, ni dans Racine. Remarquez encore que le mot de *ciel* n'est pas ici à sa place, attendu que Dieu a créé le ciel et la terre, et qu'on ne peut dire en cette occasion que *le ciel a fait beaucoup de rien*. (V.) — Cette remarque ne nous paraît qu'une vaine subtilité. Le ciel est pris ici pour Dieu lui-même, et ne peut avoir d'autre sens. (P.)

De deux comtes jadis fut le libérateur ;
Sanche, fils d'un pêcheur, mettoit naguère en peine
Deux illustres rivaux sur le choix de leur reine ;
Sanche, fils d'un pêcheur, tient encore en sa main
De quoi faire bientôt tout l'heur d'un souverain ;
Sanche enfin, malgré lui, dedans cette province,
Quoique fils d'un pêcheur, a passé pour un prince.
　Voilà ce qu'a pu faire, et qu'a fait à vos yeux
Un cœur que ravaloit le nom de ses aïeux.
La gloire qui m'en reste après cette disgrace
Éclate encore assez pour honorer ma race,
Et paroîtra plus grande à qui comprendra bien
Qu'à l'exemple du ciel j'ai fait beaucoup de rien.

D. LOPE.

Cette noble fierté désavoue un tel père,
Et, par un témoignage à soi-même contraire,
Obscurcit de nouveau ce qu'on voit éclairci.
Non, le fils d'un pêcheur ne parle point ainsi ;
Et son ame paroît si dignement formée,
Que j'en crois plus que lui l'erreur que j'ai semée.
Je le soutiens, Carlos, vous n'êtes point son fils :
La justice du ciel ne peut l'avoir permis ;
Les tendresses du sang vous font une imposture,
Et je démens pour vous la voix de la nature.
　Ne vous repentez point de tant de dignités
Dont il vous plut orner ses rares qualités :
Jamais plus digne main ne fit plus digne ouvrage,
Madame ; il les relève avec ce grand courage ;
Et vous ne leur pouviez trouver plus haut appui,
Puisque même le sort est au-dessous de lui.

D. ISABELLE.

La générosité qu'en tous les trois j'admire
Me met en un état de n'avoir que leur dire,

Et, dans la nouveauté de ces événements,
Par un illustre effort prévient mes sentiments.
 Ils paroîtront en vain, comtes, s'ils vous excitent
A lui rendre l'honneur que ses hauts faits méritent,
Et ne dédaigner pas l'illustre et rare objet
D'une haute valeur qui part d'un sang abject[1] :
Vous courez au-devant avec tant de franchise,
Qu'autant que du pêcheur je m'en trouve surprise.
 Et vous, que par mon ordre ici j'ai retenu,
Sanche, puisqu'à ce nom vous êtes reconnu,
Miraculeux héros, dont la gloire refuse
L'avantageuse erreur d'un peuple qui s'abuse,
Parmi les déplaisirs que vous en recevez,
Puis-je vous consoler d'un sort que vous bravez?
Puis-je vous demander ce que je vous vois faire?
Je vous tiens malheureux d'être né d'un tel père;
Mais je vous tiens ensemble heureux au dernier point
D'être né d'un tel père, et de n'en rougir point[2],
Et de ce qu'un grand cœur, mis dans l'autre balance,
Emporte encor si haut une telle naissance.

SCÈNE VI.

D. ISABELLE, D. LÉONOR, D. ELVIRE, CARLOS, D. MANRIQUE, D. LOPE, D. ALVAR, BLANCHE, UN GARDE.

D. ALVAR.

Princesses, admirez l'orgueil d'un prisonnier,

---

[1] Var. D'une haute valeur qu'affronte un sang abject.

[2] Ce vers est très beau, et digne de Corneille. Au reste, le dénouement est à l'espagnole. (V.)

ACTE V, SCÈNE VI.

Qu'en faveur de son fils on veut calomnier.
 Ce malheureux pêcheur, par promesse ni crainte,
Ne sauroit se résoudre à souffrir une feinte.
J'ai voulu lui parler, et n'en fais que sortir;
J'ai tâché, mais en vain, de lui faire sentir
Combien mal-à-propos sa présence importune
D'un fils si généreux renverse la fortune,
Et qu'il le perd d'honneur, à moins que d'avouer
Que c'est un lâche tour qu'on le force à jouer;
J'ai même à ces raisons ajouté la menace :
Rien ne peut l'ébranler, Sanche est toujours sa race;
Et quant à ce qu'il perd de fortune et d'honneur,
Il dit qu'il a de quoi le faire grand seigneur,
Et que plus de cent fois il a su de sa femme
(Voyez qu'il est crédule et simple au fond de l'ame)
Que voyant ce présent, qu'en mes mains il a mis,
La reine d'Aragon agrandiroit son fils.
   (à D. Léonor.)
Si vous le recevez avec autant de joie,
Madame, que par moi ce vieillard vous l'envoie,
Vous donnerez sans doute à cet illustre fils
Un rang encor plus haut que celui de marquis.
Ce bon homme en paroît l'ame toute comblée.

(Don Alvar présente à D. Léonor un petit écrin qui s'ouvre sans clef, au moyen d'un ressort secret.)

D. ISABELLE.

Madame, à cet aspect vous paroissez troublée!

D. LÉONOR.

J'ai bien sujet de l'être en recevant ce don,
Madame; j'en saurai si mon fils vit, ou non;
Et c'est où le feu roi, déguisant sa naissance,
D'un sort si précieux mit la reconnoissance.
Disons ce qu'il enferme avant que de l'ouvrir.

Ah! Sanche, si par-là je puis le découvrir,
Vous pouvez être sûr d'un entier avantage [1]
Dans les lieux dont le ciel a fait notre partage;
Et qu'après ce trésor que vous m'aurez rendu,
Vous recevrez le prix qui vous en sera dû.
Mais à ce doux transport c'est déjà trop permettre;
Trouvons notre bonheur avant que d'en promettre.
 Ce présent donc enferme un tissu de cheveux
Que reçut don Fernand pour arrhes de mes vœux,
Son portrait et le mien, deux pierres les plus rares
Que forme le soleil sous les climats barbares,
Et, pour un témoignage encore plus certain,
Un billet que lui-même écrivit de sa main.

UN GARDE.

Madame, don Raimond vous demande audience.

D. LÉONOR.

Qu'il entre. Pardonnez à mon impatience,
Si l'ardeur de le voir et de l'entretenir
Avant votre congé l'ose faire venir.

D. ISABELLE.

Vous pouvez commander dans toute la Castille,
Et je ne vous vois plus qu'avec des yeux de fille.

---

[1] Var. Vous pouvez être sûr que vous et votre père
  Aurez dans l'Aragon une puissance entière;
  . . . .
  Il n'est aucun espoir qui vous soit défendu.

SCÈNE VII.

D. ISABELLE, D. LÉONOR, D. ELVIRE, CARLOS, D. MANRIQUE, D. LOPE, D. ALVAR, BLANCHE, D. RAIMOND.

D. LÉONOR.
Laissez là, don Raimond, la mort de nos tyrans,
Et rendez seulement don Sanche à ses parents.
Vit-il? peut-il braver nos fières destinées?

D. RAIMOND.
Sortant d'une prison de plus de six années,
Je l'ai cherché, madame, où, pour les mieux braver,
Par l'ordre du feu roi je le fis élever,
Avec tant de secret, que même un second père
Qui l'estime son fils ignore ce mystère.
Ainsi qu'en votre cour Sanche y fut son vrai nom,
Et l'on n'en retrancha que cet illustre Don.
Là, j'ai su qu'à seize ans son généreux courage
S'indigna des emplois de ce faux parentage;
Qu'impatient déja d'être si mal tombé,
A sa fausse bassesse il s'étoit dérobé;
Que déguisant son nom, et cachant sa famille,
Il avoit fait merveille aux guerres de Castille,
D'où quelque sien voisin, depuis peu de retour,
L'avoit vu plein de gloire, et fort bien en la cour[1];
Que du bruit de son nom elle étoit toute pleine,
Qu'il étoit connu même et chéri de la reine :
Si bien que ce pêcheur, d'aise tout transporté,

---

[1] La première édition (1650) porte *dans la cour*; la dernière (1682), *en la cour*; celle donnée par Thomas Corneille (1692), *à la cour* : c'est ainsi que se forment les langues. (PAR.)

94   DON SANCHE.
Avoit couru chercher ce fils si fort vanté.
D. LÉONOR.
Don Raimond, si vos yeux pouvoient le reconnoître...
D. RAIMOND.
Oui, je le vois, madame. Ah! seigneur! ah! mon maître!
D. LOPE.
Nous l'avions bien jugé : grand prince, rendez-vous;
La vérité paroît, cédez aux vœux de tous.
D. LÉONOR.
Don Sanche, voulez-vous être seul incrédule?
CARLOS.
Je crains encor du sort un revers ridicule :
Mais, madame, voyez si le billet du roi
Accorde à don Raimond ce qu'il vous dit de moi.

D. LÉONOR ouvre l'écrin, et en tire un billet qu'elle lit.

« Pour tromper un tyran je vous trompe vous-même.
« Vous reverrez ce fils que je vous fais pleurer :
« Cette erreur lui peut rendre un jour le diadème;
« Et je vous l'ai caché pour le mieux assurer.

« Si ma feinte vers vous passe pour criminelle,
« Pardonnez-moi les maux qu'elle vous fait souffrir,
« De crainte que les soins de l'amour maternelle
« Par leurs empressements le fissent découvrir.

« Nugne, un pauvre pêcheur, s'en croit être le père;
« Sa femme en son absence accouchant d'un fils mort,
« Elle reçut le vôtre, et sut si bien se taire,
« Que le père et le fils en ignorent le sort.

« Elle-même l'ignore, et d'un si grand échange
« Elle sait seulement qu'il n'est pas de son sang,
« Et croit que ce présent, par un miracle étrange,
« Doit un jour par vos mains lui rendre son vrai rang.

« A ces marques un jour daignez le reconnoître;

ACTE V, SCÈNE VII.

« Et puisse l'Aragon, retournant sous vos lois,
« Apprendre ainsi que vous, de moi qui l'ai vu naître,
« Que Sanche, fils de Nugne, est le sang de ses rois!
« DON FERNAND D'ARAGON. »

D. LÉONOR, après avoir lu.

Ah! mon fils, s'il en faut encore davantage,
Croyez-en vos vertus et votre grand courage.

CARLOS, à D. Léonor.

Ce seroit mal répondre à ce rare bonheur
Que vouloir me défendre encor d'un tel honneur.
(à D. Isabelle.)
Je reprends toutefois Nugne pour mon vrai père,
Si vous ne m'ordonnez, madame, que j'espère.

D. ISABELLE.

C'est trop peu d'espérer, quand tout vous est acquis.
Je vous avois fait tort en vous faisant marquis;
Et vous n'aurez pas lieu désormais de vous plaindre
De ce retardement où j'ai su vous contraindre.
Et pour moi, que le ciel destinoit pour un roi
Digne de la Castille, et digne encor de moi,
J'avois mis cette bague en des mains assez bonnes
Pour la rendre à don Sanche, et joindre nos couronnes.

CARLOS.

Je ne m'étonne plus de l'orgueil de mes vœux,
Qui sans le partager donnoient mon cœur à deux;
Dans les obscurités d'une telle aventure,
L'amour se confondoit avecque la nature.

D. ELVIRE.

Le nôtre y répondoit sans faire honte au rang,
Et le mien vous payoit ce que devoit le sang.

CARLOS, à D. Elvire.

Si vous m'aimez encore, et m'honorez en frère,

Un époux de ma main pourroit-il vous déplaire?
D. ELVIRE.
Si don Alvar de Lune est cet illustre époux,
Il vaut bien à mes yeux tout ce qui n'est point vous.
CARLOS, à D. Elvire.
Il honoroit en moi la vertu toute nue.
(à D. Manrique et D. Lope.)
Et vous, qui dédaigniez ma naissance inconnue,
Comtes, et les premiers en cet événement
Jugiez en ma faveur si véritablement,
Votre dédain fut juste autant que son estime;
C'est la même vertu sous une autre maxime.
D. RAIMOND, à D. Isabelle.
Souffrez qu'à l'Aragon il daigne se montrer.
Nos députés, madame, impatients d'entrer....
D. ISABELLE.
Il vaut mieux leur donner audience publique,
Afin qu'aux yeux de tous ce miracle s'explique.
Allons; et cependant qu'on mette en liberté
Celui par qui tant d'heur nous vient d'être apporté;
Et qu'on l'amène ici, plus heureux qu'il ne pense,
Recevoir de ses soins la digne récompense[1].

---

[1] La grandeur héroïque de don Sanche, qui se croit fils d'un pêcheur, est d'une beauté dont le genre était inconnu en France; mais c'est la seule chose qui pût soutenir cette pièce, indigne d'ailleurs de l'auteur de *Cinna*. Le succès dépend presque toujours du sujet. Pourquoi Corneille choisit-il un roman espagnol, une comédie espagnole, pour son modèle, au lieu de choisir dans l'histoire romaine et dans la fable grecque? C'eût été un très beau sujet qu'un soldat de fortune qui rétablit sur le trône sa maîtresse et sa mère sans les connaître. Mais il faudrait que dans un tel sujet tout fût grand et intéressant. (V.).

Corneille attribue le peu de succès de *Don Sanche* au refus d'un *illustre suffrage*. Peut-être pourrait-on trouver une meilleure raison dans la faiblesse des trois derniers actes. C'est l'amour qui devait faire le sujet de cette pièce, un amour chevaleresque et grandiose. Mais cet amour ne fait qu'apparaître, et il s'évanouit après la scène héroïque du premier acte, entre don Sanche et ses trois rivaux. Cette scène, qui promet une pièce, ne tient pas sa promesse; l'attente du public est trompée, et il se venge par sa froideur de la froideur du poëte. Voltaire a dit que l'illustre suffrage refusé était celui du grand Condé; c'est une erreur: *Don Sanche* fut joué en 1650, et imprimé la même année. Or à cette époque le grand Condé était prisonnier d'État à Vincennes; il ne put donc voir les premières représentations de *Don Sanche*. Ce fut probablement Anne d'Autriche qui refusa son suffrage, et ce refus n'est pas une des moindres singularités du siècle. On se demande comment une grande reine, une femme espagnole put rester insensible à cette noble création du caractère de Carlos? La réponse à cette question est toute politique. Corneille avait osé attaquer le préjugé de la naissance devant une cour où la naissance seule marquait les places. Dans sa pièce le sang n'est pas tout, et les plus grands seigneurs se trouvent sacrifiés au fils d'un homme du peuple. Il est vrai que cet homme du peuple se trouve à la fin être le fils d'un roi; mais pendant tout le poëme on avait pu le croire le fils d'un pauvre pêcheur. Anne d'Autriche était une femme positive; elle avait l'élévation que donne la fierté, plutôt que l'élévation que donne la grandeur d'ame; et sa faiblesse et les habitudes de son éducation l'avaient rendue inaccessible aux grandes vérités que Corneille osait lui faire entendre. Elle désapprouva donc une pièce où une reine laissait voir son penchant pour un héros sans naissance; et cette désapprobation ne fut pas, comme le croyait Corneille, une opinion littéraire; elle fut une opinion politique: l'instinct de la reine lui révélait un péril dans les généreuses pensées du poëte. (A. M.)

FIN.

EXAMEN

DE DON SANCHE D'ARAGON.

Cette pièce est toute d'invention, mais elle n'est pas toute de la mienne. Ce qu'a de fastueux le premier acte est tiré d'une comédie espagnole, intitulée *el Palacio confuso;* et la double reconnoissance qui finit le cinquième est prise du roman de don Pélage. Elle eut d'abord grand éclat sur le théâtre; mais une disgrace particulière fit avorter toute sa bonne fortune. Le refus d'un illustre suffrage [1] dissipa les

---

[1] Corneille prétend que le refus d'un suffrage illustre fit tomber son *Don Sanche.* Le suffrage qui lui manqua fut celui du grand Condé[*]; mais Corneille devait se souvenir que les dégoûts et les critiques du cardinal de Richelieu, homme plus accrédité dans la littérature que le grand Condé, n'avaient pu nuire au *Cid.* Il est plus aisé à un prince de faire la guerre civile que d'anéantir un bon ouvrage. *Phèdre* se releva bientôt, malgré la cabale des hommes les plus puissants.

Si *Don Sanche* est presque oublié, s'il n'eut jamais un grand succès, c'est que trois princesses amoureuses d'un inconnu débitent les maximes les plus froides d'amour et de fierté; c'est qu'il ne s'agit que de savoir qui épousera ces princesses; c'est que personne ne se soucie qu'elles soient mariées ou non. Vous verrez toujours l'amour traité dans les pièces suivantes de Corneille du style froid et entortillé des mauvais romans de ce temps-là. Vous ne verrez jamais les sentiments du cœur développés avec cette noble simplicité, avec ce naturel tendre, avec cette élégance qui nous enchante dans le quatrième livre de Virgile, dans certains morceaux d'Ovide, dans plusieurs rôles de Racine; mérite que depuis Racine personne n'a connu parmi nous, dont aucun auteur n'a approché en Italie depuis le *Pastor fido;* mérite entièrement ignoré en Angleterre, et même dans le reste de l'Europe.

Corneille est trop grand par les belles scènes du *Cid,* de *Cinna,* des *Horaces,* de *Polyeucte,* de *Pompée,* etc., pour qu'on puisse le rabaisser en disant la vérité. Sa mémoire est respectable; la vérité l'est encore

[*] C'est une erreur. Voyez la note précédente. (A.-M.)

applaudissements que le public lui avoit donnés trop libéralement, et anéantit si bien tous les arrêts que Paris et le reste de la cour avoient prononcés en sa faveur, qu'au bout de quelque temps elle se trouva reléguée dans les provinces, où elle conserve encore son premier lustre.

Le sujet n'a pas grand artifice. C'est un inconnu, assez honnête homme pour se faire aimer de deux reines. L'inégalité des conditions met un obstacle au bien qu'elles lui veulent durant quatre actes et demi; et quand il faut de nécessité finir la pièce, un bon homme semble tomber des nues pour faire développer le secret de sa naissance, qui le rend mari de l'une, en le faisant reconnoître pour frère de l'autre :

> Hæc eadem a summo expectes minimoque poeta.

D. Raimond et ce pêcheur ne suivent point la règle que j'ai voulu établir, de n'introduire aucun acteur qui ne fût insinué dès le premier acte, ou appelé par quelqu'un de ceux qu'on y a connus. Il m'étoit aisé d'y faire dire à la reine D. Léonor ce qu'elle dit à l'entrée du quatrième; mais si elle eût fait savoir qu'elle eût eu un fils, et que le roi, son mari, lui eût appris en mourant que D. Raimond avoit un secret à lui révéler, on eût trop tôt deviné que Carlos étoit ce prince. On peut dire de D. Raimond qu'il vient avec les députés d'Aragon dont il est parlé au premier acte, et qu'ainsi il satisfait aucunement à cette règle; mais ce n'est que par hasard qu'il vient avec eux. C'étoit le pêcheur qu'il étoit allé chercher, et non pas eux; et il ne les joint sur le

---

davantage. Ce commentaire est principalement destiné à l'instruction des jeunes gens. La plupart de ceux qui ont voulu imiter Corneille, et qui ont cru qu'une intrigue froide, soutenue de quelques maximes de méchanceté qu'on appelle *politique*, et d'insolence qu'on appelle *grandeur*, pourrait soutenir leurs pièces, les ont vues tomber pour jamais. Corneille suppose toujours, dans tous les examens de ses pièces, depuis *Théodore* et *Pertharite*, quelque petit défaut qui a nui à ses ouvrages; et il oublie toujours que le froid, qui est le plus grand défaut, est ce qui les tue. (V.)

chemin qu'à cause de ce qu'il a appris chez ce pêcheur, qui, de son côté, vient en Castille de son seul mouvement, sans y être amené par aucun incident dont on aye parlé dans la protase; et il n'a point de raison d'arriver ce jour-là plutôt qu'un autre, sinon que la pièce n'auroit pu finir s'il ne fût arrivé.

L'unité de jour y est si peu violentée, qu'on peut soutenir que l'action ne demande pour sa durée que le temps de sa représentation. Pour celle de lieu, j'ai déja dit que je n'en parlerois plus sur les pièces qui restoient à examiner. Les sentiments du second acte ont autant ou plus de délicatesse qu'aucuns que j'aye mis sur le théâtre. L'amour des deux reines pour Carlos y paroît très visible, malgré le soin et l'adresse que toutes les deux apportent à le cacher dans leurs différents caractères, dont l'un marque plus d'orgueil, et l'autre plus de tendresse. La confidence qu'y fait celle de Castille avec Blanche est assez ingénieuse; et, par une réflexion sur ce qui s'est passé au premier acte, elle prend occasion de faire savoir aux spectateurs sa passion pour ce brave inconnu, qu'elle a si bien vengé du mépris qu'en ont fait les comtes. Ainsi on ne peut dire qu'elle choisisse sans raison ce jour-là plutôt qu'un autre pour lui en confier le secret, puisqu'il paroît qu'elle le sait déja, et qu'elles ne font que raisonner ensemble sur ce qu'on vient de voir représenter.

PERTHARITE,
ROI DES LOMBARDS,
TRAGÉDIE.

1653.

AU LECTEUR.

La mauvaise réception que le public a faite à cet ouvrage m'avertit qu'il est temps que je sonne la retraite, et que des préceptes de mon Horace je ne songe plus à pratiquer que celui-ci :

> Solve senescentem mature sanus equum, ne
> Peccet ad extremum ridendus et ilia ducat.

Il vaut mieux que je prenne congé de moi-même que d'attendre qu'on me le donne tout-à-fait, et il est juste qu'après vingt années de travail je commence à m'apercevoir que je deviens trop vieux pour être encore à la mode. J'en remporte cette satisfaction, que je laisse le théâtre françois en meilleur état que je ne l'ai trouvé, et du côté de l'art, et du côté des mœurs : les grands génies qui lui ont prêté leurs veilles, de mon temps, y ont beaucoup contribué; et je me flatte jusqu'à penser que mes soins n'y ont pas nui : il en viendra de plus heureux après nous qui le mettront à sa perfection, et achèveront de l'épurer; je le souhaite de tout mon cœur. Cependant agréez que je joigne ce malheureux poëme aux vingt et un qui l'ont précédé avec plus d'éclat; ce sera la dernière importunité que je vous ferai de cette nature : non que j'en fasse une résolution si forte qu'elle ne se puisse rompre; mais il y a grande apparence que j'en demeurerai là. Je ne vous dirai rien pour la justification de *Pertharite*; ce n'est pas ma coutume de m'opposer au jugement du public : mais vous ne serez pas fâché que je vous fasse voir à mon ordinaire les originaux dont j'ai tiré cet événement, afin que vous puissiez séparer le faux d'avec le vrai, et les embellissements de nos feintes d'avec la pureté de l'histoire. Celui qui l'a écrite le premier a été Paul, diacre, à la fin de son quatrième livre, et au commencement du cinquième *des Gestes des Lombards;* et, pour n'y mêler rien du mien, je vous en donne la traduction fidèle qu'en a faite Antoine du Verdier dans ses diverses leçons : j'y ajoute un mot d'Érycius Puteanus, pour quelques circonstances en quoi ils diffèrent, et je le laisse en latin, de peur de corrompre la beauté de son langage par la foiblesse de mes expressions. Flavius Blondus, dans son *Histoire de la Décadence de l'Empire romain,* parle encore de Pertharite; mais comme il le fait chasser de son royaume étant encore enfant, sans nommer Rodelinde qu'à la fin de sa vie, je n'ai pas cru qu'il fût à propos de vous produire un témoin qui ne dit rien de ce que je traite.

ANTOINE DU VERDIER,

LIVRE IV DE SES DIVERSES LEÇONS, CHAP. XII.

Pertharite fut fils d'Aripert, roi des Lombards, lequel, après la mort du père, régna à Milan; et Gondebert, son frère, à Pavie : et étant survenue quelque noise et querelle entre les deux frères, Gondebert envoya Garibalde, duc de Turin, par-devers Grimoald, comte de Bénévent, capitaine généreux, le priant de le vouloir secourir contre Pertharite, avec promesse de lui donner une sienne sœur en mariage. Mais Garibalde, usant de trahison envers son seigneur, persuada à Grimoald d'y venir pour occuper le royaume, qui, par la discorde des frères, étoit en fort mauvais état, et prochain de sa ruine. Ce qu'entendant Grimoald se dépouilla de sa comté de Bénévent, de laquelle il fit comte son fils, et, avec le plus de force qu'il put assembler, se mit en chemin pour aller à Pavie, et par toutes les cités où il passa s'acquit plusieurs amis pour s'en aider à prendre le royaume. Étant arrivé à Pavie, et parlé qu'il eut à Gondebert, il le tua par l'intelligence et moyen de Garibalde, et occupa le royaume. Pertharite, entendant ces nouvelles, abandonna Rodelinde sa femme et un sien petit-fils, lesquels Grimoald confina à Bénévent, et s'enfuit, et retira vers Cacan, roi des Avarriens ou Huns. Grimoald ayant confirmé et établi son royaume à Pavie, entendant que Pertharite s'étoit sauvé vers Cacan, lui envoya ambassadeurs pour lui faire entendre que s'il gardoit Pertharite en son royaume, il ne jouiroit plus de la paix qu'il avoit eue avec les Lombards, et qu'il auroit un roi pour ennemi. Suivant laquelle ambassade, le roi des Avarriens appela en secret Pertharite, lui disant qu'il allât la part où il voudroit, afin que par lui les Avarriens ne tombassent en l'inimitié des Lombards : ce qu'ayant entendu, Pertharite s'en retournant en Italie, vint trouver Grimoald, soy fiant en sa clémence; et, comme il fut près de la ville de Lodi, il envoya devant un sien gentilhomme nommé Unulphe, auquel il se fioit grandement, pour advertir Grimoald de sa venue. Unulphe, se présentant au nouveau roi, lui donna avis comme Pertharite avoit recours à sa bonté, à laquelle il se venoit librement soumettre, s'il lui plaisoit l'accepter. Quoi entendant, Grimoald lui promit et jura de ne faire aucun déplaisir à son maître, lequel pouvoit venir sûrement, quand il voudroit, sur sa foi. Unulphe ayant rapporté telle réponse à son seigneur Pertharite, iceluy vint se présenter devant Grimoald, et se prosterner à ses pieds, lequel le reçut gracieusement, et le baisa. Quoi fait, Pertharite lui dit : « Je vous suis serviteur ; et, sachant « que vous êtes très chrétien et ami de piété, bien que je pusse « vivre entre les païens, néanmoins, me confiant en votre dou- « ceur et débonnaireté, me suis venu rendre à vos pieds. » Lors Grimoald, usant de ses serments accoutumés, lui promit, disant : « Par celui qui m'a fait naître, puisque vous avez recours « à ma foi, vous ne souffrirez mal aucun en chose qui soit, et « donnerai ordre que vous pourrez honnêtement vivre. » Ce dit, lui ayant fait donner un bon logis, commanda qu'il fût entretenu selon sa qualité, et que toutes choses à lui nécessaires lui fussent abondamment baillées. Or, comme Pertharite eut prins congé du roi, et se fut retiré en son logis, advint que soudain les citoyens de Pavie à grandes troupes accoururent pour le voir et saluer, comme l'ayant auparavant connu et honoré. Mais voici de combien peut nuire une mauvaise langue. Quelques flatteurs et malins, ayant pris garde aux caresses faites par le peuple à Pertharite, vinrent trouver Grimoald, et lui firent entendre que si bientôt il ne faisoit tuer Pertharite, il étoit en branle de perdre le royaume et la vie, lui assurant qu'à cette fin tous ceux de la ville lui faisoient la cour. Grimoald, homme facile à croire, et bien souvent trop de léger, s'étonna aucunement; et, atteint de défiance, ayant mis en oubli sa promesse, s'enflamma subitement de colère, et dès-lors jura la mort de l'innocent Pertharite, commençant à prendre avis en soi par quel moyen et en quelle sorte il lui pourroit le lendemain ôter la vie, pour ce que lors étoit trop tard ; et à ce soir lui envoya diverses sortes de viandes, et vins des plus friands en grande abondance pour le faire enivrer, afin que par trop boire et manger, et étant enseveli en vin et à dormir, il ne pût penser aucunement à son salut : mais un gentilhomme qui avoit jadis été serviteur du père de Pertharite, qui lui portoit de la viande de la part du roi, baissant la tête sous la table, comme s'il lui eût voulu faire la révérence et embrasser le genouil, lui fit savoir secrètement que Grimoald avoit délibéré de le faire mourir; dont Pertharite commanda à l'instant à son échanson qu'il ne lui versât autre breuvage durant le repas qu'un peu d'eau dans sa coupe d'argent. Tellement qu'étant Pertharite invité par les courtisans, qui lui présentoient les viandes de diverses sortes, de faire brindes[1], et ne laisser rien dans sa coupe pour l'amour du roi ; lui, pour l'honneur et révérence de Grimoald, promettoit de la vider du tout, et toutefois ce n'étoit qu'eau qu'il buvoit. Les gentilshommes et serviteurs rapportèrent à Grimoald comme Pertharite haussoit le gobelet, et buvoit à sa bonne grace démesurément : de quoi se réjouissant, Grimoald dit en riant : « Cet yvrongne boive son saoul seulement, car demain il « rendra le vin mêlé avec son sang. » Le soir même il envoya ses gardes entourer la maison de Pertharite, afin qu'il ne s'en pût fuir; lequel, après qu'il eut soupé, et que tous furent sortis de la chambre, lui demeuré seul avec Unulphe, et le page qui avoit accoutumé le vêtir, lesquels étoient les deux plus fidèles serviteurs qu'il eût, leur découvrit comme Grimoald avoit entrepris de le faire mourir : pour à quoi obvier, Unulphe lui chargea sur les épaules les couvertes d'un lit, une coutre, et une peau d'ours qui lui couvroit le dos et le visage ; et comme si c'eût été quelque rustique ou faquin, commença de grande affection à le chasser à grands coups de bâton hors de la chambre, et à lui faire plusieurs outrages et vilainies, tellement que chassé, et ainsi battu, il se laissoit choir souvent en terre : ce

---

[1] *Brinde*, terme bachique qui veut dire, *santé : brinde à votre seigneurie, brinde à vous.* (RICHELET, *Dictionn.*, édit. de 1680.)

que voyant les gardes de Grimoald qui étoient en sentinelle à l'entour de la maison, demandèrent à Unulphe que c'étoit : « C'est, répondit-il, un maraud de valet que j'ai, qui, outre « mon commandement, m'avoit dressé mon lit en la chambre « de cet yvrongne Pertharite, lequel est tellement rempli de vin « qu'il dort comme mort; et partant, je le frappe. » Eux entendant ces paroles, les croyant véritables, se réjouirent tous, et ne pensant que Pertharite fût ce valet, lui firent place et à Unulphe, et les laissèrent aller. La même nuit, Pertharite arriva en la ville d'Ast, et de là passa les monts, et vint en France. Or, comme il fut sorti, et Unulphe après, le fidèle page avoit diligemment fermé la porte après lui, et demeura seul dedans la chambre, là où le lendemain les messagers du roi vinrent pour mener Pertharite au palais; et, ayant frappé à l'huis[1], le page prioit d'attendre, disant : « Pour Dieu, ayez pitié de lui, « et laissez-le achever de dormir; car, étant encore lassé du « chemin, il dort de profond sommeil. » Ce que lui ayant accordé, le rapportèrent à Grimoald, lequel dit que tant mieux, et commanda que, quoi que ce fût, on y retournât, et qu'ils l'amenassent; auquel commandement les soldats revinrent heurter de plus fort à l'huis de la chambre; et le page les pria de permettre qu'il reposât encore un peu; mais ils crioient et tempêtoient de tant plus, disant : « N'aura meshuy[2] dormi assez « cet yvrongne? » Et en un même temps rompirent à coups de pied la porte, et entrés dedans cherchèrent Pertharite dans le lit; mais, ne le trouvant point, demandèrent au page où il étoit, lequel leur dit qu'il s'en étoit fui. Lors ils prindrent le page par les cheveux, et le menèrent en grande furie au palais; et comme ils furent devant le roi, dirent que Pertharite avoit fait vie[3], à quoi le page avoit tenu la main, dont il méritoit la mort. Grimoald demanda par ordre par quel moyen Pertharite s'étoit sauvé; et le page lui conta le fait de la sorte qu'il étoit

---

[1] *Huis, c'est une porte de chambre, de salle.* (NICOT, *Dict.*, éd. de 1606.)

[2] *N'aura-t-il jamais assez dormi?* (Voyez NICOT, *ibid.*)

[3] *Était parti, était en marche.* (Voyez NICOT, *ibid.*)

advenu. Grimoald, connoissant la fidélité de ce jeune homme, voulut qu'il fût un de ses pages, l'exhortant à lui garder cette foi qu'il avoit à Pertharite, lui promettant en outre de lui faire beaucoup de bien. Il fit venir en après Unulphe devant lui, auquel il pardonna de même, lui recommandant sa foi et sa prudence : quelques jours après, il lui demanda s'il ne vouloit pas être bientôt avec Pertharite; à quoi Unulphe, avec serment, répondit que plutôt il auroit voulu mourir avec Pertharite que vivre en tout autre lieu en tout plaisir et délices. Le roi fit pareille demande au page, à savoir-mon [1] s'il trouvoit meilleur de demeurer avec soi au palais que de vivre avec Pertharite en exil; mais le page lui ayant répondu comme Unulphe avoit fait, le roi, prenant en bonne part leurs paroles, et louant la foi de tous deux, commanda à Unulphe demander tout ce qu'il voudroit de sa maison, et qu'il s'en allât en toute sûreté trouver Pertharite. Il licencia et donna congé de même au page, lequel avec Unulphe, portant avec eux, par la courtoisie et libéralité du roi, ce qui leur étoit de besoin pour leur voyage, s'en allèrent en France trouver leur desiré seigneur Pertharite.

[1] *Savoir-mon*, c'est-à-dire *pour connaître, pour savoir.* (Voyez Nicot, *Dict.*, éd. de 1606.)

ERYCIUS PUTEANUS,

HISTORIÆ BARBARICÆ, LIB. II, N° XV.

Tam tragico nuncio obstupefactus Pertharitus, ampliusque tyrannum quam fratrem timens, fugam ad Cacanum Hunnorum regem arripuit, Rodelinda uxore et filio Cuniperto Mediolani relictis : sed jam magna sui parte miser, et in carissimis pignoribus captus, cum a rege hospite rejiceretur, ad hostem redire statuit, et cujus sævitiam timuerat, clementiam experiri. Quid votis obesset? non regnum, sed incolumitas quærebatur. Etenim Pertharitus, quasi pati jam fortunæ contumeliam posset, fratre occiso, supplex esse sustinuit : et quia amplius putavit Grimoaldus, reddere vitam, quam regnum eripere, facilis fuit. Longe tamen aliud fata ordiebantur : ut nec securus esset, qui parcere voluit; nec liber a discrimine, qui salutem duntaxat pactus erat. Atque interea rex novus, destinatis nuptiis potentiam firmaturus, desponsam sibi virginem tori sceptrique sociam assumit. Et sic in familia Ariperti regium permanere nomen videbatur; quippe post filios gener diadema sumpserat. Venit igitur Ticinum Pertharitus, et, suæ oblitus appellationis, sororem reginam salutavit. Plenus mutuæ benevolentiæ hic congressus fuit, ac plane redire ad felicitatem profugus videbatur, nisi quod non imperaret. Domus et familia quasi proximam nupero splendori vitam acturo datur. Quid fit? Visendi et salutandi causa cum frequentes confluerent, partim Longobardi, partim Insubres, humanitatis regem pœnituit. Sic officia nocuere : et quia in exemplum benignitas miserantis valuit, extincta est. A populo coli, et regnum moliri, juxta habitum. Itaque, ut rex metu solveretur, secundum parricidium non exhorruit. Nuper manu, nunc imperio cruentus, morti Pertharitum destinat. Sed nihil insidiæ, nihil percussores immissi potuere : elapsus est. Amica et ingeniosa Unulphi fraude beneficium salutis stetit, qui inclusum et obsessum ursina pelle circumtegens, et tanquam pro mancipio pellens, cubiculo ejecit. Dolum ingesta quoque verbera vestiebant : et quia nox erat, falli satellites potuere. Facinus quemadmodum regi displicuit, ita fidei exemplum laudatum est.

ACTEURS.

PERTHARITE, roi des Lombards.
GRIMOALD, comte de Bénévent, ayant conquis le royaume des Lombards sur Pertharite.
GARIBALDE, duc de Turin.
UNULPHE, seigneur lombard.
RODELINDE, femme de Pertharite.
ÉDUIGE, sœur de Pertharite.
SOLDATS.

La scène est à Milan.

PERTHARITE[1].

ACTE PREMIER.

SCÈNE I.

RODELINDE, UNULPHE.

RODELINDE.
Oui, l'honneur qu'il me rend ne fait que m'outrager.
Je vous le dis encor, rien ne peut me changer[2] ;
Ses conquêtes pour moi sont des objets de haine ;
L'hommage qu'il m'en fait renouvelle ma peine ;
Et, comme son amour redouble mon tourment,
Si je le hais vainqueur, je le déteste amant.
Voilà quelle je suis, et quelle je veux être[3],
Et ce que vous direz au comte votre maître.
UNULPHE.
Dites, au roi, madame[4].
RODELINDE.
Ah ! je ne pense pas
Que de moi Grimoald exige un cœur si bas ;
S'il m'aime, il doit aimer cette digne arrogance

---

[1] Les variantes se trouvent dans l'édition de 1654. (LEF....)
[2] VAR. Je vous le dis encor, rien ne me peut changer.
[3] VAR. Voilà quelle je suis, et quelle je dois être.
[4] VAR. Nommez-le roi, madame.

Qui brave ma fortune et remplit ma naissance [1].

Si d'un roi malheureux et la fuite et la mort
L'assurent dans son trône à titre du plus fort,
Ce n'est point à sa veuve à traiter de monarque
Un prince qui ne l'est qu'à cette triste marque.
Qu'il ne se flatte point d'un espoir décevant :
Il est toujours pour moi comte de Bénévent,
Toujours l'usurpateur du sceptre de nos pères,
Et toujours, en un mot, l'auteur de mes misères.

UNULPHE.

C'est ne connoître pas la source de vos maux,
Que de les imputer à ses nobles travaux :
Laissez à sa vertu le prix qu'elle mérite;
Et n'en accusez plus que votre Pertharite.
Son ambition seule....

RODELINDE.

Unulphe, oubliez-vous
Que vous parlez à moi, qu'il étoit mon époux?

UNULPHE.

Non : mais vous oubliez que, bien que la naissance
Donnât à son aîné la suprême puissance,
Il osa toutefois partager avec lui
Un sceptre dont son bras devoit être l'appui;
Qu'on vit alors deux rois en votre Lombardie,
Pertharite à Milan, Gundebert à Pavie,
Dont ce dernier, piqué par un tel attentat,

---

[1] On est toujours étonné de cette foule d'impropriétés, de cet amas de phrases louches, irrégulières, incohérentes, obscures, et de mots qui ne sont point faits pour se trouver ensemble; mais on ne remarquera pas ces fautes qui reviennent à tout moment dans *Pertharite*. Cette pièce est si au-dessous des plus mauvaises de notre temps, que presque personne ne peut la lire. Les remarques sont inutiles. (V.)

ACTE I, SCÈNE I.

Voulut entre ses mains réunir son état,
Et ne put voir long-temps en celles de son frère [1]....

RODELINDE.

Dites qu'il fut rebelle aux ordres de son père.
Le roi, qui connoissoit ce qu'ils valoient tous deux,
Mourant entre leurs bras, fit ce partage entre eux :
Il vit en Pertharite une ame trop royale
Pour ne lui pas laisser une fortune égale ;
Et vit en Gundebert un cœur assez abject
Pour ne mériter pas son frère pour sujet.
Ce n'est pas attenter aux droits d'une couronne
Qu'en conserver la part qu'un père nous en donne ;
De son dernier vouloir c'est se faire des lois,
Honorer sa mémoire, et défendre son choix.

UNULPHE.

Puisque vous le voulez, j'excuse son courage ;
Mais condamnez du moins l'auteur de ce partage,

---

[1] Cette exposition est très obscure : un Unulphe, un Gundebert, un Grimoald, annoncent d'ailleurs une tragédie bien lombarde. C'est une grande erreur de croire que tous ces noms barbares de Goths, de Lombards, de Francs, puissent faire sur la scène le même effet qu'Achille, Iphigénie, Andromaque, Électre, Oreste, Pyrrhus. Boileau se moque, avec raison, de celui *qui, pour son héros, va choisir Childebrand.* Les Italiens eurent grande raison, et montrèrent le bon goût qui les anima long-temps, lorsqu'ils firent renaître la tragédie au commencement du seizième siècle : ils prirent presque tous les sujets de leurs tragédies chez les Grecs. Il ne faut pas croire qu'un meurtre commis dans la rue Tiquetonne ou dans la rue Barbette, que des intrigues politiques de quelques bourgeois de Paris, qu'un prévôt des marchands, nommé Marcel, que les sieurs Aubert et Fauconnau, puissent jamais remplacer les héros de l'antiquité. Nous n'en dirons pas plus sur cette pièce : voyez seulement les endroits où Racine a taillé en diamants brillants les cailloux bruts de Corneille. (V.)

Dont l'amour indiscret pour des fils généreux,
Les faisant tous deux rois, les a perdus tous deux.
Ce mauvais politique avoit dû reconnoître
Que le plus grand état ne peut souffrir qu'un maître,
Que les rois n'ont qu'un trône et qu'une majesté,
Que leurs enfants entre eux n'ont point d'égalité,
Et qu'enfin la naissance a son ordre infaillible
Qui fait de leur couronne un point indivisible.
RODELINDE.
Et toutefois le ciel par les événements
Fit voir qu'il approuvoit ses justes sentiments.
Du jaloux Gundebert l'ambitieuse haine
Fondant sur Pertharite y trouva tôt sa peine.
Une bataille entre eux vidoit leur différent ;
Il en sortit défait, il en sortit mourant :
Son trépas nous laissoit toute la Lombardie,
Dont il nous envioit une foible partie ;
Et j'ai versé des pleurs, qui n'auroient pas coulé,
Si votre Grimoald ne s'en fût point mêlé.
Il lui promit vengeance, et sa main plus vaillante
Rendit après sa mort sa haine triomphante :
Quand nous croyions le sceptre en la nôtre affermi,
Nous changeâmes de sort en changeant d'ennemi ;
Et, le voyant régner où régnoient les deux frères,
Jugez à qui je puis imputer nos misères.
UNULPHE.
Excusez un amour que vos yeux ont éteint :
Son cœur pour Éduige en étoit lors atteint ;
Et, pour gagner la sœur à ses desirs trop chère,
Il fallut épouser les passions du frère.
Il arma ses sujets, plus pour la conquérir,
Qu'à dessein de vous nuire ou de le secourir.
Alors qu'il arriva, Gundebert rendoit l'ame,

Et sut en ce moment abuser de sa flamme.
« Bien, dit-il, que je touche à la fin de mes jours,
« Vous n'avez pas en vain amené du secours;
« Ma mort vous va laisser ma sœur et ma querelle;
« Si vous l'osez aimer, vous combattrez pour elle. »
Il la proclame reine; et sans retardement
Les chefs et les soldats ayant prêté serment,
Il en prend d'elle un autre, et de mon prince même :
« Pour montrer à tous deux à quel point je vous aime,
« Je vous donne, dit-il, Grimoald pour époux,
« Mais à condition qu'il soit digne de vous;
« Et vous ne croirez point, ma sœur, qu'il vous mérite,
« Qu'il n'ait vengé ma mort, et détruit Pertharite,
« Qu'il n'ait conquis Milan, qu'il n'y donne la loi.
« A la main d'une reine il faut celle d'un roi. »
　Voilà ce qu'il voulut, voilà ce qu'ils jurèrent,
Voilà sur quoi tous deux contre vous s'animèrent.
Non que souvent mon prince, impatient amant,
N'ait voulu prévenir l'effet de son serment :
Mais contre son amour la princesse obstinée
A toujours opposé la parole donnée;
Si bien que, ne voyant autre espoir de guérir,
Il a fallu sans cesse et vaincre et conquérir.
　Enfin, après deux ans, Milan par sa conquête
Lui donnoit Éduige en couronnant sa tête,
Si ce même Milan dont elle étoit le prix
N'eût fait perdre à ses yeux ce qu'ils avoient conquis.
Avec un autre sort il prit un cœur tout autre;
Vous fûtes sa captive, et le fîtes le vôtre;
Et la princesse alors, par un bizarre effet,
Pour l'avoir voulu roi, le perdit tout-à-fait.
Nous le vîmes quitter ses premières pensées,
N'avoir plus pour l'hymen ces ardeurs empressées,

Éviter Éduige, à peine lui parler,
Et sous divers prétexte à son tour reculer.
Ce n'est pas que long-temps il n'ait tâché d'éteindre
Un feu dont vos vertus avoient lieu de se plaindre;
Et tant que dans sa fuite a vécu votre époux,
N'étant plus à sa sœur, il n'osoit être à vous :
Mais sitôt que sa mort eut rendu légitime
Cette ardeur qui n'étoit jusque-là qu'un doux crime....

SCÈNE II.

RODELINDE, ÉDUIGE, UNULPHE.

ÉDUIGE.

Madame, si j'étois d'un naturel jaloux,
Je m'inquiéterois de le voir avec vous;
Je m'imaginerois, ce qui pourroit bien être,
Que ce fidèle agent vous parle pour son maître :
Mais comme mon esprit n'est pas si peu discret
Qu'il vous veuille envier la douceur du secret,
De cette opinion j'aime mieux me défendre,
Pour mettre en votre choix celle que je dois prendre,
La régler par votre ordre, et croire avec respect
Tout ce qu'il vous plaira d'un entretien suspect.

RODELINDE.

Le secret n'est pas grand qu'aisément on devine,
Et l'on peut croire alors tout ce qu'on s'imagine.
Oui, madame, son maître a de fort mauvais yeux;
Et, s'il m'en pouvoit croire, il en useroit mieux.

ÉDUIGE.

Il a beau s'éblouir alors qu'il vous regarde,
Il vous échappera si vous n'y prenez garde.
Il lui faut obéir, tout amoureux qu'il est,

Et vouloir ce qu'il veut, quand et comme il lui plaît.
RODELINDE.
Avez-vous reconnu par votre expérience
Qu'il faille déférer à son impatience?
ÉDUIGE.
Vous ne savez que trop ce que c'est que sa foi.
RODELINDE.
Autre est celle d'un comte, autre celle d'un roi;
Et, comme un nouveau rang forme une ame nouvelle,
D'un comte déloyal il fait un roi fidèle.
ÉDUIGE.
Mais quelquefois, madame, avec facilité
On croit des maris morts qui sont pleins de santé;
Et, lorsqu'on se prépare aux seconds hyménées,
On voit par leur retour des veuves étonnées.
RODELINDE.
Qu'avez-vous vu, madame, ou que vous a-t-on dit?
ÉDUIGE.
Ce mot un peu trop tôt vous alarme l'esprit.
Je ne vous parle pas de votre Pertharite :
Mais il se pourra faire enfin qu'il ressuscite,
Qu'il rende à vos desirs leur juste possesseur ;
Et c'est dont je vous donne avis en bonne sœur.
RODELINDE.
N'abusez point d'un nom que votre orgueil rejette.
Si vous étiez ma sœur, vous seriez ma sujette ;
Mais un sceptre vaut mieux que les titres du sang,
Et la nature cède à la splendeur du rang.
ÉDUIGE.
La nouvelle vous fâche, et du moins importune
L'espoir déja formé d'une bonne fortune.
Consolez-vous, madame; il peut n'en être rien ;
Et souvent on nous dit ce qu'on ne sait pas bien.

RODELINDE.

Il sait mal ce qu'il dit, quiconque vous fait croire
Qu'aux feux de Grimoald je trouve quelque gloire.
Il est vaillant, il règne, et comme il faut régner ;
Mais toutes ses vertus me le font dédaigner.
Je hais dans sa valeur l'effort qui le couronne ;
Je hais dans sa bonté les cœurs qu'elle lui donne ;
Je hais dans sa prudence un grand peuple charmé ;
Je hais dans sa justice un tyran trop aimé ;
Je hais ce grand secret d'assurer sa conquête,
D'attacher fortement ma couronne à sa tête ;
Et le hais d'autant plus que je vois moins de jour
A détruire un vainqueur qui règne avec amour.

ÉDUIGE.

Cette haine qu'en vous sa vertu même excite
Est fort ingénieuse à voir tout son mérite ;
Et qui nous parle ainsi d'un objet odieux
En diroit bien du mal s'il plaisoit à ses yeux.

RODELINDE.

Qui hait brutalement permet tout à sa haine ;
Il s'emporte, il se jette où sa fureur l'entraîne ;
Il ne veut avoir d'yeux que pour ses faux portraits :
Mais qui hait par devoir ne s'aveugle jamais ;
C'est sa raison qui hait, qui, toujours équitable,
Voit en l'objet haï ce qu'il a d'estimable,
Et verroit en l'aimé ce qu'il y faut blâmer,
Si ce même devoir lui commandoit d'aimer.

ÉDUIGE.

Vous en savez beaucoup.

RODELINDE.

Je sais comme il faut vivre.

ÉDUIGE.

Vous êtes donc, madame, un grand exemple à suivre.

ACTE I, SCÈNE II.   121

RODELINDE.
Pour vivre l'ame saine, on n'a qu'à m'imiter [1].
ÉDUIGE.
Et qui veut vivre aimé n'a qu'à vous en conter?
RODELINDE.
J'aime en vous un soupçon qui vous sert de supplice;
S'il me fait quelque outrage, il m'en fait bien justice
ÉDUIGE.
Quoi! vous refuseriez Grimoald pour époux?
RODELINDE.
Si je veux l'accepter, m'en empêcherez-vous?
Ce qui jusqu'à présent vous donne tant d'alarmes,
Sitôt qu'il me plaira, vous coûtera des larmes;
Et, quelque grand pouvoir que vous preniez sur moi,
Je n'ai qu'à dire un mot pour vous faire la loi.
N'aspirez point, madame, où je voudrai prétendre;
Tout son cœur est à moi, si je daigne le prendre :
Consolez-vous pourtant, il m'en fait l'offre en vain;
Je veux bien sa couronne, et ne veux point sa main.
  Faites, si vous pouvez, revivre Pertharite,
Pour l'opposer aux feux dont votre amour s'irrite.
Produisez un fantôme, ou semez un faux bruit,
Pour remettre en vos fers un prince qui vous fuit;
J'aiderai votre feinte, et ferai mon possible
Pour tromper avec vous ce monarque invincible,
Pour renvoyer chez vous les vœux qu'on vient m'offrir,
Et n'avoir plus chez moi d'importuns à souffrir.
ÉDUIGE.
Qui croit déja ce bruit un tour de mon adresse,
De son effet sans doute auroit peu d'allégresse,
Et, loin d'aider la feinte avec sincérité,

---

[1] VAR. Qui veut vivre en repos, il n'a qu'à m'imiter.

Pourroit fermer les yeux même à la vérité.
RODELINDE.
Après m'avoir fait perdre époux et diadème,
C'est trop que d'attenter jusqu'à ma gloire même,
Qu'ajouter l'infamie à de si rudes coups.
Connoissez-moi, madame, et désabusez-vous.
Je ne vous cèle point qu'ayant l'ame royale,
L'amour du sceptre encor me fait votre rivale,
Et que je ne puis voir d'un cœur lâche et soumis
La sœur de mon époux déshériter mon fils.
Mais que dans mes malheurs jamais je me dispose
A les vouloir finir m'unissant à leur cause,
A remonter au trône où vont tous mes desirs,
En épousant l'auteur de tous mes déplaisirs!
Non, non, vous présumez en vain que je m'apprête
A faire de ma main sa dernière conquête;
Unulphe peut vous dire en fidèle témoin
Combien à me gagner il perd d'art et de soin.
Si, malgré la parole et donnée et reçue,
Il cessa d'être à vous au moment qu'il m'eut vue,
Aux cendres d'un mari tous mes feux réservés
Lui rendent les mépris que vous en recevez.

SCÈNE III.

GRIMOALD, RODELINDE, ÉDUIGE, GARIBALDE, UNULPHE.

RODELINDE.
Approche, Grimoald, et dis à ta jalouse,
A qui du moins ta foi doit le titre d'épouse,
Si, depuis que pour moi je t'ai vu soupirer,
Jamais d'un seul coup d'œil je t'ai fait espérer;

ACTE I, SCÈNE III.

Ou, si tu veux laisser pour éternelle gêne
A cette ambitieuse une frayeur si vaine,
Dis-moi de mon époux le déplorable sort :
Il vit, il vit encor, si j'en crois son rapport ;
De ses derniers honneurs les magnifiques pompes [1]
Ne sont qu'illusions avec quoi tu me trompes ;
Et ce riche tombeau que lui fait son vainqueur
N'est qu'un appât superbe à surprendre mon cœur.

GRIMOALD.

Madame, vous savez ce qu'on m'est venu dire,
Qu'allant de ville en ville et d'empire en empire
Contre Éduige et moi mendier du secours,
Auprès du roi des Huns il a fini ses jours :
Et si depuis sa mort j'ai tâché de vous rendre....

RODELINDE.

Qu'elle soit vraie ou non, tu n'en dois rien attendre.
Je dois à sa mémoire, à moi-même, à son fils,
Ce que je dus aux nœuds qui nous avoient unis ;
Ce n'est qu'à le venger que tout mon cœur s'applique :
Et, puisqu'il faut enfin que tout ce cœur s'explique,
Si je puis une fois échapper de tes mains,
J'irai porter par-tout de si justes desseins ;
J'irai dessus ses pas aux deux bouts de la terre
Chercher des ennemis à te faire la guerre :
Ou, s'il me faut languir prisonnière en ces lieux,
Mes vœux demanderont cette vengeance aux cieux,
Et ne cesseront point jusqu'à ce que leur foudre
Sur mon trône usurpé brise ta tête en poudre.
   Madame, vous voyez avec quels sentiments
Je mets ce grand obstacle à vos contentements.
Adieu. Si vous pouvez, conservez ma couronne ;

---

[1] Var. De ses derniers devoirs les magnifiques pompes.

Et regagnez un cœur que je vous abandonne.

SCÈNE IV.

GRIMOALD, ÉDUIGE, GARIBALDE, UNULPHE.

GRIMOALD.
Qu'avez-vous dit, madame, et que supposez-vous
Pour la faire douter du sort de son époux?
Depuis quand et de qui savez-vous qu'il respire?
ÉDUIGE.
Ce confident si cher pourra vous le redire.
GRIMOALD.
M'auriez-vous accusé d'avoir feint son trépas?
ÉDUIGE.
Ne vous alarmez point, elle ne m'en croit pas;
Son destin est plus doux veuve que mariée,
Et de croire sa mort vous l'avez trop priée [1].
GRIMOALD.
Mais enfin?
ÉDUIGE.
　　　Mais enfin chacun sait ce qu'il sait;
Et quand il sera temps nous en verrons l'effet.
　Épouse-la, parjure, et fais-en une infame:
Qui ravit un état peut ravir une femme;
L'adultère et le rapt sont du droit des tyrans.
GRIMOALD.
Vous me donniez jadis des titres différents.
Quand pour vous acquérir je gagnois des batailles,
Que mon bras de Milan foudroyoit les murailles,

---

[1] VAR. Et de le croire mort vous l'avez trop priée.

Que je semois par-tout la terreur et l'effroi,
J'étois un grand héros, j'étois un digne roi :
Mais depuis que je règne en prince magnanime,
Qui chérit la vertu, qui sait punir le crime,
Que le peuple sous moi voit ses destins meilleurs,
Je ne suis qu'un tyran, parceque j'aime ailleurs.
Ce n'est plus la valeur, ce n'est plus la naissance
Qui donne quelque droit à la toute-puissance;
C'est votre amour lui seul qui fait, des conquérants,
Suivant qu'ils sont à vous, des rois ou des tyrans.
Si ce titre odieux s'acquiert à vous déplaire,
Je n'ai qu'à vous aimer si je veux m'en défaire;
Et ce même moment, de lâche usurpateur,
Me fera vrai monarque en vous rendant mon cœur.

ÉDUIGE.

Ne prétends plus au mien après ta perfidie.
J'ai mis entre tes mains toute la Lombardie :
Mais ne t'aveugle point dans ton nouveau souci [1];
Ce n'est que sous mon nom que tu règnes ici;
Et le peuple bientôt montrera par sa haine
Qu'il n'adoroit en toi que l'amant de sa reine,
Qu'il ne respectoit qu'elle, et ne veut point d'un roi
Qui commence par elle à violer sa foi.

GRIMOALD.

Si vous étiez, madame, au milieu de Pavie,
Dont vous fit reine un frère en sortant de la vie,
Ce discours, quoique même un peu hors de saison,
Pourroit avoir du moins quelque ombre de raison.
Mais ici, dans Milan, dont j'ai fait ma conquête,
Où ma seule valeur a couronné ma tête,

---

[1] Var. Mais ne t'aveugle point dans ton ambition :
    Si tu règnes ici, ce n'est que sous mon nom.

Au milieu d'un état où tout le peuple à moi
Ne sauroit craindre en vous que l'amour de son roi,
La menace impuissante est de mauvaise grace;
Avec tant de foiblesse il faut la voix plus basse.
J'y règne, et régnerai malgré votre courroux;
J'y fais à tous justice, et commence par vous.

ÉDUIGE.

Par moi?

GRIMOALD.

Par vous, madame.

ÉDUIGE.

Après la foi reçue!
Après deux ans d'amour si lâchement déçue!

GRIMOALD.

Dites après deux ans de haine et de mépris,
Qui de toute ma flamme ont été le seul prix.

ÉDUIGE.

Appelles-tu mépris une amitié sincère?

GRIMOALD.

Une amitié fidèle à la haine d'un frère,
Un long orgueil armé d'un frivole serment,
Pour s'opposer sans cesse au bonheur d'un amant.
Si vous m'aviez aimé, vous n'auriez pas eu honte
D'attacher votre sort à la valeur d'un comte :
Jusqu'à ce qu'il fût roi vous plaire à le gêner,
C'étoit vouloir vous vendre, et non pas vous donner.
Je me suis donc fait roi pour plaire à votre envie;
J'ai conquis votre cœur au péril de ma vie :
Mais alors qu'il m'est dû, je suis en liberté
De vous laisser un bien que j'ai trop acheté;
Et votre ambition est justement punie,
Quand j'affranchis un roi de votre tyrannie.
Un roi doit pouvoir tout; et je ne suis pas roi,

ACTE I, SCÈNE IV.

S'il ne m'est pas permis de disposer de moi.
C'est quitter, c'est trahir les droits du diadème,
Que sur le haut d'un trône être esclave moi-même ;
Et dans ce même trône où vous m'avez voulu,
Sur moi comme sur tous je dois être absolu :
C'est le prix de mon sang ; souffrez que j'en dispose,
Et n'accusez que vous du mal que je vous cause.

ÉDUIGE.

Pour un grand conquérant que tu te défends mal !
Et quel étrange roi tu fais de Grimoald !
　Ne dis plus que ce rang veut que tu m'abandonnes,
Et que la trahison est un droit des couronnes ;
Mais, si tu veux trahir, trouve du moins, ingrat,
De plus belles couleurs dans les raisons d'état.
Dis qu'un usurpateur doit amuser la haine
Des peuples mal domptés en épousant leur reine,
Leur faire présumer qu'il veut rendre à son fils
Un sceptre sur le père injustement conquis,
Qu'il ne veut gouverner que durant son enfance,
Qu'il ne veut qu'en dépôt la suprême puissance,
Qu'il ne veut autre titre, en leur donnant la loi,
Que d'époux de la reine et de tuteur du roi :
Dis que sans cet hymen ta puissance t'échappe,
Qu'un vieil amour des rois la détruit et la sape ;
Dis qu'un tyran qui règne en pays ennemi
N'y sauroit voir son trône autrement affermi.
De cette illusion l'apparence plausible
Rendroit ta lâcheté peut-être moins visible ;
Et l'on pourroit donner à la nécessité
Ce qui n'est qu'un effet de ta légèreté.

GRIMOALD.

J'embrasse un bon avis, de quelque part qu'il vienne.
Unulphe, allez trouver la reine, de la mienne,

Et tâchez par cette offre à vaincre sa rigueur.
 Madame, c'est à vous que je devrai son cœur;
Et, pour m'en revancher, je prendrai soin moi-même
De faire choix pour vous d'un mari qui vous aime,
Qui soit digne de vous, et puisse mériter
L'amour que, malgré moi, vous voulez me porter.

ÉDUIGE.

Traître! je n'en veux point que ta mort ne me donne,
Point qui n'ait par ton sang affermi ma couronne.

GRIMOALD.

Vous pourrez à ce prix en trouver aisément.
Remettez la princesse à son appartement,
Duc; et tâchez à rompre un dessein sur ma vie,
Qui me feroit trembler, si j'étois à Pavie.

ÉDUIGE.

Crains-moi, crains-moi par-tout; et Pavie, et Milan;
Tout lieu, tout bras est propre à punir un tyran;
Et tu n'as point de forts où vivre en assurance,
Si de ton sang versé je suis la récompense.

GRIMOALD.

Dissimulez du moins ce violent courroux :
Je deviendrois tyran, mais ce seroit pour vous.

ÉDUIGE.

Va, je n'ai point le cœur assez lâche pour feindre.

GRIMOALD.

Allez donc; et craignez, si vous me faites craindre.

FIN DU PREMIER ACTE.

ACTE SECOND.

SCÈNE I[1].

ÉDUIGE, GARIBALDE.

ÉDUIGE.

Je l'ai dit à mon traître, et je vous le redis[2],
Je me dois cette joie après de tels mépris ;

[1] Il me paraît prouvé que Racine a puisé toute l'ordonnance de sa tragédie d'*Andromaque* dans ce second acte de *Pertharite*. Dès la première scène, vous voyez Éduige qui est avec son Garibalde précisément dans la même situation qu'Hermione avec Oreste : elle est abandonnée par un Grimoald, comme Hermione par Pyrrhus ; et si Grimoald aime sa prisonnière Rodelinde, Pyrrhus aime Andromaque sa captive. Vous voyez qu'Éduige dit à Garibalde les mêmes choses qu'Hermione dit à Oreste : elle a des ardents souhaits de voir punir le change de Grimoald ; elle assure sa conquête à son vengeur : il faut servir sa haine pour venger son amour. C'est ainsi qu'Hermione dit à Oreste :

> . . . . Vengez-moi, je crois tout….
> Qu'Hermione est le prix d'un tyran opprimé,
> Que je le hais ; enfin…. que je l'aimai.

Oreste, en un autre endroit, dit à Hermione tout ce que dit ici Garibalde à Éduige :

> Le cœur est pour Pyrrhus, et les vœux pour Oreste….
> Et vous le haïssez ! Avouez-le, madame,
> L'amour n'est pas un feu qu'on renferme en une ame ;
> Tout nous trahit : la voix, le silence, les yeux ;
> Et les feux mal couverts n'en éclatent que mieux.

Hermione parle absolument comme Éduige, quand elle dit :

> Mais cependant ce jour il épouse Andromaque….

Et mes ardents souhaits de voir punir son change
Assurent ma conquête à quiconque me venge.
Suivez le mouvement d'un si juste courroux,
Et sans perdre de vœux obtenez-moi de vous.
Pour gagner mon amour il faut servir ma haine ;
A ce prix est le sceptre, à ce prix une reine ;
Et Grimoald puni rendra digne de moi
Quiconque ose m'aimer, ou se veut faire roi.

GARIBALDE.

Mettre à ce prix vos feux et votre diadème,
C'est ne connoître pas votre haine et vous-même ;
Et qui, sous cet espoir, voudroit vous obéir,
Chercheroit les moyens de se faire haïr.
Grimoald inconstant n'a plus pour vous de charmes,
Mais Grimoald puni vous coûteroit des larmes.
A cet objet sanglant l'effort de la pitié
Reprendroit tous les droits d'une vieille amitié ;
Et son crime et son sang éteint avec sa vie
Passeroit en celui qui vous auroit servie.

Quels que soient ses mépris, peignez-vous bien sa mort,
Madame, et votre cœur n'en sera pas d'accord.

Seigneur, je le vois bien, votre ame prévenue
Répand sur mes discours le venin qui la tue.

Enfin l'intention d'Éduige est que Garibalde la serve en détachant le parjure Grimoald de sa rivale Rodelinde ; et Hermione veut qu'Oreste, en demandant Astyanax, dégage Pyrrhus de son amour pour Andromaque. Voyez avec attention la scène cinquième du second acte, vous trouverez une ressemblance non moins marquée entre Andromaque et Rodelinde. Voyez la scène cinquième et la première scène de l'acte troisième. (V.)

² Var. Je n'en fais point secret après tant de mépris,
Je l'ai dit à ce traître, et je vous le redis ;
Je ne suis plus à moi, je suis à qui me venge,
Et ma conquête est libre au bras le plus étrange.

Quoi qu'un amant volage excite de colère,
Son change est odieux, mais sa personne est chère;
Et ce qu'a joint l'amour a beau se désunir,
Pour le rejoindre mieux il ne faut qu'un soupir.
Ainsi n'espérez pas que jamais on s'assure
Sur les bouillants transports qu'arrache son parjure.
Si le ressentiment de sa légèreté
Aspire à la vengeance avec sincérité,
En quelques dignes mains qu'il veuille la remettre,
Il vous faut vous donner, et non pas vous promettre,
Attacher votre sort avec le nom d'époux
A la valeur du bras qui s'armera pour vous.
Tant qu'on verra ce prix en quelque incertitude,
L'oseroit-on punir de son ingratitude?
Votre haine tremblante est un mauvais appui
A quiconque pour vous entreprendroit sur lui;
Et, quelque doux espoir qu'offre cette colère [1],
Une plus forte haine en seroit le salaire.
Donnez-vous donc, madame, et faites qu'un vengeur
N'ait plus à redouter le désaveu du cœur.

ÉDUIGE.

Que vous m'êtes cruel en faveur d'un infame,
De vouloir, malgré moi, lire au fond de mon ame,
Où mon amour trahi, que j'éteins à regret,
Lui fait contre ma haine un partisan secret!
Quelques justes arrêts que ma bouche prononce,
Ce sont de vains efforts où tout mon cœur renonce.
Ce lâche malgré moi l'ose encor protéger [2],
Et veut mourir du coup qui m'en pourroit venger.
Vengez-moi toutefois, mais d'une autre manière :

[1] Var. Et cet espoir douteux qu'offre votre conquête
A vos feux rallumés exposeroit sa tête.

[2] Var. Ce lâche en ses périls s'obstine à s'engager.

Pour conserver mes jours, laissez-lui la lumière.
Quelque mort que je doive à son manque de foi,
Otez-lui Rodelinde, et c'est assez pour moi ;
Faites qu'elle aime ailleurs, et punissez son crime [1]
Par ce désespoir même où son change m'abyme.
Faites plus : s'il est vrai que je puis tout sur vous,
Ramenez cet ingrat tremblant à mes genoux,
Le repentir au cœur, les pleurs sur le visage,
De tant de lâchetés me faire un plein hommage,
Implorer le pardon qu'il ne mérite pas,
Et remettre en mes mains sa vie et son trépas.

GARIBALDE.

Ajoutez-y, madame, encor qu'à vos yeux même
Cette odieuse main perce un cœur qui vous aime,
Et que l'amant fidèle au volage immolé
Expie au lieu de lui ce qu'il a violé.
L'ordre en sera moins rude, et moindre le supplice,
Que celui qu'à mes feux prescrit votre injustice :
Et le trépas en soi n'a rien de rigoureux
A l'égal de vous rendre un rival plus heureux.

ÉDUIGE.

Duc, vous vous alarmez faute de me connoître ;
Mon cœur n'est pas si bas qu'il puisse aimer un traître.
Je veux qu'il se repente, et se repente en vain,
Rendre haine pour haine, et dédain pour dédain.
Je veux qu'en vain son ame, esclave de la mienne,
Me demande sa grace, et jamais ne l'obtienne ;
Qu'il soupire sans fruit ; et, pour le punir mieux,
Je veux même à mon tour vous aimer à ses yeux.

GARIBALDE.

Le pourrez-vous, madame, et savez-vous vos forces ?

---

[1] Var. Faites qu'elle aime un autre, et qu'un rival me venge ;
Qu'il tombe au désespoir que me donne son change.

Savez-vous de l'amour quelles sont les amorces?
Savez-vous ce qu'il peut, et qu'un visage aimé
Est toujours trop aimable à ce qu'il a charmé?
Si vous ne m'abusez, votre cœur vous abuse.
L'inconstance jamais n'a de mauvaise excuse;
Et, comme l'amour seul fait le ressentiment,
Le moindre repentir obtient grace à l'amant.

ÉDUIGE.

Quoi qu'il puisse arriver, donnez-vous cette gloire
D'avoir sur cet ingrat rétabli ma victoire;
Sans songer qu'à me plaire exécutez mes lois,
Et pour l'événement laissez tout à mon choix :
Souffrez qu'en liberté je l'aime ou le néglige.
L'amant est trop payé quand son service oblige;
Et quiconque en aimant aspire à d'autres prix
N'a qu'un amour servile et digne de mépris.
Le véritable amour jamais n'est mercenaire,
Il n'est jamais souillé de l'espoir du salaire.
Il ne veut que servir, et n'a point d'intérêt
Qu'il n'immole à celui de l'objet qui lui plaît.
Voyez donc Grimoald, tâchez à le réduire;
Faites-moi triompher, au hasard de vous nuire;
Et, si je prends pour lui des sentiments plus doux,
Vous m'aurez faite heureuse, et c'est assez pour vous.
Je verrai par l'effort de votre obéissance
Où doit aller celui de ma reconnoissance.
Cependant, s'il est vrai que j'ai pu vous charmer,
Aimez-moi plus que vous, ou cessez de m'aimer;
C'est par-là seulement qu'on mérite Éduige.
Je veux bien qu'on espère, et non pas qu'on exige.
Je ne veux rien devoir : mais, lorsqu'on me sert bien,
On peut attendre tout de qui ne promet rien.

SCÈNE II.

GARIBALDE.

Quelle confusion! et quelle tyrannie
M'ordonne d'espérer ce qu'elle me dénie!
Et de quelle façon est-ce écouter des vœux,
Qu'obliger un amant à travailler contre eux?
Simple! ne prétends pas, sur cet espoir frivole,
Que je tâche à te rendre un cœur que je te vole.
Je t'aime, mais enfin je m'aime plus que toi.
C'est moi seul qui le porte à ce manque de foi;
Auprès d'un autre objet c'est moi seul qui l'engage;
Je ne détruirai pas moi-même mon ouvrage.
Il m'a choisi pour toi, de peur qu'un autre époux
Avec trop de chaleur n'embrasse ton courroux;
Mais lui-même il se trompe en l'amant qu'il te donne.
Je t'aime, et puissamment, mais moins que la couronne;
Et mon ambition, qui tâche à te gagner,
Ne cherche en ton hymen que le droit de régner.
De tes ressentiments s'il faut que je l'obtienne,
Je saurai joindre encor cent haines à la tienne,
L'ériger en tyran par mes propres conseils,
De sa perte par lui dresser les appareils,
Mêler si bien l'adresse avec un peu d'audace,
Qu'il ne faille qu'oser pour me mettre en sa place;
Et, comme en t'épousant j'en aurai droit de toi,
Je t'épouserai lors, mais pour me faire roi.
Mais voici Grimoald.

SCÈNE III.

GRIMOALD, GARIBALDE.

GRIMOALD.
Eh bien! quelle espérance,
Duc? et qu'obtiendrons-nous de ta persévérance?
GARIBALDE.
Ne me commandez plus, seigneur, de l'adorer,
Ou ne lui laissez plus aucun lieu d'espérer.
GRIMOALD.
Quoi! de tout mon pouvoir je l'avois irritée
Pour faire que ta flamme en fût mieux écoutée,
Qu'un dépit redoublé la pressant contre moi
La rendît plus facile à recevoir ta foi,
Et fît tomber ainsi par ses ardeurs nouvelles
Le dépôt de sa haine en des mains si fidèles[1] :
Cependant son espoir à mon trône attaché
Par aucun de nos soins n'en peut être arraché!
Mais as-tu bien promis ma tête à sa vengeance?
Ne l'as-tu point offerte avecque négligence,
Avec quelque froideur qui l'ait fait soupçonner
Que tu la promettois sans la vouloir donner?
GARIBALDE.
Je n'ai rien oublié de ce qui peut séduire
Un vrai ressentiment qui voudroit vous détruire;
Mais son feu mal éteint ne se peut déguiser;
Son plus ardent courroux brûle de s'apaiser;
Et je n'obtiendrai point, seigneur, qu'elle m'écoute,
Jusqu'à ce qu'elle ait vu votre hymen hors de doute,

---

[1] Var. Le dépôt de sa haine entre des mains fidèles.

Et que, de Rodelinde étant l'illustre époux,
Vous chassiez de son cœur tout espoir d'être à vous.

GRIMOALD.

Hélas! je mets en vain toute chose en usage;
Ni prières ni vœux n'ébranlent son courage.
Malgré tous mes respects je vois de jour en jour
Croître sa résistance autant que mon amour;
Et si l'offre d'Unulphe à présent ne la touche,
Si l'intérêt d'un fils ne la rend moins farouche,
Désormais je renonce à l'espoir d'amollir
Un cœur que tant d'efforts ne font qu'enorgueillir.

GARIBALDE.

Non, non, seigneur, il faut que cet orgueil vous cède;
Mais un mal violent veut un pareil remède.
Montrez-vous tout ensemble amant et souverain,
Et sachez commander, si vous priez en vain.
Que sert ce grand pouvoir qui suit le diadème,
Si l'amant couronné n'en use pour soi-même?
Un roi n'est pas moins roi pour se laisser charmer,
Et doit faire obéir qui ne veut pas aimer.

GRIMOALD.

Porte, porte aux tyrans tes damnables maximes;
Je hais l'art de régner qui se permet des crimes.
De quel front donnerois-je un exemple aujourd'hui
Que mes lois dès demain puniroient en autrui?
Le pouvoir absolu n'a rien de redoutable
Dont à sa conscience un roi ne soit comptable.
L'amour l'excuse mal, s'il règne injustement;
Et l'amant couronné doit n'agir qu'en amant.

GARIBALDE.

Si vous n'osez forcer, du moins faites-vous craindre;
Daignez, pour être heureux, un moment vous contraindre;
Et si l'offre d'Unulphe en reçoit des mépris,

Menacez hautement de la mort de son fils [1].
GRIMOALD.
Que par ces lâchetés j'ose me satisfaire!
GARIBALDE.
Si vous n'osez parler, du moins laissez-nous faire :
Nous saurons vous servir, seigneur, et malgré vous.
Prêtez-nous seulement un moment de courroux,
Et permettez après qu'on l'explique, et qu'on feigne
Ce que vous n'osez dire, et qu'il faut qu'elle craigne.
Vous désavouerez tout. Après de tels projets,
Les rois impunément dédisent leurs sujets.
GRIMOALD.
Sachons ce qu'il a fait, avant que de résoudre [2]
Si je dois en tes mains laisser gronder ce foudre.

SCÈNE IV.
GRIMOALD, GARIBALDE, UNULPHE.

GRIMOALD.
Que faut-il faire, Unulphe? est-il temps de mourir [3]?
N'as-tu vu pour ton roi nul espoir de guérir?
UNULPHE.
Rodelinde, seigneur, enfin plus raisonnable,
Semble avoir dépouillé cet orgueil indomptable;
Elle a reçu votre offre avec tant de douceur....
GRIMOALD.
Mais l'a-t-elle acceptée? as-tu touché son cœur?
A-t-elle montré joie? en paroît-elle émue?
Peut-elle s'abaisser jusqu'à souffrir ma vue?

---

[1] Var. Menacez-la, seigneur, de la mort de son fils.

[2] Var. Sachons qu'a fait Unulphe, avant que de résoudre.

[3] Var. Eh bien! que faut-il faire? est-il temps de mourir,
Ou si tu vois pour moi quelque espoir de guérir?

Qu'a-t-elle dit enfin?

UNULPHE.

Beaucoup, sans dire rien.
Elle a paisiblement souffert mon entretien.
Son ame à mes discours surprise, mais tranquille:...

GRIMOALD.

Ah! c'est m'assassiner d'un discours inutile;
Je ne veux rien savoir de sa tranquillité;
Dis seulement un mot de sa facilité.
Quand veut-elle à son fils donner mon diadème?

UNULPHE.

Elle en veut apporter la réponse elle-même.

GRIMOALD.

Quoi! tu n'as su pour moi plus avant l'engager?

UNULPHE.

Seigneur, c'est assez dire à qui veut bien juger;
Vous n'en sauriez avoir une preuve plus claire.
Qui demande à vous voir ne veut pas vous déplaire;
Ses refus se seroient expliqués avec moi,
Sans chercher la présence et le courroux d'un roi.

GRIMOALD.

Mais touchant cet époux qu'Éduige ranime....?

UNULPHE.

De ce discours en l'air elle fait peu d'estime;
L'artifice est si lourd, qu'il ne peut l'émouvoir,
Et d'une main suspecte il n'a point de pouvoir.

GARIBALDE.

Éduige elle-même est mal persuadée
D'un retour dont elle aime à vous donner l'idée;
Et ce n'est qu'un faux jour qu'elle a voulu jeter
Pour lui troubler la vue, et vous inquiéter.
Mais déja Rodelinde apporte sa réponse.

GRIMOALD.

Ah! j'entends mon arrêt sans qu'on me le prononce.

ACTE II, SCÈNE V.

Je vais mourir, Unulphe, et ton zèle pour moi
T'abuse le premier, et m'abuse après toi.
UNULPHE.
Espérez mieux, seigneur.
GRIMOALD.
Tu le veux, et j'espère.
Mais que cette douceur va devenir amère!
Et que ce peu d'espoir où tu me viens forcer
Rendra rudes les coups dont on va me percer[1]!

SCÈNE V.
GRIMOALD, RODELINDE, GARIBALDE, UNULPHE.

GRIMOALD.
Madame, il est donc vrai que votre ame sensible
A la compassion s'est rendue accessible;
Qu'elle fait succéder dans ce cœur plus humain
La douceur à la haine et l'estime au dédain,
Et que, laissant agir une bonté cachée,
A de si longs mépris elle s'est arrachée?
RODELINDE.
Ce cœur dont tu te plains, de ta plainte est surpris :
Comte, je n'eus pour toi jamais aucun mépris;
Et ma haine elle-même auroit cru faire un crime
De t'avoir dérobé ce qu'on te doit d'estime.

Quand je vois ta conduite en mes propres états
Achever sur les cœurs l'ouvrage de ton bras,
Avec ces mêmes cœurs qu'un si grand art te donne
Je dis que la vertu règne dans ta personne;
Avec eux je te loue, et je doute avec eux

---

[1] Var. Rendra rudes les coups dont on me va percer!

Si sous leur vrai monarque ils seroient plus heureux,
Tant ces hautes vertus qui fondent ta puissance
Réparent ce qui manque à l'heur de ta naissance!
Mais, quoi qu'on en ait vu d'admirable et de grand,
Ce que m'en dit Unulphe aujourd'hui me surprend.
   Un vainqueur dans le trône, un conquérant qu'on aime,
Faisant justice à tous, se la fait à soi-même!
Se croit usurpateur sur ce trône conquis!
Et ce qu'il ôte au père, il veut le rendre au fils!
Comte, c'est un effort à dissiper la gloire
Des noms les plus fameux dont se pare l'histoire,
Et que le grand Auguste ayant osé tenter,
N'osa prendre du cœur jusqu'à l'exécuter.
Je viens donc y répondre, et de toute mon ame
Te rendre pour mon fils...

GRIMOALD.

             Ah! c'en est trop, madame;
Ne vous abaissez point à des remerciements :
C'est moi qui vous dois tout; et si mes sentiments....

RODELINDE.

Souffre les miens, de grace, et permets que je mette
Cet effort merveilleux en sa gloire parfaite [1],
Et que ma propre main tâche d'en arracher
Tout ce mélange impur dont tu le veux tacher.
Car enfin cet effort est de telle nature,
Que la source en doit être à nos yeux toute pure;
La vertu doit régner dans un si grand projet,
En être seule cause, et l'honneur seul objet :
Et depuis qu'on le souille ou d'espoir de salaire,
Ou de chagrin d'amour, ou de souci de plaire,
Il part indignement d'un courage abattu

---

[1] Var. Cet effort sans exemple en sa gloire parfaite.

Où la passion règne, et non pas la vertu [1].

Comte, pense-s-y bien, et, pour m'avoir aimée,
N'imprime point de tache à tant de renommée ;
Ne crois que ta vertu, laisse-la seule agir,
De peur qu'un tel effort ne te donne à rougir [2].
On publieroit de toi que les yeux d'une femme,
Plus que ta propre gloire, auroient touché ton ame ;
On diroit qu'un héros si grand, si renommé,

[1] Andromaque dit à Pyrrhus :
> Seigneur, que faites-vous ? et que dira la Grèce ?
> Faut-il qu'un si grand cœur montre tant de foiblesse,
> Et qu'un dessein si beau, si grand, si généreux,
> Passe pour le transport d'un esprit amoureux !
> Non, non, d'un ennemi respecter la misère,
> Sauver des malheureux, rendre un fils à sa mère,
> De cent peuples pour lui combattre la rigueur,
> Sans me faire payer son salut de mon cœur ;
> Malgré moi, s'il le faut, lui donner un asile :
> Seigneur, voilà des soins dignes du fils d'Achille.

On reconnaît dans Racine la même idée, les mêmes nuances que dans Corneille, mais avec cette douceur, cette mollesse, cette sensibilité et cet heureux choix de mots qui portent l'attendrissement dans l'ame.

Grimoald dit à Rodelinde :
> Vous la craindrez peut-être en quelque autre personne.

Grimoald entend par-là le fils de Rodelinde, et il veut punir par la mort du fils les mépris de la mère ; c'est ce qui se développe au troisième acte. Ainsi Pyrrhus menace toujours Andromaque d'immoler Astyanax, si elle ne se rend à ses desirs : on ne peut voir une ressemblance plus entière ; mais c'est la ressemblance d'un tableau de Raphaël à une esquisse grossièrement dessinée.

> Songez-y bien ; il faut désormais que mon cœur,
> S'il n'aime avec transport, haïsse avec fureur,
> Je n'épargnerai rien dans ma juste colère ;
> Le fils me répondra des mépris de la mère. (V.)

[2] VAR. Que cet illustre effort ne te fasse rougir.

142 PERTHARITE.
Ne seroit qu'un tyran s'il n'avoit point aimé.
GRIMOALD.
Donnez-moi cette honte, et je la tiens à gloire ;
Faites de vos mépris ma dernière victoire ;
Et souffrez qu'on impute à ce bras trop heureux
Que votre seul amour l'a rendu généreux.
Souffrez que cet amour, par un effort si juste,
Ternisse le grand nom et les hauts faits d'Auguste,
Qu'il ait plus de pouvoir que ses vertus n'ont eu.
Qui n'adore que vous n'aime que la vertu.
Cet effort merveilleux est de telle nature [1],
Qu'il ne sauroit partir d'une source plus pure ;
Et la plus noble enfin des belles passions
Ne peut faire de tache aux grandes actions.
RODELINDE.
Comte, ce qu'elle jette à tes yeux de poussière
Pour voir ce que tu fais les laisse sans lumière.
A ces conditions rendre un sceptre conquis,
C'est asservir la mère en couronnant le fils ;
Et, pour en bien parler, ce n'est pas tant le rendre,
Qu'au prix de mon honneur indignement le vendre.
Ta gloire en pourroit croître, et tu le veux ainsi ;
Mais l'éclat de la mienne en seroit obscurci.

Quel que soit ton amour, quel que soit ton mérite,
La défaite et la mort de mon cher Pertharite,
D'un sanglant caractère ébauchant tes hauts faits,
Les peignent à mes yeux comme autant de forfaits ;
Et, ne pouvant les voir que d'un œil d'ennemie,
Je n'y puis prendre part sans entière infamie.
Ce sont des sentiments que je ne puis trahir.
Je te dois estimer, mais je te dois haïr :

[1] Var. Cet effort sans exemple est de telle nature.

Je dois agir en veuve autant qu'en magnanime,
Et porter cette haine aussi loin que l'estime.
GRIMOALD.
Ah! forcez-vous, de grace, à des termes plus doux
Pour des crimes qui seuls m'ont fait digne de vous;
Par eux seuls ma valeur en tête d'une armée
A des plus grands héros atteint la renommée;
Par eux seuls j'ai vaincu, par eux seuls j'ai régné,
Par eux seuls ma justice a tant de cœurs gagné,
Par eux seuls j'ai paru digne du diadème,
Par eux seuls je vous vois, par eux seuls je vous aime,
Et par eux seuls enfin mon amour tout parfait
Ose faire pour vous ce qu'on n'a jamais fait.
RODELINDE.
Tu ne fais que pour toi, s'il t'en faut récompense;
Et je te dis encor que toute ta vaillance,
T'ayant fait vers moi seule à jamais criminel,
A mis entre nous deux un obstacle éternel.
 Garde donc ta conquête, et me laisse ma gloire;
Respecte d'un époux et l'ombre et la mémoire :
Tu l'as chassé du trône, et non pas de mon cœur.
GRIMOALD.
Unulphe, c'est donc là toute cette douceur!
C'est là comme son ame, enfin plus raisonnable,
Semble avoir dépouillé cet orgueil indomptable!
GARIBALDE.
Seigneur, souvenez-vous qu'il est temps de parler.
GRIMOALD.
Oui, l'affront est trop grand pour le dissimuler :
Elle en sera punie; et, puisqu'on me méprise,
Je deviendrai tyran de qui me tyrannise;
Et ne souffrirai plus qu'une indigne fierté
Se joue impunément de mon trop de bonté.

RODELINDE.

Eh bien! deviens tyran; renonce à ton estime;
Renonce au nom de juste, au nom de magnanime....

GRIMOALD.

La vengeance est plus douce enfin que ces vains noms;
S'ils me font malheureux, à quoi me sont-ils bons?
Je me ferai justice en domptant qui me brave.
Qui ne veut point régner mérite d'être esclave.
Allez, sans irriter plus long-temps mon courroux [1],
Attendre ce qu'un maître ordonnera de vous.

RODELINDE.

Qui ne craint point la mort craint peu, quoi qu'il ordonne.

GRIMOALD.

Vous la craindrez peut-être en quelque autre personne.

RODELINDE.

Quoi! tu voudrois....?

GRIMOALD.

     Allez, et ne me pressez point;
On vous pourra trop tôt éclaircir sur ce point.

(Rodelinde rentre.)

Voilà tous les efforts qu'enfin j'ai pu me faire [2].
Toute ingrate qu'elle est, je tremble à lui déplaire;
Et ce peu que j'ai fait, suivi d'un désaveu,
Gêne autant ma vertu comme il trahit mon feu.
Achève, Garibalde; Unulphe est trop crédule,
Il prend trop aisément un espoir ridicule:
Menace, puisque enfin c'est perdre temps qu'offrir.
Toi qui m'as trop flatté, viens m'aider à souffrir.

[1] Var. Allez, sans davantage irriter mon courroux.
[2] Var. Voilà tous les efforts que je me suis pu faire.

FIN DU SECOND ACTE.

ACTE TROISIÈME.

SCÈNE I.

GARIBALDE, RODELINDE.

GARIBALDE.
Ce n'est plus seulement l'offre d'un diadème
Que vous fait pour un fils un prince qui vous aime,
Et de qui le refus ne puisse être imputé
Qu'à fermeté de haine ou magnanimité :
Il y va de sa vie, et la juste colère
Où jettent cet amant les mépris de la mère
Veut punir sur le sang de ce fils innocent
La dureté d'un cœur si peu reconnoissant.
C'est à vous d'y penser; tout le choix qu'on vous donne,
C'est d'accepter pour lui la mort ou la couronne :
Son sort est en vos mains ; aimer ou dédaigner
Le va faire périr ou le faire régner [1].

[1] Ces vers forment absolument la même situation que celle d'Andromaque. Il est évident que Racine a tiré son or de cette fange, mais, ce que Racine n'eût jamais fait, Corneille introduisit Rodelinde proposant à Grimoald d'égorger le fils qu'elle a de son mari vaincu par ce même Grimoald; elle prétend qu'elle l'aidera dans ce crime, et cela dans l'espérance de rendre Grimoald odieux à ses peuples. Cette seule atrocité absurde aurait suffi pour faire tomber une pièce d'ailleurs passablement faite ; mais le rôle du mari de Rodelinde est si révoltant et si ennuyeux à-la-fois, et tout le reste est si mal inventé, si mal conduit, et si mal écrit, qu'il est inutile de remarquer un défaut

RODELINDE.

S'il me faut faire un choix d'une telle importance,
On me donnera bien le loisir que j'y pense.

GARIBALDE.

Pour en délibérer vous n'avez qu'un moment,
J'en ai l'ordre pressant; et sans retardement,
Madame, il faut résoudre, et s'expliquer sur l'heure :
Un mot est bientôt dit. Si vous voulez qu'il meure,
Prononcez-en l'arrêt, et j'en prendrai la loi,
Pour faire exécuter les volontés du roi.

RODELINDE.

Un mot est bientôt dit : mais dans un tel martyre
On n'a pas bientôt vu quel mot c'est qu'il faut dire,
Et le choix qu'on m'ordonne est pour moi si fatal,
Qu'à mes yeux des deux parts le supplice est égal.
Puisqu'il faut obéir[1], fais-moi venir ton maître.

dans une pièce qui n'est remplie que de défauts. Mais, me dira-t-on, vous faites un commentaire sur Corneille, et vous remarquez ses fautes, et vous l'appelez grand homme, et vous ne le montrez que petit quand il est en concurrence avec Racine! Je réponds qu'il est grand homme dans *Cinna,* et non dans *Pertharite* et dans ses autres mauvaises pièces; je réponds qu'un commentaire n'est point un panégyrique, mais un examen de la vérité; et qui ne sait pas réprouver le mauvais n'est pas digne de sentir le bon. On peut encore me dire : Vous faites ici de Racine un plagiaire qui a pillé dans Corneille les plus beaux endroits d'*Andromaque.* Point du tout; le plagiaire est celui qui donne pour son ouvrage ce qui appartient à un autre : mais si Phidias eût fait son Jupiter Olympien de quelque statue informe d'un autre sculpteur, il aurait été créateur et non plagiaire. Je ne ferai plus d'autre remarque sur ce malheureux *Pertharite;* on n'a besoin de commentaire que sur les ouvrages où le bon est mêlé continuellement avec le mauvais. Il faut que ceux qui veulent se former le goût apprennent soigneusement à distinguer l'un de l'autre. (V.)

[1] VAR. Mais il faut obéir,....

GARIBALDE.
Quel choix avez-vous fait?
RODELINDE.
Je lui ferai connoître
Que si....
GARIBALDE.
C'est avec moi qu'il vous faut achever :
Il est las désormais de s'entendre braver;
Et si je ne lui porte une entière assurance
Que vos desirs enfin suivent son espérance,
Sa vue est un honneur qui vous est défendu.
RODELINDE.
Que me dis-tu, perfide? ai-je bien entendu?
Tu crains donc qu'une femme, à force de se plaindre,
Ne sauve une vertu que tu tâches d'éteindre,
Ne remette un héros au rang de ses pareils,
Dont tu veux l'arracher par tes lâches conseils?
Oui, je l'épouserai, ce trop aveugle maître,
Tout cruel, tout tyran que tu le forces d'être :
Va, cours l'en assurer; mais pense-s-y deux fois.
Crains-moi, crains son amour, s'il accepte mon choix.
Je puis beaucoup sur lui; j'y pourrai davantage,
Et régnerai peut-être après cet esclavage.
GARIBALDE.
Vous régnerez, madame, et je serai ravi
De mourir glorieux pour l'avoir bien servi.
RODELINDE.
Va, je lui ferai voir que de pareils services
Sont dignes seulement des plus cruels supplices,
Et que de tous les maux dont les rois sont auteurs
Ils s'en doivent venger sur de tels serviteurs.
Tu peux en attendant lui donner cette joie,
Que pour gagner mon cœur il a trouvé la voie,

Que ton zèle insolent et ton mauvais destin
A son amour barbare en ouvrent le chemin.
Dis-lui, puisqu'il le faut, qu'à l'hymen je m'apprête;
Mais fuis-nous, s'il s'achève, et tremble pour ta tête.

GARIBALDE.
Je veux bien à ce prix vous donner un grand roi.

RODELINDE.
Qu'à ce prix donc il vienne, et m'apporte sa foi.

SCÈNE II.

RODELINDE, ÉDUIGE.

ÉDUIGE.
Votre félicité sera mal assurée
Dessus un fondement de si peu de durée.
Vous avez toutefois de si puissants appas....

RODELINDE.
Je sais quelques secrets que vous ne savez pas;
Et si j'ai moins que vous d'attraits et de mérite,
J'ai des moyens plus sûrs d'empêcher qu'on me quitte.

ÉDUIGE.
Mon exemple....

RODELINDE.
Souffrez que je n'en craigne rien,
Et par votre malheur ne jugez pas du mien.
Chacun à ses périls peut suivre sa fortune [1],
Et j'ai quelques soucis que l'exemple importune.

ÉDUIGE.
Ce n'est pas mon dessein de vous importuner.

---

[1] Var. Chacun à ses périls peut croire sa fortune.

RODELINDE.
Ce n'est pas mon dessein aussi de vous gêner ;
Mais votre jalousie un peu trop inquiète
Se donne malgré moi cette gêne secrète.
ÉDUIGE.
Je ne suis point jalouse, et l'infidélité....
RODELINDE.
Eh bien ! soit jalousie ou curiosité,
Depuis quand sommes-nous en telle intelligence
Que tout mon cœur vous doive entière confiance ?
ÉDUIGE.
Je n'en prétends aucune, et c'est assez pour moi
D'avoir bien entendu comme il accepte un roi.
RODELINDE.
On n'entend pas toujours ce qu'on croit bien entendre.
ÉDUIGE.
De vrai, dans un discours difficile à comprendre
Je ne devine point, et n'en ai pas l'esprit ;
Mais l'esprit n'a que faire où l'oreille suffit.
RODELINDE.
Il faudroit que l'oreille entendît sa pensée [1].
ÉDUIGE.
J'entends assez la vôtre : on vous aura forcée ;
On vous aura fait peur, ou de la mort d'un fils,
Ou de ce qu'un tyran se croit être permis ;
Et l'on fera courir quelque mauvaise excuse
Dont la cour s'éblouisse et le peuple s'abuse.
Mais cependant ce cœur que vous m'abandonniez...
RODELINDE.
Il n'est pas temps encor que vous vous en plaigniez :
Comme il m'a fait des lois, j'ai des lois à lui faire.

---

[1] Var. Il faudrait que l'oreille entendît la pensée.

ÉDUIGE.

Il les acceptera pour ne vous pas déplaire ;
Prenez-en sa parole, il sait bien la garder[1].

RODELINDE.

Pour remonter au trône on peut tout hasarder.
Laissez-m'en, quoi qu'il fasse, ou la gloire ou la honte,
Puisque ce n'est qu'à moi que j'en dois rendre compte.
Si votre cœur souffroit ce que souffre le mien,
Vous ne vous plairiez pas en un tel entretien ;
Et votre ame à ce prix voyant un diadème
Voudroit en liberté se consulter soi-même.

ÉDUIGE.

Je demande pardon si je vous fais souffrir,
Et vais me retirer pour ne vous plus aigrir.

RODELINDE.

Allez, et demeurez dans cette erreur confuse ;
Vous ne méritez pas que je vous désabuse.

ÉDUIGE.

Ce cher amant sans moi vous entretiendra mieux,
Et je n'ai plus besoin du rapport de mes yeux[2].

SCÈNE III.

GRIMOALD, RODELINDE, GARIBALDE

RODELINDE.

Je me rends, Grimoald, mais non pas à la force :
Le titre que tu prends m'est une douce amorce,

---

[1] Var. Prenez-en sa parole, il la garde fort bien,
    Et vous promettra tout pour ne vous tenir rien.
        RODELINDE.
    Laissez-m'en.......

[2] Var. . . . . De rapport de mes yeux.

Et s'empare si bien de mon affection,
Qu'elle ne veut de toi qu'une condition.
Si je n'ai pu t'aimer et juste et magnanime,
Quand tu deviens tyran je t'aime dans le crime,
Et pour moi ton hymen est un souverain bien,
S'il rend ton nom infame aussi bien que le mien.

GRIMOALD.

Que j'aimerai, madame, une telle infamie
Qui vous fera cesser d'être mon ennemie!
Achevez, achevez, et sachons à quel prix
Je puis mettre une borne à de si longs mépris :
Je ne veux qu'une grace, et disposez du reste.
Je crains pour Garibalde une haine funeste,
Je la crains pour Unulphe : à cela près, parlez.

RODELINDE.

Va, porte cette crainte à des cœurs ravalés :
Je ne m'abaisse point aux foiblesses des femmes
Jusques à me venger de ces petites ames.
Si leurs mauvais conseils me forcent de régner,
Je les en dois haïr, et sais les dédaigner.
Le ciel, qui punit tout, choisira pour leur peine
Quelques moyens plus bas que cette illustre haine.
Qu'ils vivent cependant, et que leur lâcheté
A l'ombre d'un tyran trouve sa sûreté.
Ce que je veux de toi porte le caractère
D'une vertu plus haute, et digne de te plaire.
  Tes offres n'ont point eu d'exemple jusqu'ici,
Et ce que je demande est sans exemple aussi :
Mais je veux qu'il te donne une marque infaillible
Que l'intérêt d'un fils ne me rend point sensible,
Que je veux être à toi sans le considérer,
Sans regarder en lui que craindre ou qu'espérer.

GRIMOALD.

Madame, achevez donc de m'accabler de joie.
Par quels heureux moyens faut-il que je vous croie?
Expliquez-vous, de grace, et j'atteste les cieux
Que tout suivra sur l'heure un bien si précieux.

RODELINDE.

Après un tel serment j'obéis et m'explique.
Je veux donc d'un tyran un acte tyrannique;
Puisqu'il en veut le nom, qu'il le soit tout-à-fait;
Que toute sa vertu meure en un grand forfait,
Qu'il renonce à jamais aux glorieuses marques
Qui le mettoient au rang des plus dignes monarques;
Et pour le voir méchant, lâche, impie, inhumain,
Je veux voir ce fils même immolé de sa main.

GRIMOALD.

Juste ciel!

RODELINDE.

Que veux-tu pour marque plus certaine
Que l'intérêt d'un fils n'amollit point ma haine,
Que je me donne à toi sans le considérer,
Sans regarder en lui que craindre ou qu'espérer?
Tu trembles! tu pâlis! il semble que tu n'oses
Toi-même exécuter ce que tu me proposes!
S'il te faut du secours, je n'y recule pas,
Et veux bien te prêter l'exemple de mon bras.
Fais, fais venir ce fils, qu'avec toi je l'immole.
Dégage ton serment, je tiendrai ma parole.
Il faut bien que le crime unisse à l'avenir
Ce que trop de vertus empêchoit de s'unir.
Qui tranche du tyran doit se résoudre à l'être.
Pour remplir ce grand nom as-tu besoin d'un maître,
Et faut-il qu'une mère, aux dépens de son sang,
T'apprenne à mériter cet effroyable rang?

N'en souffre pas la honte, et prends toute la gloire
Que cet illustre effort attache à ta mémoire.
Fais voir à tes flatteurs, qui te font trop oser,
Que tu sais mieux que moi l'art de tyranniser;
Et, par une action aux seuls tyrans permise,
Deviens le vrai tyran de qui te tyrannise.
A ce prix je me donne, à ce prix je me rends;
Ou, si tu l'aimes mieux, à ce prix je me vends,
Et consens à ce prix que ton amour m'obtienne,
Puisqu'il souille ta gloire aussi bien que la mienne.
GRIMOALD.
Garibalde, est-ce là ce que tu m'avois dit?
GARIBALDE.
Avec votre jalouse elle a changé d'esprit,
Et je l'avois laissée à l'hymen toute prête,
Sans que son déplaisir menaçât que ma tête.
Mais ces fureurs enfin ne sont qu'illusion,
Pour vous donner, seigneur, quelque confusion.
Ne vous étonnez point, vous l'en verrez dédire.
GRIMOALD.
Vous l'ordonnez, madame, et je dois y souscrire :
J'en ferai ma victime, et ne suis point jaloux
De vous voir sur ce fils porter les premiers coups.
Quelque honneur qui par-là s'attache à ma mémoire,
Je veux bien avec vous en partager la gloire,
Et que tout l'avenir ait de quoi m'accuser
D'avoir appris de vous l'art de tyranniser.

Vous devriez pourtant régler mieux ce courage,
N'en pousser point l'effort jusqu'aux bords de la rage,
Ne lui permettre rien qui sentît la fureur,
Et le faire admirer sans en donner d'horreur.
Faire la furieuse et la désespérée,
Paroître avec éclat mère dénaturée,

Sortir hors de vous-même, et montrer à grand bruit.
A quelle extrémité mon amour vous réduit,
C'est mettre avec trop d'art la douleur en parade;
Qui fait le plus de bruit n'est pas le plus malade :
Les plus grands déplaisirs sont les moins éclatants;
Et l'on sait qu'un grand cœur se possède en tout temps.
Vous le savez, madame, et que les grandes ames
Ne s'abaissent jamais aux foiblesses des femmes,
Ne s'aveuglent jamais ainsi hors de saison;
Que leur désespoir même agit avec raison,
Et que....

RODELINDE.
C'en est assez : sois-moi juge équitable,
Et dis-moi si le mien agit en raisonnable[1],
Si je parle en aveugle, ou si j'ai de bons yeux.
Tu veux rendre à mon fils le bien de ses aïeux,
Et toute ta vertu jusque-là t'abandonne,
Que tu mets en mon choix sa mort ou ta couronne !
Quand j'aurai satisfait tes vœux désespérés[2],
Dois-je croire ses jours beaucoup plus assurés?
Cet[3] offre, ou, si tu veux, ce don du diadème,
N'est, à le bien nommer, qu'un foible stratagème.
Faire un roi d'un enfant pour être son tuteur,
C'est quitter pour ce nom celui d'usurpateur;
C'est choisir pour régner un favorable titre;
C'est du sceptre et de lui te faire seul arbitre,
Et mettre sur le trône un fantôme pour roi,
Jusques au premier fils qui te naîtra de moi,
Jusqu'à ce qu'on nous craigne, et que le temps arrive

---

[1] Var. Et me dis si le mien agit en raisonnable.
[2] Var. Quand j'aurai satisfait tes feux désespérés.
[3] Le genre du mot *offre* était encore incertain. (Par.)

De remettre en ses mains la puissance effective.
Qui veut bien l'immoler à son affection [1]
L'immoleroit sans peine à son ambition.
On se lasse bientôt de l'amour d'une femme,
Mais la soif de régner règne toujours sur l'ame;
Et, comme la grandeur a d'éternels appas,
L'Italie est sujette à de soudains trépas.
Il est des moyens sourds pour lever un obstacle,
Et faire un nouveau roi sans bruit et sans miracle :
Quitte pour te forcer à deux ou trois soupirs,
Et peindre alors ton front d'un peu de déplaisirs.
La porte à ma vengeance en seroit moins ouverte :
Je perdrois avec lui tout le fruit de sa perte.
Puisqu'il faut qu'il périsse, il vaut mieux tôt que tard;
Que sa mort soit un crime, et non pas un hasard;
Que cette ombre innocente à toute heure m'anime,
Me demande à toute heure une grande victime;
Que ce jeune monarque, immolé de ta main,
Te rende abominable à tout le genre humain;
Qu'il t'excite par-tout des haines immortelles;
Que de tous tes sujets il fasse des rebelles.
Je t'épouserai lors, et m'y viens d'obliger,
Pour mieux servir ma haine, et pour mieux me venger,
Pour moins perdre de vœux contre ta barbarie,
Pour être à tous moments maîtresse de ta vie,
Pour avoir l'accès libre à pousser ma fureur,
Et mieux choisir la place à te percer le cœur.
Voilà mon désespoir, voilà ses justes causes :
A ces conditions prends ma main, si tu l'oses.

GRIMOALD.

Oui, je la prends, madame, et veux auparavant....

[1] Var. Qui le veut immoler à son affection.

SCÈNE IV.

PERTHARITE, GRIMOALD, RODELINDE, GARIBALDE, UNULPHE.

UNULPHE [1].
Que faites-vous, seigneur? Pertharite est vivant:
Ce n'est plus un bruit sourd, le voilà qu'on amène :
Des chasseurs l'ont surpris dans la forêt prochaine,
Où, caché dans un fort, il attendoit la nuit.
GRIMOALD.
Je vois trop clairement quelle main le produit.
RODELINDE.
Est-ce donc vous, seigneur? et les bruits infidèles
N'ont-ils semé de vous que de fausses nouvelles?
PERTHARITE.
Oui, cet époux si cher à vos chastes desirs,
Qui vous a tant coûté de pleurs et de soupirs....
GRIMOALD.
Va, fantôme insolent, retrouver qui t'envoie,
Et ne te mêle point d'attenter à ma joie [2].
Il est encore ici des supplices pour toi,
Si tu viens y montrer la vaine ombre d'un roi.
Pertharite n'est plus.

---

[1] VAR.   PERTHARITE.
    Arrête, Grimoald, Pertharite est vivant.
    Ce te doit être assez de porter ma couronne,
    Sans me ravir encor ce que l'hymen me donne ;
    A quoi que ton amour te puisse disposer,
    Commence par ma mort, si tu veux l'épouser.
            RODELINDE.
    Est-ce donc vous.......

[2] VAR. Et ne te mêle pas d'attenter à ma joie.

PERTHARITE.

Pertharite respire,
Il te parle, il te voit régner dans son empire.
Que ton ambition ne s'effarouche pas
Jusqu'à me supposer toi-même un faux trépas [1].

---

[1] Var. Et ne t'obstine point à croire mon trépas.
Je ne viens point ici, jaloux de ma couronne,
Soulever mes sujets, me prendre à ta personne,
Me ressaisir d'un sceptre acquis à ta valeur,
Et me venger sur toi de mon trop de malheur.
J'ai cherché vainement dans toutes les provinces
L'appui des potentats et la pitié des princes,
Et dans toutes leurs cours je me suis vu surpris
De n'avoir rencontré qu'un indigne mépris.
Enfin, las de traîner par-tout mon impuissance,
Sans trouver que foiblesse ou que méconnoissance,
Alarmé d'un amour qu'un faux bruit t'a permis,
Je rentre en mes états que le ciel t'a soumis ;
Mais j'y rencontre encor des malheurs plus étranges :
Je n'y trouve pour toi qu'estime et que louanges,
Et d'une voix commune on y bénit un roi
Qui fait voir sous mon dais plus de vertus que moi.
Oui, d'un commun accord ces courages infames
Me laissent détrôner jusqu'au fond de leurs ames,
S'imputent à bonheur de vivre sous tes lois,
Et dédaignent pour toi tout le sang de leurs rois.
Je cède à leurs desirs, garde mon diadème
Comme digne rançon de cet autre moi-même ;
Laisse-moi racheter Rodelinde à ce prix,
Et je vivrai content malgré tant de mépris.
Tu sais qu'elle n'est pas du droit de ta conquête ;
Qu'il faut, pour être à toi, qu'il m'en coûte la tête :
Garde donc de mêler la fureur des tyrans
Aux brillantes vertus des plus grands conquérants ;
Fais voir que ce grand bruit n'est point un artifice,
Que ce n'est point à faux qu'on vante ta justice,
Et donne-moi sujet de ne plus m'indigner
Que mon peuple en ma place aime à te voir régner.
GRIMOALD.
L'artifice grossier.........

Il est honteux de feindre où l'on peut toutes choses.
Je suis mort, si tu veux : je suis mort, si tu l'oses,
Si toute ta vertu peut demeurer d'accord
Que le droit de régner me rend digne de mort.
 Je ne viens point ici par de noirs artifices
De mon cruel destin forcer les injustices,
Pousser des assassins contre tant de valeur,
Et t'immoler en lâche à mon trop de malheur.
Puisque le sort trahit ce droit de ma naissance
Jusqu'à te faire un don de ma toute-puissance,
Règne sur mes états que le ciel t'a soumis ;
Peut-être un autre temps me rendra des amis.
Use mieux cependant de la faveur céleste ;
Ne me dérobe pas le seul bien qui me reste,
Un bien où je te suis un obstacle éternel,
Et dont le seul desir est pour toi criminel.
Rodelinde n'est pas du droit de ta conquête :
Il faut pour être à toi qu'il m'en coûte la tête ;
Puisqu'on m'a découvert, elle dépend de toi ;
Prends-la comme tyran, ou l'attaque en vrai roi.
J'en garde hors du trône encor les caractères,
Et ton bras t'a saisi de celui de mes pères.
Je veux bien qu'il supplée au défaut de ton sang,
Pour mettre entre nous deux égalité de rang.
Si Rodelinde enfin tient ton ame charmée,
Pour voir qui la mérite il ne faut point d'armée.
Je suis roi, je suis seul, j'en suis maître, et tu peux
Par un illustre effort faire place à tes vœux.

GRIMOALD.

L'artifice grossier n'a rien qui m'épouvante.
Éduige à fourber n'est pas assez savante ;
Quelque adresse qu'elle aye, elle t'a mal instruit,
Et d'un si haut dessein elle a fait trop de bruit.

Elle en fait avorter l'effet par la menace,
Et ne te produit plus que de mauvaise grace.

PERTHARITE.

Quoi! je passe à tes yeux pour un homme attitré[1]?

GARIBALDE.

Tu l'avoueras toi-même ou de force ou de gré.
Il faut plus de secret alors qu'on veut surprendre;
Et l'on ne surprend point quand on se fait attendre.

PERTHARITE.

Parlez, parlez, madame; et faites voir à tous
Que vous avez des yeux pour connoître un époux.

GRIMOALD.

Tu veux qu'en ta faveur j'écoute ta complice!
Eh bien! parlez, madame; achevez l'artifice.
Est-ce là votre époux?

RODELINDE[2].

　　　　　　Toi qui veux en douter,

---

[1] Var. Quoi! vous me prenez donc pour un homme attitré?

[2] Var.　　　　　RODELINDE.
　　　　　　Non, c'est un imposteur,
Il en a tous les traits, et n'en a pas le cœur;
Et du moins si c'est lui quand je vois son visage,
Soudain ce n'est plus lui quand j'entends son langage.
Mon époux n'eut jamais le courage abattu
Jusqu'à céder son trône à ta fausse vertu.
S'il avoit approché si près de ta personne,
Il eût déja repris son sceptre et sa couronne;
Il se fût fait connoître au bras plus qu'à la voix,
Et t'eût percé le cœur déja plus d'une fois.
Ses discours à son rang font une perfidie....
　　　　　　GRIMOALD.
Mais dites-nous enfin....
　　　　　　RODELINDE.
　　　　　　Que veux-tu que je die?
C'est lui, ce n'est pas lui: c'est ce que tu voudras:
J'en croirai plus que moi ce que tu résoudras.
Imposteur ou monarque, il est en ta puissance;

Par quelle illusion m'oses-tu consulter ?
Si tu démens tes yeux, croiras-tu mon suffrage?
Et ne peux-tu sans moi connoître son visage?
Tu l'as vu tant de fois, au milieu des combats,
Montrer, à tes périls, ce que pesoit son bras,
Et, l'épée à la main, disputer en personne,
Contre tout ton bonheur, sa vie et sa couronne!
 Si tu cherches un aide à traiter d'imposteur
Un roi qui t'a fermé la porte de mon cœur,
Consulte Garibalde, il tremble à voir son maître :
Qui l'osa bien trahir l'osera méconnoître ;
Et tu peux recevoir de son mortel effroi
L'assurance qu'enfin tu n'attends pas de moi.
Un service si haut veut une ame plus basse;
Et tu sais....

GRIMOALD.
 Oui, je sais jusqu'où va votre audace.
Sous l'espoir de jouir de ma perplexité,
Vous cherchez à me voir l'esprit inquiété;
Et ces discours en l'air que l'orgueil vous inspire
Veulent persuader ce que vous n'osez dire,
Brouiller la populace, et lui faire après vous
En un fourbe impudent respecter votre époux.
Poussez donc jusqu'au bout, devenez plus hardie;
Dites-nous hautement....

RODELINDE.
 Que veux-tu que je die ?
Il ne peut être ici que ce que tu voudras;
Tes flatteurs en croiront ce que tu résoudras.
Je n'ai pas pour t'instruire assez de complaisance;

Et, puisque à mes yeux même il trahit sa naissance,
Sa vie et son trépas me sont indifférents.

Et, puisque son malheur l'a mis en ta puissance,
Je sais ce que je dois, si tu ne me le rends.
Achève de te mettre au rang des vrais tyrans.

SCÈNE V.

GRIMOALD, PERTHARITE, GARIBALDE, UNULPHE.

GRIMOALD.
Que cet événement de nouveau m'embarrasse!
GARIBALDE.
Pour un fourbe chez vous la pitié trouve place[1]!
GRIMOALD.
Non, l'échafaud bientôt m'en fera la raison.
Que ton appartement lui serve de prison;
Je te le donne en garde, Unulphe.
PERTHARITE.
　　　　　　　　Prince, écoute :
Mille et mille témoins te mettront hors de doute;
Tout Milan, tout Pavie....
GRIMOALD.
　　　　　　Allez, sans contester;
Vous aurez tout loisir de vous faire écouter.
(à Garibalde.)
Toi, va voir Éduige, et jette dans son ame[2]

---

[1] VAR. Ne pensez plus, seigneur, qu'à punir tant d'audace.
GRIMOALD.
Oui, l'échafaud bientôt m'en fera la raison.
[2] VAR. Toi, va voir Éduige, et tâche à tirer d'elle
Dans ces obscurités quelque clarté fidèle,
Et juge, par l'espoir qu'elle aura d'être à moi,
Si c'est un imposteur qu'elle déguise en roi.

Un si flatteur espoir du retour de ma flamme,
Qu'elle-même, déja s'assurant de ma foi,
Te nomme l'imposteur qu'elle déguise en roi.

SCÈNE VI.

GARIBALDE.

Quel revers imprévu, quel éclat de tonnerre
Jette en moins d'un moment tout mon espoir par terre?
Ce funeste retour, malgré tout mon projet,
Va rendre Grimoald à son premier objet;
Et, s'il traite ce prince en héros magnanime,
N'ayant plus de tyran, je n'ai plus de victime;
Je n'ai rien à venger, et ne puis le trahir[1]
S'il m'ôte les moyens de le faire haïr.
  N'importe toutefois, ne perdons pas courage;
Forçons notre fortune à changer de visage;
Obstinons Grimoald, par maxime d'état,
A le croire imposteur, ou craindre un attentat;
Accablons son esprit de terreurs chimériques
Pour lui faire embrasser des conseils tyranniques;
De son trop de vertu sachons le dégager,
Et perdons Pertharite afin de le venger.
Peut-être qu'Éduige, à regret plus sévère,
N'osera l'accepter teint du sang de son frère,
Et que l'effet suivra notre prétention
Du côté de l'amour et de l'ambition.
Tâchons, quoi qu'il en soit, d'en achever l'ouvrage;
Et pour régner un jour mettons tout en usage.

[1] Var. Je n'ai rien à venger, et ne le puis trahir.

FIN DU TROISIÈME ACTE.

ACTE QUATRIÈME.

SCÈNE I.

GRIMOALD, GARIBALDE.

GARIBALDE.
Je ne m'en dédis point, seigneur; ce prompt retour [1]
N'est qu'une illusion qu'on fait à votre amour.
Je ne l'ai vu que trop aux discours d'Éduige.
Comme sensiblement votre change l'afflige,
Et qu'avec le feu roi ce fourbe a du rapport,
Sa flamme au désespoir fait ce dernier effort.
Rodelinde, comme elle, aime à vous mettre en peine :
L'une sert son amour, et l'autre sert sa haine ;
Ce que l'une produit, l'autre ose l'avouer ;
Et leur inimitié s'accorde à vous jouer.
L'imposteur cependant, quoi qu'on lui donne à feindre [2],

[1] Var. Seigneur, ou je m'abuse en cette occasion.
Ou ce retour soudain n'est qu'une illusion.

[2] Var.   GRIMOALD.
Duc, je n'en doute plus ; mais je ne puis comprendre
De quel front l'imposteur en mes mains se vient rendre.
Si sous la ressemblance et le nom de son roi
Il avoit soulevé le peuple contre moi,
Et qu'il eût ménagé si bien ses artifices
Qu'il eût pu par la suite éviter les supplices,
Qu'il fût en mon pouvoir par un coup de malheur,
Son espoir auroit eu du moins quelque couleur ;
Mais se livrer soi-même et sans rien entreprendre !
Duc, encore une fois, je ne le puis comprendre ;

11.

Le soutient d'autant mieux, qu'il ne voit rien à craindre.
Car, soit que ses discours puissent vous émouvoir
Jusqu'à rendre Éduige à son premier pouvoir,
Soit que, malgré sa fourbe et vaine et languissante,
Rodelinde sur vous reste toute-puissante,
A l'une ou l'autre enfin votre ame à l'abandon
Ne lui pourra jamais refuser ce pardon.
GRIMOALD.
Tu dis vrai, Garibalde; et déja je le donne
A qui voudra des deux partager ma couronne.
Non que j'espère encore amollir ce rocher,
Que ni respects ni vœux n'ont jamais su toucher :
Si j'aimai Rodelinde, et si pour n'aimer qu'elle
Mon ame à qui m'aimoit s'est rendue infidèle;
Si d'éternels dédains, si d'éternels ennuis,
Les bravades, la haine, et le trouble où je suis,
Ont été jusqu'ici toute la récompense
De cet amour parjure où mon cœur se dispense,
Il est temps désormais que, par un juste effort,

C'est être bien stupide ou bien désespéré,
Que de chercher soi-même un trépas assuré.
GARIBALDE.
Éduige, seigneur, n'a pris soin de l'instruire
Que pour vous dégager, et non pour vous détruire;
C'est son ambition qui vous veut pour époux,
Et ne vous veut que roi pour régner avec vous.
Il lui suffit qu'il parle, et qu'il vous embarrasse;
Et quant à lui, seigneur, il est sûr de sa grace;
Car, soit que ses discours vous puissent émouvoir
Jusqu'à rendre Éduige à son premier pouvoir,
Soit que, malgré sa fourbe et vaine et languissante,
Rodelinde sur vous reste toute-puissante,
A l'une ou l'autre enfin votre ame à l'abandon
Ne lui pourra jamais refuser ce pardon.
GRIMOALD.
Tu dis vrai, Garibalde.........

ACTE IV, SCÈNE I.

J'affranchisse mon cœur de cet indigne sort.
Prenons l'occasion que nous fait Éduige;
Aimons cette imposture où son amour l'oblige.
Elle plaint un ingrat de tant de maux soufferts,
Et lui prête la main pour le tirer des fers[1].
Aimons, encore un coup, aimons son artifice,
Aimons-en le secours, et rendons-lui justice.
Soit qu'elle en veuille au trône ou n'en veuille qu'à moi,
Qu'elle aime Grimoald ou qu'elle aime le roi,
Qu'elle ait beaucoup d'amour ou beaucoup de courage,
Je dois tout à la main qui rompt mon esclavage.
 Toi qui ne la servois qu'afin de m'obéir,
Qui tâchois par mon ordre à m'en faire haïr,
Duc, ne t'y force plus, et rends-moi ma parole[2];
Que je rende à ses feux tout ce que je leur vole,
Et que je puisse ainsi d'une même action
Récompenser sa flamme ou son ambition.

GARIBALDE.

Je vous la rends, seigneur; mais enfin prenez garde
A quels nouveaux périls cet effort vous hasarde,
Et si ce n'est point croire un peu trop promptement
L'impétueux transport d'un premier mouvement.
 L'imposteur impuni passera pour monarque;
Tout le peuple en prendra votre bonté pour marque;
Et, comme il est ardent après la nouveauté,
Il s'imaginera son rang seul respecté.
Je sais bien qu'aussitôt votre haute vaillance
De ce peuple mutin domptera l'insolence :
Mais tenez-vous fort sûr ce que vous prétendez
Du côté d'Éduige, à qui vous vous rendez?

---

[1] Var. Et lui prête la main pour se tirer des fers.

[2] Var. Duc, ne t'y force plus, et me rends ma parole.

J'ai pénétré, seigneur, jusqu'au fond de son ame,
Où je n'ai vu pour vous aucun reste de flamme ;
Sa haine seule agit, et cherche à vous ôter
Ce que tous vos desirs s'efforcent d'emporter.
Elle veut, il est vrai, vous rappeler vers elle,
Mais pour faire à son tour l'ingrate et la cruelle,
Pour vous traiter de lâche, et vous rendre soudain
Parjure pour parjure, et dédain pour dédain.
Elle veut que votre ame, esclave de la sienne,
Lui demande sa grace, et jamais ne l'obtienne.
Ce sont ses mots exprès ; et, pour vous punir mieux,
Elle me veut aimer, et m'aimer à vos yeux :
Elle me l'a promis.

SCÈNE II.

GRIMOALD, GARIBALDE, ÉDUIGE.

ÉDUIGE.

Je te l'ai promis, traître !
Oui, je te l'ai promis, et l'aurois fait peut-être,
Si ton ame, attachée à mes commandements,
Eût pu dans ton amour suivre mes sentiments [1].
J'avois mis mes secrets en bonne confidence !
   Vois par-là, Grimoald, quelle est ton imprudence ;
Et juge, par les miens lâchement déclarés,
Comme les tiens sur lui peuvent être assurés.
Qui trahit sa maîtresse aisément fait connoître
Que sans aucun scrupule il trahiroit son maître ;
Et que, des deux côtés laissant flotter sa foi,
Son cœur n'aime en effet ni son maître ni moi.

[1] Var. Eût pu dans son amour suivre mes sentiments.

Il a son but à part : Grimoald, prends-y garde;
Quelque dessein qu'il ait, c'est toi seul qu'il regarde.
Examine ce cœur, juge-s-en comme il faut.
Qui m'aime et me trahit aspire encor plus haut.

GARIBALDE.

Vous le voyez, seigneur, avec quelle injustice
On me fait criminel quand je vous rends service.
Mais de quoi n'est capable un malheureux amant
Que la peur de vous perdre agite incessamment,
Madame? Vous voulez que le roi vous adore,
Et pour l'en empêcher je ferois plus encore;
Je ne m'en défends point, et mon esprit jaloux
Cherche tous les moyens de l'éloigner de vous.
Je ne vous saurois voir entre les bras d'un autre;
Mon amour, si c'est crime, a l'exemple du vôtre.
Que ne faites-vous point pour obliger le roi
A quitter Rodelinde, et vous rendre sa foi?
Est-il rien en ces lieux que n'ait mis en usage
L'excès de votre ardeur ou de votre courage?
Pour être tout à vous, j'ai fait tous mes efforts;
Mais je n'ai point encor fait revivre les morts :
J'ai dit des vérités dont votre cœur murmure;
Mais je n'ai point été jusques à l'imposture;
Et je n'ai point poussé des sentiments si beaux
Jusqu'à faire sortir les ombres des tombeaux.
Ce n'est point mon amour qui produit Pertharite;
Ma flamme ignore encor cet art qui ressuscite;
Et je ne vois en elle enfin rien à blâmer,
Sinon que je trahis, si c'est trahir qu'aimer.

ÉDUIGE.

De quel front et de quoi cet insolent m'accuse?

GRIMOALD.

D'un mauvais artifice et d'une foible ruse.

Votre dessein, madame, était mal concerté.
On ne m'a point surpris quand on s'est présenté [1] :
Vous m'aviez préparé vous-même à m'en défendre;
Et, me l'ayant promis, j'avois lieu de l'attendre.
Consolez-vous pourtant, il a fait son effet :
Je suis à vous, madame, et j'y suis tout-à-fait.
  Si je vous ai trahie, et si mon cœur volage
Vous a volé longtemps un légitime hommage,
Si pour un autre objet le vôtre en fut banni,
Les maux que j'ai soufferts m'en ont assez puni.
Je recouvre la vue, et reconnois mon crime :
A mes feux rallumés ce cœur s'offre en victime :
Oui, princesse, et pour être à vous jusqu'au trépas,
Il demande un pardon qu'il ne mérite pas.
Votre propre bonté qui vous en sollicite
Obtient déja celui de ce faux Pertharite.
Un si grand attentat blesse la majesté;
Mais s'il est criminel, je l'ai moi-même été.
Faites grace, et j'en fais; oubliez, et j'oublie.
Il reste seulement que lui-même il publie,
Par un aveu sincère, et sans rien déguiser,
Que pour me rendre à vous il vouloit m'abuser,
Qu'il n'empruntoit ce nom que par votre ordre même.
Madame, assurez-vous par-là mon diadème,
Et ne permettez pas que cette illusion
Aux mutins contre nous prête d'occasion.
Faites donc qu'il l'avoue, et que ma grace offerte,
Tout imposteur qu'il est, le dérobe à sa perte;
Et délivrez par-là de ces troubles soudains
Le sceptre qu'avec moi je remets en vos mains.

ÉDUIGE.

J'avois eu jusqu'ici ce respect pour ta gloire

---

[1] Var. Il ne m'a point surpris quand il s'est présenté.

ACTE IV, SCÈNE II.

Qu'en te nommant tyran j'avois peine à me croire ;
Je me tenois suspecte, et sentois que mon feu
Faisoit de ce reproche un secret désaveu :
Mais tu lèves le masque, et m'ôtes de scrupule ;
Je ne puis plus garder ce respect ridicule ;
Et je vois clairement, le masque étant levé,
Que jamais on n'a vu tyran plus achevé.
Tu fais adroitement le doux et le sévère,
Afin que la sœur t'aide à massacrer le frère :
Tu fais plus, et tu veux qu'en trahissant son sort
Lui-même il se condamne et se livre à la mort ;
Comme s'il pouvoit être amoureux de la vie
Jusqu'à la racheter par une ignominie,
Ou qu'un frivole espoir de te revoir à moi
Me pût rendre perfide et lâche comme toi.
 Aime-moi, si tu veux, déloyal ; mais n'espère
Aucun secours de moi pour t'immoler mon frère.
Si je te menaçois tantôt de son retour,
Si j'en donnois l'alarme à ton nouvel amour,
C'étoient discours en l'air inventés par ma flamme
Pour brouiller ton esprit et celui de sa femme.
J'avois peine à te perdre, et parlois au hasard
Pour te perdre du moins quelques moments plus tard ;
Et, quand par ce retour il a su nous surprendre,
Le ciel m'a plus rendu que je n'osois attendre.

GRIMOALD.

Madame....

ÉDUIGE.
    Tu perds temps, je n'écoute plus rien,
Et j'attends ton arrêt pour résoudre le mien.
Agis, si tu le veux, en vainqueur magnanime ;
Agis comme tyran, et prends cette victime :
Je suivrai ton exemple, et sur tes actions

Je réglerai ma haine ou mes affections.
Il suffit à présent que je te désabuse,
Pour payer ton amour ou pour punir ta ruse.
Adieu.

SCÈNE III.
GRIMOALD, GARIBALDE, UNULPHE.

GRIMOALD.
Que veut Unulphe?
UNULPHE.
Il est de mon devoir
De vous dire, seigneur, que chacun le vient voir.
J'ai permis à fort peu de lui rendre visite;
Mais tous l'ont reconnu pour le vrai Pertharite :
Le peuple même parle, et déja sourdement
On entend des discours semés confusément....
GARIBALDE.
Voyez en quels périls vous jette l'imposture!
Le peuple déja parle, et sourdement murmure;
Le feu va s'allumer, si vous ne l'éteignez.
Pour perdre un imposteur qu'est-ce que vous craignez?
La haine d'Éduige, elle qui ne prépare
A vos soumissions qu'une fierté barbare,
Elle que vos mépris ayant mise en fureur
Rendent opiniâtre à vous mettre en erreur,
Elle qui n'a plus soif que de votre ruine,
Elle dont la main seule en conduit la machine?
De semblables malheurs se doivent dédaigner,
Et la vertu timide est mal propre à régner.
Épousez Rodelinde, et, malgré son fantôme,
Assurez-vous l'état, et calmez le royaume;

Et, livrant l'imposteur à ses mauvais destins,
Otez dès aujourd'hui tout prétexte aux mutins.

GRIMOALD.

Oui, je te croirai, duc; et dès demain sa tête
Abattue à mes pieds calmera la tempête.
Qu'on le fasse venir, et qu'on mande avec lui
Celle qui de sa fourbe est le second appui,
La reine qui me brave, et qui par grandeur d'ame
Semble avoir quelque gêne à se nommer sa femme [1].

GARIBALDE.

Ses pleurs vous toucheront.

GRIMOALD.

Je suis armé contre eux.

GARIBALDE.

L'amour vous séduira.

GRIMOALD.

Je n'en crains point les feux [2];
Ils ont peu de pouvoir quand l'ame est résolue.

GARIBALDE.

Agissez donc, seigneur, de puissance absolue;
Soutenez votre sceptre avec l'autorité
Qu'imprime au front des rois leur propre majesté.
Un roi doit pouvoir tout, et ne sait pas bien l'être
Quand au fond de son cœur il souffre un autre maître.

---

[1] VAR. Veut être tout ensemble et n'être pas sa femme.
[2] VAR.   Je n'en crains plus les feux.

SCÈNE IV.

GRIMOALD, PERTHARITE, RODELINDE, GARIBALDE, UNULPHE.

GRIMOALD.

Viens, fourbe, viens, méchant, éprouver ma bonté,
Et ne la réduis pas à la sévérité.
Je veux te faire grace : avoue et me confesse [1]
D'un si hardi dessein qui t'a fourni l'adresse,
Qui des deux l'a formé, qui t'a le mieux instruit.
Tu m'entends : et sur-tout fais cesser ce faux bruit;
Détrompe mes sujets, ta prison est ouverte;
Sinon, prépare-toi dès demain à ta perte :
N'y force pas ton prince; et, sans plus t'obstiner,
Mérite le pardon qu'il cherche à te donner.

PERTHARITE.

Que tu perds lâchement de ruse et d'artifice
Pour trouver à me perdre une ombre de justice,
Et sauver les dehors d'une adroite vertu [2]
Dont aux yeux éblouis tu parois revêtu !
Le ciel te livre exprès une grande victime,
Pour voir si tu peux être et juste et magnanime
Mais il ne t'abandonne après tout que son sang;
Tu ne lui peux ôter ni son nom ni son rang.
Je mourrai comme roi né pour le diadème;
Et bientôt mes sujets, détrompés par toi-même,

---

[1] Var. Je te veux faire grace : avoue et me confesse.
[2] Var. Le bruit de tes vertus est ce qui m'a séduit.
  Et je ne connois point ici d'autre faux bruit.
  Par-tout on te publie et juste et magnanime,
  Et cet abus t'amène une grande victime.

ACTE IV, SCÈNE IV.

Connoîtront par ma mort qu'ils n'adorent en toi [1]
Que de fausses couleurs qui te peignent en roi.
Hâte donc cette mort, elle t'est nécessaire;
Car puisque enfin tu veux la vérité sincère [2],
Tout ce qu'entre tes mains je forme de souhaits [3],
C'est d'affranchir bientôt ces malheureux sujets.
Crains-moi si je t'échappe; et sois sûr de ta perte,
Si par ton mauvais sort la prison m'est ouverte.
Mon peuple aura des yeux pour connoître son roi,
Et mettra différence entre un tyran et moi :
Il n'a point de fureur que soudain je n'excite.
  Voilà dedans tes fers l'espoir de Pertharite;
Voilà des vérités qu'il ne peut déguiser,
Et l'aveu qu'il te faut pour te désabuser.

RODELINDE.
Veux-tu pour t'éclaircir de plus illustres marques [4]?
Veux-tu mieux voir le sang de nos premiers monarques?
Ce grand cœur...

GRIMOALD.
            Oui, madame, il est fort bien instruit

---

[1] Var. Connoîtront par ma mort qu'ils n'adoroient en toi
    Que de fausses couleurs qui te peignoient en roi.

[2] Vers supprimés :
    Mon cœur désabusé n'est plus ce qu'il étoit;
    Il ne voit plus en toi ce qu'il y respectoit.
    Au lieu d'un grand héros qu'il crut voir en ma place,
    Il n'y voit qu'un tyran plein de rage et d'audace.

[3] Var. Qui ne laisse à ce cœur former d'autres souhaits
    Que d'en pouvoir bientôt délivrer mes sujets.

[4] Var. Je reconnois mon sang à ces illustres marques :
    C'est lui, c'est le vrai sang de nos premiers monarques;
    C'est....
            GRIMOALD.
        C'est à présent lui, quand il est mieux instruit,
    A montrer plus d'orgueil et faire plus de bruit!

A montrer de l'orgueil, et fourber à grand bruit[1].
Mais si par son aveu la fourbe reconnue[2]
Ne détrompe aujourd'hui la populace émue,
Qu'il prépare sa tête, et vous-même en ce lieu
Ne pensez qu'à lui dire un éternel adieu.
　　Laissons-les seuls, Unulphe, et demeure à la porte :
Qu'avant que je l'ordonne aucun n'entre ni sorte.

SCÈNE V.

PERTHARITE, RODELINDE.

PERTHARITE.

Madame, vous voyez où l'amour m'a conduit.
J'ai su que de ma mort il couroit un faux bruit,
Des desirs d'un tyran j'ai su la violence;
J'en ai craint sur ce bruit la dernière insolence;
Et n'ai pu faire moins que de tout exposer
Pour vous revoir encore et vous désabuser.
J'ai laissé hasarder à cette digne envie
Les restes languissants d'une importune vie,
A qui l'ennui mortel d'être éloigné de vous
Sembloit à tous moments porter les derniers coups.

---

[1] Vers supprimés :
　　Dans l'inégalité qui sort de votre bouche,
　　Quel de vos sentiments voulez-vous qui me touche?
　　Ce n'est pas lui, c'est lui, c'est ce que vous voudrez ;
　　Mais je n'en croirai pas ce que vous résoudrez.

[2] VAR. Si par son propre aveu la fourbe reconnue
　　Ne détrompe à mes yeux la populace émue,
　　Pensez-y bien, madame, et dans ce même lieu
　　Dites-lui, s'il n'avoue, un éternel adieu.
　　. . . . .
　　Qu'aucun sans mon congé n'entre ici, ni n'en sorte.

Car, je vous l'avouerai, dans l'état déplorable
Où m'abyme du sort la haine impitoyable,
Où tous mes alliés me refusent leurs bras,
Mon plus cuisant chagrin est de ne vous voir pas.
Je bénis mon destin, quelques maux qu'il m'envoie,
Puisqu'il peut consentir à ce moment de joie;
Et, bien qu'il ose encor de nouveau me trahir,
En un moment si doux je ne le puis haïr.

RODELINDE.

C'étoit donc peu, seigneur, pour mon ame affligée,
De toute la misère où je me vois plongée;
C'étoit peu des rigueurs de ma captivité,
Sans celle où votre amour vous a précipité :
Et, pour dernier outrage où son excès m'expose,
Il faut vous voir mourir, et m'en savoir la cause !
    Je ne vous dirai point que ce moment m'est doux;
Il met à trop haut prix ce qu'il me rend de vous,
Et votre souvenir m'auroit bien su défendre
De tout ce qu'un tyran auroit osé prétendre.
N'attendez point de moi de soupirs ni de pleurs [1] ;
Ce sont amusements de légères douleurs.
L'amour que j'ai pour vous hait ces molles bassesses
Où d'un sexe craintif descendent les foiblesses;

---

[1] Les vers qui précèdent ne se trouvent pas dans la première édition, et la scène v commence ici de la manière suivante :

> Le coup qui te menace est sensible pour moi;
> Mais n'attends point de pleurs, puisque tu meurs en roi :
> Mon amour généreux hait ces molles bassesses
> . . . .
> Dedans ce cœur de femme il a su s'affermir.
> Je la suis pour t'aimer, et non pas pour gémir.
> Et ma douleur, pressée avecque violence,
> . . . .
> Et n'arrête mes yeux sur ton funeste sort
> Que pour sauver ta vie, ou pour venger ta mort.

Et contre vos malheurs j'ai trop su m'affermir,
Pour ne dédaigner pas l'usage de gémir.
D'un déplaisir si grand la noble violence
Se résout tout entière en ardeur de vengeance,
Et, méprisant l'éclat, porte tout son effort
A sauver votre vie, ou venger votre mort.
Je ferai l'un ou l'autre, ou périrai moi-même.

PERTHARITE.

Aimez plutôt, madame, un vainqueur qui vous aime.
Vous avez assez fait pour moi, pour votre honneur ;
Il est temps de tourner du côté du bonheur,
De ne plus embrasser des destins trop sévères,
Et de laisser finir mes jours et vos misères.
Le ciel, qui vous destine à régner en ces lieux,
M'accorde au moins le bien de mourir à vos yeux.
J'aime à lui voir briser une importune chaîne
De qui les nœuds rompus vous font heureuse reine ;
Et sous votre destin je veux bien succomber,
Pour remettre en vos mains ce que j'en fis tomber.

RODELINDE.

Est-ce là donc, seigneur, la digne récompense [1]
De ce que pour votre ombre on m'a vu de constance ?
Quand je vous ai cru mort, et qu'un si grand vainqueur,
Sa conquête à mes pieds, m'a demandé mon cœur,
Quand toute autre en ma place eût peut-être fait gloire
De cet hommage entier de toute sa victoire....

PERTHARITE.

Je sais que vous avez dignement combattu :
Le ciel va couronner aussi votre vertu ;
Il va vous affranchir de cette inquiétude

[1] Var. Est-ce là donc le prix de cette résistance
    Que pour ton ombre seule a rendu ma constance ?
    Quand je t'ai cru sans vie, et qu'un si grand vainqueur.

Que pouvoit de ma mort former l'incertitude,
Et vous mettre sans trouble en pleine liberté
De monter au plus haut de la félicité¹.

¹ Var. De monter. . . . .
Je le vois sans regret, et j'y cours sans murmure :
Vous m'avez la première accusé d'imposture ;
Votre amant vous en croit, et ce n'est qu'après vous
Qu'il prononce l'arrêt d'un malheureux époux.
            RODELINDE.
Quoi ! j'aurois pu t'aimer, j'aurois pu te connoître,
Te voyant accepter mon tyran pour ton maître !
Qui peut céder son trône à son usurpateur,
S'il se dit encor roi, n'est qu'un lâche imposteur ;
Et j'en désavouerois mille fois ton visage,
Si tu n'avois changé de cœur et de langage.
Mais, puisque enfin le ciel daigne t'inspirer mieux,
Que d'autres sentiments me donnent d'autres yeux....
            PERTHARITE.
Vous me reconnoissez quand j'achève de vivre,
Et que de mes malheurs ce tyran vous délivre.
            RODELINDE.
Ah ! seigneur.
            PERTHARITE.
                Ah ! madame, étoit-ce lâcheté
De lui céder pour vous un droit qui m'est resté ?
J'aurois plus fait encore, et, vous voyant captive,
J'aurois même cédé la puissance effective,
Et pour vous racheter je serois descendu
D'un trône encor plus haut que celui qui m'est dû.
Ne vous figurez plus qu'un mari qui vous aime,
Vous voyant dans les fers, soit maître de soi-même ;
Ce généreux vainqueur, à vos pieds abattu,
Renonce bien pour vous à toute sa vertu.
D'un conquérant si grand et d'un héros si rare
Vous en faites vous seule un tyran, un barbare :
Il l'est, mais seulement pour vaincre vos refus.
Soyez à lui, madame, il ne le sera plus ;
Vous lui rendrez sa gloire, et vous verrez finie
Avecque vos mépris toute sa tyrannie.
Ainsi de votre amour le souverain bonheur
Coûte au vaincu la vie, au conquérant l'honneur ;

RODELINDE.

Que dis-tu, cher époux?

PERTHARITE.

Que je vois sans murmure
Naître votre bonheur de ma triste aventure.
L'amour me ramenoit sans pouvoir rien pour vous
Que vous envelopper dans l'exil d'un époux,
Vous dérober sans bruit à cette ardeur infame
Où s'opposent ma vie et le nom de ma femme.
Pour changer avec gloire il vous faut mon trépas;
Et, s'il vous fait régner, je ne le perdrai pas.
Après tant de malheurs que mon amour vous cause,
Il est temps que ma mort vous serve à quelque chose,
Et qu'un victorieux à vos pieds abattu
Cesse de renoncer à toute sa vertu.
D'un conquérant si grand et d'un héros si rare
Vous faites trop long-temps un tyran, un barbare;
Il l'est, mais seulement pour vaincre vos refus.
Soyez à lui, madame, il ne le sera plus;
Et je tiendrai ma vie heureusement perdue,
Puisque....

RODELINDE.

N'achève point un discours qui me tue,
Et ne me force point à mourir de douleur,
Avant qu'avoir pu rompre ou venger ton malheur.
Moi qui l'ai dédaigné dans son char de victoire,
Couronné de vertus encor plus que de gloire,
Magnanime, vaillant, juste, bon, généreux,
Pour m'attacher à l'ombre, au nom d'un malheureux,
Je pourrois à ta vue, aux dépens de ta vie,
Épouser d'un tyran l'horreur et l'infamie,

Mais je tiens cette vie heureusement perdue,
Puisque. . . . .

Et trahir mon honneur, ma naissance, mon rang,
Pour baiser une main fumante de ton sang [1] !
Ah ! tu me connois mieux, cher époux.

PERTHARITE.

Non, madame,
Il ne faut point souffrir ce scrupule en votre ame.
Quand ces devoirs communs ont d'importunes lois,
La majesté du trône en dispense les rois ;
Leur gloire est au-dessus des règles ordinaires,
Et cet honneur n'est beau que pour les cœurs vulgaires.
Sitôt qu'un roi vaincu tombe aux mains du vainqueur,
Il a trop mérité la dernière rigueur.
Ma mort pour Grimoald ne peut avoir de crime :
Le soin de s'affermir lui rend tout légitime.
Quand j'aurai dans ses fers cessé de respirer,
Donnez-lui votre main sans rien considérer ;
Épargnez les efforts d'une impuissante haine,
Et permettez au ciel de vous faire encor reine.

RODELINDE.

Épargnez-moi, seigneur, ce cruel sentiment,
Vous qui savez....

[1] Var. Jusqu'à baiser la main fumante de ton sang !
Ah ! tu me connois mieux, cher époux, ou peut-être,
Pour t'avoir méconnu, tu me veux méconnoître.
Mais c'est trop te venger d'un premier mouvement
Que ma gloire.........

SCÈNE VI.

. . . .

SCÈNE VI.

PERTHARITE, RODELINDE, UNULPHE.

UNULPHE.
Madame, achevez promptement :
Le roi, de plus en plus se rendant intraitable,
Mande vers lui ce prince, ou faux, ou véritable.
PERTHARITE.
Adieu, puisqu'il le faut; et croyez qu'un époux
A tous les sentiments qu'il doit avoir de vous[1].
Il voit tout votre amour et tout votre mérite;
Et, mourant sans regret, à regret il vous quitte.
RODELINDE.
Adieu, puisqu'on m'y force; et recevez ma foi
Que l'on me verra digne et de vous et de moi.
PERTHARITE.
Ne vous exposez point au même précipice.
RODELINDE.
Le ciel hait les tyrans, et nous fera justice.
PERTHARITE.
Hélas! s'il étoit juste, il vous auroit donné
Un plus puissant monarque, ou moins infortuné.

[1] Var. N'a que les sentiments qu'il doit avoir de vous.

FIN DU QUATRIÈME ACTE.

ACTE CINQUIÈME.

SCÈNE I.

ÉDUIGE, UNULPHE.

ÉDUIGE.

Quoi! Grimoald s'obstine à perdre ainsi mon frère,
D'imposture et de fourbe il traite sa misère [1],
Et, feignant de me rendre et son cœur et sa foi,
Il n'a point d'yeux pour lui ni d'oreilles pour moi?

UNULPHE.

Madame, n'accusez que le duc qui l'obsède :
Le mal, s'il en est cru, deviendra sans remède ;
Et si le roi suivoit ses conseils violents,
Vous n'en verriez déjà que des effets sanglants.

ÉDUIGE.

Jadis pour Grimoald il quitta Pertharite ;
Et, s'il le laisse vivre, il craint ce qu'il mérite.

UNULPHE.

Ajoutez qu'il vous aime, et veut par tous moyens
Rattacher ce vainqueur à ses derniers liens ;
Que Rodelinde à lui, par amour ou par force,
Assure entre vous deux un éternel divorce ;
Et, s'il peut une fois jusque-là l'irriter,
Par force ou par amour il croit vous emporter.
Mais vous n'avez, madame, aucun sujet de crainte ;

---

[1] Var. D'imposteur et de fourbe il traite sa misère.

Ce héros est à vous sans réserve et sans feinte,
Et....
ÉDUIGE.
S'il quitte sans feinte un objet si chéri,
Sans doute au fond de l'ame il connoît son mari.
Mais s'il le connoissoit, en dépit de ce traître,
Qui pourroit l'empêcher de le faire paroître?
UNULPHE.
Sur le trône conquis il craint quelque attentat,
Et ne le méconnoît que par raison d'état.
C'est un aveuglement qu'il a cru nécessaire;
Et comme Garibalde animoit sa colère,
De ses mauvais conseils sans cesse combattu,
Il donnoit lieu de craindre enfin pour sa vertu.
Mais, madame, il n'est plus en état de le croire.
Je n'ai pu voir long-temps ce péril pour sa gloire.
Quelque fruit que le duc espère en recueillir,
Je viens d'ôter au roi les moyens de faillir.
Pertharite, en un mot, n'est plus en sa puissance.
Mais ne présumez pas que j'aie eu l'imprudence
De laisser à sa fuite un libre et plein pouvoir
De se montrer au peuple et d'oser l'émouvoir.
Pour fuir en sûreté je lui prête main-forte,
Ou plutôt je lui donne une fidèle escorte,
Qui, sous cette couleur de lui servir d'appui,
Le met hors du royaume, et me répond de lui.
J'empêche ainsi le duc d'achever son ouvrage,
Et j'en donne à mon roi ma tête pour otage.
Votre bonté, madame, en prendra quelque soin.
ÉDUIGE.
Oui, je serai pour toi criminelle au besoin;
Je prendrai, s'il le faut, sur moi toute la faute [1].

---

[1] Var. Je prendrai............

ACTE V, SCÈNE II.

UNULPHE.
Ou je connois fort mal une vertu si haute,
Ou, s'il revient à soi, lui-même tout ravi
M'avouera le premier que je l'ai bien servi.

SCÈNE II.

GRIMOALD, ÉDUIGE, UNULPHE.

GRIMOALD.
Que voulez-vous enfin, madame, que j'espère?
Qu'ordonnez-vous de moi?
ÉDUIGE.
Que fais-tu de mon frère?
Qu'ordonnes-tu de lui? prononce ton arrêt.
GRIMOALD.
Toujours d'un imposteur prendrez-vous l'intérêt?
ÉDUIGE.
Veux-tu suivre toujours le conseil tyrannique
D'un traître qui te livre à la haine publique?
GRIMOALD.
Qu'en faveur de ce fourbe à tort vous m'accusez!
Je vous offre sa grace, et vous la refusez!
ÉDUIGE.
Cette offre est un supplice aux princes qu'on opprime;
Il ne faut point de grace à qui se voit sans crime;
Et tes yeux, malgré toi, ne te font que trop voir
Que c'est à lui d'en faire, et non d'en recevoir.
Ne t'obstine donc plus à t'aveugler toi-même;
Sois tel que je t'aimois, si tu veux que je t'aime;

Dis-lui....
UNULPHE.
Je connois mal une vertu si haute.

Sois tel que tu parus quand tu conquis Milan :
J'aime encor son vainqueur, mais non pas son tyran.
Rends-toi cette vertu pleine, haute, sincère,
Qui t'affermit si bien au trône de mon frère ;
Rends-lui du moins son nom, si tu me rends ton cœur.
Qui peut feindre pour lui peut feindre pour la sœur ;
Et tu ne vois en moi qu'une amante incrédule,
Quand je vois qu'avec lui ton ame dissimule.
Quitte, quitte en vrai roi les vertus des tyrans,
Et ne me cache plus un cœur que tu me rends.

GRIMOALD.

Lisez-y donc vous-même ; il est à vous, madame ;
Vous en voyez le trouble aussi bien que la flamme.
Sans plus me demander ce que vous connoissez,
De grace, croyez-en tout ce que vous pensez.
C'est redoubler ensemble et mes maux et ma honte,
Que de forcer ma bouche à vous en rendre compte.
Quand je n'aurois point d'yeux, chacun en a pour moi.
Garibalde lui seul a méconnu son roi ;
Et, par un intérêt qu'aisément je devine,
Ce lâche, tant qu'il peut, par ma main l'assassine.
Mais que plutôt le ciel me foudroie à vos yeux,
Que je songe à répandre un sang si précieux !
   Madame, cependant mettez-vous en ma place :
Si je le reconnois, que faut-il que j'en fasse ?
Le tenir dans les fers avec le nom de roi,
C'est soulever pour lui ses peuples contre moi.
Le mettre en liberté, c'est le mettre à leur tête,
Et moi-même hâter l'orage qui s'apprête.
Puis-je m'assurer d'eux et souffrir son retour [1] ?
Puis-je occuper son trône et le voir dans ma cour ?

---

[1] Var. De quels yeux puis-je voir un prince de retour,
    Qui me voit en son trône, et veut vivre en ma cour ?

ACTE V, SCÈNE II.

Un roi, quoique vaincu, garde son caractère ;
Aux fidèles sujets sa vue est toujours chère ;
Au moment qu'il paroît, les plus grands conquérants,
Pour vertueux qu'ils soient, ne sont que des tyrans ;
Et dans le fond des cœurs sa présence fait naître
Un mouvement secret qui les rend à leur maître.
    Ainsi mon mauvais sort a de quoi me punir
Et de le délivrer et de le retenir.
Je vois dans mes prisons sa personne enfermée
Plus à craindre pour moi qu'en tête d'une armée.
Là, mon bras animé de toute ma valeur
Chercheroit avec gloire à lui percer le cœur :
Mais ici, sans défense, hélas ! qu'en puis-je faire ?
Si je pense régner, sa mort m'est nécessaire :
Mais soudain ma vertu s'arme si bien pour lui,
Qu'en mille bataillons il auroit moins d'appui.
Pour conserver sa vie et m'assurer l'empire,
Je fais ce que je puis à le faire dédire ;
Des plus cruels tyrans j'emprunte le courroux
Pour tirer cet aveu de la reine ou de vous :
Mais par-tout je perds temps, par-tout même constance
Rend à tous mes efforts pareille résistance.
Encor s'il ne falloit qu'éteindre ou dédaigner
En des troubles si grands la douceur de régner,
Et que, pour vous aimer et ne vous point déplaire,
Ce grand titre de roi ne fût pas nécessaire,
Je me vaincrois moi-même, et, lui rendant l'état,
Je mettrois ma vertu dans son plus haut éclat.
Mais je vous perds, madame, en quittant la couronne.
Puisqu'il vous faut un roi, c'est vous que j'abandonne ;
Et dans ce cœur à vous par vos yeux combattu
Tout mon amour s'oppose à toute ma vertu.
    Vous pour qui je m'aveugle avec tant de lumières,

Si vous êtes sensible encore à mes prières,
Daignez servir de guide à mon aveuglement,
Et faites le destin d'un frère et d'un amant.
Mon amour de tous deux vous fait la souveraine :
Ordonnez-en vous-même, et prononcez en reine.
Je périrai content, et tout me sera doux,
Pourvu que vous croyiez que je suis tout à vous.

ÉDUIGE.

Que tu me connois mal, si tu connois mon frère !
Tu crois donc qu'à ce point la couronne m'est chère,
Que j'ose mépriser un comte généreux
Pour m'attacher au sort d'un tyran trop heureux ?
Aime-moi si tu veux, mais crois-moi magnanime ;
Avec tout cet amour garde-moi ton estime [1] ;
Crois-moi quelque tendresse encor pour mon vrai sang,
Qu'une haute vertu me plaît mieux qu'un haut rang,
Et que vers Gundebert je crois ton serment quitte,
Quand tu n'aurois qu'un jour régné pour Pertharite.
Milan qui l'a vu fuir, et t'a nommé son roi,
De la haine d'un mort a dégagé ma foi.
A présent je suis libre, et comme vraie amante
Je secours malgré toi ta vertu chancelante,
Et dérobe mon frère à ta soif de régner,
Avant que tout ton cœur s'en soit laissé gagner.
Oui, j'ai brisé ses fers, j'ai corrompu ses gardes,
J'ai mis en sûreté tout ce que tu hasardes.
Il fuit, et tu n'as plus à traiter d'imposteur
De tes troubles secrets le redoutable auteur.
Il fuit, et tu n'as plus à craindre de tempête.
Secourant ta vertu, j'assure ta conquête ;
Et les soins que j'ai pris... Mais la reine survient.

---

[1] Var. Avec tout cet amour conserve un peu d'estime.

SCÈNE III.

GRIMOALD, RODELINDE, ÉDUIGE, UNULPHE.

GRIMOALD, à Rodelinde.
Que tardez-vous, madame? et quel soin vous retient?
Suivez de votre époux le nom, l'image, ou l'ombre;
De ceux qui m'ont trahi croissez l'indigne nombre;
Et délivrez mes yeux, trop aisés à charmer,
Du péril de vous voir et de vous trop aimer.
Suivez; votre captif ne vous tient plus captive.

RODELINDE.
Rends-le-moi donc, tyran, afin que je le suive.
A quelle indigne feinte oses-tu recourir,
De m'ouvrir sa prison quand tu l'as fait mourir!
Lâche! présumes-tu qu'un faux bruit de sa fuite
Cache de tes fureurs la barbare conduite?
Crois-tu qu'on n'ait point d'yeux pour voir ce que tu fais,
Et jusque dans ton cœur découvrir tes forfaits?

ÉDUIGE.
Madame....

RODELINDE.
      Eh bien! madame, êtes-vous sa complice?
Vous chargez-vous pour lui de toute l'injustice?
Et sa main qu'il vous tend vous plait-elle à ce prix?

ÉDUIGE.
Vous la vouliez tantôt teinte du sang d'un fils,
Et je puis l'accepter teinte du sang d'un frère,
Si je veux être sœur comme vous étiez mère.

RODELINDE.
Ne me reprochez point une juste fureur,

Où des feux d'un tyran me réduisoit l'horreur ;
Et, puisque de sa foi vous êtes ressaisie,
Faites cesser l'aigreur de votre jalousie.
ÉDUIGE.
Ne me reprochez point des sentiments jaloux,
Quand je hais les tyrans autant ou plus que vous.
RODELINDE.
Vous pouvez les haïr quand Grimoald vous aime !
ÉDUIGE.
J'aime en lui sa vertu plus que son diadème ;
Et, voyant quels motifs le font encore agir,
Je ne vois rien en lui qui me fasse rougir.
RODELINDE, à Grimoald.
Rougis-en donc toi seul, toi qui caches ton crime,
Qui t'immolant un roi dérobes ta victime,
Et d'un grand ennemi déguisant tout le sort,
Le fais fourbe en sa vie et fuir après sa mort.
De tes fausses vertus les brillantes pratiques
N'élevoient que pour toi ces tombeaux magnifiques ;
C'étoient de vains éclats de générosité
Pour rehausser ta gloire avec impunité.
Tu n'accablois son nom de tant d'honneurs funèbres
Que pour ensevelir sa mort dans les ténèbres,
Et lui tendre avec pompe un piége illustre et beau,
Pour le priver un jour des honneurs du tombeau.
Soûle-toi de son sang ; mais rends-moi ce qui reste,
Attendant ma vengeance, ou le courroux céleste,
Que je puisse....
GRIMOALD, à Éduige.
Ah ! madame, où me réduisez-vous
Pour un fourbe qu'elle aime à nommer son époux ?
Votre pitié ne sert qu'à me couvrir de honte,
Si, quand vous me l'ôtez, il m'en faut rendre compte,

ACTE V, SCÈNE III.

Et si la cruauté de mon triste destin
De ce que vous sauvez me nomme l'assassin.

UNULPHE.

Seigneur, je crois savoir la route qu'il a prise;
Et si sa majesté veut que je l'y conduise,
Au péril de ma tête, en moins d'une heure ou deux,
Je m'offre de la rendre à l'objet de ses vœux.
Allons, allons, madame, et souffrez que je tâche....

RODELINDE, à Unulphe.

O d'un lâche tyran ministre encor plus lâche,
Qui, sous un faux semblant d'un peu d'humanité,
Penses contre mes pleurs faire sa sûreté!
Que ne dis-tu plutôt que ses justes alarmes
Aux yeux des bons sujets veulent cacher mes larmes,
Qu'il lui faut me bannir, de crainte que mes cris
Du peuple et de la cour n'émeuvent les esprits?
Traître! si tu n'étois de son intelligence,
Pourroit-il refuser ta tête à sa vengeance?
  Que devient, Grimoald, que devient ton courroux?
Tes ordres en sa garde avoient mis mon époux;
Il a brisé ses fers, il sait où va sa fuite;
Si je le veux rejoindre, il s'offre à ma conduite;
Et, quand son sang devroit te répondre du sien,
Il te voit, il te parle, et n'appréhende rien.

GRIMOALD, à Rodelinde.

Quand ce qu'il fait pour vous hasarderoit ma vie,
Je ne puis le punir de vous avoir servie.
Si j'avois cependant quelque peur que vos cris
De la cour et du peuple émussent les esprits,
Sans vous prier de fuir pour finir mes alarmes,
J'aurois trop de moyens de leur cacher vos larmes.
Mais vous êtes, madame, en pleine liberté;
Vous pouvez faire agir toute votre fierté,

Porter dans tous les cœurs ce qui règne en votre ame :
Le vainqueur du mari ne peut craindre la femme.
Mais que veut ce soldat[1] ?

SCÈNE IV.

GRIMOALD, RODELINDE, ÉDUIGE, UNULPHE, SOLDAT.

SOLDAT.

Vous avertir, seigneur,
D'un grand malheur ensemble et d'un rare bonheur.
Garibalde n'est plus, et l'imposteur infame
Qui tranche ici du roi lui vient d'arracher l'ame;
Mais ce même imposteur est en votre pouvoir.

---

[1] VAR. Mais que vois-je?

SCÈNE IV.

GRIMOALD, PERTHARITE, RODELINDE, ÉDUIGE, UNULPHE, SOLDATS conduisant Pertharite prisonnier.

SOLDAT, à Grimoald.
Seigneur....
PERTHARITE, au soldat.
Je suis encor ton roi,
Traître, et je te défends de parler devant moi.
GRIMOALD.
O ciel! en quel état ma fortune est réduite,
S'il ne m'est pas permis de jouir de sa fuite!
SOLDAT.
Seigneur....
PERTHARITE, au soldat.
Tais-toi, te dis-je une seconde fois.
(à Grimoald.)
Tu me revois, tyran, qui méconnois les rois,
. . . .

GRIMOALD.
Que dis-tu, malheureux?
SOLDAT.
Ce que vous allez voir.
GRIMOALD.
O ciel! en quel état ma fortune est réduite,
S'il ne m'est pas permis de jouir de sa fuite!
Faut-il que de nouveau mon cœur embarrassé
Ne puisse.... Mais dis-nous comment tout s'est passé.
SOLDAT.
Le duc, ayant appris quelles intelligences [1]
Déroboient un tel fourbe à vos justes vengeances,
L'attendoit à main-forte, et, lui fermant le pas,
« A lui seul, nous dit-il ; mais ne le blessons pas.
« Réservons tout son sang aux rigueurs des supplices,
« Et laissons par pitié fuir ses lâches complices. »
Ceux qui le conduisoient, du grand nombre étonnés,
Et par mes compagnons soudain environnés,
Acceptent la plupart ce qu'on leur facilite,
Et s'écartent sans bruit de ce faux Pertharite.
Lui, que l'ordre reçu nous forçoit d'épargner
Jusqu'à baisser l'épée, et le trop dédaigner,
S'ouvre en son désespoir parmi nous un passage,
Jusque sur notre chef pousse toute sa rage,
Et lui plonge trois fois un poignard dans le sein
Avant qu'aucun de nous ait pu voir son dessein.
Nos bras étoient levés pour l'en punir sur l'heure;
Mais le duc par nos mains ne consent pas qu'il meure;
Et son dernier soupir est un ordre nouveau
De garder tout son sang à celle d'un bourreau.

---

[1] Ce récit se trouvait d'abord dans la bouche de Pertharite. Voyez les variantes de la scène suivante. (PAR.)

Ainsi ce fugitif retombe dans sa chaîne,
Et vous pouvez, seigneur, ordonner de sa peine :
Le voici.
GRIMOALD.
Quel combat pour la seconde fois!

SCÈNE V.

PERTHARITE, GRIMOALD, RODELINDE,
ÉDUIGE, UNULPHE, soldats.

PERTHARITE.
Tu me revois, tyran qui méconnois les rois;
Et j'ai payé pour toi d'un si rare service
Celui qui rend ma tête à ta fausse justice.
Pleure, pleure ce bras qui t'a si bien servi;
Pleure ce bon sujet que le mien t'a ravi [1].

---

[1] Vers supprimés :
Garibalde n'est plus, et j'ai vu cet infame
Aux pieds de son vrai roi vomir le sang et l'ame.
GRIMOALD.
Garibalde n'est plus ! ah, justice des cieux !
PERTHARITE.
Si tu peux en douter, qu'on l'apporte à tes yeux ;
Tu verras de quel coup j'ai tranché cette vie
Si brillante de gloire et si digne d'envie.
Je ne te dirai point qui m'a facilité
Pour un moment ou deux ce peu de liberté ;
Il suffit que le duc, instruit par un perfide
Que mon libérateur m'avoit donné pour guide,
M'attendoit à main-forte ; et me fermant le pas :
« A lui seul, à lui seul ; mais ne le blessons pas,
Dit-il ; et réservons tout son sang aux supplices. »
Soudain environné de ses lâches complices,
Que cet ordre reçu forçoit à m'épargner
Jusqu'à baisser l'épée, et me trop dédaigner,
A travers ces méchants je m'ouvre le passage ;

Hâte-toi de venger ce ministre fidèle;
C'est toi qu'à sa vengeance en mourant il appelle.
Signale ton amour, et parois aujourd'hui,
S'il fut digne de toi, plus digne encor de lui.
Mais cesse désormais de traiter d'imposture
Les traits que sur mon front imprime la nature.
Milan m'a vu passer, et par-tout en passant
J'ai vu couler ses pleurs pour son prince impuissant;
Tu lui déguiserois en vain ta tyrannie;
Pousse-s-en jusqu'au bout l'insolente manie;
Et, quoi que ta fureur te prescrive pour moi,
Ordonne de mes jours comme de ceux d'un roi.

GRIMOALD.

Oui, tu l'es en effet, et j'ai su te connoître
Dès le premier moment que je t'ai vu paroître.
 Si j'ai fermé les yeux, si j'ai voulu gauchir,
Des maximes d'état j'ai voulu t'affranchir,
Et ne voir pas ma gloire indignement trahie
Par la nécessité de m'immoler ta vie.
De cet aveuglement les soins mystérieux
Empruntoient les dehors d'un tyran furieux,
Et forçoient ma vertu d'en souffrir l'artifice,
Pour t'arracher ton nom par l'effroi du supplice.
Mais mon dessein n'étoit que de t'intimider,
Ou d'obliger quelqu'un à te faire évader.
Unulphe a bien compris, en serviteur fidèle,

 Et, portant jusqu'à lui l'effort de mon courage,
 Je lui plonge trois fois un poignard dans le sein,
 Avant qu'on puisse voir ou rompre mon dessein.
 Ses gens en vouloient prendre une prompte vengeance;
 Mais lui-même, en tombant, leur en fait la défense,
 Et son dernier soupir est un ordre nouveau
 De garder tout mon sang à la main d'un bourreau.
 C'est à toi de venger ce ministre fidèle.

Ce que ma violence attendoit de son zèle ;
Mais un traître pressé par d'autres intérêts
A rompu tout l'effet de mes desirs secrets.
Ta main, graces au ciel, nous en a fait justice.
Cependant ton retour m'est un nouveau supplice.
Car enfin que veux-tu que je fasse de toi ?
Puis-je porter ton sceptre, et te traiter de roi [1] ?
Ton peuple qui t'aimoit pourra-t-il te connoître,
Et souffrir à tes yeux les lois d'un autre maître ?
Toi-même pourras-tu, sans entreprendre rien,
Me voir jusqu'au trépas possesseur de ton bien ?
Pourras-tu négliger l'occasion offerte,
Et refuser ta main ou ton ordre à ma perte [2] ?
 Si tu n'étois qu'un lâche, on auroit quelque espoir [3]
Qu'enfin tu pourrois vivre, et ne rien émouvoir :
Mais qui me croit tyran, et hautement me brave,
Quelque foible qu'il soit, n'a point le cœur d'esclave,
Et montre une grande ame au-dessus du malheur,
Qui manque de fortune, et non pas de valeur.
Je vois donc malgré moi ma victoire asservie
A te rendre le sceptre, ou prendre encor ta vie :
Et plus l'ambition trouble ce grand effort,
Plus ceux de ma vertu me refusent ta mort.
Mais c'est trop retenir ma vertu prisonnière ;
Je lui dois comme à toi liberté tout entière ;
Et mon ambition a beau s'en indigner,

---

[1] Var. Puis-je occuper ton trône, et te traiter en roi ?

[2] Var. Et refuser ton ordre et ta main à ma perte ?

Vers supprimés :
>Ton rang, ton rang illustre auroit dû t'enseigner
>Qu'un roi dans ses états doit périr ou régner,
>Et qu'après sa défaite y montrer son visage,
>C'est donner au vainqueur un prompt et juste ombrage.

[3] Var. Si tu n'étois qu'un lâche, on se pourroit flatter
>Que tu pourrois y vivre, et ne rien attenter.

ACTE V, SCÈNE V.

Cette vertu triomphe, et tu t'en vas régner.
　Milan, revois ton prince, et reprends ton vrai maître,
Qu'en vain pour t'aveugler j'ai voulu méconnoître :
Et vous que d'imposteur à regret j'ai traité....

PERTHARITE.

Ah! c'est porter trop loin la générosité.
Rendez-moi Rodelinde, et gardez ma couronne,
Que pour sa liberté sans regret j'abandonne.
Avec ce cher objet tout destin m'est trop doux.

GRIMOALD.

Rodelinde, et Milan, et mon cœur, sont à vous ;
Et je vous remettrois toute la Lombardie,
Si comme dans Milan je régnois dans Pavie.
Mais vous n'ignorez pas, seigneur, que le feu roi
En fit reine Éduige ; et, lui donnant ma foi,
Je promis....

ÉDUIGE, à Grimoald.

　　Si ta foi t'oblige à la défendre,
Ton exemple m'oblige encor plus à la rendre ;
Et je mériterois un nouveau changement,
Si mon cœur n'égaloit celui de mon amant.

PERTHARITE, à Éduige.

Son exemple, ma sœur, en vain vous y convie.
Avec ce grand héros je vous laisse Pavie ;
Et me croirois moi-même aujourd'hui malheureux,
Si je voyois sans sceptre un bras si généreux.

RODELINDE, à Grimoald.

Pardonnez si ma haine a trop cru l'apparence.
Je présumois beaucoup de votre violence ;
Mais je n'aurois osé, seigneur, en présumer
Que vous m'eussiez forcée enfin à vous aimer.

GRIMOALD, à Rodelinde.

Vous m'avez outragé sans me faire injustice.

RODELINDE.

Qu'une amitié si ferme aujourd'hui nous unisse,
Que l'un et l'autre état en admire les nœuds,
Et doute avec raison qui règne de vous deux.

PERTHARITE.

Pour en faire admirer la chaîne fortunée,
Allons mettre en éclat cette grande journée,
Et montrer à ce peuple, heureusement surpris,
Que des hautes vertus la gloire est le seul prix [1].

---

[1] Cette pièce, comme on sait, fut malheureuse; elle ne put être représentée qu'une fois : le public fut juste. Corneille, à la fin de l'*Examen*, dit que les sentiments en sont *assez vifs et nobles, et les vers assez bien tournés*. Le respect pour la vérité, toujours plus fort que le respect pour Corneille, oblige d'avouer que les sentiments sont outrés ou faibles, et rarement nobles; et que les vers, loin d'être bien tournés, sont presque tous d'une prose comique rimée.

Dès la seconde scène Éduige dit à Rodelinde :

> Je ne vous parle pas de votre Pertharite :
> Mais il se pourra faire enfin qu'il ressuscite,
> Qu'il rende à vos desirs leur juste possesseur;
> Et c'est dont je vous donne avis en bonne sœur.
> . . . .
> Vous êtes donc, madame, un grand exemple à suivre. —
> Pour vivre l'ame saine, on n'a qu'à m'imiter. —
> Et qui veut vivre aimé n'a qu'à vous en conter.

Les noms seuls des héros de cette pièce révoltent : c'est une Éduige, un Grimoald, un Unulphe. L'auteur de *Childebrand* ne choisit pas plus mal son sujet et son héros.

Il est peut-être utile pour l'avancement de l'esprit humain, et pour celui de l'art théâtral, de rechercher comment Corneille, qui devait s'élever toujours après ses belles pièces, qui connaissait le théâtre, c'est-à-dire le cœur humain, qui était plein de la lecture des anciens, et dont l'expérience devait avoir fortifié le génie, tomba pourtant si bas, qu'on ne peut supporter ni la conduite, ni les sentiments, ni la diction de plusieurs de ses dernières pièces. N'est-ce point qu'ayant acquis un grand nom, et ne possédant pas une fortune digne de son mérite, il fut forcé souvent de travailler avec trop de hâte? *Conatibus obstat res an-*

ACTE V, SCÈNE V.

gusta domi. Peut-être n'avait-il pas d'ami éclairé et sévère : il avait contracté une malheureuse habitude de se permettre tout, et de parler mal sa langue ; il ne savait pas, comme Racine, sacrifier de beaux vers, et des scènes entières.

Les pièces précédentes de *Nicomède* et de *Don Sanche d'Aragon* n'avaient pas eu un brillant succès ; cette décadence devait l'avertir de faire de nouveaux efforts : mais il se reposait sur sa réputation ; sa gloire nuisait à son génie ; il se voyait sans rival, on ne citait que lui, on ne connaissait que lui. Il lui arriva la même chose qu'à Lulli, qui, ayant excellé dans la musique de déclamation, à l'aide de l'inimitable Quinault, fut très faible, et se négligea souvent dans presque tout le reste ; manquant de rival, comme Corneille, il ne fit point d'efforts pour se surpasser lui-même : ses contemporains ne connaissaient pas sa faiblesse ; il a fallu que long-temps après il soit venu un homme supérieur, pour que les Français, qui ne jugent des arts que par comparaison, sentissent combien la plupart des airs détachés et des symphonies de Lulli ont de faiblesse.

Ce serait à regret que j'imprimerais la pièce de *Pertharite*, si je ne croyais y avoir découvert* le germe de la belle tragédie d'*Andromaque*.

Serait-il possible que ce *Pertharite* fût en quelque façon le père de la tragédie pathétique, élégante et forte d'*Andromaque?* pièce admirable, à quelques scènes de coquetterie près, dont le vice même est déguisé par le charme d'une poésie parfaite, et par l'usage le plus heureux qu'on ait jamais fait de la langue française.

L'excellent Racine donna son *Andromaque* en 1668, neuf** ans après *Pertharite*. Le lecteur peut consulter le commentaire qu'on trouvera dans le second acte ; il y trouvera toute la disposition de la tragédie d'*Andromaque,* et même la plupart des sentiments que Racine a mis en œuvre avec tant de supériorité ; il verra comment d'un sujet manqué, et qui paraît très mauvais, on peut tirer les plus grandes beautés, quand on sait les mettre à leur place. (V.)

* L'abbé Desfontaines avait déjà fait cette remarque en 1736. (Pan.)

** *Pertharite* fut représenté pour la première fois en 1653, et non en 1659, comme l'a cru Voltaire. (Pab.)

FIN.

EXAMEN DE PERTHARITE.

Le succès de cette tragédie a été si malheureux, que, pour m'épargner le chagrin de m'en souvenir, je n'en dirai presque rien. Le sujet est écrit par Paul Diacre, au quatrième et cinquième livre *des Gestes des Lombards*; et, depuis lui, par Erycius Puteanus, au second livre de son *Histoire des Invasions de l'Italie par les Barbares*. Ce qui l'a fait avorter au théâtre a été l'événement extraordinaire qui me l'avoit fait choisir : on n'y a pu supporter qu'un roi dépouillé de son royaume, après avoir fait tout son possible pour y rentrer, se voyant sans forces et sans amis, en cède à son vainqueur les droits inutiles, afin de retirer sa femme prisonnière de ses mains; tant les vertus de bon mari sont peu à la mode ! On n'y a pas aimé la surprise avec laquelle Pertharite se présente au troisième acte, quoique le bruit de son retour soit épandu dès le premier, ni que Grimoald reporte toutes ses affections à Éduige, sitôt qu'il a reconnu que la vie de Pertharite, qu'il avoit cru mort jusque-là, le mettoit dans l'impossibilité de réussir auprès de Rodelinde. J'ai parlé ailleurs de l'inégalité de l'emploi des personnages, qui donne à Rodelinde le premier rang dans les trois premiers actes, et la réduit au second ou au troisième dans les deux derniers. J'ajoute ici, malgré sa disgrace, que les sentiments en sont assez vifs et nobles, les vers assez bien tournés, et que la façon dont le sujet s'explique dans la première scène ne manque pas d'artifice.

OEDIPE,

TRAGÉDIE.

1659.

VERS

PRÉSENTÉS A MONSEIGNEUR

LE PROCUREUR-GÉNÉRAL FOUQUET,

SURINTENDANT DES FINANCES [1].

Laisse aller ton essor jusqu'à ce grand génie [2]
Qui te rappelle au jour dont les ans t'ont bannie,
Muse, et n'oppose plus un silence obstiné
A l'ordre surprenant que sa main t'a donné.
De ton âge importun la timide foiblesse [3]
A trop et trop long-temps déguisé ta paresse,
Et fourni de couleurs à la raison d'état
Qui mutine ton cœur contre le siècle ingrat [4].
L'ennui de voir toujours ses louanges frivoles
Rendre à tes longs travaux paroles pour paroles [5],
Et le stérile honneur d'un éloge impuissant [6]

---

[1] Imprimés à la tête de l'*OEdipe*; Paris, 1659, *in*-12. Ce fut M. Fouquet qui engagea Corneille à faire cette tragédie. « Si le public, dit ce grand « poëte, a reçu quelque satisfaction de ce poëme, et s'il en reçoit en- « core de ceux de cette nature et de ma façon qui pourront le suivre, « c'est à lui qu'il en doit imputer le tout, puisque sans ses commande- « ments je n'aurois jamais fait l'*OEdipe*. » (Dans l'avis au lecteur qui est à la tête de la tragédie de l'édition que j'ai indiquée au commencement de cette note.) (V.)

[2] Ce grand génie n'était pas Nicolas Fouquet; c'était Pierre Corneille, malgré *Pertharite*, et malgré quelques pièces assez faibles, et malgré *OEdipe* même. (V.)

[3] Il avait cinquante-six ans; c'était l'âge où Milton faisait son poëme épique. (V.)

[4] Il eût dû dire que le peu de justice qu'on lui avait rendu l'avait dégoûté : *Ploravere suis non respondere favorem speratum meritis*; mais le dégoût d'un poëte n'est pas une raison d'état. (V.)

[5] Il se plaint qu'ayant trafiqué de la parole, on ne lui a donné que des louanges. Boileau a dit bien plus noblement :

Apollon ne promet qu'un nom et des lauriers, etc. (V.)

[6] Il se plaint que les éloges du public n'ont pas contribué à sa for-

Terminer son accueil le plus reconnoissant ;
Ce légitime ennui qu'au fond de l'ame excite
L'excusable fierté d'un peu de vrai mérite,
Par un juste dégoût ou par ressentiment,
Lui pouvoit de tes vers envier l'agrément :
Mais aujourd'hui qu'on voit un héros magnanime
Témoigner pour ton nom une tout autre estime,
Et répandre l'éclat de sa propre bonté
Sur l'endurcissement de ton oisiveté,
Il te seroit honteux d'affermir ton silence
Contre une si pressante et douce violence ;
Et tu ferois un crime à lui dissimuler
Que ce qu'il fait pour toi te condamne à parler.

Oui, généreux appui de tout notre Parnasse,
Tu me rends ma vigueur lorsque tu me fais grace ;
Et je veux bien apprendre à tout notre avenir
Que tes regards bénins ont su me rajeunir.
Je m'élève sans crainte avec de si bons guides :
Depuis que je t'ai vu, je ne vois plus mes rides ;
Et, plein d'une plus claire et noble vision,
Je prends mes cheveux gris pour cette illusion.
Je sens le même feu, je sens la même audace
Qui fit plaindre le Cid, qui fit combattre Horace ;
Et je me trouve encor la main qui crayonna
L'ame du grand Pompée et l'esprit de Cinna.
Choisis-moi seulement quelque nom dans l'histoire
Pour qui tu veuilles place au temple de la Gloire,
Quelque nom favori[1] qu'il te plaise arracher
A la nuit de la tombe, aux cendres du bûcher.

---

tune. « Mais à présent que le grand Fouquet, héros magnanime, répand
« l'éclat de sa propre bonté sur l'endurcissement de l'oisiveté de l'au-
« teur, il lui serait honteux d'affermir son silence contre cette douce
« violence. » Que dire sur de tels vers ? plaindre la faiblesse de l'esprit
humain, et admirer les beaux morceaux de *Cinna*. (V.)

[1] Il eût fallu que ces noms favoris eussent été célébrés par des vers
tels que ceux des *Horaces* et de *Cinna*. (V.)

Soit qu'il faille ternir ceux d'Énée et d'Achille
Par un noble attentat sur Homère et Virgile,
Soit qu'il faille obscurcir par un dernier effort
Ceux que j'ai sur la scène affranchis de la mort;
Tu me verras le même, et je te ferai dire,
Si jamais pleinement ta grande ame m'inspire,
Que dix lustres et plus n'ont pas tout emporté
Cet assemblage heureux de force et de clarté,
Ces prestiges secrets de l'aimable imposture
Qu'à l'envi m'ont prêtée et l'art et la nature.
   N'attends pas toutefois que j'ose m'enhardir [1]
Ou jusqu'à te dépeindre, ou jusqu'à t'applaudir :
Ce seroit présumer que d'une seule vue
J'aurois vu de ton cœur la plus vaste étendue ;
Qu'un moment suffiroit à mes débiles yeux
Pour démêler en toi ces dons brillants des cieux
De qui l'inépuisable et perçante lumière,
Sitôt que tu parois, fait baisser la paupière.
J'ai déja vu beaucoup en ce moment heureux,
Je t'ai vu magnanime, affable, généreux;
Et, ce qu'on voit à peine après dix ans d'excuses,
Je t'ai vu tout d'un coup libéral pour les muses.
Mais, pour te voir entier, il faudroit un loisir

---

[1] On est bien plus fâché encore qu'un homme tel que Corneille n'ose s'enhardir *jusqu'à applaudir* un autre homme, et que la *plus vaste étendue du cœur* d'un procureur-général de Paris *ne puisse être vue d'une seule vue*. Il eût mieux valu, à mon avis, pour l'auteur de *Cinna,* vivre à Rouen avec du pain bis et de la gloire, que de recevoir de l'argent d'un sujet du roi, et de lui faire de si mauvais vers pour son argent. On ne peut trop exhorter les hommes de génie à ne jamais prostituer ainsi leurs talents. On n'est pas toujours le maître de sa fortune, mais on l'est toujours de faire respecter sa médiocrité, et même sa pauvreté. (V.) — Il eût mieux valu ne pas conserver ces vers, qui laisseroient peu de chose à regretter, que de les accompagner d'un commentaire si dur. On voit que l'adversité réduisit quelquefois Corneille à l'adulation ; et sans doute il eût été plus noble de savoir souffrir : mais Voltaire, qui n'avait pas l'excuse du malheur, n'a-t-il pas souvent prodigué d'indignes éloges à des idoles de cour qui n'avaient pas le mérite de M. Fouquet ? (P.)

Que tes délassements daignassent me choisir.
C'est lors que je verrois la saine politique
Soutenir par tes soins la fortune publique,
Ton zèle infatigable à servir ton grand roi,
Ta force et ta prudence à régir ton emploi ;
C'est lors que je verrois ton courage intrépide
Unir la vigilance à la vertu solide ;
Je verrois cet illustre et haut discernement
Qui te met au-dessus de tant d'accablement,
Et tout ce dont l'aspect d'un astre salutaire
Pour le bonheur des lis t'a fait dépositaire.
Jusque-là ne crains pas que je gâte un portrait
Dont je ne puis encor tracer qu'un premier trait ;
Je dois être témoin de toutes ces merveilles
Avant que d'en permettre une ébauche à mes veilles ;
Et ce flatteur espoir fera tous mes plaisirs,
Jusqu'à ce que l'effet succède à mes desirs.
Hâte-toi cependant de rendre un vol sublime
Au génie amorti que ta bonté ranime,
Et dont l'impatience attend pour se borner
Tout ce que tes faveurs lui voudront ordonner.

AU LECTEUR.

Ce n'est pas sans raison que je fais marcher ces vers à la tête de l'*OEdipe,* puisqu'ils sont cause que je vous donne l'*OEdipe*. Ce fut par eux que je tâchai de témoigner à M. le procureur-général quelque sentiment de reconnoissance pour une faveur signalée que j'en venois de recevoir; et, bien qu'ils fussent remplis de cette présomption si naturelle à ceux de notre métier, qui manquent rarement d'amour-propre, il me fit cette nouvelle grace d'accepter les offres qu'ils lui faisoient de ma part, et de me proposer trois sujets pour le théâtre, dont il me laissa le choix. Chacun sait que ce grand ministre n'est pas moins le surintendant des belles-lettres que des finances, que sa maison est aussi ouverte aux gens d'esprit qu'aux gens d'affaires; et que, soit à Paris, soit à la campagne, c'est dans les bibliothèques qu'on attend ces précieux moments qu'il dérobe aux occupations qui l'accablent, pour en gratifier ceux qui ont quelque talent d'écrire avec succès. Ces vérités sont connues de tout le monde; mais tout le monde ne sait pas que sa bonté s'est étendue jusqu'à ressusciter les muses ensevelies dans un long silence, et qui étoient comme mortes au monde, puisque le monde les avoit oubliées. C'est donc à moi à le publier après qu'il a daigné m'y faire revivre si avantageusement. Non que de là j'ose prendre l'occasion de faire ses éloges : nos dernières années ont produit peu de livres considérables, ou pour la profondeur de la doctrine, ou pour la pompe et la netteté de l'expression, ou pour les agréments et la justesse de l'art, dont les auteurs ne se soient mis sous une protection si glorieuse, et ne lui aient rendu les hommages que nous devons tous à ce concert éclatant et merveilleux de rares qualités et de vertus extraordinaires qui laissent une admiration continuelle à ceux qui ont le bonheur de l'approcher. Les téméraires efforts que j'y pourrois faire après eux ne serviroient qu'à montrer combien je suis au-dessous d'eux : la matière est inépuisable, mais nos esprits sont bornés; et, au lieu de travailler à la gloire de mon protecteur, je ne travaillerois qu'à ma honte. Je me contenterai de vous dire simplement que si le public a reçu quelque satisfaction de ce poëme, et s'il en reçoit encore de ceux de cette nature et de ma façon qui pourront le suivre, c'est à lui qu'il en doit imputer le tout, puisque sans ses commandements je n'aurois jamais fait l'*OEdipe*, et que cette tragédie a plu assez au roi pour me faire recevoir de véritables et solides marques de son approbation; je veux dire ses libéralités, que j'ose nommer des ordres tacites, mais pressants, de consacrer aux divertissements de sa majesté ce que l'âge et les vieux travaux m'ont laissé d'esprit et de vigueur.

Au reste, je ne vous dissimulerai point qu'après avoir arrêté mon choix sur ce sujet, dans la confiance que j'aurois pour moi les suffrages de tous les savants, qui l'ont regardé comme le chef-d'œuvre de l'antiquité, et que les pensées de ces grands génies qui l'ont traité en grec et en latin me faciliteroient les moyens d'en venir à bout assez tôt pour le faire représenter dans le carnaval, je n'ai pas laissé de trembler quand je l'ai envisagé de près, et un peu plus à loisir que je n'avois fait en le choisissant. J'ai reconnu que ce qui avoit passé pour miraculeux dans ces siècles éloignés pourroit sembler horrible au nôtre, et que cette éloquente et curieuse description[1] de la manière dont ce mal-

---

[1] *Cette éloquente description* réussirait sans doute beaucoup, si elle était

AU LECTEUR. 207

heureux prince se crève les yeux, et le spectacle de ces
mêmes yeux crevés dont le sang lui distille sur le visage,
qui occupe tout le cinquième acte chez ces incompara-
bles originaux, feroit soulever la délicatesse de nos dames, qui composent la plus belle partie de notre auditoire, et dont le dégoût attire aisément la censure de ceux
qui les accompagnent, et qu'enfin l'amour n'ayant point de
part dans ce sujet, ni les femmes d'emploi, il étoit dénué
des principaux ornements qui nous gagnent d'ordinaire la
voix publique. J'ai tâché de remédier à ces désordres au
moins mal que j'ai pu en épargnant d'un côté à mes au-

de ce style mâle et terrible, et en même temps pur et exact, qui carac-
térise Sophocle. Je ne sais même si, aujourd'hui que la scène est libre
et dégagée de tout ce qui la défigurait, on ne pourrait pas faire paraître
OEdipe tout sanglant, comme il parut sur le théâtre d'Athènes. La disposition des lumières, OEdipe ne paraissant que dans l'enfoncement,
pour ne pas trop offenser les yeux, beaucoup de pathétique dans l'acteur, et peu de déclamation dans l'auteur, les cris de Jocaste et les douleurs de tous les Thébains, pourraient former un spectacle admirable.
Les magnifiques tableaux dont Sophocle a orné son OEdipe feraient sans
doute le même effet que les autres parties du poëme firent dans Athènes : mais, du temps de Corneille, nos jeux de paume étroits, dans
lesquels on représentait ses pièces, les vêtements ridicules des acteurs,
la décoration aussi mal entendue que ces vêtements, excluaient la magnificence d'un spectacle véritable, et réduisaient la tragédie à de simples conversations, que Corneille anima quelquefois par le feu de son
génie. (V.) — Cette remarque de Voltaire prouve combien l'expérience
avait fortifié son génie : elle fait regretter que, dans son OEdipe, si
supérieur à celui de Corneille, il n'eût pas osé tenter ce magnifique
spectacle : mais alors tout s'opposait sur nos théâtres à ces beautés fortement tragiques; et c'en était bien assez pour la gloire de Voltaire que
d'avoir lutté avec tant de succès contre Corneille, dans ce premier essai
de sa jeunesse. Il aut être juste, et convenir que cet essai de Voltaire
fut un phénomène, et qu'indépendamment du mérite du style, la première scène du quatrième acte de son OEdipe était, elle seule, infiniment
supérieure à toute la pièce de Corneille. (P.)

diteurs ce dangereux spectacle, et y ajoutant de l'autre l'heureux épisode des amours de Thésée et de Dircé, que je fais fille de Laïus, et seule héritière de sa couronne, supposé que son frère, qu'on avoit exposé aux bêtes sauvages, en eût été dévoré comme on le croyoit; j'ai retranché le nombre des oracles, qui pouvoit être importun, et donner trop de jour à OEdipe pour se connoître; j'ai rendu la réponse de Laïus, évoqué par Tirésie, assez obscure dans sa clarté pour faire un nouveau nœud, et qui peut-être n'est pas moins beau que celui de nos anciens ; j'ai cherché même des raisons pour justifier ce qu'Aristote y trouve sans raison, et qu'il excuse en ce qu'il arrive au commencement de la fable ; et j'ai fait en sorte qu'OEdipe, encore qu'il se souvienne d'avoir combattu trois hommes au lieu même où fut tué Laïus, et dans le même temps de sa mort, bien loin de s'en croire l'auteur, la croit avoir vengée sur trois brigands, à qui le bruit commun l'attribue. Cela m'a fait perdre l'avantage que je m'étois promis de n'être souvent que le traducteur de ces grands hommes qui m'ont précédé. Comme j'ai pris une autre route que la leur, il m'a été impossible de me rencontrer avec eux; mais, en récompense, j'ai eu le bonheur de faire avouer à la plupart de mes auditeurs que je n'ai fait aucune pièce de théâtre où il se trouve tant d'art qu'en celle-ci, bien que ce ne soit qu'un ouvrage de deux mois [1], que l'impatience françoise m'a fait précipiter, par un juste empressement d'exécuter les ordres favorables que j'avois reçus.

---

[1] Il eût bien mieux valu que c'eût été l'ouvrage de deux ans, et qu'il ne fût resté presque rien de ce qui fut fait en deux mois.

> Travaillez à loisir, quelque ordre qui vous presse,
> Et ne vous piquez point d'une folle vitesse.

Il semble que Fouquet ait commandé à Corneille une tragédie pour lui être rendue dans deux mois, comme on commande un habit à un tailleur, ou une table à un menuisier. N'oublions pas ici de faire sentir une grande vérité : Fouquet n'est plus connu aujourd'hui que par un malheur éclatant, et qui même n'a été célèbre que parceque tout le fut dans le siècle de Louis XIV. L'auteur de *Cinna*, au contraire, sera connu à jamais de toutes les nations, et le sera même malgré ses dernières pièces et malgré ses vers à Fouquet, et j'ose dire encore malgré *OEdipe*. C'est une chose étrange que le difficile et concis La Bruyère, dans son *Parallèle de Corneille et de Racine*, ait dit *les Horaces* et *OEdipe ;* mais il dit aussi *Phèdre* et *Pénélope*. Voilà comme l'or et le plomb sont confondus souvent. On disait Mignard et Le Brun : le temps seul apprécie, et souvent ce temps est long. (V.)

ACTEURS.

OEDIPE, roi de Thèbes, fils et mari de Jocaste.
THÉSÉE, prince d'Athènes, et amant de Dircé.
JOCASTE, reine de Thèbes, femme et mère d'OEdipe.
DIRCÉ, princesse de Thèbes, fille de Laïus et de Jocaste, sœur d'OEdipe, et amante de Thésée.
CLÉANTE, } confidents d'OEdipe.
DYMAS,
PHORBAS, vieillard thébain.
IPHICRATE, vieillard de Corinthe.
NÉRINE, dame d'honneur de la reine.
MÉGARE, fille d'honneur de Dircé.
PAGE [1].

La scène est à Thèbes.

---

[1] A la cour des princes grecs, il y avait des officiers, des hérauts, des soldats; mais ils n'avaient pour les servir que des esclaves, et ne connaissaient point les pages. Rotrou, dans son *Antigone*, avait donné à Corneille cet exemple, que Racine a suivi dans sa *Thébaïde*. (GEOFFROY.)

OEDIPE.

ACTE PREMIER.

SCÈNE I.

THÉSÉE, DIRCÉ.

THÉSÉE.

N'écoutez plus, madame, une pitié cruelle,
Qui d'un fidèle amant vous feroit un rebelle :
La gloire d'obéir n'a rien qui me soit doux,
Lorsque vous m'ordonnez de m'éloigner de vous [1].
Quelque ravage affreux qu'étale ici la peste,
L'absence aux vrais amants est encor plus funeste [2] ;
Et d'un si grand péril l'image s'offre en vain,

---

[1] Jamais la malheureuse habitude de tous les auteurs français de mettre sur le théâtre des conversations amoureuses, et de rimer les phrases des romans, n'a paru plus condamnable que quand elle force Corneille à débuter, dans la tragédie d'*Œdipe*, par faire dire à Thésée qu'il est *un fidèle amant*, mais qu'il sera un rebelle aux ordres de sa maîtresse, si elle lui ordonne de se séparer d'elle. (V.)

[2] On ne revient point de sa surprise à cette absence qui est, pour les vrais amants, pire que la peste : on ne peut concevoir ni comment Corneille a fait ces vers, ni comment il n'eut point d'amis pour les lui faire rayer, ni comment les comédiens osèrent les dire. (V.)

Quand ce péril douteux épargne un mal certain [1].
DIRCÉ.
Le trouvez-vous douteux quand toute votre suite
Par cet affreux ravage à Phædime est réduite,
De qui même le front déja pâle et glacé
Porte empreint le trépas dont il est menacé?
Seigneur, toutes ces morts dont il vous environne
Sont des avis pressants que de grace il vous donne;
Et tant lever le bras avant que de frapper,
C'est vous dire assez haut qu'il est temps d'échapper.
THÉSÉE.
Je le vois comme vous; mais, alors qu'il m'assiége,
Vous laisse-t-il, madame, un plus grand privilége?
Ce palais par la peste est-il plus respecté?
Et l'air auprès du trône est-il moins infecté?
DIRCÉ.
Ah! seigneur, quand l'amour tient une ame alarmée,
Il l'attache aux périls de la personne aimée [2].

[1] Ce *péril douteux*, c'est la peste; *ce mal certain*, c'est l'absence de l'objet aimé. (V.)

[2] C'est assez qu'on débite de ces maximes d'amour pour bannir tout intérêt d'un ouvrage. Cette scène est une contestation entre deux amants qui ressemble aux conversations de Clélie. Rien ne serait plus froid, même dans un sujet galant, à plus forte raison dans le sujet le plus terrible de l'antiquité. Y a-t-il une plus forte preuve de la nécessité où étaient les auteurs d'introduire toujours l'amour dans leurs pièces, que cet épisode de Thésée et de Dircé, dont Corneille même a le malheur de s'applaudir dans son *Examen d'OEdipe?* Encore si, au lieu d'un amour galant et raisonneur, il eût peint une passion aussi funeste que la désolation où Thèbes était plongée, si cette passion eût été théâtrale, si elle avait été liée au sujet! mais un amour qui n'est imaginé que pour remplir le vide d'un ouvrage trop long n'est pas supportable: Racine même y aurait échoué avec ses vers élégants. Comment donc put-on supporter une si plate galanterie

Je vois aux pieds du roi chaque jour des mourants ;
J'y vois tomber du ciel les oiseaux expirants ;
Je me vois exposée à ces vastes misères ;
J'y vois mes sœurs, la reine, et les princes mes frères ;
Je sais qu'en ce moment je puis les perdre tous :
Et mon cœur toutefois ne tremble que pour vous,
Tant de cette frayeur les profondes atteintes
Repoussent fortement toutes les autres craintes !

THÉSÉE.

Souffrez donc que l'amour me fasse même loi,
Que je tremble pour vous quand vous tremblez pour moi ;
Et ne m'imposez pas cette indigne foiblesse
De craindre autres périls que ceux de ma princesse :
J'aurois en ma faveur le courage bien bas,
Si je fuyois des maux que vous ne fuyez pas.
Votre exemple est pour moi la seule règle à suivre :
Éviter vos périls, c'est vouloir vous survivre ;
Je n'ai que cette honte à craindre sous les cieux.
Ici je puis mourir, mais mourir à vos yeux ;
Et si, malgré la mort de tous côtés errante,
Le destin me réserve à vous y voir mourante,
Mon bras sur moi du moins enfoncera les coups
Qu'aura son insolence élevés jusqu'à vous,
Et saura me soustraire à cette ignominie
De souffrir après vous quelques moments de vie,
Qui, dans le triste état où le ciel nous réduit,
Seroient de mon départ l'infame et le seul fruit.

DIRCÉ.

Quoi ! Dircé par sa mort deviendroit criminelle

débitée en si mauvais vers ? et comment reconnaître la même nation qui, ayant applaudi aux morceaux admirables du *Cid*, d'*Horace*, de *Cinna*, et de *Polyeucte*, n'avait pu souffrir ni *Pertharite*, ni *Théodore*? (V.)

Jusqu'à forcer Thésée à mourir après elle,
Et ce cœur intrépide au milieu du danger
Se défendroit si mal d'un malheur si léger!
M'immoler une vie à tous si précieuse,
Ce seroit rendre à tous ma mémoire odieuse,
Et par toute la Grèce animer trop d'horreur
Contre une ombre chérie avec tant de fureur.
Ces infames brigands dont vous l'avez purgée,
Ces ennemis publics dont vous l'avez vengée,
Après votre trépas à l'envi renaissants,
Pilleroient sans frayeur les peuples impuissants;
Et chacun maudiroit, en les voyant paroître,
La cause d'une mort qui les feroit renaître.
  Oserai-je, seigneur, vous dire hautement
Qu'un tel excès d'amour n'est pas d'un tel amant[1]?
S'il est vertu pour nous que le ciel n'a formées
Que pour le doux emploi d'aimer et d'être aimées,
Il faut qu'en vos pareils les belles passions
Ne soient que l'ornement des grandes actions.
Ces hauts emportements qu'un beau feu leur inspire
Doivent les élever, et non pas les détruire;
Et, quelque désespoir que leur cause un trépas,
Leur vertu seule a droit de faire agir leurs bras.
Ces bras, que craint le crime à l'égal du tonnerre,
Sont des dons que le ciel fait à toute la terre;
Et l'univers en eux perd un trop grand secours,

---

[1] Jugez quel effet ferait aujourd'hui au théâtre une princesse inutile dissertant sur l'amour, et voulant prouver en forme que ce qui serait vertu dans une femme ne le serait pas dans un homme. Je ne parle pas du style et des fautes contre la langue, et de *l'horreur animée par toute la Grèce, et des hauts emportements qu'un beau feu inspire;* ce galimatias froid et boursouflé est assez condamné aujourd'hui. (V.)

ACTE I, SCÈNE I.

Pour souffrir que l'amour soit maître de leurs jours.
  Faites voir, si je meurs, une entière tendresse;
Mais vivez après moi pour toute notre Grèce,
Et laissez à l'amour conserver par pitié
De ce tout désuni la plus digne moitié;
Vivez pour faire vivre en tous lieux ma mémoire,
Pour porter en tous lieux vos soupirs et ma gloire,
Et faire par-tout dire : « Un si vaillant héros
« Au malheur de Dircé donne encor des sanglots;
« Il en garde en son ame encor toute l'image,
« Et rend à sa chère ombre encor ce triste hommage. »
Cet espoir est le seul dont j'aime à me flatter,
Et l'unique douceur que je veux emporter.

THÉSÉE.
Ah! madame, vos yeux combattent vos maximes [1];
Si j'en crois leur pouvoir, vos conseils sont des crimes.
Je ne vous ferai point ce reproche odieux,
Que, si vous aimiez bien, vous conseilleriez mieux :
Je dirai seulement qu'auprès de ma princesse
Aux seuls devoirs d'amant un héros s'intéresse,
Et que, de l'univers fût-il le seul appui,
Aimant un tel objet, il ne doit rien qu'à lui.
Mais ne contestons point, et sauvons l'un et l'autre;
L'hymen justifiera ma retraite et la vôtre.
Le roi me pourroit-il en refuser l'aveu,
Si vous en avouez l'audace de mon feu?
Pourroit-il s'opposer à cette illustre envie
D'assurer sur un trône une si belle vie,

---

[1] Et que dirons-nous de ce Thésée qui lui répond galamment que ses yeux combattent ses maximes, que si elle aimait bien elle conseillerait mieux, et *qu'auprès de sa princesse aux seuls devoirs d'amant un héros s'intéresse?* Disons la vérité, cela ne serait pas supporté aujourd'hui dans le plus plat de nos romans. (V.)

Et ne point consentir que des destins meilleurs
Vous exilent d'ici pour commander ailleurs?
DIRCÉ.
Le roi, tout roi qu'il est, seigneur, n'est pas mon maître;
Et le sang de Laïus, dont j'eus l'honneur de naître,
Dispense trop mon cœur de recevoir la loi
D'un trône que sa mort n'a dû laisser qu'à moi.
Mais comme enfin le peuple, et l'hymen de ma mère,
Ont mis entre ses mains le sceptre de mon père,
Et qu'en ayant ici toute l'autorité
Je ne puis rien pour vous contre sa volonté,
Pourra-t-il trouver bon qu'on parle d'hyménée
Au milieu d'une ville à périr condamnée,
Où le courroux du ciel, changeant l'air en poison,
Donne lieu de trembler pour toute sa maison?
MÉGARE.
Madame.
(Elle lui parle à l'oreille.)
DIRCÉ.
Adieu, seigneur : la reine, qui m'appelle,
M'oblige à vous quitter pour me rendre auprès d'elle;
Et d'ailleurs le roi vient.
THÉSÉE.
Que ferai-je?
DIRCÉ.
Parlez.
Je ne puis plus vouloir que ce que vous voulez.

SCÈNE II.

OEDIPE, THÉSÉE, CLÉANTE.

OEDIPE.

Au milieu des malheurs que le ciel nous envoie,
Prince, nous croiriez-vous capables d'une joie,
Et que, nous voyant tous sur les bords du tombeau,
Nous pussions d'un hymen allumer le flambeau?
C'est choquer la raison peut-être, et la nature :
Mais mon ame en secret s'en forme un doux augure,
Que Delphes, dont j'attends réponse en ce moment,
M'envoira de nos maux le plein soulagement.

THÉSÉE.

Seigneur, si j'avois cru que parmi tant de larmes
La douceur d'un hymen pût avoir quelques charmes,
Que vous en eussiez pu supporter le dessein,
Je vous aurois fait voir un beau feu dans mon sein [1],

---

[1] Thésée qui fait voir *un beau feu dans son sein*, et qui s'appelle *amant misérable*; OEdipe qui devine qu'un intérêt d'amour retient Thésée au milieu de la peste; l'offre d'une fille, la demande d'une autre fille, l'aveu qu'Antigone est *parfaite*, Ismène *admirable*, et que Dircé *n'a rien de comparable*; en un mot, ce style d'un froid comique, qui revient toujours, ces ironies, ces dissertations sur l'amour galant, tant de petitesses grossières dans un sujet si sublime, font voir évidemment que la rouille de notre barbarie n'était pas encore enlevée, malgré tous les efforts que Corneille avait faits dans les belles scènes de *Cinna* et d'*Horace*. Le sujet d'*OEdipe* demandait le style d'*Athalie*; et celui dont Corneille s'est servi n'est pas, à beaucoup près, aussi noble que celui du *Misanthrope*. Cependant Corneille avait montré, dans plusieurs scènes de *Pompée*, qu'il savait orner ses vers de toute la magnificence de la poésie. Le sujet d'*OEdipe* n'est pas moins poétique que celui de *Pompée*; pourquoi donc le langage est-il

Et tâché d'obtenir cet aveu favorable
Qui peut faire un heureux d'un amant misérable.
OEDIPE.
Je l'avois bien jugé, qu'un intérêt d'amour
Fermoit ici vos yeux aux périls de ma cour :
Mais je croirois me faire à moi-même un outrage,
Si je vous obligeois d'y tarder davantage,
Et si trop de lenteur à seconder vos feux
Hasardoit plus long-temps un cœur si généreux.
Le mien sera ravi que de si nobles chaînes
Unissent les états de Thèbes et d'Athènes.
Vous n'avez qu'à parler, vos vœux sont exaucés :
Nommez ce cher objet, grand prince, et c'est assez.
Un gendre tel que vous m'est plus qu'un nouveau trône,

dans *Œdipe* si opposé au sujet? Corneille s'était trop accoutumé à ce style familier, à ce ton de dissertation. Tous ses personnages, dans presque tous ses ouvrages, raisonnent sur l'amour et sur la politique. C'est non seulement l'opposé de la tragédie, mais de toute poésie : car la poésie n'est guère que peinture, sentiment, et imagination. Les raisonnements sont nécessaires dans une tragédie, quand on délibère sur un grand intérêt d'état; il faut seulement qu'alors celui qui raisonne ne tienne point du sophiste : mais des raisonnements sur l'amour sont par-tout hors de saison.

L'abbé d'Aubignac écrivit contre l'*Œdipe* de Corneille; il y reprend plusieurs fautes avec lesquelles une pièce pourrait être admirable, fautes de bienséance, duplicité d'action, violation des règles. D'Aubignac n'en savait pas assez pour voir que la principale faute est d'être froid dans un sujet intéressant, et rampant dans un sujet sublime. Cette scène, dans laquelle il n'est question que de savoir si Thésée épousera Antigone qui est parfaite, ou Ismène qui est admirable, ou Dircé qui n'a rien de comparable, est une vraie scène de comédie, mais de comédie très froide.

Je ne relève pas les fautes contre la langue; elles sont en trop grand nombre. (V.)

ACTE I, SCÈNE II.

Et vous pouvez choisir d'Ismène ou d'Antigone ;
Car je n'ose penser que le fils d'un grand roi,
Un si fameux héros, aime ailleurs que chez moi,
Et qu'il veuille en ma cour, au mépris de mes filles,
Honorer de sa main de communes familles.

THÉSÉE.

Seigneur, il est tout vrai, j'aime en votre palais ;
Chez vous est la beauté qui fait tous mes souhaits :
Vous l'aimez à l'égal d'Antigone et d'Ismène ;
Elle tient même rang chez vous et chez la reine :
En un mot, c'est leur sœur, la princesse Dircé,
Dont les yeux...

OEDIPE.

Quoi ! ses yeux, prince, vous ont blessé ?
Je suis fâché pour vous que la reine sa mère
Ait su vous prévenir pour un fils de son frère.
Ma parole est donnée, et je n'y puis plus rien ;
Mais je crois qu'après tout ses sœurs la valent bien.

THÉSÉE.

Antigone est parfaite, Ismène est admirable ;
Dircé, si vous voulez, n'a rien de comparable ;
Elles sont l'une et l'autre un chef-d'œuvre des cieux.
Mais où le cœur est pris on charme en vain les yeux.
Si vous avez aimé, vous avez su connoître
Que l'amour de son choix veut être le seul maître ;
Que, s'il ne choisit pas toujours le plus parfait,
Il attache du moins les cœurs au choix qu'il fait ;
Et qu'entre cent beautés dignes de notre hommage,
Celle qu'il nous choisit plaît toujours davantage.
Ce n'est pas offenser deux si charmantes sœurs,
Que voir en leur aînée aussi quelques douceurs.
J'avouerai, s'il le faut, que c'est un pur caprice,
Un pur aveuglement qui leur fait injustice ;

Mais ce seroit trahir tout ce que je leur doi,
Que leur promettre un cœur quand il n'est plus à moi.
OEDIPE.
Mais c'est m'offenser, moi, prince, que de prétendre
A des honneurs plus hauts que le nom de mon gendre.
Je veux toutefois être encor de vos amis;
Mais ne demandez plus un bien que j'ai promis.
Je vous l'ai déja dit, que pour cet hyménée
Aux vœux du prince Æmon ma parole est donnée;
Vous avez attendu trop tard à m'en parler,
Et je vous offre assez de quoi vous consoler.
La parole des rois doit être inviolable.
THÉSÉE.
Elle est toujours sacrée et toujours adorable;
Mais ils ne sont jamais esclaves de leur voix,
Et le plus puissant roi doit quelque chose aux rois.
Retirer sa parole à leur juste prière,
C'est honorer en eux son propre caractère;
Et si le prince Æmon ose encor vous parler,
Vous lui pouvez offrir de quoi se consoler.
OEDIPE.
Quoi! prince, quand les dieux tiennent en main leur foudre,
Qu'ils ont le bras levé pour nous réduire en poudre,
J'oserai violer un serment solennel,
Dont j'ai pris à témoin leur pouvoir éternel?
THÉSÉE.
C'est pour un grand monarque un peu bien du scrupule[1].
OEDIPE.
C'est en votre faveur être un peu bien crédule
De présumer qu'un roi, pour contenter vos yeux,
Veuille pour ennemis les hommes et les dieux.

---

[1] Var. C'est pour un grand monarque avoir bien du scrupule.

THÉSÉE.

Je n'ai qu'un mot à dire après un si grand zèle :
Quand vous donnez Dircé, Dircé se donne-t-elle?

OEDIPE.

Elle sait son devoir.

THÉSÉE.

Savez-vous quel il est?

OEDIPE.

L'auroit-elle réglé suivant votre intérêt?
A me désobéir l'auriez-vous résolue?

THÉSÉE.

Non, je respecte trop la puissance absolue;
Mais, lorsque vous voudrez sans elle en disposer,
N'aura-t-elle aucun droit, seigneur, de s'excuser?

OEDIPE.

Le temps vous fera voir ce que c'est qu'une excuse.

THÉSÉE.

Le temps me fera voir jusques où je m'abuse;
Et ce sera lui seul qui saura m'éclaircir
De ce que pour Æmon vous ferez réussir.
Je porte peu d'envie à sa bonne fortune;
Mais je commence à voir que je vous importune.
Adieu. Faites, seigneur, de grace, un juste choix;
Et, si vous êtes roi, considérez les rois.

SCÈNE III.

OEDIPE, CLÉANTE.

OEDIPE.

Si je suis roi, Cléante! et que me croit-il être?
Cet amant de Dircé déja me parle en maître!
Vois, vois ce qu'il feroit s'il étoit son époux.

CLÉANTE.

Seigneur, vous avez lieu d'en être un peu jaloux.
Cette princesse est fière ; et, comme sa naissance
Croit avoir quelque droit à la toute-puissance,
Tout est au-dessous d'elle à moins que de régner,
Et sans doute qu'Æmon s'en verra dédaigner.

OEDIPE.

Le sang a peu de droits dans le sexe imbécile [1] ;
Mais c'est un grand prétexte à troubler une ville ;
Et lorsqu'un tel orgueil se fait un fort appui,
Le roi le plus puissant doit tout craindre de lui.
Toi qui, né dans Argos, et nourri dans Mycènes,
Peux être mal instruit de nos secrètes haines,
Vois-les jusqu'en leur source, et juge entre elle et moi
Si je règne sans titre, et si j'agis en roi.
On t'a parlé du sphinx, dont l'énigme funeste
Ouvrit plus de tombeaux que n'en ouvre la peste [2].

---

[1] Que veut dire *le sang a peu de droits dans le sexe imbécile ?* c'est une injure très déplacée et très grossière, fort mal exprimée. L'auteur entend-il que les femmes ont peu de droits au trône ? entend-il que le sang a peu de pouvoir sur leurs cœurs ? (V.) — Il est bien singulier que Voltaire n'ait pas vu que cette expression est prise ici dans le sens de *sexum imbecillem* de Tacite (*Ann.*, liv. III, § XXXIII), et qu'elle signifie *sexe faible,* sexe impropre à la guerre (*im-bellis, imbecillis*). Le mot *imbécile* avait conservé cette signification du temps de Corneille, et même on ne lui en donne pas d'autres dans le *Thresor de la langve françoyse* de Nicot. (A.-M.)

[2] OEdipe raconte l'histoire du sphinx à un confident qui doit en être instruit ; c'est un défaut très commun, et très difficile à éviter. Ce récit a de la force et des beautés : on l'écoutait avec plaisir, parceque tout ce qui forme un tableau plaît toujours plus que les contestations qui ne sont pas sublimes, et que l'amour qui n'est pas attendrissant. (V.)

Ce monstre à voix humaine, aigle, femme et lion [1],
Se campoit fièrement sur le mont Cythéron,
D'où chaque jour ici devoit fondre sa rage,
A moins qu'on éclaircît un si sombre nuage.
Ne porter qu'un faux jour dans son obscurité,
C'étoit de ce prodige enfler la cruauté ;
Et les membres épars des mauvais interprètes
Ne laissoient dans ces murs que des bouches muettes.
Mais, comme aux grands périls le salaire enhardit,
Le peuple offre le sceptre, et la reine son lit ;
De cent cruelles morts cette offre est tôt suivie :
J'arrive, je l'apprends, j'y hasarde ma vie.
Au pied du roc affreux semé d'os blanchissants,
Je demande l'énigme, et j'en cherche le sens ;
Et, ce qu'aucun mortel n'avoit encor pu faire,
J'en dévoile l'image et perce le mystère.
Le monstre, furieux de se voir entendu,
Venge aussitôt sur lui tant de sang répandu,
Du roc s'élance en bas, et s'écrase lui-même.
La reine tint parole, et j'eus le diadème.
Dircé fournissoit lors à peine un lustre entier,
Et me vit sur le trône avec un œil altier.
J'en vis frémir son cœur, j'en vis couler ses larmes ;
J'en pris pour l'avenir dès-lors quelques alarmes :
Et, si l'âge en secret a pu la révolter,
Vois ce que mon départ n'en doit point redouter.
La mort du roi mon père à Corinthe m'appelle ;
J'en attends aujourd'hui la funeste nouvelle ;

---

[1] Ce même vers est dans l'*Œdipe* de Voltaire ; il appartenait au sujet : d'ailleurs, avec un talent qui s'annonçait d'une manière si brillante, Voltaire pouvait bien se permettre l'emprunt de quelques vers ; c'était même une espèce d'hommage qu'il rendait à Corneille. (P.)

Et je hasarde tout à quitter les Thebains
Sans mettre ce dépôt en de fidèles mains.
Æmon seroit pour moi digne de la princesse ;
S'il a de la naissance, il a quelque foiblesse ;
Et le peuple du moins pourroit se partager,
Si dans quelque attentat il osoit l'engager :
Mais un prince voisin, tel que tu vois Thésée,
Feroit de ma couronne une conquête aisée,
Si d'un pareil hymen le dangereux lien
Armoit pour lui son peuple et soulevoit le mien.
Athènes est trop proche, et, durant une absence,
L'occasion qui flatte anime l'espérance ;
Et, quand tous mes sujets me garderoient leur foi,
Désolés comme ils sont, que pourroient-ils pour moi?
La reine a pris le soin d'en parler à sa fille.
Æmon est de son sang, et chef de sa famille ;
Et l'amour d'une mère a souvent plus d'effet
Que n'ont.... Mais la voici, sachons ce qu'elle a fait.

SCÈNE IV[1].

OEDIPE, JOCASTE, CLÉANTE, NÉRINE.

JOCASTE.

J'ai perdu temps, seigneur ; et cette ame embrasée
Met trop de différence entre Æmon et Thésée.
Aussi je l'avouerai, bien que l'un soit mon sang,
Leur mérite diffère encor plus que leur rang ;
Et l'on a peu d'éclat auprès d'une personne

---

[1] Jocaste raisonne sur l'amour de Dircé, sur lequel Thésée n'a déja raisonné que trop : elle dit que Dircé est amante à bon titre, et princesse avisée. Prenez cette scène isolée, on ne devinera jamais que c'est là le sujet d'*Œdipe*. (V.)

Qui joint à de hauts faits celui d'une couronne.
OEDIPE.
Thésée est donc, madame, un dangereux rival?
JOCASTE.
Æmon est fort à plaindre, ou je devine mal.
J'ai tout mis en usage auprès de la princesse,
Conseil, autorité, reproche, amour, tendresse;
J'en ai tiré des pleurs, arraché des soupirs,
Et n'ai pu de son cœur ébranler les desirs.
J'ai poussé le dépit de m'en voir séparée
Jusques à la nommer fille dénaturée.
« Le sang royal n'a point ces bas attachements
« Qui font les déplaisirs de ces éloignements,
« Et les ames, dit-elle, au trône destinées,
« Ne doivent aux parents que les jeunes années. »
OEDIPE.
Et ces mots ont soudain calmé votre courroux?
JOCASTE.
Pour les justifier elle ne veut que vous.
Votre exemple lui prête une preuve assez claire
Que le trône est plus doux que le sein d'une mère.
Pour régner en ces lieux vous avez tout quitté.
OEDIPE.
Mon exemple et sa faute ont peu d'égalité.
C'est loin de ses parents qu'un homme apprend à vivre.
Hercule m'a donné ce grand exemple à suivre;
Et c'est pour l'imiter que par tous nos climats
J'ai cherché comme lui la gloire et les combats.
Mais, bien que la pudeur par des ordres contraires
Attache de plus près les filles à leurs mères,
La vôtre aime une audace où vous la soutenez.
JOCASTE.
Je la condamnerai, si vous la condamnez;

Mais, à parler sans fard, si j'étois en sa place,
J'en userois comme elle, et j'aurois même audace.
Et vous-même, seigneur, après tout, dites-moi,
La condamneriez-vous si vous n'étiez son roi?
OEDIPE.
Si je condamne en roi son amour ou sa haine,
Vous devez comme moi les condamner en reine.
JOCASTE.
Je suis reine, seigneur, mais je suis mère aussi :
Aux miens, comme à l'état, je dois quelque souci.
Je sépare Dircé de la cause publique;
Je vois qu'ainsi que vous elle a sa politique :
Comme vous agissez en monarque prudent,
Elle agit de sa part en cœur indépendant,
En amante à bon titre, en princesse avisée,
Qui mérite ce trône où l'appelle Thésée.
Je ne puis vous flatter, et croirois vous trahir,
Si je vous promettois qu'elle pût obéir.
OEDIPE.
Pourroit-on mieux défendre un esprit si rebelle?
JOCASTE.
Parlons-en comme il faut; nous nous aimons plus qu'elle;
Et c'est trop nous aimer que voir d'un œil jaloux
Qu'elle nous rend le change, et s'aime plus que nous.
Un peu trop de lumière à nos desirs s'oppose.
Peut-être avec le temps nous pourrions quelque chose :
Mais n'espérons jamais qu'on change en moins d'un jour,
Quand la raison soutient le parti de l'amour.
OEDIPE.
Souscrivons donc, madame, à tout ce qu'elle ordonne;
Couronnons cet amour de ma propre couronne;
Cédons de bonne grace, et d'un esprit content [1]

---

[1] Var. Cédons de bonne grace, et n'embrassons plus tant;

Remettons à Dircé tout ce qu'elle prétend.
A mon ambition Corinthe peut suffire,
Et pour les plus grands cœurs c'est assez d'un empire.
Mais vous souvenez-vous que vous avez deux fils
Que le courroux du ciel a fait naître ennemis,
Et qu'il vous en faut craindre un exemple barbare,
A moins que pour régner leur destin les sépare?
JOCASTE.
Je ne vois rien encor fort à craindre pour eux :
Dircé les aime en sœur, Thésée est généreux;
Et, si pour un grand cœur c'est assez d'un empire,
A son ambition Athènes doit suffire.
OEDIPE.
Vous mettez une borne à cette ambition!
JOCASTE.
J'en prends, quoi qu'il en soit, peu d'appréhension;
Et Thèbes et Corinthe ont des bras comme Athènes.
Mais nous touchons peut-être à la fin de nos peines :
Dymas est de retour, et Delphes a parlé.
OEDIPE.
Que son visage montre un esprit désolé!

SCÈNE V[1].

OEDIPE, JOCASTE, DYMAS, CLÉANTE, NÉRINE.

OEDIPE.
Eh bien! quand verrons-nous finir notre infortune?

Un trône héréditaire à Corinthe m'attend :
A mon ambition ce trône peut suffire.

[1] Cette scène paraît la plus mauvaise de toutes, parcequ'elle détruit le grand intérêt de la pièce; et cet intérêt est détruit,

Qu'apportez-vous, Dymas? quelle réponse?
DYMAS.
Aucune.
OEDIPE.
Quoi! les dieux sont muets!
DYMAS.
Ils sont muets et sourds.
Nous avons par trois fois imploré leur secours,
Par trois fois redoublé nos vœux et nos offrandes;
Ils n'ont pas daigné même écouter nos demandes;
A peine parlions-nous, qu'un murmure confus
Sortant du fond de l'antre expliquoit leur refus;
Et cent voix tout-à-coup, sans être articulées,
Dans une nuit subite à nos soupirs mêlées,
Faisoient avec horreur soudain connoître à tous
Qu'ils n'avoient plus ni d'yeux ni d'oreilles pour nous.
OEDIPE.
Ah, madame!
JOCASTE.
Ah! seigneur, que marque un tel silence?
OEDIPE.
Que pourroit-il marquer qu'une juste vengeance?
Les dieux, qui tôt ou tard savent se ressentir,
Dédaignent de répondre à qui les fait mentir.

parceque le malheur et le danger public dont il s'agit ne sont présentés qu'en épisode, et comme une affaire presque oubliée; c'est qu'il n'a été question jusqu'ici que du mariage de Dircé; c'est qu'au lieu de ce tableau si grand et si touchant de Sophocle, c'est un confident qui vient apporter froidement des nouvelles; c'est qu'OEdipe cherche une raison du courroux du ciel, laquelle n'est pas la vraie raison; c'est qu'enfin, dans ce premier acte de tragédie, il n'y a pas quatre vers tragiques, pas quatre vers bien faits. (V.)

ACTE I, SCÈNE V.

Ce fils dont ils avoient prédit les aventures,
Exposé par votre ordre, a trompé leurs augures;
Et ce sang innocent, et ces dieux irrités,
Se vengent maintenant de vos impiétés.

JOCASTE.

Devions-nous l'exposer à son destin funeste,
Pour le voir parricide et pour le voir inceste?
Et des crimes si noirs, étouffés au berceau,
Auroient-ils su pour moi faire un crime nouveau?
Non, non, de tant de maux Thèbes n'est assiégée
Que pour la mort du roi, que l'on n'a pas vengée;
Son ombre incessamment me frappe encor les yeux;
Je l'entends murmurer à toute heure, en tous lieux,
Et se plaindre en mon cœur de cette ignominie
Qu'imprime à son grand nom cette mort impunie.

OEDIPE.

Pourrions-nous en punir des brigands inconnus,
Que peut-être jamais en ces lieux on n'a vus?
Si vous m'avez dit vrai, peut-être ai-je moi-même
Sur trois de ces brigands vengé le diadème;
Au lieu même, au temps même, attaqué seul par trois,
J'en laissai deux sans vie, et mis l'autre aux abois.
Mais ne négligeons rien, et du royaume sombre
Faisons par Tirésie évoquer sa grande ombre.
Puisque le ciel se tait, consultons les enfers :
Sachons à qui de nous sont dus les maux soufferts;
Sachons-en, s'il se peut, la cause et le remède.
Allons tout de ce pas réclamer tous son aide.
J'irai revoir Corinthe avec moins de souci,
Si je laisse plein calme et pleine joie ici.

FIN DU PREMIER ACTE.

ACTE SECOND.

SCÈNE I[1].

OEDIPE, DIRCÉ, CLÉANTE, MÉGARE.

OEDIPE.

Je ne le cèle point, cette hauteur m'étonne.
Æmon a du mérite, on chérit sa personne;
Il est prince; et de plus étant offert par moi....

[1] Toutes les fois que, dans un sujet pathétique et terrible, fondé sur ce que la religion a de plus auguste et de plus effrayant, vous introduisez un intérêt d'état, cet intérêt, si puissant ailleurs, devient alors petit et faible. Si, au milieu d'un intérêt d'état, d'une conspiration, ou d'une grande intrigue politique qui attache l'ame (supposé qu'une intrigue politique puisse attacher), si, dis-je, vous faites entrer la terreur et le sublime tiré de la religion ou de la fable dans ces sujets, ce sublime déplacé perd toute sa grandeur, et n'est plus qu'une froide déclamation. Il ne faut jamais détourner l'esprit du but principal. Si vous traitez *Iphigénie,* ou *Électre,* ou *Pélops,* n'y mêlez point de petite intrigue de cour. Si votre sujet est un intérêt d'état, un droit au trône disputé, une conjuration découverte, n'allez pas y mêler les dieux, les autels, les oracles, les sacrifices, les prophéties : *non erat his locus.*

S'agit-il de la guerre et de la paix, raisonnez. S'agit-il de ces horribles infortunes que la destinée ou la vengeance céleste envoient sur la terre, effrayez, touchez, pénétrez. Peignez-vous un amour malheureux, faites répandre des larmes. Ici Dircé brave OEdipe, et l'avilit; défaut trop ordinaire de toutes nos anciennes tragédies, dans lesquelles on voit presque toujours des femmes parler arrogamment à ceux dont elles dépendent, et

ACTE II, SCÈNE I.

DIRCÉ.
Je vous ai déja dit, seigneur, qu'il n'est pas roi.
OEDIPE.
Son hymen toutefois ne vous fait point descendre :
S'il n'est pas dans le trône, il a droit d'y prétendre ;
Et, comme il est sorti de même sang que vous,
Je crois vous faire honneur d'en faire votre époux.
DIRCÉ.
Vous pouvez donc sans honte en faire votre gendre ;
Mes sœurs en l'épousant n'auront point à descendre ;
Mais pour moi, vous savez qu'il est ailleurs des rois,
Et même en votre cour, dont je puis faire choix.
OEDIPE.
Vous le pouvez, madame, et n'en voudrez pas faire
Sans en prendre mon ordre et celui d'une mère.
DIRCÉ.
Pour la reine, il est vrai qu'en cette qualité
Le sang peut lui devoir quelque civilité [1] :
Je m'en suis acquittée, et ne puis bien comprendre,
Étant ce que je suis, quel ordre je dois prendre.
OEDIPE.
Celui qu'un vrai devoir prend des fronts couronnés,
Lorsqu'on tient auprès d'eux le rang que vous tenez.
Je pense être ici roi.
DIRCÉ.
     Je sais ce que vous êtes :
Mais, si vous me comptez au rang de vos sujettes,

---

traiter les empereurs, les rois, les vainqueurs, comme des domestiques dont on serait mécontent. Cette longue scène ne finit que par un petit souvenir du sujet de la pièce ; *mais il faut aller voir ce qu'a fait Tirésie.* Ce n'est donc que par occasion qu'on dit un mot de la seule chose dont on aurait dû parler. (V.)

[1] Cette princesse est un peu mal apprise. (V.)

Je ne sais si celui qu'on vous a pu donner
Vous asservit un front qu'on a dû couronner.
 Seigneur, quoi qu'il en soit, j'ai fait choix de Thésée ;
Je me suis à ce choix moi-même autorisée.
J'ai pris l'occasion que m'ont faite les dieux
De fuir l'aspect d'un trône où vous blessez mes yeux,
Et de vous épargner cet importun ombrage
Qu'à des rois comme vous peut donner mon visage.

OEDIPE.

Le choix d'un si grand prince est bien digne de vous,
Et je l'estime trop pour en être jaloux ;
Mais le peuple au milieu des colères célestes
Aime encor de Laïus les adorables restes,
Et ne pourra souffrir qu'on lui vienne arracher
Ces gages d'un grand roi qu'il tint jadis si cher.

DIRCÉ.

De l'air dont jusqu'ici ce peuple m'a traitée,
Je dois craindre fort peu de m'en voir regrettée.
S'il eût eu pour son roi quelque ombre d'amitié,
Si mon sexe ou mon âge eût ému sa pitié,
Il n'auroit jamais eu cette lâche foiblesse
De livrer en vos mains l'état et sa princesse,
Et me verra toujours éloigner sans regret,
Puisque c'est l'affranchir d'un reproche secret.

OEDIPE.

Quel reproche secret lui fait votre présence?
Et quel crime a commis cette reconnoissance,
Qui, par un sentiment et juste et relevé,
L'a consacré lui-même à qui l'a conservé [1]?
Si vous aviez du sphinx vu le sanglant ravage....

---

[1] La reconnaissance qui n'a point commis de crime, et qui, par un sentiment et juste et relevé, a consacré le peuple lui-même à qui a conservé le peuple! (V.)

ACTE II, SCÈNE I.

DIRCÉ.

Je puis dire, seigneur, que j'ai vu davantage :
J'ai vu ce peuple ingrat, que l'énigme surprit,
Vous payer assez bien d'avoir eu de l'esprit [1].
Il pouvoit toutefois avec quelque justice
Prendre sur lui le prix d'un si rare service :
Mais, quoiqu'il ait osé vous payer de mon bien,
En vous faisant son roi, vous a-t-il fait le mien ?
En se donnant à vous, eut-il droit de me vendre ?

OEDIPE.

Ah! c'est trop me forcer, madame, à vous entendre.
La jalouse fierté qui vous enfle le cœur
Me regarde toujours comme un usurpateur ;
Vous voulez ignorer cette juste maxime,
Que le dernier besoin peut faire un roi sans crime,
Qu'un peuple sans défense, et réduit aux abois....

DIRCÉ.

Le peuple est trop heureux quand il meurt pour ses rois [2].
Mais, seigneur, la matière est un peu délicate.
Vous pouvez vous flatter, peut-être je me flatte.
Sans rien approfondir, parlons à cœur ouvert.

Vous régnez en ma place, et les dieux l'ont souffert :
Je dis plus, ils vous ont saisi de ma couronne.
Je n'en murmure point, comme eux je vous la donne ;
J'oublierai qu'à moi seule ils devoient la garder :
Mais, si vous attentez jusqu'à me commander,
Jusqu'à prendre sur moi quelque pouvoir de maître,
Je me souviendrai lors de ce que je dois être ;

---

[1] Elle a vu plus que la mort de tout un peuple, elle a vu un homme élu roi pour avoir eu de l'esprit ! (V.)

[2] *Trop heureux!* Ah, madame, la maxime est un peu violente. Il paraît, à votre humeur, que le peuple a très bien fait de ne vous pas choisir pour reine. (V.)

Et, si je ne le suis pour vous faire la loi,
Je le serai du moins pour me choisir un roi.
Après cela, seigneur, je n'ai rien à vous dire ;
J'ai fait choix de Thésée, et ce mot doit suffire.

OEDIPE.

Et je veux à mon tour, madame, à cœur ouvert,
Vous apprendre en deux mots que ce grand choix vous perd,
Qu'il vous remplit le cœur d'une attente frivole,
Qu'au prince Æmon pour vous j'ai donné ma parole,
Que je perdrai le sceptre, ou saurai la tenir.
Puissent, si je la romps, tous les dieux m'en punir !
Puisse de plus de maux m'accabler leur colère
Qu'Apollon n'en prédit jadis pour votre frère [1] !

DIRCÉ.

N'insultez point au sort d'un enfant malheureux,
Et faites des serments qui soient plus généreux.
On ne sait pas toujours ce qu'un serment hasarde ;
Et vous ne voyez pas ce que le ciel vous garde.

OEDIPE.

On se hasarde à tout quand un serment est fait.

DIRCÉ.

Ce n'est pas de vous seul que dépend son effet.

OEDIPE.

Je suis roi, je puis tout.

DIRCÉ.

Je puis fort peu de chose ;
Mais enfin de mon cœur moi seule je dispose,
Et jamais sur ce cœur on n'avancera rien
Qu'en me donnant un sceptre, ou me rendant le mien.

---

[1] Quoique cette imprécation soit peu naturelle, et amenée de trop loin, cependant elle fait effet, elle est tragique ; elle ramène, du moins pour un moment, au sujet de la pièce, et montre qu'il ne fallait jamais le perdre de vue. (V.)

ACTE II, SCÈNE II.   235
OEDIPE.
Il est quelques moyens de vous faire dédire.
DIRCÉ.
Il en est de braver le plus injuste empire;
Et, de quoi qu'on menace en de tels différends,
Qui ne craint point la mort ne craint point les tyrans [1].
Ce mot m'est échappé, je n'en fais point d'excuse;
J'en ferai, si le temps m'apprend que je m'abuse.
Rendez-vous cependant maître de tout mon sort;
Mais n'offrez à mon choix que Thésée ou la mort.
OEDIPE.
On pourra vous guérir de cette frénésie.
Mais il faut aller voir ce qu'a fait Tirésie :
Nous saurons au retour encor vos volontés.
DIRCÉ.
Allez savoir de lui ce que vous méritez.

SCÈNE II.

DIRCÉ, MÉGARE.

DIRCÉ.
Mégare, que dis-tu de cette violence [2]?
Après s'être emparé des droits de ma naissance,

[1] Le mot de *tyran* est ici très mal placé : car si OEdipe ne mérite pas ce titre, Dircé n'est qu'une impertinente; et s'il le mérite, plus de compassion pour ses malheurs; la pitié et la crainte, les deux pivots de la tragédie, ne subsistent plus. Corneille a souvent oublié ces deux ressorts du théâtre tragique. Il a mis à la place des conversations dans lesquelles on trouve souvent des idées fortes, mais qui ne vont point au cœur. (V.)

[2] Mégare n'a rien à dire de cette violence, sinon que Dircé est un personnage très étranger et très insipide dans cette tragédie. (V.)

Sa haine opiniâtre à croître mes malheurs
M'ose encore envier ce qui me vient d'ailleurs.
Elle empêche le ciel de m'être enfin propice,
De réparer vers moi ce qu'il eut d'injustice,
Et veut lier les mains au destin adouci
Qui m'offre en d'autres lieux ce qu'on me vole ici.

MÉGARE.

Madame, je ne sais ce que je dois vous dire.
La raison vous anime, et l'amour vous inspire :
Mais je crains qu'il n'éclate un peu plus qu'il ne faut,
Et que cette raison ne parle un peu trop haut.
Je crains qu'elle n'irrite un peu trop la colère
D'un roi qui jusqu'ici vous a traitée en père,
Et qui vous a rendu tant de preuves d'amour,
Qu'il espère de vous quelque chose à son tour.

DIRCÉ.

S'il a cru m'éblouir par de fausses caresses,
J'ai vu sa politique en former les tendresses [1];
Et ces amusements de ma captivité
Ne me font rien devoir à qui m'a tout ôté.

MÉGARE.

Vous voyez que d'Æmon il a pris la querelle,
Qu'il l'estime, chérit.

DIRCÉ.
Politique nouvelle.

MÉGARE.
Mais comment pour Thésée en viendrez-vous à bout?
Il le méprise, hait.

---

[1] *Sa politique, politique nouvelle, politique par-tout.* Je n'insiste pas sur le comique de cette répétition et de ce tour; mais il faut remarquer que toute femme passionnée qui parle politique est toujours très froide, et que l'amour de Dircé, dans de telles circonstances, est plus froid encore. (V.)

ACTE II, SCÈNE II. 237

DIRCÉ.
Politique par-tout.
Si la flamme d'Æmon en est favorisée,
Ce n'est pas qu'il l'estime, ou méprise Thésée;
C'est qu'il craint dans son cœur que le droit souverain
(Car enfin il m'est dû) ne tombe en bonne main.
Comme il connoît le mien, sa peur de me voir reine
Dispense à mes amants sa faveur ou sa haine,
Et traiteroit ce prince ainsi que ce héros,
S'il portoit la couronne ou de Sparte ou d'Argos.
MÉGARE.
Si vous en jugez bien, que vous êtes à plaindre!
DIRCÉ.
Il fera de l'éclat, il voudra me contraindre;
Mais, quoi qu'il me prépare à souffrir dans sa cour,
Il éteindra ma vie avant que mon amour.
MÉGARE.
Espérons que le ciel vous rendra plus heureuse.
Cependant je vous trouve assez peu curieuse :
Tout le peuple, accablé de mortelles douleurs,
Court voir ce que Laïus dira de nos malheurs;
Et vous ne suivez point le roi chez Tirésie
Pour savoir ce qu'en juge une ombre si chérie.
DIRCÉ.
J'ai tant d'autres sujets de me plaindre de lui,
Que je fermois les yeux à ce nouvel ennui.
Il auroit fait trop peu de menacer la fille;
Il faut qu'il soit tyran de toute la famille,
Qu'il porte sa fureur jusqu'aux ames sans corps,
Et trouble insolemment jusqu'aux cendres des morts.
Mais ces mânes sacrés qu'il arrache au silence
Se vengeront sur lui de cette violence;
Et les dieux des enfers, justement irrités,

238 OEDIPE.
Puniront l'attentat de ses impiétés.

MÉGARE.

Nous ne savons pas bien comme agit l'autre monde;
Il n'est point d'œil perçant dans cette nuit profonde;
Et, quand les dieux vengeurs laissent tomber leur bras,
Il tombe assez souvent sur qui n'y pense pas.

DIRCÉ.

Dût leur décret fatal me choisir pour victime,
Si j'ai part au courroux, je n'en veux point au crime.
Je veux m'offrir sans tache à leur bras tout-puissant,
Et n'avoir à verser que du sang innocent.

SCÈNE III.

DIRCÉ, NÉRINE, MÉGARE.

NÉRINE.

Ah, madame! il en faut de la même innocence
Pour apaiser du ciel l'implacable vengeance;
Il faut une victime et pure, et d'un tel rang,
Que chacun la voudroit racheter de son sang.

DIRCÉ.

Nérine, que dis-tu? seroit-ce bien la reine?
Le ciel feroit-il choix d'Antigone, ou d'Ismène?
Voudroit-il Étéocle, ou Polynice, ou moi?
Car tu me dis assez que ce n'est pas le roi;
Et, si le ciel demande une victime pure,
Appréhender pour lui, c'est lui faire une injure[1].
Seroit-ce enfin Thésée? Hélas! si c'étoit lui....

---

[1] Ce vers seul suffirait pour faire un grand tort à la pièce, pour en bannir tout l'intérêt. Il ne faut jamais tâcher de rendre odieux un personnage qui doit attirer sur lui la compassion; c'est manquer à la première règle. J'avertis encore que je ne

Mais nomme, et dis quel sang le ciel veut aujourd'hui.
NÉRINE.
L'ombre du grand Laïus, qui lui sert d'interprète,
De honte ou de dépit sur ce nom est muette;
Je n'ose vous nommer ce qu'elle nous a tu :
Mais préparez, madame, une haute vertu,
Prêtez à ce récit une ame généreuse,
Et vous-même jugez si la chose est douteuse.
DIRCÉ.
Ah! ce sera Thésée, ou la reine.
NÉRINE.
. Écoutez,
Et tâchez d'y trouver quelques obscurités.
  Tirésie a long-temps perdu ses sacrifices
Sans trouver ni les dieux ni les ombres propices;
Et celle de Laïus évoqué par son nom
S'obstinoit au silence aussi bien qu'Apollon.
Mais la reine en la place à peine est arrivée,
Qu'une épaisse vapeur s'est du temple élevée,
D'où cette ombre aussitôt sortant jusqu'en plein jour
A surpris tous les yeux du peuple et de la cour.
L'impérieux orgueil de son regard sévère
Sur son visage pâle avoit peint la colère;
Tout menaçoit en elle; et des restes de sang
Par un prodige affreux lui dégouttoient du flanc.

remarque point, dans cette pièce, les fautes de langage; elles sont à-peu-près les mêmes que dans les pièces précédentes.
  Mais voici une observation plus importante. Dircé se croit destinée pour victime, elle se prépare généreusement à mourir; c'est une situation très belle, très touchante par elle-même : pourquoi ne fait-elle nul effet? pourquoi ennuie-t-elle? c'est qu'elle n'est point préparée, c'est que Dircé a déja révolté les spectateurs par son caractère, c'est qu'enfin on sent bien que ce péril n'est pas véritable. (V.)

A ce terrible aspect la reine s'est troublée,
La frayeur a couru dans toute l'assemblée;
Et de vos deux amants j'ai vu les cœurs glacés
A ces funestes mots que l'ombre a prononcés :
« Un grand crime impuni cause votre misère;
« Par le sang de ma race il se doit effacer [1];
  « Mais, à moins que de le verser,
  « Le ciel ne se peut satisfaire;
« Et la fin de vos maux ne se fera point voir,
  « Que mon sang n'ait fait son devoir. »
Ces mots dans tous les cœurs redoublent les alarmes;
L'ombre, qui disparoît, laisse la reine en larmes,
Thésée au désespoir, Æmon tout hors de lui ;
Le roi même arrivant partage leur ennui ;
Et d'une voix commune ils refusent une aide
Qui fait trouver le mal plus doux que le remède.

    DIRCÉ.

Peut-être craignent-ils que mon cœur révolté
Ne leur refuse un sang qu'ils n'ont pas mérité;
Mais ma flamme à la mort m'avoit trop résolue,
Pour ne pas y courir quand les dieux l'ont voulue.
Tu m'as fait sans raison concevoir de l'effroi ;
Je n'ai point dû trembler, s'ils ne veulent que moi.
Ils m'ouvrent une porte à sortir d'esclavage,
Que tient trop précieuse un généreux courage ;
Mourir pour sa patrie est un sort plein d'appas
Pour quiconque à des fers préfère le trépas.
 Admire, peuple ingrat, qui m'as déshéritée,
Quelle vengeance en prend ta princesse irritée,
Et connois, dans la fin de tes longs déplaisirs,
Ta véritable reine à ses derniers soupirs.

---

[1] Var. Par le sang de ma race il doit être effacé ;
  Mais, à moins qu'il ne soit versé.

ACTE II, SCÈNE III.

Vois comme à tes malheurs je suis tout asservie.
L'un m'a coûté mon trône, et l'autre veut ma vie.
Tu t'es sauvé du sphinx aux dépens de mon rang,
Sauve-toi de la peste aux dépens de mon sang.
Mais, après avoir vu dans la fin de ta peine
Que pour toi le trépas semble doux à ta reine,
Fais-toi de son exemple une adorable loi :
Il est encor plus doux de mourir pour son roi.

MÉGARE.

Madame, auroit-on cru que cette ombre d'un père,
D'un roi dont vous tenez la mémoire si chère,
Dans votre injuste perte eût pris tant d'intérêt
Qu'elle vînt elle-même en prononcer l'arrêt?

DIRCÉ.

N'appelle point injuste un trépas légitime :
Si j'ai causé sa mort, puis-je vivre sans crime?

NÉRINE.

Vous, madame?

DIRCÉ.

Oui, Nérine; et tu l'as pu savoir.
L'amour qu'il me portoit eut sur lui tel pouvoir,
Qu'il voulut sur mon sort faire parler l'oracle;
Mais, comme à ce dessein la reine mit obstacle,
De peur que cette voix des destins ennemis
Ne fût aussi funeste à la fille qu'au fils,
Il se déroba d'elle, ou plutôt prit la fuite,
Sans vouloir que Phorbas et Nicandre pour suite.
Hélas! sur le chemin il fut assassiné [1].

---

[1] Voilà une raison bien forcée, bien peu naturelle, et par conséquent nullement intéressante. Dircé suppose qu'elle a causé la mort de son père, parcequ'il fut tué en allant consulter l'oracle par amitié pour elle. Jusqu'à présent, elle n'en a point encore parlé : elle invente tout d'un coup cette fausse raison pour faire

Ainsi se vit pour moi son destin terminé ;
Ainsi j'en fus la cause.

MÉGARE.

Oui, mais trop innocente
Pour vous faire un supplice où la raison consente ;
Et jamais des tyrans les plus barbares lois....

DIRCÉ.

Mégare, tu sais mal ce que l'on doit aux rois.
Un sang si précieux ne sauroit se répandre,
Qu'à l'innocente cause on n'ait droit de s'en prendre ;
Et, de quelque façon que finisse leur sort,
On n'est point innocent quand on cause leur mort.
C'est ce crime impuni qui demande un supplice,
C'est par-là que mon père a part au sacrifice ;
C'est ainsi qu'un trépas qui me comble d'honneur
Assure sa vengeance et fait votre bonheur,
Et que tout l'avenir chérira la mémoire
D'un châtiment si juste où brille tant de gloire.

SCÈNE IV[1].

THÉSÉE, DIRCÉ, MÉGARE, NÉRINE.

DIRCÉ.

Mais que vois-je? Ah, seigneur! quels que soient vos ennuis,
Que venez-vous me dire en l'état où je suis?

---

parade d'un sentiment filial et héroïque. Ce sentiment n'est point du tout touchant, parcequ'elle n'a été occupée jusqu'ici qu'à dire des injures à OEdipe. (V.)

[1] Cette scène devrait encore échauffer le spectateur, et elle le glace. Rien de plus attendrissant que deux amants dont l'un va mourir ; rien de plus insipide, quand l'auteur n'a pas eu l'art de rendre ses personnages aimables et intéressants. Dircé a pris

ACTE II, SCÈNE IV.

THÉSÉE.

Je viens prendre de vous l'ordre qu'il me faut suivre ;
Mourir, s'il faut mourir, et vivre, s'il faut vivre.

DIRCÉ.

Ne perdez point d'efforts à m'arrêter au jour ;
Laissez faire l'honneur.

THÉSÉE.

Laissez agir l'amour.

DIRCÉ.

Vivez, prince, vivez.

THÉSÉE.

Vivez donc, ma princesse.

DIRCÉ.

Ne me ravalez point jusqu'à cette bassesse.
Retarder mon trépas, c'est faire tout périr :
Tout meurt, si je ne meurs.

THÉSÉE.

Laissez-moi donc mourir.

DIRCÉ.

Hélas ! qu'osez-vous dire ?

tout d'un coup la résolution de mourir sur un oracle équivoque,

« Et la fin de vos maux ne se fera point voir
« Que mon sang n'ait fait son devoir ; »

et il semble qu'elle ne veut mourir que par vanité : elle avait débité plus haut cette maxime atroce et ridicule,

Un peuple est trop heureux quand il meurt pour ses rois ;

et elle dit le moment d'après :

Ne perdez point d'efforts à m'arrêter au jour ;
Ne me ravalez point jusqu'à cette bassesse....
Les exemples abjects de ces petites ames
Règlent-ils de leurs rois les glorieuses trames ?

Quels vers ! quel langage ! et la scène dégénère en une longue dissertation : *quæstio in utramque partem*, s'il faut mourir ou non. (V.)

THÉSÉE.
Hélas! qu'allez-vous faire?
DIRCÉ.
Finir les maux publics, obéir à mon père,
Sauver tous mes sujets.
THÉSÉE.
Par quelle injuste loi
Faut-il les sauver tous pour ne perdre que moi?
Eux dont le cœur ingrat porte les justes peines
D'un rebelle mépris qu'ils ont fait de vos chaînes [1],
Qui dans les mains d'un autre ont mis tout votre bien!
DIRCÉ.
Leur devoir violé doit-il rompre le mien?
Les exemples abjects de ces petites ames
Règlent-ils de leurs rois les glorieuses trames?
Et quel fruit un grand cœur pourroit-il recueillir
A recevoir du peuple un exemple à faillir?
Non, non; s'il m'en faut un, je ne veux que le vôtre;
L'amour que j'ai pour vous n'en reçoit aucun autre.
Pour le bonheur public n'avez-vous pas toujours
Prodigué votre sang et hasardé vos jours?
Quand vous avez défait le Minotaure en Crète,
Quand vous avez puni Damaste et Périphète,
Sinnis, Phæa, Scirron, que faisiez-vous, seigneur,
Que chercher à périr pour le commun bonheur?
Souffrez que pour la gloire une chaleur égale
D'une amante aujourd'hui vous fasse une rivale.
Le ciel offre à mon bras par où me signaler :
S'il ne sait pas combattre, il saura m'immoler;
Et, si cette chaleur ne m'a point abusée,
Je deviendrai par-là digne du grand Thésée.

---

[1] Var. Du rebelle mépris qu'ils ont fait de vos chaînes.

ACTE II, SCÈNE IV.

Mon sort en ce point seul du vôtre est différent,
Que je ne puis sauver mon peuple qu'en mourant,
Et qu'au salut du vôtre un bras si nécessaire
A chaque jour pour lui d'autres combats à faire.

THÉSÉE.

J'en ai fait, et beaucoup, et d'assez généreux :
Mais celui-ci, madame, est le plus dangereux.
J'ai fait trembler par-tout, et devant vous je tremble.
L'amant et le héros s'accordent mal ensemble :
Mais enfin après vous tous deux veulent courir :
Le héros ne peut vivre où l'amant doit mourir;
La fermeté de l'un par l'autre est épuisée;
Et, si Dircé n'est plus, il n'est plus de Thésée.

DIRCÉ.

Hélas! c'est maintenant, c'est lorsque je vous voi,
Que ce même combat est dangereux pour moi.
Ma vertu la plus forte à votre aspect chancelle;
Tout mon cœur applaudit à sa flamme rebelle;
Et l'honneur, qui charmoit ses plus noirs déplaisirs,
N'est plus que le tyran de mes plus chers desirs.
Allez, prince; et du moins par pitié de ma gloire
Gardez-vous d'achever une indigne victoire;
Et si jamais l'honneur a su vous animer....

THÉSÉE.

Hélas! à votre aspect je ne sais plus qu'aimer.

DIRCÉ.

Par un pressentiment j'ai déja su vous dire
Ce que ma mort sur vous se réserve d'empire :
Votre bras de la Grèce est le plus ferme appui :
Vivez pour le public, comme je meurs pour lui.

THÉSÉE.

Périsse l'univers, pourvu que Dircé vive!
Périsse le jour même avant qu'elle s'en prive!

Que m'importe la perte ou le salut de tous?
Ai-je rien à sauver, rien à perdre que vous?
Si votre amour, madame, étoit encor le même,
Si vous saviez encore aimer comme on vous aime....

DIRCÉ.

Ah! faites moins d'outrage à ce cœur affligé,
Que pressent les douleurs où vous l'avez plongé.
Laissez vivre du peuple un pitoyable reste
Aux dépens d'un moment que m'a laissé la peste,
Qui peut-être à vos yeux viendra trancher mes jours,
Si mon sang répandu ne lui tranche le cours.
Laissez-moi me flatter de cette triste joie
Que si je ne mourois vous en seriez la proie,
Et que ce sang aimé, que répandront mes mains,
Sera versé pour vous plus que pour les Thébains.
Des dieux mal obéis la majesté suprême
Pourroit en ce moment s'en venger sur vous-même;
Et j'aurois cette honte, en ce funeste sort,
D'avoir prêté mon crime à faire votre mort.

THÉSÉE.

Et ce cœur généreux me condamne à la honte
De voir que ma princesse en amour me surmonte,
Et de n'obéir pas à cette aimable loi
De mourir avec vous quand vous mourez pour moi!
Pour moi, comme pour vous, soyez plus magnanime;
Voyez mieux qu'il y va même de votre estime,
Que le choix d'un amant si peu digne de vous
Souilleroit cet honneur qui vous semble si doux,
Et que de ma princesse on diroit d'âge en âge
Qu'elle eut de mauvais yeux pour un si grand courage.

DIRCÉ.

Mais, seigneur, je vous sauve en courant au trépas;
Et mourant avec moi vous ne me sauvez pas.

ACTE II, SCÈNE IV.

THÉSÉE.

La gloire de ma mort n'en deviendra pas moindre ;
Si ce n'est vous sauver, ce sera vous rejoindre :
Séparer deux amants, c'est tous deux les punir ;
Et dans le tombeau même il est doux de s'unir.

DIRCÉ.

Que vous m'êtes cruel de jeter dans mon ame
Un si honteux désordre avec des traits de flamme !
Adieu, prince ; vivez, je vous l'ordonne ainsi :
La gloire de ma mort est trop douteuse ici ;
Et je hasarde trop une si noble envie
A voir l'unique objet pour qui j'aime la vie.

THÉSÉE.

Vous fuyez, ma princesse ! et votre adieu fatal....

DIRCÉ.

Prince, il est temps de fuir quand on se défend mal.
Vivez, encore un coup ; c'est moi qui vous l'ordonne.

THÉSÉE.

Le véritable amour ne prend loi de personne ;
Et, si ce fier honneur s'obstine à nous trahir,
Je renonce, madame, à vous plus obéir.

FIN DU SECOND ACTE.

ACTE TROISIÈME.

SCÈNE I.

DIRCÉ.

Impitoyable soif de gloire[1],
Dont l'aveugle et noble transport
Me fait précipiter ma mort
Pour faire vivre ma mémoire,
Arrête pour quelques moments
Les impétueux sentiments
De cette inexorable envie,
Et souffre qu'en ce triste et favorable jour,
Avant que te donner ma vie,
Je donne un soupir à l'amour.

Ne crains pas qu'une ardeur si belle
Ose te disputer un cœur
Qui de ton illustre rigueur
Est l'esclave le plus fidèle.
Ce regard tremblant et confus,
Qu'attire un bien qu'il n'attend plus,

---

[1] Ces stances de Dircé sont bien différentes de celles de *Polyeucte* : il n'y a que de l'esprit, et encore de l'esprit alambiqué. Si Dircé était dans un véritable danger, ces épigrammes déplacées ne toucheraient personne. Jugez quel effet elles doivent produire quand on voit évidemment que Dircé, à laquelle personne ne s'intéresse, ne court aucun risque. (V.)

ACTE III, SCÈNE I.

N'empêche pas qu'il ne se dompte.
Il est vrai qu'il murmure, et se dompte à regret;
    Mais, s'il m'en faut rougir de honte,
    Je n'en rougirai qu'en secret.

    L'éclat de cette renommée
    Qu'assure un si brillant trépas
    Perd la moitié de ses appas,
    Quand on aime et qu'on est aimée.
    L'honneur, en monarque absolu,
    Soutient ce qu'il a résolu
    Contre les assauts qu'on te livre.
Il est beau de mourir pour en suivre les lois;
    Mais il est assez doux de vivre
    Quand l'amour a fait un beau choix.

    Toi qui faisois toute la joie
    Dont sa flamme osoit me flatter,
    Prince que j'ai peine à quitter,
    A quelques honneurs qu'on m'envoie,
    Accepte ce foible retour
    Que vers toi d'un si juste amour
    Fait la douloureuse tendresse.
Sur les bords de la tombe où tu me vois courir,
    Je crains les maux que je te laisse,
    Quand je fais gloire de mourir.

    J'en fais gloire, mais je me cache
    Un comble affreux de déplaisirs;
    Je fais taire tous mes desirs;
    Mon cœur à soi-même s'arrache.
    Cher prince, dans un tel aveu,
    Si tu peux voir quel est mon feu,

Vois combien il se violente.
Je meurs l'esprit content, l'honneur m'en fait la loi :
Mais j'aurois vécu plus contente
Si j'avois pu vivre pour toi.

SCÈNE II.

JOCASTE, DIRCÉ.

DIRCÉ.
Tout est-il prêt, madame, et votre Tirésie
Attend-il aux autels la victime choisie?
JOCASTE.
Non, ma fille; et du moins nous aurons quelques jours
A demander au ciel un plus heureux secours.
On prépare à demain exprès d'autres victimes.
Le peuple ne vaut pas que vous payiez ses crimes ;
Il aime mieux périr qu'être ainsi conservé :
Et le roi même, encor que vous l'ayez bravé,
Sensible à vos malheurs autant qu'à ma prière,
Vous offre sur ce point liberté tout entière.
DIRCÉ.
C'est assez vainement qu'il m'offre un si grand bien,
Quand le ciel ne veut pas que je lui doive rien :
Et ce n'est pas à lui de mettre des obstacles
Aux ordres souverains que donnent ses oracles.
JOCASTE.
L'oracle n'a rien dit.
DIRCÉ.
Mais mon père a parlé ;
L'ordre de nos destins par lui s'est révélé ;
Et des morts de son rang les ombres immortelles

Servent souvent aux dieux de truchements fidèles [1].
JOCASTE.
Laissez la chose en doute, et du moins hésitez
Tant qu'on ait par leur bouche appris leurs volontés.
DIRCÉ.
Exiger qu'avec nous ils s'expliquent eux-mêmes,
C'est trop nous asservir ces majestés suprêmes.
JOCASTE.
Ma fille, il est toujours assez tôt de mourir.
DIRCÉ.
Madame, il n'est jamais trop tôt de secourir;
Et, pour un mal si grand qui réclame notre aide,
Il n'est point de trop sûr ni de trop prompt remède.
Plus nous le différons, plus ce mal devient grand.
J'assassine tous ceux que la peste surprend;
Aucun n'en peut mourir qui ne me laisse un crime :
Je viens d'étouffer seule et Sostrate et Phædime;
Et, durant ce refus des remèdes offerts,
La Parque se prévaut des moments que je perds.
Hélas! si sa fureur dans ces pertes publiques
Enveloppoit Thésée après ses domestiques!
Si nos retardements....
JOCASTE.
Vivez pour lui, Dircé;
Ne lui dérobez point un cœur si bien placé.
Avec tant de courage ayez quelque tendresse;

---

[1] C'est toujours le même défaut d'intérêt et de chaleur qui règne dans toutes ces scènes. C'est une chose bien singulière que l'obstination de Dircé à vouloir mourir de sang-froid, sans nécessité, et par vanité : Mon père a parlé obscurément, mais un *mort de son rang* est un truchement des dieux. Cela ressemble à cette dame qui disait que Dieu y regarde à deux fois quand il s'agit de damner une femme de qualité. (V.)

Agissez en amante aussi bien qu'en princesse [1].
Vous avez liberté tout entière en ces lieux :
Le roi n'y prend pas garde, et je ferme les yeux.
C'est vous en dire assez : l'amour est un doux maître;
Et, quand son choix est beau, son ardeur doit paroître [2].

DIRCÉ.

Je n'ose demander si de pareils avis
Portent des sentiments que vous ayez suivis [3].
Votre second hymen put avoir d'autres causes :
Mais j'oserai vous dire, à bien juger des choses,
Que pour avoir reçu la vie en votre flanc,
J'y dois avoir sucé fort peu de votre sang.
Celui du grand Laïus, dont je m'y suis formée,
Trouve bien qu'il est doux d'aimer et d'être aimée;
Mais il ne peut trouver qu'on soit digne du jour,
Quand aux soins de sa gloire on préfère l'amour.
Je sais sur les grands cœurs ce qu'il se fait d'empire;
J'avoue, et hautement, que le mien en soupire :
Mais, quoi qu'un si beau choix puisse avoir de douceurs,
Je garde un autre exemple aux princesses mes sœurs.

JOCASTE.

Je souffre tout de vous en l'état où vous êtes.
Si vous ne savez pas même ce que vous faites,

---

[1] Jocaste conseille à Dircé de s'enfuir avec Thésée, et de s'aller marier où elle voudra : elle ajoute que l'amour est un doux maître. Le conseil n'est pas mauvais en temps de peste ; mais cela tient un peu trop de la farce. (V.)

[2] VAR. Et, quand son choix est beau, son ardeur peut paroître. (1659.)

[3] La réponse de Dircé est d'une insolence révoltante : *des avis qui portent des sentiments, bien juger des choses,* du *sang sucé dans un flanc,* et toutes ces expressions vicieuses, sont de faibles défauts en comparaison de cette indécence intolérable avec laquelle cette Dircé parle à sa mère. Toute cette scène est aussi odieuse et aussi mal faite qu'inutile. (V.)

Le chagrin inquiet du trouble où je vous voi
Vous peut faire oublier que vous parlez à moi.
Mais quittez ces dehors d'une vertu sévère,
Et souvenez-vous mieux que je suis votre mère.
####### DIRCÉ.
Ce chagrin inquiet, pour se justifier,
N'a qu'à prendre chez vous l'exemple d'oublier.
Quand vous mîtes le sceptre en une autre famille,
Vous souvint-il assez que j'étois votre fille?
####### JOCASTE.
Vous n'étiez qu'un enfant.
####### DIRCÉ.
J'avois déja des yeux,
Et sentois dans mon cœur le sang de mes aïeux;
C'étoit ce même sang dont vous m'avez fait naître
Qui s'indignoit dès-lors qu'on lui donnât un maître,
Et que vers soi Laïus aime mieux rappeler
Que de voir qu'à vos yeux on l'ose ravaler.
Il oppose ma mort à l'indigne hyménée
Où par raison d'état il me voit destinée;
Il la fait glorieuse, et je meurs plus pour moi
Que pour ces malheureux qui se sont fait un roi.
Le ciel en ma faveur prend ce cher interprète,
Pour m'épargner l'affront de vivre encor sujette;
Et, s'il a quelque foudre, il saura le garder
Pour qui m'a fait des lois où j'ai dû commander.
####### JOCASTE.
Souffrez qu'à ses éclairs votre orgueil se dissipe.
Ce foudre vous menace un peu plutôt qu'OEdipe;
Et le roi n'a pas lieu d'en redouter les coups,
Quand parmi tout son peuple ils n'ont choisi que vous.
####### DIRCÉ.
Madame, il se peut faire encor qu'il me prévienne.

S'il sait ma destinée, il ignore la sienne.
Le ciel pourra venger ses ordres retardés :
Craignez ce changement que vous lui demandez.
Souvent on l'entend mal quand on le croit entendre;
L'oracle le plus clair se fait le moins comprendre.
Moi-même je le dis sans comprendre pourquoi ;
Et ce discours en l'air m'échappe malgré moi.
  Pardonnez cependant à cette humeur hautaine :
Je veux parler en fille, et je m'explique en reine.
Vous qui l'êtes encor, vous savez ce que c'est,
Et jusqu'où nous emporte un si haut intérêt.
Si je n'en ai le rang, j'en garde la teinture.
Le trône a d'autres droits que ceux de la nature.
J'en parle trop peut-être alors qu'il faut mourir.
Hâtons-nous d'empêcher ce peuple de périr ;
Et, sans considérer quel fut vers moi son crime,
Puisque le ciel le veut, donnons-lui sa victime.

JOCASTE.

Demain ce juste ciel pourra s'expliquer mieux.
Cependant vous laissez bien du trouble en ces lieux;
Et si votre vertu pouvoit croire mes larmes,
Vous nous épargneriez cent mortelles alarmes.

DIRCÉ.

Dussent avec vos pleurs tous vos Thébains s'unir,
Ce que n'a pu l'amour, rien ne doit l'obtenir.

SCÈNE III[1].

OEDIPE, JOCASTE, DIRCE.

DIRCÉ.

A quel propos, seigneur, voulez-vous qu'on diffère,

[1] Cette scène est encore aussi glaçante, aussi inutile, aussi

Qu'on dédaigne un remède à tous si salutaire?
Chaque instant que je vis vous enlève un sujet,
Et l'état s'affoiblit par l'affront qu'on me fait.
Cette ombre de pitié n'est qu'un comble d'envie.
Vous m'avez envié le bonheur de ma vie;
Et je vous vois par-là jaloux de tout mon sort,
Jusques à m'envier la gloire de ma mort.

OEDIPE.

Qu'on perd de temps, madame, alors qu'on vous fait grace!

DIRCÉ.

Le ciel m'en a trop fait pour souffrir qu'on m'en fasse.

JOCASTE.

Faut-il voir votre esprit obstinément aigri,
Quand ce qu'on fait pour vous doit l'avoir attendri?

DIRCÉ.

Fait-il voir son envie à mes vœux opposée,
Quand il ne s'agit plus d'Æmon ni de Thésée?

OEDIPE.

Il s'agit de répandre un sang si précieux,
Qu'il faut un second ordre et plus exprès des dieux.

---

mal écrite que toutes les précédentes. On parle toujours mal quand on n'a rien à dire. Presque toutes nos tragédies sont trop longues : le public voulait, pour ses dix sous, avoir un spectacle de deux heures; et il y avait trop souvent une heure et demie d'ennui. Ce n'était pas des archontes qui donnaient des jeux aux peuples d'Athènes; ce n'était pas des édiles qui assemblaient le peuple romain; c'était une société d'histrions qui, moyennant quelque argent qu'ils donnaient au clerc d'un lieutenant-civil, obtenaient la permission de jouer dans un jeu de paume; les décorations étaient peintes par un barbouilleur, les habits fournis par un fripier. Le parterre voulait des épisodes d'amour; et celle qui jouait les amoureuses voulait absolument un rôle. Ce n'est pas ainsi que l'*Œdipe* de Sophocle fut représenté sur le théâtre d'Athènes. (V.)

DIRCÉ.
Doutez-vous qu'à mourir je ne sois toute prête,
Quand les dieux par mon père ont demandé ma tête?
OEDIPE.
Je vous connois, madame, et je n'ai point douté
De cet illustre excès de générosité;
Mais la chose, après tout, n'est pas encor si claire,
Que cet ordre nouveau ne nous soit nécessaire.
DIRCÉ.
Quoi! mon père tantôt parloit obscurément?
OEDIPE.
Je n'en ai rien connu que depuis un moment.
C'est un autre que vous peut-être qu'il menace.
DIRCÉ.
Si l'on ne m'a trompée, il n'en veut qu'à sa race.
OEDIPE.
Je sais qu'on vous a fait un fidèle rapport :
Mais vous pourriez mourir, et perdre votre mort;
Et la reine sans doute étoit bien inspirée,
Alors que par ses pleurs elle l'a différée.
JOCASTE.
Je ne reçois qu'en trouble un si confus espoir.
OEDIPE.
Ce trouble augmentera peut-être avant ce soir.
JOCASTE.
Vous avancez des mots que je ne puis comprendre.
OEDIPE.
Vous vous plaindrez fort peu de ne les point entendre;
Nous devons bientôt voir le mystère éclairci.
  Madame, cependant vous êtes libre ici;
La reine vous l'a dit, ou vous a dû le dire;
Et, si vous m'entendez, ce mot vous doit suffire.
DIRCÉ.
Quelque secret motif qui vous aye excité

A ce tardif excès de générosité,
Je n'emporterai point de Thèbes dans Athènes
La colère des dieux et l'amas de leurs haines,
Qui pour premier objet pourroient choisir l'époux
Pour qui j'aurois osé mériter leur courroux.
Vous leur faites demain offrir un sacrifice?

OEDIPE.

J'en espère pour vous un destin plus propice.

DIRCÉ.

J'y trouverai ma place, et ferai mon devoir.
Quant au reste, seigneur, je n'en veux rien savoir :
J'y prends si peu de part, que, sans m'en mettre en peine,
Je vous laisse expliquer votre énigme à la reine.
Mon cœur doit être las d'avoir tant combattu,
Et fuit un piége adroit qu'on tend à sa vertu.

SCÈNE IV [1].

JOCASTE, OEDIPE, SUITE.

OEDIPE.

Madame, quand des dieux la réponse funeste,
De peur d'un parricide, et de peur d'un inceste,
Sur le mont Cythéron fit exposer ce fils
Pour qui tant de forfaits avoient été prédits,
Sûtes-vous faire choix d'un ministre fidèle?

JOCASTE.

Aucun pour le feu roi n'a montré plus de zèle;
Et, quand par des voleurs il fut assassiné,

[1] C'est ici que commence la pièce. Le spectateur est remué dès les premiers vers que dit OEdipe. Cela seul fait voir combien d'Aubignac était mauvais juge de l'art dont il donna des règles. Il soutient que le sujet d'*OEdipe* ne peut intéresser, et dès les pre-

Ce digne favori l'avoit accompagné.
Par lui seul on a su cette noire aventure;
On le trouva percé d'une large blessure,
Si baigné dans son sang, et si près de mourir,
Qu'il fallut une année et plus pour l'en guérir.

OEDIPE.

Est-il mort?

JOCASTE.

Non, seigneur; la perte de son maître
Fut cause qu'en la cour il cessa de paroître :
Mais il respire encore, assez vieil et cassé;
Et Mégare, sa fille, est auprès de Dircé.

OEDIPE.

Où fait-il sa demeure?

JOCASTE.

Au pied de cette roche
Que de ces tristes murs nous voyons la plus proche.

OEDIPE.

Tâchez de lui parler.

JOCASTE.

J'y vais tout de ce pas.
Qu'on me prépare un char pour aller chez Phorbas.
Son dégoût de la cour pourroit sur un message
S'excuser par caprice, et prétexter son âge.
Dans une heure au plus tard je saurai vous revoir.
Mais que dois-je lui dire, et qu'en faut-il savoir?

OEDIPE.

Un bruit court depuis peu qu'il vous a mal servie [1],
Que ce fils qu'on croit mort est encor plein de vie.

miers vers où ce sujet est traité, il intéresse, malgré le froid de tout ce qui précède. (V.)

[1] OEdipe devrait donc en avoir déja parlé au premier acte : il ne devait donc pas dire, dans ce premier acte, que c'était le

ACTE III, SCÈNE IV.

L'oracle de Laïus par-là devient douteux,
Et tout ce qu'il a dit peut s'étendre sur deux.

JOCASTE.

Seigneur, ou sur ce bruit je suis fort abusée,
Ou ce n'est qu'un effet de l'amour de Thésée.
Pour sauver ce qu'il aime et vous embarrasser,
Jusques à votre oreille il l'aura fait passer :
Mais Phorbas aisément convaincra d'imposture
Quiconque ose à sa foi faire une telle injure.

OEDIPE.

L'innocence de l'âge aura pu l'émouvoir.

JOCASTE.

Je l'ai toujours connu ferme dans son devoir;
Mais, si déja ce bruit vous met en jalousie,
Vous pouvez consulter le devin Tirésie,
Publier sa réponse, et traiter d'imposteur
De cette illusion le téméraire auteur.

OEDIPE.

Je viens de le quitter, et de là vient ce trouble [1]

sang innocent de cet enfant qui était la cause des malheurs de Thèbes. (V.)

[1] Quelle différence entre ce froid récit de la consultation et les terribles prédictions que fait Tirésie dans Sophocle! Pourquoi n'a-t-on pu faire paraître ce Tirésie sur le théâtre de Paris? J'ose croire que si on avait eu, du temps de Corneille, un théâtre tel que nous l'avons depuis peu d'années, grace à la générosité éclairée de M. le comte de Lauraguais, le grand Corneille n'eût pas hésité à produire Tirésie sur la scène, à imiter le dialogue admirable de Sophocle : on eût connu alors la raison pour laquelle les arrêts des dieux veulent qu'OEdipe se prive lui-même de la vue, c'est qu'il a reproché à l'interprète des dieux son aveuglement. Je sais bien qu'à la farce dite *italienne* on représenterait Tirésie habillé en Quinze-vingt, une tasse à la main, et que cela divertirait la populace; mais ceux *quibus est equus, et pater, et res,* applaudiraient à une belle imitation de Sophocle. Si

Qu'en mon cœur alarmé chaque moment redouble.
« Ce prince, m'a-t-il dit, respire en votre cour;
« Vous pourrez le connoître avant la fin du jour;
« Mais il pourra vous perdre en se faisant connoître.
« Puisse-t-il ignorer quel sang lui donne l'être! »
Voilà ce qu'il m'a dit d'un ton si plein d'effroi,
Qu'il l'a fait rejaillir jusqu'en l'ame d'un roi.
Ce fils, qui devoit être inceste et parricide,
Doit avoir un cœur lâche, un courage perfide;
Et, par un sentiment facile à deviner,
Il ne se cache ici que pour m'assassiner :
C'est par-là qu'il aspire à devenir monarque,
Et vous le connoîtrez bientôt à cette marque.

Quoi qu'il en soit, madame, allez trouver Phorbas;
Tirez-en, s'il se peut, les clartés qu'on n'a pas.
Tâchez en même temps de voir aussi Thésée;
Dites-lui qu'il peut faire une conquête aisée,
Qu'il ose pour Dircé, que je n'en verrai rien.
J'admire un changement si confus que le mien :
Tantôt dans leur hymen je croyois voir ma perte,
J'allois pour l'empêcher jusqu'à la force ouverte;
Et, sans savoir pourquoi, je voudrois que tous deux
Fussent, loin de ma vue, au comble de leurs vœux,
Que les emportements d'une ardeur mutuelle
M'eussent débarrassé de son amant et d'elle.
Bien que de leur vertu rien ne me soit suspect,
Je ne sais quelle horreur me trouble à leur aspect;
Ma raison la repousse, et ne m'en peut défendre;

ce sujet n'a jamais été traité parmi nous comme il a dû l'être, accusons-en, encore une fois, la construction malheureuse de nos théâtres, autant que notre habitude méprisable d'introduire toujours une intrigue d'amour, ou plutôt de galanterie, dans les sujets qui excluent tout amour. (V.)

ACTE III, SCÈNE V.

Moi-même en cet état je ne puis me comprendre ;
Et l'énigme [1] du sphinx fut moins obscur pour moi,
Que le fond de mon cœur ne l'est dans cet effroi :
Plus je le considère, et plus je m'en irrite.
Mais ce prince paroît, souffrez que je l'évite ;
Et, si vous vous sentez l'esprit moins interdit,
Agissez avec lui comme je vous ai dit.

SCÈNE V [2].

JOCASTE, THÉSÉE.

JOCASTE.

Prince, que faites-vous ? quelle pitié craintive,
Quel faux respect des dieux tient votre flamme oisive ?
Avez-vous oublié comme il faut secourir ?

THÉSÉE.

Dircé n'est plus, madame, en état de périr ;
Le ciel vous rend un fils ; et ce n'est qu'à ce prince
Qu'est dû le triste honneur de sauver sa province.

JOCASTE.

C'est trop vous assurer sur l'éclat d'un faux bruit.

THÉSÉE.

C'est une vérité dont je suis mieux instruit.

---

[1] Ce mot est aujourd'hui féminin. (PAR.)

[2] Cette scène de Jocaste et de Thésée détruit l'intérêt qu'OEdipe commençait d'inspirer. Le spectateur voit trop bien que Thésée n'est pas le fils de Jocaste ; on connaît trop l'histoire de Thésée, on aperçoit trop aisément l'inutilité de cet artifice. De plus, il faut bien observer qu'une méprise est toujours insipide au théâtre, quand ce n'est qu'une méprise, quand elle n'amène pas une catastrophe attendrissante. Thésée se croit le fils de Jocaste, et cela, dit-il, *sans en avoir la preuve manifeste*. Cela ne produit pas le plus petit événement. Thésée s'est trompé, et voilà

JOCASTE.

Vous le connoissez donc?

THÉSÉE.

A l'égal de moi-même.

JOCASTE.

De quand?

THÉSÉE.

De ce moment.

JOCASTE.

Et vous l'aimez?

THÉSÉE.

Je l'aime
Jusqu'à mourir du coup dont il sera percé.

JOCASTE.

Mais cette amitié cède à l'amour de Dircé?

THÉSÉE.

Hélas! cette princesse à mes desirs si chère
En un fidèle amant trouve un malheureux frère,
Qui mourroit de douleur d'avoir changé de sort,
N'étoit le prompt secours d'une plus digne mort,
Et qu'assez tôt connu pour mourir au lieu d'elle,
Ce frère malheureux meurt en amant fidèle.

JOCASTE.

Quoi! vous seriez mon fils[1]?

THÉSÉE.

Et celui de Laïus.

JOCASTE.

Qui vous a pu le dire?

---

tout. Cette aventure ressemble (s'il est permis d'employer une telle comparaison) à Arlequin qui se dit curé de Domfront, et qui en est quitte pour dire, *Je croyois l'être*. (V.)

[1] VAR. Quoi! vous êtes mon fils?

ACTE III, SCÈNE V.

THÉSÉE.
Un témoin qui n'est plus,
Phædime, qu'à mes yeux vient de ravir la peste :
Non qu'il m'en ait donné la preuve manifeste ;
Mais Phorbas, ce vieillard qui m'exposa jadis,
Répondra mieux que lui de ce que je vous dis,
Et vous éclaircira touchant une aventure
Dont je n'ai pu tirer qu'une lumière obscure.
Ce peu qu'en ont pour moi les soupirs d'un mourant
Du grand droit de régner seroit mauvais garant.
Mais ne permettez pas que le roi me soupçonne,
Comme si ma naissance ébranloit sa couronne ;
Quelque honneur, quelques droits qu'elle ait pu m'acquérir,
Je ne viens disputer que celui de mourir.

JOCASTE.
Je ne sais si Phorbas avouera votre histoire ;
Mais, qu'il l'avoue ou non, j'aurai peine à vous croire.
Avec votre mourant Tirésie est d'accord,
A ce que dit le roi, que mon fils n'est point mort :
C'est déja quelque chose ; et toutefois mon ame
Aime à tenir suspecte une si belle flamme.
Je ne sens point pour vous l'émotion du sang,
Je vous trouve en mon cœur toujours en même rang [1] ;
J'ai peine à voir un fils où j'ai cru voir un gendre ;
La nature avec vous refuse de s'entendre,
Et me dit en secret, sur votre emportement,
Qu'il a bien peu d'un frère, et beaucoup d'un amant ;
Qu'un frère a pour des sœurs une ardeur plus remise,
A moins que sous ce titre un amant se déguise,
Et qu'il cherche en mourant la gloire et la douceur
D'arracher à la mort ce qu'il nomme sa sœur.

---

[1] Var. Je vous trouve en mon cœur toujours au même rang.

THÉSÉE.

Que vous connoissez mal ce que peut la nature !
Quand d'un parfait amour elle a pris la teinture,
Et que le désespoir d'un illustre projet
Se joint aux déplaisirs d'en voir périr l'objet,
Il est doux de mourir pour une sœur si chère.
Je l'aimois en amant, je l'aime encore en frère :
C'est sous un autre nom le même empressement ;
Je ne l'aime pas moins, mais je l'aime autrement.
L'ardeur sur la vertu fortement établie
Par ces retours du sang ne peut être affoiblie ;
Et ce sang qui prêtoit sa tendresse à l'amour
A droit d'en emprunter les forces à son tour.

JOCASTE.

Eh bien ! soyez mon fils, puisque vous voulez l'être ;
Mais donnez-moi la marque où je le dois connoître.
Vous n'êtes point ce fils, si vous n'êtes méchant ;
Le ciel sur sa naissance imprima ce penchant :
J'en vois quelque partie en ce desir inceste ;
Mais, pour ne plus douter, vous chargez-vous du reste ?
Êtes-vous l'assassin et d'un père et d'un roi ?

THÉSÉE.

Ah, madame ! ce mot me fait pâlir d'effroi.

JOCASTE.

C'étoit là de mon fils la noire destinée ;
Sa vie à ces forfaits par le ciel condamnée
N'a pu se dégager de cet astre ennemi,
Ni de son ascendant s'échapper à demi.
Si ce fils vit encore, il a tué son père ;
C'en est l'indubitable et le seul caractère ;
Et le ciel, qui prit soin de nous en avertir,
L'a dit trop hautement pour se voir démentir.
Sa mort seule pouvoit le dérober au crime.

Prince, renoncez donc à toute votre estime;
Dites que vos vertus sont crimes déguisés;
Recevez tout le sort que vous vous imposez;
Et, pour remplir un nom dont vous êtes avide,
Acceptez ceux d'inceste et de fils parricide,
J'en croirai ces témoins que le ciel m'a prescrits,
Et ne vous puis donner mon aveu qu'à ce prix.

THÉSÉE.

Quoi! la nécessité des vertus et des vices [1]
D'un astre impérieux doit suivre les caprices,
Et Delphes, malgré nous, conduit nos actions [2]
Au plus bizarre effet de ses prédictions.
L'ame est donc tout esclave : une loi souveraine
Vers le bien ou le mal incessamment l'entraîne;
Et nous ne recevons ni crainte ni desir

---

[1] Ce morceau contribua beaucoup au succès de la pièce. Les disputes sur le libre arbitre agitaient alors les esprits. Cette tirade de Thésée, belle par elle-même, acquit un nouveau prix par les querelles du temps; et plus d'un amateur la sait encore par cœur. Il y a dans ce beau morceau quelques expressions impropres et vicieuses, comme *une nécessité de vertus et de vices qui suit les caprices d'un astre impérieux, un bras qui précipite d'en haut une volonté, rendre aux actions leur peine, enfoncer un œil dans un abyme;* mais le beau prédomine.

Ce couplet même n'est pas une déclamation étrangère au sujet; au contraire, des réflexions sur la fatalité ne peuvent être mieux placées que dans l'histoire d'OEdipe. Il est vrai que Thésée condamne ici les dieux qui ont prédestiné OEdipe au parricide et à l'inceste.

Il y aurait de plus belles choses à dire pour l'opinion contraire à celle de Thésée : les idées de la toute-puissance divine, l'inflexibilité du destin, le portrait de la faiblesse des vils mortels, auraient fourni des images fortes et terribles. Il y en a quelques unes dans Sophocle. (V.)

[2] VAR. Et l'homme sur soi-même a si peu de crédit,
   Qu'il devient scélérat quand Delphes l'a prédit?

De cette liberté qui n'a rien à choisir,
Attachés sans relâche à cet ordre sublime,
Vertueux sans mérite, et vicieux sans crime.
Qu'on massacre les rois, qu'on brise les autels,
C'est la faute des dieux, et non pas des mortels :
De toute la vertu sur la terre épandue,
Tout le prix à ces dieux, toute la gloire est due;
Ils agissent en nous quand nous pensons agir;
Alors qu'on délibère on ne fait qu'obéir;
Et notre volonté n'aime, hait, cherche, évite,
Que suivant que d'en haut leur bras la précipite.
   D'un tel aveuglement daignez me dispenser.
Le ciel, juste à punir, juste à récompenser,
Pour rendre aux actions leur peine ou leur salaire,
Doit nous offrir son aide, et puis nous laisser faire.
N'enfonçons toutefois ni votre œil ni le mien
Dans ce profond abyme où nous ne voyons rien :
Delphes a pu vous faire une fausse réponse;
L'argent put inspirer la voix qui les prononce;
Cet organe des dieux put se laisser gagner
A ceux que ma naissance éloignoit de régner;
Et par tous les climats on n'a que trop d'exemples
Qu'il est, ainsi qu'ailleurs, des méchants dans les temples.
   Du moins puis-je assurer que dans tous mes combats
Je n'ai jamais souffert de seconds que mon bras;
Que je n'ai jamais vu ces lieux de la Phocide
Où fut par des brigands commis ce parricide;
Que la fatalité des plus pressants malheurs
Ne m'auroit pu réduire à suivre des voleurs;
Que j'en ai trop puni pour en croître le nombre....

JOCASTE.

Mais Laïus a parlé, vous en avez vu l'ombre :
De l'oracle avec elle on voit tant de rapport,

Qu'on ne peut qu'à ce fils en imputer la mort ;
Et c'est le dire assez qu'ordonner qu'on efface
Un grand crime impuni par le sang de sa race.
Attendons toutefois ce qu'en dira Phorbas ;
Autre que lui n'a vu ce malheureux trépas ;
Et de ce témoin seul dépend la connoissance
Et de ce parricide et de votre naissance.
Si vous êtes coupable, évitez-en les yeux ;
Et, de peur d'en rougir, prenez d'autres aïeux.

THÉSÉE.

Je le verrai, madame, et sans inquiétude.
Ma naissance confuse a quelque incertitude ;
Mais, pour ce parricide, il est plus que certain
Que ce ne fut jamais un crime de ma main.

FIN DU TROISIÈME ACTE.

ACTE QUATRIÈME.

SCÈNE I[1].

THÉSÉE, DIRCÉ, MÉGARE.

DIRCÉ.

Oui, déja sur ce bruit l'amour m'avoit flattée ;
Mon ame avec plaisir s'étoit inquiétée ;
Et ce jaloux honneur qui ne consentoit pas
Qu'un frère me ravît un glorieux trépas,
Après cette douceur fièrement refusée,
Ne me refusoit point de vivre pour Thésée,
Et laissoit doucement corrompre sa fierté

---

[1] Tout retombe ici dans la langueur. Ce n'est plus ce Thésée qui croyait être le fils de Laïus ; il avoue que tout cela n'est qu'un stratagème. Ces malheureuses finesses détournent l'esprit de l'objet principal ; on ne s'intéresse plus à rien : les grandes idées du salut public, de la découverte du meurtrier de Laïus, de la destinée d'OEdipe, des crimes involontaires auxquels il ne peut échapper, sont toutes dissipées ; à peine a-t-il attiré sur lui l'attention ; il ne peut plus se ressaisir du cœur des spectateurs, qui l'ont oublié. Corneille a voulu intriguer ce qu'il fallait laisser dans sa simplicité majestueuse : tout est perdu dès ce moment ; et Thésée n'est plus qu'un personnage intrigant, qu'un valet de comédie qui a imaginé un très plat mensonge pour tirer la pièce en longueur. Il est très inutile de remarquer toutes les fautes de diction, et le style obscur et entortillé de toutes ces scènes, où Thésée joue un si froid et si avilissant personnage. Nous avons déja vu que toutes les scènes qui pèchent par le fond pèchent aussi par le style. (V.)

A l'espoir renaissant de ma perplexité.
Mais si je vois en vous ce déplorable frère,
Quelle faveur du ciel voulez-vous que j'espère,
S'il n'est pas en sa main de m'arrêter au jour,
Sans faire soulever et l'honneur et l'amour?
S'il dédaigne mon sang, il accepte le vôtre;
Et, si quelque miracle épargne l'un et l'autre,
Pourra-t-il détacher de mon sort le plus doux
L'amertume de vivre, et n'être point à vous?

THÉSÉE.

Le ciel choisit souvent de secrètes conduites
Qu'on ne peut démêler qu'après de longues suites;
Et de mon sort douteux l'obscur événement
Ne défend pas l'espoir d'un second changement.
Je chéris ce premier qui vous est salutaire.
Je ne puis en amant ce que je puis en frère;
J'en garderai le nom tant qu'il faudra mourir :
Mais, si jamais d'ailleurs on peut vous secourir,
Peut-être que le ciel me faisant mieux connoître,
Sitôt que vous vivrez, je cesserai de l'être;
Car je n'aspire point à calmer son courroux,
Et ne veux ni mourir ni vivre que pour vous.

DIRCÉ.

Cet amour mal éteint sied mal au cœur d'un frère :
Où le sang doit parler, c'est à lui de se taire;
Et, sitôt que sans crime il ne peut plus durer,
Pour ses feux les plus vifs il est temps d'expirer.

THÉSÉE.

Laissez-lui conserver ces ardeurs empressées
Qui vous faisoient l'objet de toutes mes pensées.
J'ai mêmes yeux encore, et vous mêmes appas :
Si mon sort est douteux, mon souhait ne l'est pas.
Mon cœur n'écoute point ce que le sang veut dire;

C'est d'amour qu'il gémit, c'est d'amour qu'il soupire;
Et, pour pouvoir sans crime en goûter la douceur,
Il se révolte exprès contre le nom de sœur.
De mes plus chers desirs ce partisan sincère
En faveur de l'amant tyrannise le frère,
Et partage à tous deux le digne empressement
De mourir comme frère, et vivre comme amant.

DIRCÉ.

O du sang de Laïus preuves trop manifestes!
Le ciel, vous destinant à des flammes incestes,
A su de votre esprit déraciner l'horreur
Que doit faire à l'amour le sacré nom de sœur :
Mais si sa flamme y garde une place usurpée,
Dircé dans votre erreur n'est point enveloppée;
Elle se défend mieux de ce trouble intestin;
Et, si c'est votre sort, ce n'est pas son destin.
Non qu'enfin sa vertu vous regarde en coupable;
Puisque le ciel vous force, il vous rend excusable;
Et l'amour pour les sens est un si doux poison,
Qu'on ne peut pas toujours écouter la raison.
Moi-même, en qui l'honneur n'accepte aucune grace,
J'aime en ce douteux sort tout ce qui m'embarrasse;
Je ne sais quoi m'y plaît qui n'ose s'exprimer,
Et ce confus mélange a de quoi me charmer.
Je n'aime plus qu'en sœur, et malgré moi j'espère.
Ah! prince, s'il se peut, ne soyez point mon frère;
Et laissez-moi mourir avec les sentiments
Que la gloire permet aux illustres amants.

THÉSÉE.

Je vous ai déja dit, princesse, que peut-être,
Sitôt que vous vivrez, je cesserai de l'être :
Faut-il que je m'explique? et toute votre ardeur
Ne peut-elle sans moi lire au fond de mon cœur?

ACTE IV, SCÈNE I.

Puisqu'il est tout à vous, pénétrez-y, madame ;
Vous verrez que sans crime il conserve sa flamme.
Si je suis descendu jusqu'à vous abuser,
Un juste désespoir m'auroit fait plus oser ;
Et l'amour, pour défendre une si chère vie,
Peut faire vanité d'un peu de tromperie.
J'en ai tiré ce fruit, que ce nom décevant
A fait connoître ici que ce prince est vivant.
Phorbas l'a confessé ; Tirésie a lui-même
Appuyé de sa voix cet heureux stratagème ;
C'est par lui qu'on a su qu'il respire en ces lieux.
Souffrez donc qu'un moment je trompe encor leurs yeux ;
Et, puisque dans ce jour ce frère doit paroître,
Jusqu'à ce qu'on l'ait vu permettez-moi de l'être.

DIRCÉ.

Je pardonne un abus que l'amour a formé,
Et rien ne peut déplaire alors qu'on est aimé.
Mais hasardiez-vous tant sans aucune lumière ?

THÉSÉE.

Mégare m'avoit dit le secret de son père ;
Il m'a valu l'honneur de m'exposer pour tous ;
Mais je n'en abusois que pour mourir pour vous.
Le succès a passé cette triste espérance ;
Ma flamme en vos périls ne voit plus d'apparence.
Si l'on peut à l'oracle ajouter quelque foi,
Ce fils a de sa main versé le sang du roi ;
Et son ombre, en parlant de punir un grand crime,
Dit assez que c'est lui qu'elle veut pour victime.

DIRCÉ.

Prince, quoi qu'il en soit, n'empêchez plus ma mort,
Si par le sacrifice on n'éclaircit mon sort.
La reine, qui paroît, fait que je me retire ;
Sachant ce que je sais, j'aurois peur d'en trop dire ;

Et, comme enfin ma gloire a d'autres intérêts,
Vous saurez mieux sans moi ménager vos secrets :
Mais, puisque vous voulez que mon espoir revive,
Ne tenez pas long-temps la vérité captive.

SCÈNE II [1].

JOCASTE, THÉSÉE, NÉRINE.

JOCASTE.

Prince, j'ai vu Phorbas; et tout ce qu'il m'a dit
A ce que vous croyez peut donner du crédit.
Un passant inconnu, touché de cette enfance
Dont un astre envieux condamnoit la naissance,
Sur le mont Cythéron reçut de lui mon fils,
Sans qu'il lui demandât son nom ni son pays,
De crainte qu'à son tour il ne conçût l'envie
D'apprendre dans quel sang il conservoit la vie.
Il l'a revu depuis, et presque tous les ans,
Dans le temple d'Élide offrir quelques présents.
Ainsi chacun des deux connoît l'autre au visage,
Sans s'être l'un à l'autre expliqués davantage.
Il a bien su de lui que ce fils conservé

---

[1] Il semble qu'alors on se fît un mérite de s'écarter de la noble simplicité des anciens, et sur-tout de leur pathétique. Jocaste vient ici conter froidement une histoire, sans faire paraître aucune de ces terribles inquiétudes qui devaient l'agiter : elle parle d'un passant inconnu qui se chargea d'élever son fils, sans demander qui était cet enfant, et sans vouloir le savoir : un Phædime savait qui était cet enfant, mais il est mort de la peste; *ainsi*, dit-elle, *vous pouvez l'être, et ne le pas être* : tout cela est discuté, comme s'il s'agissait d'un procès; nulle tendresse de mère, nulle crainte, nul retour sur soi-même. Il ne faut pas s'étonner si on ne peut plus jouer cette pièce. (V.)

Respire encor le jour dans un rang élevé :
Mais je demande en vain qu'à mes yeux il le montre,
A moins que ce vieillard avec lui se rencontre.
 Si Phædime après lui vous eut en son pouvoir,
De cet inconnu même il put vous recevoir,
Et, voyant à Trézène une mère affligée
De la perte du fils qu'elle avoit eu d'Ægée,
Vous offrir en sa place, elle vous accepter.
Tout ce qui sur ce point pourroit faire douter,
C'est qu'il vous a souffert dans une flamme inceste,
Et n'a parlé de rien qu'en mourant de la peste.
 Mais d'ailleurs Tirésie a dit que dans ce jour
Nous pourrons voir ce prince, et qu'il vit dans la cour.
Quelques moments après on vous a vu paroître ;
Ainsi vous pouvez l'être, et pouvez ne pas l'être.
Passons outre. A Phorbas ajouteriez-vous foi ?
S'il n'a pas vu mon fils, il vit la mort du roi ;
Il connoît l'assassin, voulez-vous qu'il vous voie ?

THÉSÉE.

Je le verrai, madame, et l'attends avec joie,
Sûr, comme je l'ai dit, qu'il n'est point de malheurs[1]
Qui m'eussent pu réduire à suivre des voleurs.

JOCASTE.

Ne vous assurez point sur cette conjecture,
Et souffrez qu'elle cède à la vérité pure.
 Honteux qu'un homme seul eût triomphé de trois,
Qu'il en eût tué deux, et mis l'autre aux abois,
Phorbas nous supposa ce qu'il nous en fit croire,
Et parla de brigands pour sauver quelque gloire.
Il me vient d'avouer sa foiblesse à genoux.

---

[1] VAR. Sûr, comme je l'ai dit, qu'il n'est malheurs si grands
    Qui m'eussent pu réduire à suivre des brigands.

«D'un bras seul, m'a-t-il dit, partirent tous les coups;
«Un bras seul à tous trois nous ferma le passage,
«Et d'une seule main ce grand crime est l'ouvrage.»
THÉSÉE.
Le crime n'est pas grand s'il fut seul contre trois.
Mais jamais sans forfait on ne se prend aux rois;
Et, fussent-ils cachés sous un habit champêtre,
Leur propre majesté les doit faire connoître.
L'assassin de Laïus est digne du trépas [1].
Bien que, seul contre trois, il ne le connût pas.
Pour moi, je l'avouerai que jamais ma vaillance
A mon bras contre trois n'a commis ma défense.
L'œil de votre Phorbas aura beau me chercher,
Jamais dans la Phocide on ne m'a vu marcher.
Qu'il vienne; à ses regards sans crainte je m'expose;
Et c'est un imposteur s'il vous dit autre chose.
JOCASTE.
Faites entrer Phorbas. Prince, pensez-y bien.
THÉSÉE.
S'il est homme d'honneur, je n'en dois craindre rien.
JOCASTE.
Vous voudrez, mais trop tard, en éviter la vue.
THÉSÉE.
Qu'il vienne, il tarde trop, cette lenteur me tue;

---

[1] Quoique le théâtre permette quelquefois un peu d'exagération, je ne crois pas que de telles maximes soient approuvées des gens sensés : comment peut-on reconnaître un monarque sous l'habit d'un paysan? Le Gascon qui a écrit les *Mémoires du duc de Guise*, prisonnier à *Naples*, dit que *les princes ont quelque chose entre les deux yeux qui les distingue des autres hommes*. Cela est bon pour un Gascon; mais ce qui n'est bon pour personne, c'est d'assurer qu'on est digne de mort quand on se défend contre trois hommes dont l'un, par hasard, se trouve un roi : cette maxime paraît plus cruelle que raisonnable. Qu'on se souvienne

Et, si je le pouvois sans perdre le respect,
Je me plaindrois un peu de me voir trop suspect.

SCÈNE III.

JOCASTE, THÉSÉE, PHORBAS, NÉRINE.

JOCASTE.

Laissez-moi lui parler, et prêtez-nous silence.
Phorbas, envisagez ce prince en ma présence :
Le reconnoissez-vous ?

PHORBAS.

Je crois vous avoir dit [1]
Que je ne l'ai point vu depuis qu'on le perdit,
Madame : un si long temps laisse mal reconnoître
Un prince qui pour lors ne faisoit que de naître ;
Et, si je vois en lui l'effet de mon secours,
Je n'y puis voir les traits d'un enfant de deux jours.

JOCASTE.

Je sais, ainsi que vous, que les traits de l'enfance
N'ont avec ceux d'un homme aucune ressemblance ;
Mais comme ce héros, s'il est sorti de moi,
Doit avoir de sa main versé le sang du roi,
Seize ans n'ont pas changé tellement son visage,
Que vous n'en conserviez quelque imparfaite image.

PHORBAS.

Hélas ! j'en garde encor si bien le souvenir,

que Montgomeri ne fut pas seulement mis en prison pour avoir
tué malheureusement Henri II, son maître, dans un tournoi.
(V.)

[1] Var. Quoi ! huit lustres après,
Je pourrois d'un enfant reconnoître les traits ?
JOCASTE.
Je sais, ainsi que vous. . . . .

Que je l'aurai présent durant tout l'avenir.
Si pour connoître un fils il vous faut cette marque,
Ce prince n'est point né de notre grand monarque.
Mais désabusez-vous, et sachez que sa mort
Ne fut jamais d'un fils le parricide effort.

JOCASTE.

Et de qui donc, Phorbas? Avez-vous connoissance
Du nom du meurtrier? Savez-vous sa naissance?

PHORBAS.

Et, de plus, sa demeure et son rang. Est-ce assez?

JOCASTE.

Je saurai le punir si vous le connoissez.
Pourrez-vous le convaincre?

PHORBAS.

Et par sa propre bouche.

JOCASTE.

A nos yeux?

PHORBAS.

A vos yeux. Mais peut-être il vous touche,
Peut-être y prendrez-vous un peu trop d'intérêt
Pour m'en croire aisément quand j'aurai dit qui c'est.

THÉSÉE.

Ne nous déguisez rien, parlez en assurance;
Que le fils de Laïus en hâte la vengeance.

JOCASTE.

Il n'est pas assuré, prince, que ce soit vous,
Comme il l'est que Laïus fut jadis mon époux;
Et d'ailleurs, si le ciel vous choisit pour victime,
Vous me devez laisser à punir ce grand crime.

THÉSÉE.

Avant que de mourir, un fils peut le venger.

PHORBAS.

Si vous l'êtes ou non, je ne le puis juger;

Mais je sais que Thésée est si digne de l'être,
Qu'au seul nom qu'il en prend je l'accepte pour maître.
Seigneur, vengez un père, ou ne soutenez plus
Que nous voyons en vous le vrai sang de Laïus.

JOCASTE.

Phorbas, nommez ce traître, et nous tirez de doute;
Et j'atteste à vos yeux le ciel, qui nous écoute,
Que pour cet assassin il n'est point de tourments
Qui puissent satisfaire à mes ressentiments.

PHORBAS.

Mais, si je vous nommois quelque personne chère,
Æmon votre neveu, Créon votre seul frère,
Ou le prince Lycus, ou le roi votre époux,
Me pourriez-vous en croire, ou garder ce courroux[1] ?

JOCASTE.

De ceux que vous nommez je sais trop l'innocence.

PHORBAS.

Peut-être qu'un des quatre a fait plus qu'il ne pense;
Et j'ai lieu de juger qu'un trop cuisant ennui....

JOCASTE.

Voici le roi qui vient; dites tout devant lui.

---

[1] Ce tour que prend Phorbas suffiroit pour ôter à la pièce tout son tragique. Il semble que Phorbas fasse une plaisanterie : *Si je vous nommais quelqu'un à qui vous vous intéressez, que diriez-vous ?* C'est là le discours d'un homme qui raille, qui veut embarrasser ceux auxquels il parle; et rien n'est plus indécent dans un subalterne. (V.)

SCÈNE IV[1].

OEDIPE, JOCASTE, THÉSÉE, PHORBAS,
SUITE.

OEDIPE.

Si vous trouvez un fils dans le prince Thésée,
Mon ame en son effroi s'étoit bien abusée :
Il ne choisira point de chemin criminel
Quand il voudra rentrer au trône paternel,
Madame; et ce sera du moins à force ouverte
Qu'un si vaillant guerrier entreprendra ma perte.
　Mais dessus ce vieillard plus je porte les yeux,
Plus je crois l'avoir vu jadis en d'autres lieux :
Ses rides me font peine à le bien reconnoître.
Ne m'as-tu jamais vu?

PHORBAS.
　　　Seigneur, cela peut être.

OEDIPE.
Il y pourroit avoir entre quinze et vingt ans.

PHORBAS.
J'ai de confus rapports d'environ même temps.

OEDIPE.
Environ ce temps-là fis-tu quelque voyage?

---

[1] Il n'y a pas moyen de déguiser la vérité : cette scène, qui est si tragique dans Sophocle, est tout le contraire dans l'auteur français : non seulement le langage est bas, *il y pourrait avoir entre quinze et vingt ans, c'est un de mes brigands, ce furent brigands*, un des suivants de Laïus qui était *louche*, *Laïus chauve sur le devant et mêlé sur le derrière;* mais le discours de Thésée, et un espèce de défi entre OEdipe et Thésée, achèvent de tout gâter. (V.)

ACTE IV, SCÈNE IV.

PHORBAS.

Oui, seigneur, en Phocide; et, là dans un passage....

OEDIPE.

Ah! je te reconnois, ou je suis fort trompé.
C'est un de mes brigands à la mort échappé,
Madame, et vous pouvez lui choisir des supplices :
S'il n'a tué Laïus, il fut un des complices.

JOCASTE.

C'est un de vos brigands! Ah! que me dites-vous?

OEDIPE.

Je le laissai pour mort, et tout percé de coups.

PHORBAS.

Quoi! vous m'auriez blessé? moi, seigneur?

OEDIPE.

Oui, perfide.
Tu fis, pour ton malheur, ma rencontre en Phocide,
Et tu fus un des trois que je sus arrêter
Dans ce passage étroit qu'il fallut disputer :
Tu marchois le troisième; en faut-il davantage?

PHORBAS.

Si de mes compagnons vous peigniez le visage,
Je n'aurois rien à dire, et ne pourrois nier.

OEDIPE.

Seize ans, à ton avis, m'ont fait les oublier!
Ne le présume pas : une action si belle
En laisse au fond de l'ame une idée immortelle;
Et, si dans un combat on ne perd point de temps
A bien examiner les traits des combattants,
Après que celui-ci m'eut tout couvert de gloire,
Je sus tout à loisir contempler ma victoire.
Mais tu nieras encore, et n'y connoîtras rien.

PHORBAS.

Je serai convaincu, si vous les peignez bien :

Les deux que je suivis sont connus de la reine.

OEDIPE.

Madame, jugez donc si sa défense est vaine.
Le premier de ces trois que mon bras sut punir
A peine méritoit un léger souvenir :
Petit de taille, noir, le regard un peu louche,
Le front cicatrisé, la mine assez farouche ;
Mais homme, à dire vrai, de si peu de vertu,
Que dès le premier coup je le vis abattu.
    Le second, je l'avoue, avoit un grand courage,
Bien qu'il parût déja dans le penchant de l'âge :
Le front assez ouvert, l'œil perçant, le teint frais ;
On en peut voir en moi la taille et quelques traits ;
Chauve sur le devant, mêlé sur le derrière,
Le port majestueux, et la démarche fière.
Il se défendit bien, et me blessa deux fois ;
Et tout mon cœur s'émut de le voir aux abois.
Vous pâlissez, madame !

JOCASTE.

     Ah ! seigneur, puis-je apprendre
Que vous ayez tué Laïus après Nicandre,
Que vous ayez blessé Phorbas de votre main,
Sans en frémir d'horreur, sans en pâlir soudain ?

OEDIPE.

Quoi ! c'est là ce Phorbas qui vit tuer son maitre ?

JOCASTE.

Vos yeux, après seize ans, l'ont trop su reconnoître ;
Et ses deux compagnons, que vous avez dépeints,
De Nicandre et du roi portent les traits empreints.

OEDIPE.

Mais ce furent brigands, dont le bras [1]....

---

[1] Var. Mais ce fut des brigands, dont le bras....

ACTE IV, SCÈNE IV.   281

JOCASTE.

C'est un conte
Dont Phorbas au retour voulut cacher sa honte.
Une main seule, hélas! fit ces funestes coups,
Et, par votre rapport, ils partirent de vous.

PHORBAS.

J'en fus presque sans vie un peu plus d'une année.
Avant ma guérison on vit votre hyménée.
Je guéris; et mon cœur, en secret mutiné
De connoître quel roi vous nous aviez donné,
S'imposa cet exil dans un séjour champêtre,
Attendant que le ciel me fit un autre maître.

THÉSÉE.

Seigneur, je suis le frère ou l'amant de Dircé;
Et son père ou le mien, de votre main percé....

ŒDIPE.

Prince, je vous entends, il faut venger ce père;
Et ma perte à l'état semble être nécessaire,
Puisque de nos malheurs la fin ne se peut voir,
Si le sang de Laïus ne remplit son devoir.
C'est ce que Tirésie avoit voulu me dire.
Mais ce reste du jour souffrez que je respire.
Le plus sévère honneur ne sauroit murmurer
De ce peu de moments que j'ose différer;
Et ce coup surprenant permet à votre haine
De faire cette grace aux larmes de la reine.

THÉSÉE.

Nous nous verrons demain, seigneur, et résoudrons....

ŒDIPE.

Quand il en sera temps, prince, nous répondrons;
Et s'il faut, après tout, qu'un grand crime s'efface
Par le sang que Laïus a transmis à sa race,
Peut-être aurez-vous peine à reprendre son rang,

Qu'il ne vous ait coûté quelque peu de ce sang
THÉSÉE.
Demain chacun de nous fera sa destinée.

SCÈNE V[1].

OEDIPE, JOCASTE, SUITE.

JOCASTE.
Que de maux nous promet cette triste journée!
J'y dois voir ou ma fille ou mon fils s'immoler,
Tout le sang de ce fils de votre main couler,
Ou de la sienne enfin le vôtre se répandre;
Et, ce qu'oracle aucun n'a fait encore attendre,
Rien ne m'affranchira de voir sans cesse en vous,
Sans cesse en un mari l'assassin d'un époux.
Puis-je plaindre à ce mort la lumière ravie,
Sans haïr le vivant, sans détester ma vie?
Puis-je de ce vivant plaindre l'aveugle sort,
Sans détester ma vie, et sans trahir le mort?
OEDIPE.
Madame, votre haine est pour moi légitime;
Et cet aveugle sort m'a fait vers vous un crime,

[1] La scène précédente, qui devait porter l'effroi et la douleur dans l'ame, étant très froide, porte sa glace sur celle-ci, qui, par elle-même, est aussi froide que l'autre. OEdipe, au lieu de se livrer à sa douleur et à l'horreur de son état, prodigue des antithèses sur *le vivant* et sur *le mort;* Jocaste raisonne, au lieu d'être accablée. Quelle est la source d'un si grand défaut? c'est qu'en effet le caractère de Corneille le portait à la dissertation; c'est qu'il avait le talent de nouer une intrigue adroite, mais non intéressante : il abandonna trop souvent le pathétique, qui doit être l'ame de la tragédie. Je ne parle pas du style; il n'est pas tolérable. (V.)

Dont ce prince demain me punira pour vous,
Ou mon bras vengera ce fils et cet époux ;
Et, m'offrant pour victime à votre inquiétude,
Il vous affranchira de toute ingratitude.
Alors sans balancer vous plaindrez tous les deux,
Vous verrez sans rougir alors vos derniers feux,
Et permettrez sans honte à vos douleurs pressantes
Pour Laïus et pour moi des larmes innocentes.
JOCASTE.
Ah! seigneur, quelque bras qui puisse vous punir,
Il n'effacera rien dedans mon souvenir :
Je vous verrai toujours, sa couronne à la tête,
De sa place en mon lit faire votre conquête ;
Je me verrai toujours vous placer en son rang,
Et baiser votre main fumante de son sang.
Mon ombre même un jour dans les royaumes sombres
Ne recevra des dieux pour bourreaux que vos ombres ;
Et, sa confusion l'offrant à toutes deux,
Elle aura pour tourment tout ce qui fit mes feux.
Oracles décevants, qu'osiez-vous me prédire?
Si sur notre avenir vos dieux ont quelque empire,
Quelle indigne pitié divise leur courroux !
Ce qu'elle épargne au fils retombe sur l'époux ;
Et, comme si leur haine, impuissante, ou timide,
N'osoit le faire ensemble inceste et parricide,
Elle partage à deux un sort si peu commun,
Afin de me donner deux coupables pour un.
OEDIPE.
O partage inégal de ce courroux céleste!
Je suis le parricide, et ce fils est l'inceste.
Mais mon crime est entier, et le sien imparfait ;
Le sien n'est qu'en desir, et le mien en effet.
Ainsi, quelques raisons qui puissent me défendre,

La veuve de Laïus ne sauroit les entendre ;
Et les plus beaux exploits passent pour trahisons,
Alors qu'il faut du sang, et non pas des raisons.

JOCASTE.

Ah! je n'en vois que trop qui me déchirent l'ame.
La veuve de Laïus est toujours votre femme,
Et n'oppose que trop, pour vous justifier,
A la moitié du mort celle du meurtrier.
Pour toute autre que moi votre erreur est sans crime ;
Toute autre admireroit votre bras magnanime ;
Et toute autre, réduite à punir votre erreur,
La puniroit du moins sans trouble et sans horreur.
Mais, hélas! mon devoir aux deux partis m'attache ;
Nul espoir d'aucun d'eux, nul effort ne m'arrache ;
Et je trouve toujours dans mon esprit confus
Et tout ce que je suis et tout ce que je fus.
Je vous dois de l'amour, je vous dois de la haine :
L'un et l'autre me plaît, l'un et l'autre me gêne ;
Et mon cœur, qui doit tout, et ne voit rien permis,
Souffre tout à-la-fois deux tyrans ennemis.

La haine auroit l'appui d'un serment qui me lie ;
Mais je le romps exprès pour en être punie ;
Et, pour finir des maux qu'on ne peut soulager,
J'aime à donner aux dieux un parjure à venger.
C'est votre foudre, ô ciel, qu'à mon secours j'appelle :
OEdipe est innocent, je me fais criminelle ;
Par un juste supplice osez me désunir
De la nécessité d'aimer et de punir.

OEDIPE.

Quoi! vous ne voyez pas que sa fausse justice
Ne sait plus ce que c'est que d'un juste supplice,
Et que, par un désordre à confondre nos sens,
Son injuste rigueur n'en veut qu'aux innocents?

Après avoir choisi ma main pour ce grand crime,
C'est le sang de Laïus qu'il choisit pour victime;
Et le bizarre éclat de son discernement
Sépare le forfait d'avec le châtiment.
C'est un sujet nouveau d'une haine implacable,
De voir sur votre sang la peine du coupable;
Et les dieux vous en font une éternelle loi,
S'ils punissent en lui ce qu'ils ont fait par moi.
Voyez comme les fils de Jocaste et d'OEdipe
D'une si juste haine ont tous deux le principe :
A voir leurs actions, à voir leur entretien,
L'un n'est que votre sang, l'autre n'est que le mien,
Et leur antipathie inspire à leur colère
Des préludes secrets de ce qu'il vous faut faire.

JOCASTE.

Pourrez-vous me haïr jusqu'à cette rigueur
De souhaiter pour vous même haine en mon cœur?

OEDIPE.

Toujours de vos vertus j'adorerai les charmes,
Pour ne haïr qu'en moi la source de vos larmes.

JOCASTE.

Et je me forcerai toujours à vous blâmer,
Pour ne haïr qu'en moi ce qui vous fit m'aimer.
Mais finissons, de grace, un discours qui me tue :
L'assassin de Laïus doit me blesser la vue;
Et, malgré ce courroux par sa mort allumé,
Je sens qu'OEdipe enfin sera toujours aimé.

OEDIPE.

Que fera cet amour?

JOCASTE.

Ce qu'il doit à la haine.

OEDIPE.

Qu'osera ce devoir?

JOCASTE.
Croître toujours ma peine.
OEDIPE.
Faudra-t-il pour jamais me bannir de vos yeux?
JOCASTE.
Peut-être que demain nous le saurons des dieux.

FIN DU QUATRIÈME ACTE.

ACTE CINQUIÈME.

SCÈNE 1[1].

OEDIPE, DYMAS.

DYMAS.

Seigneur, il est trop vrai que le peuple murmure,
Qu'il rejette sur vous sa funeste aventure,
Et que de tous côtés on n'entend que mutins,
Qui vous nomment l'auteur de leurs mauvais destins.
« D'un devin suborné les infames prestiges
« De l'ombre, disent-ils, ont fait tous les prodiges :
« L'or mouvoit ce fantôme ; et, pour perdre Dircé,

---

[1] Quel est le lecteur qui ne sente pas combien ce terrible sujet est affaibli dans toutes les scènes ? J'avoue que la diction vicieuse, obscure, sans chaleur, sans pathétique, contribue beaucoup aux vices de la pièce ; mais la malheureuse intrigue de Thésée et de Dircé, introduite pour remplir les vides, est ce qui tue la pièce. Peut-on souffrir que, dans des moments destinés à la plus grande terreur, OEdipe parle froidement de se battre en duel demain avec Thésée ? Un duel chez des Grecs ! et dans le sujet d'*OEdipe !* et ce qu'il y a de pis, c'est qu'OEdipe, qui se voit l'auteur de la désolation de Thèbes, et le meurtrier de Laïus, Thésée, qui doit craindre que le reste de l'oracle ne soit accompli, Thésée, qui doit être saisi d'horreur et l'inspirer, s'occupent tous deux de la crainte d'un soulèvement de ces pauvres pestiférés qui pourraient bien devenir mutins. Si vous ne frappez pas le cœur du spectateur par des coups toujours redoublés au même endroit, ce cœur vous échappe. Si vous mêlez plusieurs intérêts ensemble, il n'y a plus d'intérêt. (V.)

« Vos présents lui dictoient ce qu'il a prononcé. »
Tant ils conçoivent mal qu'un si grand roi consente
A venger son trépas sur sa race innocente,
Qu'il assure son sceptre, aux dépens de son sang,
A ce bras impuni qui lui perça le flanc,
Et que, par cet injuste et cruel sacrifice,
Lui-même de sa mort il se fasse justice.

OEDIPE.

Ils ont quelque raison de tenir pour suspect
Tout ce qui s'est montré tantôt à leur aspect;
Et je n'ose blâmer cette horreur que leur donne
L'assassin de leur roi qui porte sa couronne.
Moi-même au fond du cœur, de même horreur frappé,
Je veux fuir le remords de son trône occupé;
Et je dois cette grace à l'amour de la reine,
D'épargner ma présence aux devoirs de sa haine,
Puisque de notre hymen les liens mal tissus
Par ces mêmes devoirs semblent être rompus.
Je vais donc à Corinthe achever mon supplice.
Mais ce n'est pas au peuple à se faire justice :
L'ordre que tient le ciel à lui choisir des rois
Ne lui permet jamais d'examiner son choix,
Et le devoir aveugle y doit toujours souscrire
Jusqu'à ce que d'en haut on veuille s'en dédire.
Pour chercher mon repos, je veux bien me bannir;
Mais, s'il me bannissoit, je saurois l'en punir;
Ou, si je succombois sous sa troupe mutine,
Je saurois l'accabler du moins sous ma ruine.

DYMAS.

Seigneur, jusques ici ses plus grands déplaisirs
Pour armes contre vous n'ont pris que des soupirs;
Et cet abattement que lui cause la peste
Ne souffre à son murmure aucun dessein funeste.

Mais il faut redouter que Thésée et Dircé
N'osent pousser plus loin ce qu'il a commencé.
Phorbas même est à craindre, et pourroit le réduire
Jusqu'à se vouloir mettre en état de vous nuire.

OEDIPE.

Thésée a trop de cœur pour une trahison ;
Et d'ailleurs j'ai promis de lui faire raison.
Pour Dircé, son orgueil dédaignera sans doute
L'appui tumultueux que ton zèle redoute.
Phorbas est plus à craindre, étant moins généreux ;
Mais il nous est aisé de nous assurer d'eux.
Fais-les venir tous trois, que je lise en leur ame
S'ils prêteroient la main à quelque sourde trame.
Commence par Phorbas : je saurai démêler
Quels desseins....

PAGE.

Un vieillard demande à vous parler.
Il se dit de Corinthe, et presse.

OEDIPE.

Il vient me faire
Le funeste rapport du trépas de mon père ;
Préparons nos soupirs à ce triste récit.
Qu'il entre. Cependant fais ce que je t'ai dit.

SCÈNE II[1].

OEDIPE, IPHICRATE, suite.

OEDIPE.

Eh bien ! Polybe est mort?

[1] Ces scènes sont beaucoup plus intéressantes que les autres, parcequ'elles sont uniquement prises du sujet : on n'y disserte point; on n'y cherche point à étaler des raisons et des traits in-

IPHICRATE.
Oui, seigneur.

ŒDIPE.
Mais vous-même
Venir me consoler de ce malheur suprême!
Vous, qui, chef du conseil, devriez maintenant,
Attendant mon retour, être mon lieutenant!
Vous, à qui tant de soins d'élever mon enfance
Ont acquis justement toute ma confiance!
Ce voyage me trouble autant qu'il me surprend.

IPHICRATE.
Le roi Polybe est mort; ce malheur est bien grand :
Mais comme enfin, seigneur, il est suivi d'un pire,
Pour l'apprendre de moi faites qu'on se retire.

OEDIPE fait un signe de tête à sa suite, qui l'oblige à se retirer.

ŒDIPE.
Ce jour est donc pour moi le grand jour des malheurs,
Puisque vous apportez un comble à mes douleurs [1].
J'ai tué le feu roi jadis sans le connoître;
Son fils, qu'on croyoit mort vient ici de renaître;
Son peuple mutiné me voit avec horreur;

génieux; tout est naturel; mais il y manque ces grands mouvements de terreur et de pitié qu'on attend d'une si affreuse situation. Cette tragédie pèche par toutes les choses qu'on y a introduites, et par celles qui lui manquent. (V.)

[1] Je n'examine point si on apporte *un comble à la douleur*, s'il est bien de dire que son épouse *est dans la fureur* : je dis que je retrouve le véritable esprit de la tragédie dans cette scène d'Iphicrate, où l'on ne dit rien qui ne soit nécessaire à la pièce, dans cette simplicité éloignée de la fatigante dissertation, dans cet art théâtral et naturel qui fait naître successivement tous les malheurs d'OEdipe les uns des autres. Voilà la vraie tragédie; le reste est du verbiage : mais comment faire cinq actes sans verbiage? (V.)

Sa veuve mon épouse en est dans la fureur.
Le chagrin accablant qui me dévore l'ame
Me fait abandonner et peuple, et sceptre, et femme,
Pour remettre à Corinthe un esprit éperdu;
Et par d'autres malheurs je m'y vois attendu!

IPHICRATE.

Seigneur, il faut ici faire tête à l'orage;
Il faut faire ici ferme, et montrer du courage.
Le repos à Corinthe en effet seroit doux;
Mais il n'est plus de sceptre à Corinthe pour vous.

OEDIPE.

Quoi! l'on s'est emparé de celui de mon père?

IPHICRATE.

Seigneur, on n'a rien fait que ce qu'on a dû faire;
Et votre amour en moi ne voit plus qu'un banni,
De son amour pour vous trop doucement puni.

OEDIPE.

Quelle énigme!

IPHICRATE.

    Apprenez avec quelle justice
Ce roi vous a dû rendre un si mauvais office.
Vous n'étiez point son fils.

OEDIPE.

    Dieux! qu'entends-je?

IPHICRATE.

A regret
Ses remords en mourant ont rompu le secret.
Il vous gardoit encore une amitié fort tendre:
Mais le compte qu'aux dieux la mort force de rendre
A porté dans son cœur un si pressant effroi,
Qu'il a remis Corinthe aux mains de son vrai roi.

OEDIPE.

Je ne suis point son fils! et qui suis-je, Iphicrate?

IPHICRATE.

Un enfant exposé, dont le mérite éclate,
Et de qui par pitié j'ai dérobé les jours
Aux ongles des lions, aux griffes des vautours.

OEDIPE.

Et qui m'a fait passer pour le fils de ce prince?

IPHICRATE.

Le manque d'héritiers ébranloit sa province.
Les trois que lui donna le conjugal amour
Perdirent en naissant la lumière du jour;
Et la mort du dernier me fit prendre l'audace
De vous offrir au roi, qui vous mit en sa place.
  Ce que l'on se promit de ce fils supposé
Réunit sous ses lois son état divisé;
Mais, comme cet abus finit avec sa vie,
Sa mort de mon supplice auroit été suivie,
S'il n'eût donné cet ordre à son dernier moment[1]
Qu'un juste et prompt exil fût mon seul châtiment.

OEDIPE.

Ce revers seroit dur pour quelque ame commune;
Mais je me fis toujours maître de ma fortune;
Et, puisqu'elle a repris l'avantage du sang,
Je ne dois plus qu'à moi tout ce que j'eus de rang.
Mais n'as-tu point appris de qui j'ai reçu l'être?

IPHICRATE.

Seigneur, je ne puis seul vous le faire connoître.
Vous fûtes exposé jadis par un Thébain
Dont la compassion vous remit en ma main,
Et qui, sans m'éclaircir touchant votre naissance,
Me chargea seulement d'éloigner votre enfance.
J'en connois le visage, et l'ai revu souvent,

---

[1] VAR. S'il n'avoit ordonné dans son dernier moment.

Sans nous être tous deux expliqués plus avant :
Je lui dis qu'en éclat j'avois mis votre vie,
Et lui cachai toujours mon nom et ma patrie,
De crainte, en les sachant, que son zèle indiscret
Ne vînt mal-à-propos troubler notre secret.
Mais, comme de sa part il connoît mon visage,
Si je le trouve ici, nous saurons davantage.

OEDIPE.

Je serois donc Thébain à ce compte [1]?

IPHICRATE.

Oui, seigneur.

OEDIPE.

Je ne sais si je dois le tenir à bonheur;
Mon cœur, qui se soulève, en forme un noir augure
Sur l'éclaircissement de ma triste aventure.
Où me reçûtes-vous?

IPHICRATE.

Sur le mont Cythéron.

OEDIPE.

Ah! que vous me frappez par ce funeste nom!
Le temps, le lieu, l'oracle, et l'âge de la reine,
Tout semble concerté pour me mettre à la gêne.
Dieux! seroit-il possible? Approchez-vous, Phorbas.

---

[1] Ne prenons point garde à *ce compte*; ce n'est qu'une expression triviale qui ne diminue rien de l'intérêt de cette situation : un mot familier et même bas, quand il est naturel, est moins répréhensible cent fois que toutes ces pensées alambiquées, ces dissertations froides, ces raisonnements fatigants, et souvent faux, qui ont gâté quelquefois les plus belles scènes de l'auteur. (V.)

SCÈNE III.

OEDIPE, IPHICRATE, PHORBAS.

IPHICRATE.
Seigneur, voilà celui qui vous mit en mes bras;
Permettez qu'à vos yeux je montre un peu de joie.
Se peut-il faire, ami, qu'encor je te revoie!
PHORBAS.
Que j'ai lieu de bénir ton retour fortuné!
Qu'as-tu fait de l'enfant que je t'avois donné?
Le généreux Thésée a fait gloire de l'être;
Mais sa preuve est obscure, et tu dois le connoître;
Parle.
IPHICRATE.
Ce n'est point lui, mais il vit en ces lieux.
PHORBAS.
Nomme-le donc, de grace.
IPHICRATE.
Il est devant tes yeux.
PHORBAS.
Je ne vois que le roi.
IPHICRATE.
C'est lui-même.
PHORBAS.
Lui-même!
IPHICRATE.
Oui : le secret n'est plus d'une importance extrême;
Tout Corinthe le sait. Nomme-lui ses parents.
PHORBAS.
En fussions-nous tous trois à jamais ignorants!

ACTE V, SCÈNE IV.

IPHICRATE.

Seigneur, lui seul enfin peut dire qui vous êtes.

OEDIPE.

Hélas! je le vois trop; et vos craintes secrètes,
Qui vous ont empêchés de vous entr'éclaircir,
Loin de tromper l'oracle, ont fait tout réussir[1].

Voyez où m'a plongé votre fausse prudence :
Vous cachiez ma retraite, il cachoit ma naissance :
Vos dangereux secrets, par un commun accord,
M'ont livré tout entier aux rigueurs de mon sort.
Ce sont eux qui m'ont fait l'assassin de mon père;
Ce sont eux qui m'ont fait le mari de ma mère.
D'une indigne pitié le fatal contre-temps
Confond dans mes vertus ces forfaits éclatants :
Elle fait voir en moi, par un mélange infame,
Le frère de mes fils et le fils de ma femme.
Le ciel l'avoit prédit, vous avez achevé;
Et vous avez tout fait quand vous m'avez sauvé.

PHORBAS.

Oui, seigneur, j'ai tout fait, sauvant votre personne;
M'en punissent les dieux, si je me le pardonne!

SCÈNE IV.

OEDIPE, IPHICRATE.

OEDIPE.

Que n'obéissois-tu, perfide, à mes parents,

[1] Ici l'art manque; OEdipe exerce trop tôt son autre art de deviner les énigmes. Plus de surprise, plus de terreur, plus d'horreur. L'auteur retombe dans ses malheureuses dissertations, *voyez où m'a plongé votre fausse prudence,* etc. Il est d'autant plus inexcusable, qu'il avait devant les yeux Sophocle, qui a traité ce morceau en maître. (V.)

Qui se faisoient pour moi d'équitables tyrans?
Que ne lui disois-tu ma naissance et l'oracle,
Afin qu'à mes destins il pût mettre un obstacle?
Car, Iphicrate, en vain j'accuserois ta foi;
Tu fus dans ces destins aveugle comme moi;
Et tu ne m'abusois que pour ceindre ma tête
D'un bandeau dont par-là tu faisois ma conquête.

IPHICRATE.

Seigneur, comme Phorbas avoit mal obéi,
Que l'ordre de son roi par-là se vit trahi,
Il avoit lieu de craindre, en me disant le reste,
Que son crime par moi devenu manifeste....

OEDIPE.

Cesse de l'excuser : que m'importe en effet
S'il est coupable ou non de tout ce que j'ai fait?
En ai-je moins de trouble, ou moins d'horreur en l'ame?

SCÈNE V[1].

OEDIPE, DIRCÉ, IPHICRATE.

OEDIPE.

Votre frère est connu; le savez-vous, madame?

---

[1] Le spectateur qui était ému cesse ici de l'être. OEdipe, qui raisonne avec Dircé de l'amour de cette princesse pour Thésée, fait oublier ses malheurs; il rompt le fil de l'intérêt. Dircé est si étrangère à l'aventure d'OEdipe, que, toutes les fois qu'elle paraît, elle fait beaucoup plus de tort à la pièce que l'*infante* n'en fait à la tragédie du *Cid*, et Livie à *Cinna;* car on peut retrancher Livie et l'*infante,* et on ne peut retrancher Dircé et Thésée, qui sont malheureusement des acteurs principaux.

Il reste une réflexion à faire sur la tragédie d'*OEdipe.* C'est, sans contredit, le chef-d'œuvre de l'antiquité, quoique avec de grands défauts. Toutes les nations éclairées se sont réunies à

DIRCÉ.

Oui, seigneur, et Phorbas m'a tout dit en deux mots.

l'admirer, en convenant des fautes de Sophocle. Pourquoi ce sujet n'a-t-il pu être traité avec un plein succès chez aucune de ces nations? ce n'est pas certainement qu'il ne soit très tragique. Quelques personnes ont prétendu qu'on ne peut s'intéresser aux crimes involontaires d'OEdipe, et que son châtiment révolte plus qu'il ne touche : cette opinion est démentie par l'expérience ; car tout ce qui a été imité de Sophocle, quoique très faiblement, dans l'*OEdipe*, a toujours réussi parmi nous ; et tout ce qu'on a mêlé d'étranger à ce sujet a été condamné. Il faut donc conclure qu'il fallait traiter *OEdipe* dans toute la simplicité grecque. Pourquoi ne l'avons-nous pas fait? c'est que nos pièces en cinq actes, dénuées de chœurs, ne peuvent être conduites jusqu'au dernier acte sans des secours étrangers au sujet ; nous les chargeons d'épisodes, et nous les étouffons : cela s'appelle du remplissage. J'ai déjà dit qu'on veut une tragédie qui dure deux heures ; il faudrait qu'elle durât moins, et qu'elle fût meilleure.

C'est le comble du ridicule de parler d'amour dans *OEdipe*, dans *Électre*, dans *Mérope*. Lorsqu'en 1718 il fut question de représenter le seul *OEdipe* qui soit resté depuis au théâtre, les comédiens exigèrent quelques scènes où l'amour ne fût pas oublié ; et l'auteur gâta et avilit ce beau sujet par le froid ressouvenir d'un amour insipide entre Philoctète et Jocaste.

L'actrice qui représentait Dircé, dans l'*OEdipe* de Corneille, dit au nouvel auteur : « C'est moi qui joue l'amoureuse ; et si on « ne me donne un rôle, la pièce ne sera pas jouée. » A ces paroles, *je joue l'amoureuse dans OEdipe*, deux étrangers du bon ton éclatèrent de rire : mais il fallut en passer par ce que les acteurs exigeaient ; il fallut s'asservir à l'abus le plus méprisable ; et si l'auteur, indigné de cet abus auquel il cédait, n'avait pas mis dans sa tragédie le moins de conversations amoureuses qu'il put, s'il avait prononcé le mot d'amour dans les trois derniers actes, la pièce ne mériterait pas d'être représentée.

Il y a bien des manières de parvenir au froid et à l'insipide. La Motte, l'un des plus ingénieux auteurs que nous ayons, y est arrivé par une autre route, par une versification lâche, par l'in-

OEDIPE.
Votre amour pour Thésée est dans un plein repos.
Vous n'appréhendez plus que le titre de frère
S'oppose à cette ardeur qui vous étoit si chère :
Cette assurance entière a de quoi vous ravir,
Ou plutôt votre haine a de quoi s'assouvir.
Quand le ciel de mon sort l'auroit faite l'arbitre,
Elle ne m'eût choisi rien de pis que ce titre.

DIRCÉ.
Ah! seigneur, pour Æmon j'ai su mal obéir;
Mais je n'ai point été jusques à vous haïr.
La fierté de mon cœur, qui me traitoit de reine,
Vous cédoit en ces lieux la couronne sans peine ;
Et cette ambition que me prêtoit l'amour
Ne cherchoit qu'à régner dans un autre séjour.
Cent fois de mon orgueil l'éclat le plus farouche
Aux termes odieux a refusé ma bouche :
Pour vous nommer tyran il falloit cent efforts ;
Ce mot ne m'a jamais échappé sans remords.
D'un sang respectueux la puissance inconnue
A mes soulèvements mêloit la retenue ;
Et cet usurpateur dont j'abhorrois la loi,

troduction de deux grands enfants d'OEdipe sur la scène, par la soustraction entière de la terreur et de la pitié. (V.) — Voltaire ne parle ici de son *OEdipe* que pour convenir des fautes qu'il a été forcé d'y laisser ; et, en jugeant celui de Corneille, c'est tout ce qu'il pouvait en dire avec bienséance. Il était difficile qu'après avoir traité, dans sa jeunesse, le même sujet d'une manière très supérieure, il ne fût pas tenté d'être sévère dans ses remarques : cependant il eût été plus noble de n'y pas mêler d'indécentes railleries. On doit avouer qu'il a peu fait d'observations dans son commentaire qui prouvent mieux la grande connaissance qu'il avait de l'art dramatique et des effets du théâtre. (P.)

S'il m'eût donné Thésée, eût eu le nom de roi.
####### OEDIPE.
C'étoit ce même sang dont la pitié secrète
De l'ombre de Laïus me faisoit l'interprète.
Il ne pouvoit souffrir qu'un mot mal entendu
Détournât sur ma sœur un sort qui m'étoit dû,
Et que votre innocence immolée à mon crime
Se fît de nos malheurs l'inutile victime.
####### DIRCÉ.
Quel crime avez-vous fait que d'être malheureux ?
####### OEDIPE.
Mon souvenir n'est plein que d'exploits généreux ;
Cependant je me trouve inceste et parricide,
Sans avoir fait un pas que sur les pas d'Alcide ;
Ni recherché par-tout que lois à maintenir,
Que monstres à détruire, et méchants à punir.
Aux crimes malgré moi l'ordre du ciel m'attache,
Pour m'y faire tomber à moi-même il me cache ;
Il offre, en m'aveuglant sur ce qu'il a prédit,
Mon père à mon épée, et ma mère à mon lit.
Hélas ! qu'il est bien vrai qu'en vain on s'imagine
Dérober notre vie à ce qu'il nous destine !
Les soins de l'éviter font courir au-devant,
Et l'adresse à le fuir y plonge plus avant.
Mais si les dieux m'ont fait la vie abominable,
Ils m'en font par pitié la sortie honorable,
Puisque enfin leur faveur mêlée à leur courroux
Me condamne à mourir pour le salut de tous,
Et qu'en ce même temps qu'il faudroit que ma vie
Des crimes qu'ils m'ont fait traînât l'ignominie,
L'éclat de ces vertus que je ne tiens pas d'eux
Reçoit pour récompense un trépas glorieux.

DIRCÉ.

Ce trépas glorieux comme vous me regarde ;
Le juste choix du ciel peut-être me le garde :
Il fit tout votre crime ; et le malheur du roi
Ne vous rend pas, seigneur, plus coupable que moi.
D'un voyage fatal qui seul causa sa perte
Je fus l'occasion ; elle vous fut offerte :
Votre bras contre trois disputa le chemin ;
Mais ce n'étoit qu'un bras qu'empruntoit le destin,
Puisque votre vertu qui servit sa colère
Ne put voir en Laïus ni de roi ni de père.
Ainsi j'espère encor que demain, par son choix,
Le ciel épargnera le plus grand de nos rois.
L'intérêt des Thébains et de votre famille
Tournera son courroux sur l'orgueil d'une fille
Qui n'a rien que l'état doive considérer,
Et qui contre son roi n'a fait que murmurer.

OEDIPE.

Vous voulez que le ciel, pour montrer à la terre
Qu'on peut innocemment mériter le tonnerre,
Me laisse de sa haine étaler en ces lieux
L'exemple le plus noir et le plus odieux !
Non, non ; vous le verrez demain au sacrifice
Par le choix que j'attends couvrir son injustice,
Et, par la peine due à son propre forfait,
Désavouer ma main de tout ce qu'elle a fait.

SCÈNE VI.

OEDIPE, THÉSÉE, DIRCÉ, IPHICRATE.

OEDIPE.
Est-ce encor votre bras qui doit venger son père [1] ?
Son amant en a-t-il plus de droit que son frère,
Prince ?

THÉSÉE.
    Je vous en plains, et ne puis concevoir,
Seigneur....

OEDIPE.
      La vérité ne se fait que trop voir.
Mais nous pourrons demain être tous deux à plaindre,
Si le ciel fait le choix qu'il nous faut tous deux craindre.
  S'il me choisit, ma sœur, donnez-lui votre foi :
Je vous en prie en frère, et vous l'ordonne en roi.
Vous, seigneur, si Dircé garde encor sur votre ame
L'empire que lui fit une si belle flamme,
Prenez soin d'apaiser les discords de mes fils,
Qui par les nœuds du sang vous deviendront unis.
Vous voyez où des dieux nous a réduits la haine.
Adieu : laissez-moi seul en consoler la reine ;
Et ne m'enviez pas un secret entretien,
Pour affermir son cœur sur l'exemple du mien.

[1] Thésée et Dircé viennent achever de répandre leur glace sur cette fin, qui devait être si touchante et si terrible. OEdipe appelle Dircé sa sœur comme si de rien n'était ; il lui parle *de l'empire qu'une belle flamme lui fit sur une ame ; il va en consoler la reine :* tout se passe en civilités, et Dircé reste à disserter avec Thésée ; et, pour comble, l'auteur se félicite, dans sa préface, de *l'heureux épisode* de Thésée et de Dircé. Plaignons la faiblesse de l'esprit humain. (V.)

SCÈNE VII.

THÉSÉE, DIRCÉ.

DIRCÉ.

Parmi de tels malheurs que sa constance est rare!
Il ne s'emporte point contre un sort si barbare;
La surprenante horreur de cet accablement
Ne coûte à sa grande ame aucun égarement;
Et sa haute vertu, toujours inébranlable,
Le soutient au-dessus de tout ce qui l'accable.
THÉSÉE.
Souvent, avant le coup qui doit nous accabler,
La nuit qui l'enveloppe a de quoi nous troubler;
L'obscur pressentiment d'une injuste disgrace
Combat avec effroi sa confuse menace :
Mais, quand ce coup tombé vient d'épuiser le sort
Jusqu'à n'en pouvoir craindre un plus barbare effort,
Ce trouble se dissipe, et cette ame innocente,
Qui brave impunément la fortune impuissante,
Regarde avec dédain ce qu'elle a combattu,
Et se rend tout entière à toute sa vertu.

SCÈNE VIII.

THÉSÉE, DIRCÉ, NÉRINE.

NÉRINE.

Madame....
DIRCÉ.
Que veux-tu, Nérine?

ACTE V, SCÈNE VIII.

NÉRINE.

Hélas! la reine....

DIRCÉ.

Que fait-elle?

NÉRINE.

Elle est morte; et l'excès de sa peine,
Par un prompt désespoir....

DIRCÉ.

Jusques où portez-vous,
Impitoyables dieux, votre injuste courroux!

THÉSÉE.

Quoi! même aux yeux du roi son désespoir la tue?
Ce monarque n'a pu....

NÉRINE.

Le roi ne l'a point vue;
Et quant à son trépas, ses pressantes douleurs
L'ont cru devoir sur l'heure à de si grands malheurs.
Phorbas l'a commencé, sa main a fait le reste.

DIRCÉ.

Quoi! Phorbas....

NÉRINE.

Oui, Phorbas, par son récit funeste,
Et par son propre exemple, a su l'assassiner.
Ce malheureux vieillard n'a pu se pardonner;
Il s'est jeté d'abord aux genoux de la reine,
Où, détestant l'effet de sa prudence vaine,
« Si j'ai sauvé ce fils pour être votre époux,
« Et voir le roi son père expirer sous ses coups,
« A-t-il dit, la pitié qui me fit le ministre
« De tout ce que le ciel eut pour vous de sinistre,
« Fait place au désespoir d'avoir si mal servi,
« Pour venger sur mon sang votre ordre mal suivi.
« L'inceste où malgré vous tous deux je vous abyme

« Recevra de ma main sa première victime :
« J'en dois le sacrifice à l'innocente erreur
« Qui vous rend l'un pour l'autre un objet plein d'horreur. »
Cet arrêt qu'à nos yeux lui-même il se prononce
Est suivi d'un poignard qu'en ses flancs il enfonce [1].
La reine, à ce malheur si peu prémédité,
Semble le recevoir avec stupidité.
L'excès de sa douleur la fait croire insensible ;
Rien n'échappe au-dehors qui la rende visible ;
Et tous ses sentiments enfermés dans son cœur
Ramassent en secret leur dernière vigueur.
Nous autres cependant, autour d'elle rangées,
Stupides ainsi qu'elle, ainsi qu'elle affligées,
Nous n'osons rien permettre à nos fiers déplaisirs,
Et nos pleurs par respect attendent ses soupirs.
Mais enfin tout-à-coup, sans changer de visage,
Du mort qu'elle contemple elle imite la rage,
Se saisit du poignard, et de sa propre main
A nos yeux, comme lui, s'en traverse le sein.
On diroit que du ciel l'implacable colère
Nous arrête les bras pour lui laisser tout faire.
Elle tombe, elle expire avec ces derniers mots :
« Allez dire à Dircé qu'elle vive en repos,
« Que de ces lieux maudits en hâte elle s'exile.
« Athènes a pour elle un glorieux asile,
« Si toutefois Thésée est assez généreux
« Pour n'avoir point d'horreur d'un sang si malheureux. »

---

[1] Outre les nombreuses imitations que cette pièce a fournies à l'*OEdipe* de Voltaire, ces deux vers se trouvent encore presque mot à mot dans *la Henriade*. L'auteur les a placés dans la description de la famine de Paris, à la fin du récit de l'action épouvantable de cette infortunée qui, au milieu des horreurs qui l'environnent, oublie un instant qu'elle est mère. (P.)

ACTE V, SCÈNE IX.

THÉSÉE.

Ah! ce doute m'outrage; et si jamais vos charmes....

DIRCÉ.

Seigneur, il n'est saison que de verser des larmes.
La reine, en expirant, a donc pris soin de moi!
Mais tu ne me dis point ce qu'elle a dit du roi?

NÉRINE.

Son ame en s'envolant, jalouse de sa gloire,
Craignoit d'en emporter la honteuse mémoire;
Et, n'osant le nommer son fils ni son époux,
Sa dernière tendresse a toute été pour vous.

DIRCÉ.

Et je puis vivre encore après l'avoir perdue!

SCÈNE IX.

THÉSÉE, DIRCÉ, CLÉANTE, DYMAS, NÉRINE.

(Cléante sort d'un côté, et Dymas de l'autre, environ quatre vers après Cléante.)

CLÉANTE.

La santé dans ces murs tout d'un coup répandue
Fait crier au miracle, et bénir hautement
La bonté de nos dieux d'un si prompt changement.
Tous ces mourants, madame, à qui déja la peste
Ne laissoit qu'un soupir, qu'un seul moment de reste,
En cet heureux moment rappelés des abois,
Rendent graces au ciel d'une commune voix;
Et l'on ne comprend point quel remède il applique
A rétablir sitôt l'allégresse publique.

DIRCÉ.

Que m'importe qu'il montre un visage plus doux,

Quand il fait des malheurs qui ne sont que pour nous?
Avez-vous vu le roi, Dymas?

DYMAS.

Hélas! princesse,
On ne doit qu'à son sang la publique allégresse.
Ce n'est plus que pour lui qu'il faut verser des pleurs :
Ses crimes inconnus avoient fait nos malheurs;
Et sa vertu souillée à peine s'est punie,
Qu'aussitôt de ces lieux la peste s'est bannie.

THÉSÉE.

L'effort de son courage a su nous éblouir :
D'un si grand désespoir il cherchoit à jouir,
Et de sa fermeté n'empruntoit les miracles
Que pour mieux éviter toutes sortes d'obstacles.

DIRCÉ.

Il s'est rendu par-là maître de tout son sort.
Mais achève, Dymas, le récit de sa mort;
Achève d'accabler une ame désolée.

DYMAS.

Il n'est point mort, madame; et la sienne, ébranlée
Par les confus remords d'un innocent forfait,
Attend l'ordre des dieux pour sortir tout-à-fait.

DIRCÉ.

Que nous disois-tu donc?

DYMAS.

Ce que j'ose encor dire,
Qu'il vit et ne vit plus, qu'il est mort et respire;
Et que son sort douteux, qui seul reste à pleurer,
Des morts et des vivants semble le séparer[1].
J'étois auprès de lui sans aucunes alarmes;

---

[1] Voilà encore un vers que Voltaire a conservé dans son *OEdipe*. (P.)

Son cœur sembloit calmé, je le voyois sans armes,
Quand soudain, attachant ses deux mains sur ses yeux:
« Prévenons, a-t-il dit, l'injustice des dieux;
« Commençons à mourir avant qu'ils nous l'ordonnent;
« Qu'ainsi que mes forfaits mes supplices étonnent.
« Ne voyons plus le ciel après sa cruauté :
« Pour nous venger de lui dédaignons sa clarté;
« Refusons-lui nos yeux, et gardons quelque vie
« Qui montre encore à tous quelle est sa tyrannie. »
Là, ses yeux arrachés par ses barbares mains
Font distiller un sang qui rend l'ame aux Thébains.
Ce sang si précieux touche à peine la terre,
Que le courroux du ciel ne leur fait plus la guerre;
Et trois mourants guéris au milieu du palais
De sa part tout d'un coup nous annoncent la paix.
Cléante vous a dit que par toute la ville....

THÉSÉE.

Cessons de nous gêner d'une crainte inutile.
A force de malheurs le ciel fait assez voir
Que le sang de Laïus a rempli son devoir :
Son ombre est satisfaite; et ce malheureux crime
Ne laisse plus douter du choix de sa victime.

DIRCÉ.

Un autre ordre demain peut nous être donné.
Allons voir cependant ce prince infortuné,
Pleurer auprès de lui notre destin funeste,
Et remettons aux dieux à disposer du reste.

DÉCLARATION DE VOLTAIRE.

Mon respect pour l'auteur des admirables morceaux du *Cid*, de *Cinna*, et de tant de chefs-d'œuvre, mon amitié constante pour l'unique héritière du nom de ce grand homme, ne m'ont pas empêché de voir et de dire la vérité, quand j'ai examiné son *Œdipe* et ses autres pièces indignes de lui; et je crois avoir prouvé tout ce que j'ai dit. Le souvenir même que j'ai fait autrefois une tragédie d'*Œdipe* ne m'a point retenu. Je ne me suis point cru égal à Corneille : je me suis mis hors d'intérêt; je n'ai eu devant les yeux que l'intérêt du public, l'instruction des jeunes auteurs, l'amour du vrai, qui l'emporte dans mon esprit sur toutes les autres considérations. Mon admiration sincère pour le beau est égale à ma haine pour le mauvais. Je ne connais ni l'envie, ni l'esprit de parti : je n'ai jamais songé qu'à la perfection de l'art, et je dirai hardiment la vérité en tout genre jusqu'au dernier moment de ma vie.

FIN.

EXAMEN D'ŒDIPE.

La mauvaise fortune de *Pertharite* m'avoit assez dégoûté du théâtre pour m'obliger à faire retraite, et à m'imposer un silence que je garderois encore, si M. le procureur-général Fouquet me l'eût permis. Comme il n'étoit pas moins surintendant des belles-lettres que des finances, je ne pus me défendre des ordres qu'il daigna me donner, de mettre sur notre scène un des trois sujets qu'il me proposa. Il m'en laissa le choix, et je m'arrêtai à celui-ci, dont le bonheur me vengea bien de la déroute de l'autre, puisque le roi s'en satisfit assez pour me faire recevoir des marques solides de son approbation par ses libéralités, que je pris pour des commandements tacites de consacrer aux divertissements de sa majesté ce que l'âge et les vieux travaux m'avoient laissé d'esprit et de vigueur.

Je ne déguiserai point qu'après avoir fait le choix de ce sujet, sur cette confiance que j'aurois pour moi les suffrages de tous les savants, qui le regardent encore comme le chef-d'œuvre de l'antiquité, et que les pensées de Sophocle et de Sénèque, qui l'ont traité en leurs langues, me faciliteroient les moyens d'en venir à bout, je tremblai quand je l'envisageai de près : je reconnus que ce qui avoit passé pour merveilleux en leurs siècles pourroit sembler horrible au nôtre; que cette éloquente et sérieuse description de la manière dont ce malheureux prince se crève les yeux, qui occupe tout leur cinquième acte, feroit soulever la délicatesse de nos dames, dont le dégoût attire aisément celui du reste de l'auditoire; et qu'enfin l'amour n'ayant point de part en cette tragédie, elle étoit dénuée des principaux agréments qui sont en possession de gagner la voix publique.

Ces considérations m'ont fait cacher aux yeux un si dangereux spectacle, et introduire l'heureux épisode de Thésée et de Dircé. J'ai retranché le nombre des oracles, qui pouvoit être importun, et donner à OEdipe trop de soupçon de sa naissance. J'ai rendu la réponse de Laïus, évoqué par Tirésie, assez obscure dans sa clarté apparente pour en faire une fausse application à cette princesse ; j'ai rectifié ce qu'Aristote y trouve sans raison, et qu'il n'excuse que parcequ'il arrive avant le commencement de la pièce; et j'ai fait en sorte qu'OEdipe, loin de se croire l'auteur de la mort du roi son prédécesseur, s'imagine l'avoir vengée sur trois brigands, à qui le bruit commun l'attribue ; et ce n'est pas un petit artifice qu'il s'en convainque lui-même lorsqu'il en veut convaincre Phorbas.

Ces changements m'ont fait perdre l'avantage que je m'étois promis, de n'être souvent que le traducteur de ces grands génies qui m'ont précédé. La différente route que j'ai prise m'a empêché de me rencontrer avec eux, et de me parer de leur travail; mais, en récompense, j'ai eu le bonheur de faire avouer qu'il n'est point sorti de pièce de ma main où il se trouve tant d'art qu'en celle-ci. On m'y a fait deux objections : l'une, que Dircé, au troisième acte, manque de respect envers sa mère ; ce qui ne peut être une faute de théâtre, puisque nous ne sommes pas obligés de rendre parfaits ceux que nous y faisons voir ; outre que cette princesse considère encore tellement ces devoirs de la nature, que, bien qu'elle ait lieu de regarder cette mère comme une personne qui s'est emparée d'un trône qui lui appartient, elle lui demande pardon de cette échappée, et la condamne aussi bien que les plus rigoureux de mes juges. L'autre objection regarde la guérison publique, sitôt qu'OEdipe s'est puni. La narration s'en fait par Cléante et par Dymas, et l'on veut qu'il eût pu suffire de l'un des deux pour la faire : à quoi je réponds que ce miracle s'étant fait tout d'un coup, un seul homme n'en pouvoit savoir assez tôt tout l'effet, et qu'il a fallu donner à l'un le récit de ce qui s'étoit passé dans la ville, et à l'autre, de ce qu'il avoit vu dans le palais. Je trouve plus à dire à Dircé qui les écoute, et devroit avoir couru auprès de sa mère sitôt qu'on lui en a dit la mort; mais on peut répondre que si les devoirs de la nature nous appellent auprès de nos parents quand ils meurent, nous nous retirons d'ordinaire d'auprès d'eux quand ils sont morts, afin de nous épargner ce funeste spectacle, et qu'ainsi Dircé a pu n'avoir aucun empressement de voir sa mère, à qui son secours ne pouvoit plus être utile, puisqu'elle étoit morte; outre que, si elle y eût couru, Thésée l'auroit suivie, et il ne me seroit demeuré personne pour entendre ces récits. C'est une incommodité de la représentation, qui doit faire souffrir quelque manquement à l'exacte vraisemblance. Les anciens avoient leurs chœurs qui ne sortoient point du théâtre, et étoient toujours prêts d'écouter tout ce qu'on leur vouloit apprendre; mais cette facilité étoit compensée par tant d'autres importunités de leur part, que nous ne devons point nous repentir du retranchement que nous en avons fait [1].

[1] Observez que, dans cet Examen, Corneille s'applaudit beaucoup de l'heureux épisode de Thésée et de Dircé, et que cet épisode est précisément ce qu'il y a de plus défectueux dans sa pièce. (P.)

SERTORIUS,

TRAGÉDIE.

1662.

AU LECTEUR.

Ne cherchez point dans cette tragédie les agréments qui sont en possession de faire réussir au théâtre les poëmes de cette nature : vous n'y trouverez ni tendresses d'amour, ni emportements de passions, ni descriptions pompeuses, ni narrations pathétiques. Je puis dire toutefois qu'elle n'a point déplu, et que la dignité des noms illustres, la grandeur de leurs intérêts, et la nouveauté de quelques caractères, ont suppléé au manque de ces graces. Le sujet est simple, et du nombre de ces événements connus, où il ne nous est pas permis de rien changer, qu'autant que la nécessité indispensable de les réduire dans la règle nous force d'en resserrer les temps et les lieux. Comme il ne m'a fourni aucunes femmes, j'ai été obligé de recourir à l'invention pour en introduire deux, assez compatibles l'une et l'autre avec les vérités historiques à qui je me suis attaché. L'une a vécu de ce temps-là; c'est la première femme de Pompée, qu'il répudia pour entrer dans l'alliance de Sylla, par le mariage d'Æmilie, fille de sa femme. Ce divorce est constant par le rapport de tous ceux qui ont écrit la vie de Pompée ; mais aucun d'eux ne nous apprend ce que devint cette malheureuse, qu'ils appellent tous Antistie, à la réserve d'un Espagnol, évêque de Gironne, qui lui donne le nom d'Aristie, que j'ai préféré, comme plus doux à l'oreille. Leur silence m'ayant laissé liberté entière de lui faire un refuge, j'ai cru ne lui en pouvoir choisir un avec plus de vraisemblance que chez les ennemis de ceux qui l'avoient outragée : cette retraite en a d'autant plus, qu'elle produit un effet véritable par les lettres des principaux de Rome que je lui fais porter à Sertorius, et que Perpenna remit entre les mains de Pompée, qui en usa comme je le marque. L'autre femme est une pure idée de mon esprit, mais qui ne laisse pas d'avoir aussi quelque fondement dans l'histoire. Elle nous apprend que les Lusitaniens appelèrent Sertorius d'Afrique pour être leur chef contre le parti de Sylla; mais elle ne nous dit point s'ils étoient en république, ou sous une monarchie. Il n'y a donc rien qui répugne à leur donner une reine; et je ne la pouvois faire sortir d'un sang plus considérable que de celui de Viriatus, dont je lui fais porter le nom, le plus grand homme que l'Espagne ait opposé aux Romains, et le dernier qui leur a fait tête dans ces provinces avant Sertorius. Il n'étoit pas roi en effet, mais il en avoit toute l'autorité; et les préteurs et consuls que Rome envoya pour le combattre, et qu'il défit souvent, l'estimèrent assez pour faire des traités de paix avec lui comme avec un souverain et juste ennemi. Sa mort arriva soixante et huit ans avant celle que je traite; de sorte qu'il auroit pu être aïeul ou bisaïeul de cette reine que je fais parler ici.

Il fut défait par le consul Q. Servilius, et non par Brutus, comme je l'ai fait dire à cette princesse, sur la foi de cet évêque espagnol que je viens de citer, et qui m'a jeté dans l'erreur après lui. Elle est aisée à corriger par le changement d'un mot dans ce vers unique qui en parle, et qu'il faut rétablir ainsi :

 Et de Servilius l'astre prédominant [1].

Je sais bien que Sylla, dont je parle tant dans ce poëme,

---

[1] Acte II, scène I. Après une semblable remarque, nous avons dû nous étonner de retrouver la première leçon dans les éditions de 1682 et 1692. (PAR.)

étoit mort six ans avant Sertorius; mais, à le prendre à la rigueur, il est permis de presser les temps pour faire l'unité de jour; et, pourvu qu'il n'y aye point d'impossibilité formelle, je puis faire arriver en six jours, voire en six heures, ce qui s'est passé en six ans. Cela posé, rien n'empêche que Sylla ne meure avant Sertorius, sans rien détruire de ce que je dis ici, puisqu'il a pu mourir depuis qu'Arcas est parti de Rome pour apporter la nouvelle de la démission de sa dictature; ce qu'il fait en même temps que Sertorius est assassiné. Je dis de plus que, bien que nous devions être assez scrupuleux observateurs de l'ordre des temps, néanmoins, pourvu que ceux que nous faisons parler se soient connus, et ayent eu ensemble quelques intérêts à démêler, nous ne sommes pas obligés à nous attacher si précisément à la durée de leur vie. Sylla étoit mort quand Sertorius fut tué, mais il pouvoit vivre encore sans miracle; et l'auditeur, qui communément n'a qu'une teinture superficielle de l'histoire, s'offense rarement d'une pareille prolongation, qui ne sort point de la vraisemblance. Je ne voudrois pas toutefois faire une règle générale de cette licence, sans y mettre quelque distinction. La mort de Sylla n'apporta aucun changement aux affaires de Sertorius en Espagne, et lui fut de si peu d'importance, qu'il est malaisé, en lisant la vie de ce héros chez Plutarque, de remarquer lequel des deux est mort le premier, si l'on n'en est instruit d'ailleurs. Autre chose est de celles qui renversent les états, détruisent les partis, et donnent une autre face aux affaires, comme a été celle de Pompée, qui feroit révolter tout l'auditoire contre un auteur, s'il avoit l'impudence de la mettre après celle de César. D'ailleurs il falloit colorer et excuser en quelque sorte la guerre que Pompée et les autres chefs romains continuoient contre Sertorius; car il est assez malaisé de comprendre pourquoi l'on s'y obstinoit, après que la république sembloit être rétablie par la démission volontaire et la mort de son tyran. Sans doute que son esprit de souveraineté qu'il avoit fait revivre dans Rome n'y étoit pas mort avec lui, et que Pompée et beaucoup d'autres, aspirant dans l'ame à prendre sa place, craignoient que Sertorius ne leur y fût un puissant obstacle, ou par l'amour qu'il avoit toujours pour sa patrie, ou par la grandeur de sa réputation et le mérite de ses actions, qui lui eussent fait donner la préférence, si ce grand ébranlement de la république l'eût mise en état de ne se pouvoir passer de maître. Pour ne pas déshonorer Pompée par cette jalousie secrète de son ambition, qui semoit dès-lors ce qu'on a vu depuis éclater si hautement, et qui peut-être étoit le véritable motif de cette guerre, je me suis persuadé qu'il étoit plus à propos de faire vivre Sylla, afin d'en attribuer l'injustice à la violence de sa domination. Cela m'a servi de plus à arrêter l'effet de ce puissant amour que je lui fais conserver pour Aristie, avec qui il n'eût pu se défendre de renouer, s'il n'eût eu rien à craindre du côté de Sylla, dont le nom odieux, mais illustre, donne un grand poids aux raisonnements de la politique, qui fait l'ame de toute cette tragédie.

Le même Pompée semble s'écarter un peu de la prudence d'un général d'armée, lorsque, sur la foi de Sertorius, il vient conférer avec lui dans une ville dont le chef du parti contraire est maître absolu; mais c'est une confiance de généreux à généreux, et de Romain à Romain, qui lui donne quelque droit de ne craindre aucune supercherie de la part d'un si grand homme. Ce n'est pas que je ne veuille bien accorder aux critiques qu'il n'a pas assez pourvu à sa propre sûreté; mais il m'étoit impossible de garder l'unité de lieu sans lui faire faire cette échappée, qu'il faut imputer à l'incommodité de la règle, plus qu'à moi qui l'ai bien vue. Si vous ne voulez la pardonner à l'impatience qu'il avoit de voir sa femme, dont je le fais encore si passionné, et à la peur qu'elle ne prît un autre mari, faute de savoir ses intentions pour elle, vous la pardonnerez au plaisir qu'on a pris à cette conférence, que quelques uns des premiers dans la cour et pour la naissance et pour l'esprit ont estimée autant qu'une pièce entière. Vous n'en serez pas désavoué par Aristote, qui souffre qu'on mette quelquefois des choses sans raison sur le théâtre, quand il y a apparence qu'elles seront bien reçues, et qu'on a lieu d'espérer que les avantages que le poëme en tirera[1] pourront mériter cette grace.

---

[1] *Retirera* serait aujourd'hui le mot propre. (Par.)

ACTEURS.

SERTORIUS, général du parti de Marius en Espagne.
PERPENNA, lieutenant de Sertorius.
AUFIDE, tribun de l'armée de Sertorius.
POMPÉE, général du parti de Sylla.
ARISTIE, femme de Pompée.
VIRIATE, reine de Lusitanie, à présent Portugal.
THAMIRE, dame d'honneur de Viriate.
CELSUS, tribun du parti de Pompée.
ARCAS, affranchi d'Aristius, frère d'Aristie.

La scène est à Nertobrige, ville d'Aragon, conquise par Sertorius, à présent Catalayud.

SERTORIUS.

SERTORIUS.

Et sur les bords du Tibre, une pique a la main,
demander raison pour le peuple romain.

Acte 3. Sc. 2.

SERTORIUS.

ACTE PREMIER.

SCÈNE I[1].

PERPENNA, AUFIDE.

PERPENNA.

D'où me vient ce désordre, Aufide? et que veut dire
Que mon cœur sur mes vœux garde si peu d'empire[2]?

---

[1] On doit être plus scrupuleux sur *Sertorius* que sur les quatre ou cinq pièces précédentes, parceque celle-ci vaut mieux. Cette première scène paraît intéressante; les remords d'un homme qui veut assassiner son général font d'abord impression. (V.)

[2] L'abbé d'Aubignac, malgré l'aveuglement de sa haine pour Corneille, a raison de reprendre ces expressions, *que veut dire qu'un cœur garde peu d'empire sur des vœux?* Il traite ces vers de *galimatias*; mais il devait ajouter que cette manière de parler, *que veut dire* au lieu de *pourquoi, est-il possible, comment se peut-il*, etc., était d'usage avant Corneille. Malherbe dit, en parlant du mariage de Louis XIII avec l'infante d'Espagne :

> Son Louis soupire
> Après ses appas.
> Que veut-elle dire
> De ne venir pas?

Cette ridicule stance de Malherbe n'excuse pas Corneille, mais elle fait voir combien il a fallu de temps pour épurer la langue, pour la rendre toujours naturelle et toujours noble, pour s'élever au-dessus du langage du peuple, sans être guindé. (V.)

L'horreur que malgré moi me fait la trahison [1]
Contre tout mon espoir révolte ma raison [2] ;
Et de cette grandeur sur le crime fondée,
Dont jusqu'à ce moment m'a trop flatté l'idée,
L'image tout affreuse, au point d'exécuter,
Ne trouve plus en moi de bras à lui prêter.
En vain l'ambition, qui presse mon courage,
D'un faux brillant d'honneur pare son noir ouvrage ;
En vain, pour me soumettre à ses lâches efforts,
Mon ame a secoué le joug de cent remords :
Cette ame, d'avec soi tout-à-coup divisée [3],
Reprend de ces remords la chaîne mal brisée ;
Et de Sertorius le surprenant bonheur
Arrête une main prête à lui percer le cœur.

AUFIDE.

Quel honteux contre-temps de vertu délicate [4]

[1] L'horreur que malgré moi me fait la trahison
Contre tout mon espoir révolte ma raison.

Le premier vers est bien ; le second semble pouvoir passer à l'aide des autres, mais il ne peut soutenir l'examen. On voit d'abord que le mot *raison* n'est pas le mot propre : un crime révolte le cœur, l'humanité, la vertu ; un système faux et dangereux révolte la raison. Cette raison ne peut être révoltée contre *tout un espoir*. Le mot de *tout* mis avec *espoir* est inutile et faible ; et cela seul suffirait pour défigurer le plus beau vers. (V.)

[2] Une raison révoltée contre un espoir, une image qui ne trouve point de bras à lui prêter au point d'exécuter, méritent le même reproche que l'abbé d'Aubignac fait aux premiers vers. (V.)

[3] *Divisée d'avec soi* est une faute contre la langue ; on est séparé de quelque chose, mais non pas divisé de quelque chose. Cette première scène est déja intéressante. (V.) — *Divisé d'avec soi,* pour en contradiction avec soi-même, manque, il est vrai, de clarté et d'élégance ; mais *séparé* serait encore plus mauvais. (A.-M.)

[4] Ce vers n'est pas français. Un contre-temps de vertu est

ACTE I, SCÈNE I.

S'oppose au beau succès de l'espoir qui vous flatte?
Et depuis quand, seigneur, la soif du premier rang
Craint-elle de répandre un peu de mauvais sang?
Avez-vous oublié cette grande maxime,
Que la guerre civile est le règne du crime;
Et qu'aux lieux où le crime a plein droit de régner,
L'innocence timide est seule à dédaigner?
L'honneur et la vertu sont des noms ridicules [1] :
Marius ni Carbon n'eurent point de scrupules;
Jamais Sylla, jamais....

PERPENNA.
Sylla ni Marius
N'ont jamais épargné le sang de leurs vaincus [2];

impropre; et comment un contre-temps peut-il être honteux?
Le beau succès, et *le crime qui a plein droit de régner*, révoltent le lecteur. (V.)

[1] Cette maxime abominable est ici exprimée assez ridiculement. Nous avons déjà remarqué, dans la première scène de *la Mort de Pompée*, qu'il ne faut jamais étaler ces dogmes du crime; que ces sentences triviales, qui enseignent la scélératesse, ressemblent trop à des lieux communs d'un rhéteur qui ne connaît pas le monde. Non seulement de telles maximes ne doivent jamais être débitées, mais jamais personne ne les a prononcées, même en faisant un crime, ou en le conseillant. C'est manquer aux lois de l'honnêteté publique et aux règles de l'art; c'est ne pas connaître les hommes, que de proposer le crime comme crime. Le reste de cette première scène est beau et bien écrit. On ne peut, ce me semble, y reprendre qu'une seule chose, c'est qu'on ne sait point que c'est Perpenna qui parle; le spectateur ne peut le deviner. Ce défaut vient en partie de la mauvaise habitude où nous avons toujours été d'appeler nos personnages de tragédie, *seigneurs*. C'est un nom que les Romains ne se donnèrent jamais. Les autres nations sont en cela plus sages que nous. Shakespeare et Addison appellent César, Brutus, Caton, par leurs noms propres. (V.)

[2] On ne dit point mon vaincu, comme on dit mon esclave,

21.

Tour-à-tour la victoire, autour d'eux en furie,
A poussé leur courroux jusqu'à la barbarie;
Tour-à-tour le carnage et les proscriptions
Ont sacrifié Rome à leurs dissensions [1] :
Mais leurs sanglants discords qui nous donnent des maîtres
Ont fait des meurtriers, et n'ont point fait de traîtres;
Leurs plus vastes fureurs jamais n'ont consenti
Qu'aucun versât le sang de son propre parti;
Et dans l'un ni dans l'autre aucun n'a pris l'audace
D'assassiner son chef pour monter en sa place.

AUFIDE.

Vous y renoncez donc, et n'êtes plus jaloux [2]
De suivre les drapeaux d'un chef moindre que vous?
Ah! s'il faut obéir, ne faisons plus la guerre;
Prenons le même joug qu'a pris toute la terre.
Pourquoi tant de périls? pourquoi tant de combats?
Si nous voulons servir, Sylla nous tend les bras.
C'est mal vivre en Romain que prendre loi d'un homme :
Mais, tyran pour tyran, il vaut mieux vivre à Rome.

PERPENNA.

Vois mieux ce que tu dis quand tu parles ainsi.
Du moins la liberté respire encore ici.
De notre république, à Rome anéantie,
On y voit refleurir la plus noble partie;
Et cet asile, ouvert aux illustres proscrits,

---

mon ennemi. (V.) — C'est vrai, mais c'est dommage. On dit bien *mon vainqueur.* (A.-M.)

[1] *Le carnage qui a sacrifié Rome aux dissensions,* quelle incorrection! quelle impropriété! et que ce défaut revient souvent! (V.)

[2] Ce couplet du confident est beaucoup plus beau que tout ce que dit le principal personnage. Ce n'est point un défaut qu'Aufide parle bien; mais c'en est un grand que Perpenna, principal personnage, ne parle pas si bien que lui. (V.)

Réunit du sénat le précieux débris.
Par lui Sertorius gouverne ces provinces,
Leur impose tribut, fait des lois à leurs princes [1],
Maintient de nos Romains le reste indépendant :
Mais comme tout parti demande un commandant,
Ce bonheur imprévu qui par-tout l'accompagne,
Ce nom qu'il s'est acquis chez les peuples d'Espagne....

AUFIDE.

Ah! c'est ce nom acquis avec trop de bonheur
Qui rompt votre fortune, et vous ravit l'honneur :
Vous n'en sauriez douter, pour peu qu'il vous souvienne
Du jour que votre armée alla joindre la sienne,
Lors....

PERPENNA.

N'envenime point le cuisant souvenir
Que le commandement devoit m'appartenir.
Je le passois en nombre aussi bien qu'en noblesse ;
Il succomboit sans moi sous sa propre foiblesse :
Mais, sitôt qu'il parut, je vis en moins de rien
Tout mon camp déserté pour repeupler le sien ;
Je vis par mes soldats mes aigles arrachées
Pour se ranger sous lui voler vers ses tranchées ;
Et, pour en colorer l'emportement honteux,
Je les suivis de rage, et m'y rangeai comme eux.
L'impérieuse aigreur de l'âpre jalousie
Dont en secret dès-lors mon ame fut saisie
Grossit de jour en jour sous une passion [2]

---

[1] Par un caprice de langue on dit faire la loi à quelqu'un, et non pas faire des lois à quelqu'un. (V.) — Il faudrait : *dicte des lois aux princes*. (A.-M.)

[2] Une aigreur s'envenime, devient plus cuisante, se tourne en haine, en fureur ; mais une aigreur qui grossit sous une passion n'est pas tolérable. (V.) — Voltaire a raison de critiquer

Qui tyrannise encor plus que l'ambition :
J'adore Viriate [1] ; et cette grande reine,
Des Lusitaniens l'illustre souveraine,
Pourroit par son hymen me rendre sur les siens
Ce pouvoir absolu qu'il m'ôte sur les miens.
Mais elle-même, hélas! de ce grand nom charmée,
S'attache au bruit heureux que fait sa renommée;
Cependant qu'insensible à ce qu'elle a d'appas
Il me dérobe un cœur qu'il ne demande pas.
De son astre opposé telle est la violence [2],
Qu'il me vole par-tout, même sans qu'il y pense,

une aigreur qui grossit; mais est-il bien sûr que *sous une passion* pour *sous l'influence* d'une passion soit intolérable? Il ne fallait, pour faire adopter cette hardiesse, que la placer dans de beaux vers. (A.-M.)

[1] Après avoir entendu les discours d'un conjuré romain qui doit assassiner son général ce jour même, on est bien étonné de lui entendre dire tout d'un coup, *j'adore Viriate.* Il n'y a que la malheureuse habitude de voir toujours des héros amoureux sur le théâtre, comme dans les romans, qui ait pu faire supporter un si étrange contraste. Quand on représente un héros enivré de la passion furieuse et tragique de l'amour, il faut qu'il en parle d'abord : son cœur est plein; son secret doit échapper avec violence : il ne doit pas dire en passant, *j'adore;* le spectateur n'en croira rien. Vous parlez d'abord politique, et après vous parlez d'amour. Si on a dit, *non bene conveniunt, nec eadem in sede morantur majestas et amor,* on en doit dire autant de l'amour et de la politique; l'une fait tort à l'autre; aussi ne s'intéresse-t-on point du tout à la passion prétendue de Perpenna pour la reine de Lusitanie. (V.)

[2] Un astre, dans les anciens préjugés reçus, a de la puissance, de l'influence, de l'ascendant; mais on n'a jamais attribué de la violence à un astre. (V.) — Si dans les anciens préjugés un astre a non seulement de la puissance, mais une influence prédominante, un ascendant irrésistible, pourquoi ne pourrait-on pas lui attribuer de la violence? (P.).

Et que, toutes les fois qu'il m'enlève mon bien,
Son nom fait tout pour lui sans qu'il en sache rien.
Je sais qu'il peut aimer, et nous cacher sa flamme :
Mais je veux sur ce point lui découvrir mon ame;
Et, s'il peut me céder ce trône où je prétends,
J'immolerai ma haine à mes desirs contents[1];
Et je n'envierai plus le rang dont il s'empare,
S'il m'en assure autant chez ce peuple barbare,
Qui, formé par nos soins, instruit de notre main,
Sous notre discipline est devenu romain.

AUFIDE.

Lorsqu'on fait des projets d'une telle importance,
Les intérêts d'amour entrent-ils en balance?
Et, si ces intérêts vous sont enfin si doux,
Viriate, lui mort, n'est-elle pas à vous?

PERPENNA.

Oui; mais de cette mort la suite m'embarrasse.
Aurai-je sa fortune aussi bien que sa place?
Ceux dont il a gagné la croyance et l'appui
Prendront-ils même joie à m'obéir qu'à lui?
Et, pour venger sa trame indignement coupée,
N'arboreront-ils point l'étendard de Pompée?

AUFIDE.

C'est trop craindre, et trop tard; c'est dans votre festin[2]
Que ce soir par votre ordre on tranche son destin.
La trève a dispersé l'armée à la campagne,
Et vous en commandez ce qui nous accompagne.
L'occasion nous rit dans un si grand dessein;
Mais tel bras n'est à nous que jusques à demain.

---

[1] *Contents* est là pour *satisfaits*, qui serait aujourd'hui le mot propre. (A.-M.)

[2] Var. C'est trop craindre, et trop tard. Ce soir, dans le festin,
    Vous avez donné l'heure à trancher son destin. (1662.)

Si vous rompez le coup, prévenez les indices,
Perdez Sertorius, ou perdez vos complices;
Craignez ce qu'il faut craindre : il en est parmi nous
Qui pourroient bien avoir mêmes remords que vous;
Et si vous différez.... Mais le tyran arrive.
Tâchez d'en obtenir l'objet qui vous captive ;
Et je prierai les dieux que dans cet entretien
Vous ayez assez d'heur pour n'en obtenir rien.

SCÈNE II.
SERTORIUS, PERPENNA.

SERTORIUS.

Apprenez un dessein qui me vient de surprendre.
Dans deux heures Pompée en ce lieu se doit rendre :
Il veut sur nos débats conférer avec moi,
Et pour toute assurance il ne prend que ma foi.

PERPENNA.

La parole suffit entre les grands courages.
D'un homme tel que vous la foi vaut cent otages;
Je n'en suis point surpris : mais ce qui me surprend,
C'est de voir que Pompée ait pris le nom de Grand,
Pour faire encore au vôtre entière déférence [1],
Sans vouloir de lieu neutre à cette conférence.
C'est avoir beaucoup fait que d'avoir jusque-là
Fait descendre l'orgueil des héros de Sylla.

SERTORIUS.

S'il est plus fort que nous, ce n'est plus en Espagne,
Où nous forçons les siens de quitter la campagne [2],

---

[1] *Faire déférence* est un solécisme. On montre, on a de la déférence; on ne fait point déférence comme on fait hommage. (V.)

[2] *Quitter la campagne* est une de ces expressions triviales qui

Et de se retrancher dans l'empire douteux
Que lui souffre à regret une province ou deux,
Qu'à sa fortune lasse il craint que je n'enlève,
Sitôt que le printemps aura fini la trève.
　　C'est l'heureuse union de vos drapeaux aux miens
Qui fait ces beaux succès qu'à toute heure j'obtiens ;
C'est à vous que je dois ce que j'ai de puissance :
Attendez tout aussi de ma reconnoissance.
Je reviens à Pompée, et pense deviner
Quels motifs jusqu'ici peuvent nous l'amener.
　　Comme il trouve avec nous peu de gloire à prétendre,
Et qu'au lieu d'attaquer il a peine à défendre [1],
Il voudroit qu'un accord, avantageux ou non,
L'affranchît d'un emploi qui ternit ce grand nom ;
Et, chatouillé d'ailleurs par l'espoir qui le flatte
De faire avec plus d'heur la guerre à Mithridate,
Il brûle d'être à Rome, afin d'en recevoir
Du maître qu'il s'y donne et l'ordre et le pouvoir.

PERPENNA.

J'aurois cru qu'Aristie ici réfugiée,
Que, forcé par ce maître, il a répudiée,
Par un reste d'amour l'attirât en ces lieux
Sous une autre couleur lui faire ses adieux [2] ;

ne doivent jamais entrer dans le tragique. Scarron, voulant obtenir le rappel de son père, conseiller au parlement, exilé dans une petite terre, dit au cardinal de Richelieu :

　　Si vous avez fait quitter la campagne
　　Au roi tanné qui commande en Espagne,
　　Mon père, hélas ! qui vous crie merci,
　　La quittera, si vous voulez, aussi. (V.)

[1] C'est un solécisme ; il faut, *il a peine à se défendre*. (V.)
[2] Cela n'est pas français, c'est un barbarisme de phrase : on vient faire, on engage, on invite à faire, on attire quelqu'un dans une ville pour y faire ses adieux ; mais *attirer faire* est un

Car de son cher tyran l'injustice fut telle,
Qu'il ne lui permit pas de prendre congé d'elle.
SERTORIUS.
Cela peut être encore ; ils s'aimoient chèrement :
Mais il pourroit ici trouver du changement.
L'affront pique à tel point le grand cœur d'Aristie,
Que, sa première flamme en haine convertie,
Elle cherche bien moins un asile chez nous
Que la gloire d'y prendre un plus illustre époux.
C'est ainsi qu'elle parle, et m'offre l'assistance
De ce que Rome encore a de gens d'importance [1],
Dont les uns ses parents, les autres ses amis,
Si je veux l'épouser, ont pour moi tout promis.
Leurs lettres en font foi, qu'elle me vient de rendre [2].
Voyez avec loisir ce que j'en dois attendre ;
Je veux bien m'en remettre à votre sentiment.
PERPENNA.
Pourriez-vous bien, seigneur, balancer un moment,

---

solécisme intolérable. De plus, *j'aurais cru qu'Aristie l'attirât* est un solécisme ; il faut *l'attirait*, à l'imparfait, parceque la chose est positive : j'aurais cru que vous étiez amis, je ne savais pas que vous fussiez amis ; je pensais que vous aviez été amis ; j'espérais que vous seriez amis. (V.) — *Attirer faire* n'était probablement pas une faute du temps de Corneille. Cette forme vient du latin, où tous les verbes de mouvement sont suivis d'un verbe (supin) sans préposition. On dit de même en français *aller voir, venir voir, envoyer voir*. Si le caprice de l'usage pouvait être conséquent, l'analogie nous aurait conduits à dire *appeler voir* et *attirer faire*, comme le fait ici Corneille. Ce n'est donc point un *barbarisme*, mais bien un latinisme ; ce qui est tout à fait différent. (A.-M.)

[1] *Gens d'importance*, expression populaire et triviale, que la prose et la poésie réprouvent également. (V.)

[2] Cela n'est pas français ; il faut, *leurs lettres, qu'elle vient de me*

A moins d'une secrète et forte antipathie
Qui vous montre un supplice en l'hymen d'Aristie?
Voyant ce que pour dot Rome lui veut donner,
Vous n'avez aucun lieu de rien examiner.

SERTORIUS.

Il faut donc, Perpenna, vous faire confidence
Et de ce que je crains, et de ce que je pense.
J'aime ailleurs[1]. A mon âge il sied si mal d'aimer[2],

rendre, en font foi. Toute cette conversation est d'un style trop familier, trop négligé. (V.)

[1] Un tel amour est si froid qu'il ne fallait pas en prononcer le nom. *J'aime ailleurs* est d'un jeune galant de comédie : ce n'est pas là Sertorius. Cette passion de l'amour est si différente de toutes les autres, qu'elle ne peut jamais occuper la seconde place; il faut qu'elle soit tragique, ou qu'elle ne se montre pas. Elle est tout-à-fait étrangère dans cette scène où il ne s'agit que d'intérêt d'état; mais on était si accoutumé aux intrigues d'amour sur le théâtre, que le vieux Sertorius même prononce ce mot qui sied si mal dans sa bouche. Il dit, *J'aime ailleurs,* comme s'il était absolument nécessaire à la tragédie que le héros aimât en un endroit ou en un autre. Ces mots *j'aime ailleurs* sont du style de la comédie. (V.)

[2] *A mon âge* est encore comique; et *il sied si mal d'aimer* l'est davantage. Il semble qu'on examine ici, comme dans *Clélie,* s'il sied à un vieillard d'aimer ou de n'aimer pas. Ce n'est point ainsi que les héros de la tragédie doivent penser et parler. Si vous voulez un modèle de ces vieux personnages auxquels on propose une jeune princesse par un intérêt de politique, prenez-le dans l'Acomat de l'admirable et sage Racine :

> Voudrois-tu qu'à mon âge
> Je fisse de l'amour le vil apprentissage?
> Qu'un cœur qu'ont endurci la fatigue et les ans
> Suivît d'un vain plaisir les conseils imprudents?

C'est là penser et parler comme il faut. Racine dit toujours ce qu'il doit dire dans la position où il met ses personnages, et le dit de la manière la plus noble, et-à-la-fois la plus simple, la plus élégante. Corneille, sur-tout dans ses dernières pièces, dé-

Que je le cache même à qui m'a su charmer [1] :
Mais, tel que je puis être, on m'aime, ou, pour mieux dire,
La reine Viriate à mon hymen aspire ;
Elle veut que ce choix de son ambition
De son peuple avec nous commence l'union,
Et qu'ensuite à l'envi mille autres hyménées
De nos deux nations l'une à l'autre enchaînées
Mêlent si bien le sang et l'intérêt commun,
Qu'ils réduisent bientôt les deux peuples en un [2].
C'est ce qu'elle prétend pour digne récompense
De nous avoir servis avec cette constance
Qui n'épargne ni biens ni sang de ses sujets
Pour affermir ici nos généreux projets :
Non qu'elle me l'ait dit, ou quelque autre pour elle ;
Mais j'en vois chaque jour quelque marque fidèle ;
Et comme ce dessein n'est plus pour moi douteux,
Je ne puis l'ignorer qu'autant que je le veux.
  Je crains donc de l'aigrir si j'épouse Aristie,
Et que de ses sujets la meilleure partie,
Pour venger ce mépris, et servir son courroux,
Ne tourne obstinément ses armes contre nous.
Auprès d'un tel malheur, pour nous irréparable,
Ce qu'on promet pour l'autre est peu considérable ;
Et, sous un faux espoir de nous mieux établir,
Ce renfort accepté pourroit nous affoiblir [3].

---

bite trop souvent des pensées ou fausses, ou mal placées, mais aussi il étincelle de temps en temps de beautés sublimes. (V.)

[1] Sertorius que Viriate a su charmer ! ce n'est pas là Horace ou Curiace. (V.)

[2] Mauvaise expression. *En un* finissant un vers choque l'oreille, et réduire *deux en un* choque la langue. (V.)

[3] Observez comme ce style est confus, embarrassé, négligé, comme il pèche contre la langue. *Auprès d'un tel malheur irrépa-*

ACTE I, SCÈNE II.

Voilà ce qui retient mon esprit en balance.
Je n'ai pour Aristie aucune répugnance;
Et la reine à tel point n'asservit pas mon cœur,
Qu'il ne fasse encor tout pour le commun bonheur.

PERPENNA.

Cette crainte, seigneur, dont votre ame est gênée
Ne doit pas d'un moment retarder l'hyménée.
Viriate, il est vrai, pourra s'en émouvoir;
Mais que sert la colère où manque le pouvoir?
Malgré sa jalousie et ses vaines menaces,
N'êtes-vous pas toujours le maître de ses places?
Les siens, dont vous craignez le vif ressentiment,
Ont-ils dans votre armée aucun commandement?
Des plus nobles d'entre eux, et des plus grands courages,
N'avez-vous pas les fils dans Osca pour otages [1]?
Tous leurs chefs sont Romains; et leurs propres soldats,
Dispersés dans nos rangs, ont fait tant de combats [2],
Que la vieille amitié qui les attache aux nôtres
Leur fait aimer nos lois et n'en vouloir point d'autres.
Pourquoi donc tant les craindre? et pourquoi refuser....

SERTORIUS.

Vous-même, Perpenna, pourquoi tant déguiser?

---

rable pour nous, ce qu'on promet pour l'autre est peu considérable : quel est cet *autre?* c'est Aristie; mais il faut le deviner : et quel est ce *renfort?* est-ce le *renfort* du mariage d'Aristie? (V.)

[1] On ne peut dire, vous avez pour otages les fils des plus *grands courages.* Que la malheureuse nécessité de rimer entraîne d'impropriétés, d'inutilités, de termes louches, de fautes contre la langue! mais qu'il est beau de vaincre tous ces obstacles, et qu'on les surmonte rarement! (V.) — Observez que *grand courage* est là pour *grand cœur,* ce qui affaiblit beaucoup la critique de Voltaire. (A.-M.)

[2] On ne dit point *faire,* mais *livrer des combats.* (A.-M)

Je vois ce qu'on m'a dit : vous aimez Viriate [1];
Et votre amour caché dans vos raisons éclate.
Mais les raisonnements sont ici superflus :
Dites que vous l'aimez, et je ne l'aime plus [2].
Parlez : je vous dois tant, que ma reconnoissance
Ne peut être sans honte un moment en balance.

PERPENNA.

L'aveu que vous voulez à mon cœur est si doux,
Que j'ose....

SERTORIUS.

C'est assez : je parlerai pour vous.

PERPENNA.

Ah! seigneur, c'en est trop; et....

[1] Vers de comédie. Il semble que ce soit Damis ou Éraste qui parle, et c'est le vieux Sertorius! (V.)

[2] Si Sertorius a le ridicule d'aimer à son âge, il ne doit pas céder tout d'un coup sa maîtresse; s'il n'aime pas, il ne doit pas dire qu'il aime. Dans l'une et l'autre supposition, le vers est trop comique.

Voilà où conduit cette malheureuse coutume de vouloir toujours parler d'amour, de ne point traiter cette passion comme elle doit l'être. Comment a-t-on pu oublier que Virgile dans *l'Énéide* ne l'a peinte que funeste? On ne peut trop redire que l'amour sur le théâtre doit être armé du poignard de Melpomène, ou être banni de la scène. Il est vrai que le Mithridate de Racine est amoureux aussi, et que de plus il a le ridicule d'être le rival de deux jeunes princes ses fils. Mithridate est au fond aussi fade, aussi héros de roman, aussi condamnable que Sertorius; mais il s'exprime si noblement, il se reproche sa faiblesse en si beaux vers; Monime est un personnage si décent, si aimable, si intéressant, qu'on est tenté d'excuser dans la tragédie de *Mithridate* l'impertinente coutume de ne fonder les tragédies françaises que sur une jalousie d'amour. (V.)

Ce jugement, si favorable à Racine, n'est pas, comme on pourrait le croire, l'effet d'une aveugle prévention. Il est bien vrai que son style enchanteur fait disparaître toutes ses fautes. (P.)

SERTORIUS.

Point de repartie :
Tous mes vœux sont déjà du côté d'Aristie;
Et je l'épouserai, pourvu qu'en même jour
La reine se résolve à payer votre amour ¹ :
Car, quoi que vous disiez, je dois craindre sa haine,
Et fuirois à ce prix cette illustre Romaine ².
La voici : laissez-moi ménager son esprit;
Et voyez cependant de quel air on m'écrit ³.

SCÈNE III.

SERTORIUS, ARISTIE.

ARISTIE ⁴.

Ne vous offensez pas si dans mon infortune

---

¹ Voilà donc ce vieux Sertorius qui a deux maîtresses, et qui en cède une à son lieutenant. Il forme une partie carrée de Perpenna avec Viriate, et d'Aristie avec Sertorius. Et on a reproché à Racine d'avoir toujours traité l'amour! mais qu'il l'a traité différemment! (V.)

² *A ce prix* n'est pas juste; la haine de Viriate n'est pas un prix : il veut dire, *je fuirais cette illustre Romaine, si son hymen me privait des secours de Viriate.* (V.)

³ Cela est trop comique. (V.) — Cette forme de phrase serait comique aujourd'hui; du temps de Corneille elle avait encore de la noblesse. (A.-M.)

⁴ Ce premier couplet d'Aristie n'a pas toute la netteté qui est absolument nécessaire au dialogue; *l'un et l'autre qui ont sa raison d'état contre sa retraite, Pompée qui veut se ressaisir par la violence d'un bien qu'il ne peut voir ailleurs sans déplaisir.* Ces phrases n'ont pas l'élégance et le naturel que les vers demandent. Mais le plus grand défaut, ce me semble, c'est qu'Aristie ne lie point une intrigue tragique; elle ne sait ce qu'elle veut; elle est délaissée par son mari; elle est indécise; elle n'est ni assez animée

Ma foiblesse me force à vous être importune ;
Non pas pour mon hymen : les suites d'un tel choix
Méritent qu'on y pense un peu plus d'une fois ;
Mais vous pouvez, seigneur, joindre à mes espérances
Contre un péril nouveau nouvelles assurances [1].
J'apprends qu'un infidèle, autrefois mon époux,
Vient jusque dans ces murs conférer avec vous :
L'ordre de son tyran, et sa flamme inquiète,
Me pourront envier l'honneur de ma retraite :
L'un en prévoit la suite, et l'autre en craint l'éclat ;
Et tous les deux contre elle ont leur raison d'état.
Je vous demande donc sûreté tout entière
Contre la violence et contre la prière,
Si par l'une ou par l'autre il veut se ressaisir
De ce qu'il ne peut voir ailleurs sans déplaisir.

SERTORIUS.

Il en a lieu, madame ; un si rare mérite
Semble croître de prix quand par force on le quitte ;
Mais vous avez ici sûreté contre tous,
Pourvu que vous puissiez en trouver contre vous,
Et que contre un ingrat dont l'amour fut si tendre,
Lorsqu'il vous parlera, vous sachiez vous défendre.
On a peine à haïr ce qu'on a bien aimé,
Et le feu mal éteint est bientôt rallumé.

par la vengeance, ni assez puissante pour se venger, ni assez touchée, ni assez héroïque. (V.) — Corneille ne dit pas *l'un et l'autre ont sa raison,* phrase que Voltaire lui attribue dans la note générale sur le couplet d'Aristie ; il dit : *tous les deux ont leur raison.* Il n'y a point de faute. (A.-M.)

[1] Ces phrases barbares, et le reste du discours d'Aristie, ne sont pas assurément tragiques ; mais ce qui est contre l'esprit de la vraie tragédie, contre la décence aussi bien que contre la vérité de l'histoire, c'est une femme de Pompée qui s'en va en Aragon pour prier un vieux soldat révolté de l'épouser. (V.)

ACTE I, SCÈNE III.

ARISTIE.

L'ingrat, par son divorce en faveur d'Æmilie,
M'a livrée au mépris de toute l'Italie.
Vous savez à quel point mon courage est blessé :
Mais s'il se dédisoit d'un outrage forcé [1],
S'il chassoit Æmilie, et me rendoit ma place,
J'aurois peine, seigneur, à lui refuser grace ;
Et, tant que je serai maîtresse de ma foi,
Je me dois toute à lui, s'il revient tout à moi.

SERTORIUS.

En vain donc je me flatte : en vain j'ose, madame,
Promettre à mon espoir quelque part en votre ame ;
Pompée en est encor l'unique souverain.
Tous vos ressentiments n'offrent que votre main ;
Et, quand par ses refus j'aurai droit d'y prétendre,
Le cœur toujours à lui ne voudra pas se rendre.

ARISTIE.

Qu'importe de mon cœur, si je sais mon devoir,
Et si mon hyménée enfle votre pouvoir?
Vous ravaleriez-vous jusques à la bassesse [2]
D'exiger de ce cœur des marques de tendresse,
Et de les préférer à ce qu'il fait d'effort
Pour braver mon tyran et relever mon sort?

---

[1] Le mot de *dédire* semble petit et peu convenable. Peut-être s'il se repentait serait mieux placé. On ne se dédit point d'un outrage. (V.)

[2] *Ravaler* ne se dit plus. (V.) — Racine l'a employé dans *Britannicus* et dans *Phèdre;* on le trouve aussi dans Montesquieu. Le mot est excellent, et, quoique vieux, il n'est pas abandonné. *Ravaler*, de *val, vallée*, signifie descendre; c'est le pendant naturel de *monter*, qui vient de *mont, montagne*. On dit encore *en aval, en amont,* pour dire en descendant, en remontant un courant d'eau. On dit aussi *à vau l'eau,* pour *à val l'eau,* en suivant le cours de l'eau. (A.-M.)

Laissons, seigneur, laissons pour les petites ames
Ce commerce rampant de soupirs et de flammes [1];
Et ne nous unissons que pour mieux soutenir
La liberté que Rome est prête à voir finir.
Unissons ma vengeance à votre politique,
Pour sauver des abois toute la république [2] :
L'hymen seul peut unir des intérêts si grands.
Je sais que c'est beaucoup que ce que je prétends;
Mais, dans ce dur exil que mon tyran m'impose,
Le rebut de Pompée est encor quelque chose;
Et j'ai des sentiments trop nobles ou trop vains
Pour le porter ailleurs qu'au plus grand des Romains.

SERTORIUS.

Ce nom ne m'est pas dû; je suis....

ARISTIE.

Ce que vous faites
Montre à tout l'univers, seigneur, ce que vous êtes;
Mais quand même ce nom sembleroit trop pour vous,
Du moins mon infidèle est d'un rang au-dessous :
Il sert dans son parti, vous commandez au vôtre;
Vous êtes chef de l'un, et lui sujet dans l'autre;
Et son divorce enfin, qui m'arrache sa foi,
L'y laisse par Sylla plus opprimé que moi,

---

[1] L'abbé d'Aubignac condamne durement ce *commerce rampant*, et je crois qu'il a raison; mais le fond de l'idée est beau. Aristie et Sertorius pensent et s'expriment noblement; et il serait à souhaiter qu'il y eût plus de force, plus de tragique dans le rôle de la femme de Pompée. (V.)

[2] On n'a jamais dû dire *sauver des abois,* parceque *abois* signifie les derniers soupirs, et qu'on ne sauve point d'un soupir; on sauve d'un péril, et on tire d'une extrémité; on rappelle des portes de la mort; on ne sauve point des *abois*. Au reste, ce mot *abois* est pris des cris des chiens qui aboient autour d'un cerf forcé avant de se jeter sur lui. (V.)

ACTE I, SCÈNE III. 339

Si votre hymen m'élève à la grandeur sublime [1],
Tandis qu'en l'esclavage un autre l'hymen l'abyme [2].
 Mais, seigneur, je m'emporte, et l'excès d'un tel heur
Me fait vous en parler avec trop de chaleur.
Tout mon bien est encor dedans l'incertitude [3];
Je n'en conçois l'espoir qu'avec inquiétude,
Et je craindrai toujours d'avoir trop prétendu,
Tant que de cet espoir vous m'ayez répondu [4].
Vous me pouvez d'un mot assurer ou confondre.

SERTORIUS.
Mais, madame, après tout, que puis-je vous répondre?

---

[1] *Grandeur sublime* n'est plus d'usage : ce terme, *sublime*, ne s'emploie que pour exprimer les choses qui élèvent l'ame : une pensée sublime, un discours sublime. Cependant pourquoi ne pas appeler de ce nom tout ce qui est élevé? On doit, ce me semble, accorder à la poésie plus de liberté qu'on ne lui en donne. C'est sur-tout aux bons auteurs qu'il appartient de ressusciter des termes abolis, en les plaçant avantageusement. Mais aussi remarquons que *rang sublime* vaut bien mieux que *grandeur sublime* : pourquoi? c'est que *sublime* joint avec *rang* est une épithète nécessaire; *sublime* apprend que ce rang est élevé; mais *sublime* est inutile avec *grandeur*. Ne vous servez jamais d'épithètes que quand elles ajouteront beaucoup à la chose. (V.)

[2] Le mot d'*abyme* ne convient point à l'esclavage. Pourquoi dit-on *abymé dans la douleur, dans la tristesse*, etc.? c'est qu'on y peut ajouter l'épithète de *profonde*; mais un esclavage n'est point profond; on ne saurait y être abymé. Il y a une infinité d'expressions louches, qui font peine au lecteur; on en sent rarement la raison, on ne la cherche pas même; mais il y en a toujours une, et ceux qui veulent se former le style doivent la chercher. (V.)

[3] Il semble que son bien consiste à être incertaine. Quand on dit, *tout mon bien est dans l'espérance,* on entend que le bonheur consiste à espérer. L'auteur veut dire, *tout mon bien est incertain.* (V.)

[4] On ne répond point d'un espoir, on répond d'une personne,

De quoi vous assurer, si vous-même parlez
Sans être sûre encor de ce que vous voulez?
De votre illustre hymen je sais les avantages ;
J'adore les grands noms que j'en ai pour otages,
Et vois que leur secours, nous rehaussant le bras,
Auroit bientôt jeté la tyrannie à bas [1] :
Mais cette attente aussi pourroit se voir trompée
Dans l'offre d'une main qui se garde à Pompée,
Et qui n'étale ici la grandeur d'un tel bien
Que pour me tout promettre et ne me donner rien.

ARISTIE.

Si vous vouliez ma main par choix de ma personne,
Je vous dirois, seigneur : « Prenez ; je vous la donne [2] ;

d'un événement. (V.) — *Tant que,* pour *jusqu'à ce que,* n'est plus français. (A.-M.)

[1] Des noms pour *otages*, des secours qui *rehaussent le bras,* et qui jettent la tyrannie *à bas,* sont des expressions trop impropres, trop triviales ; ce style est trop obscur et trop négligé. Un secours qui rehausse le bras n'est ni élégant ni noble ; la tyrannie jetée à bas n'est pas meilleure. Voyez si jamais Racine a jeté la tyrannie à bas. Quoi ! dans une scène entre la femme de Pompée et un général romain il n'y a pas quatre vers supérieurement écrits ! (V.)

[2] Il semble qu'Aristie ne doit point dire à Sertorius, *Si vous m'aimiez, je vous épouserais.* Ce n'est point du tout son intention, de faire des coquetteries à ce vieux général ; elle ne veut que se venger de Pompée. Il est vrai que ces mariages politiques ne peuvent faire aucun effet au théâtre ; ce sont des intrigues, mais non pas des intrigues tragiques. Le cœur veut être remué, et tout ce qui n'est que politique est plutôt fait pour être lu dans l'histoire que pour être représenté dans la tragédie.

Plus j'examine les pièces de Corneille, et plus je suis surpris qu'après le prodigieux succès du *Cid* il ait presque toujours renoncé à émouvoir. Je ne peux m'empêcher de dire ici que, quand je pris la résolution de commenter les tragédies de Corneille, un homme qui honore sa haute naissance par les talents

« Quoi que veuille Pompée, il le voudra trop tard. »
Mais, comme en cet hymen l'amour n'a point de part,
Qu'il n'est qu'un pur effet de noble politique,
Souffrez que je vous die, afin que je m'explique,
Que, quand j'aurois pour dot un million de bras,
Je vous donne encor plus en ne l'achevant pas.
    Si je réduis Pompée à chasser Æmilie,
Peut-il, Sylla régnant, regarder l'Italie?
Ira-t-il se livrer à son juste courroux?
Non, non; si je le gagne, il faut qu'il vienne à vous.
Ainsi par mon hymen vous avez assurance
Que mille vrais Romains prendront votre défense :
Mais, si j'en romps l'accord pour lui rendre mes vœux,
Vous aurez ces Romains et Pompée avec eux;
Vous aurez ses amis par ce nouveau divorce;
Vous aurez du tyran la principale force,
Son armée, ou du moins ses plus braves soldats,
Qui de leur général voudront suivre les pas;
Vous marcherez vers Rome à communes enseignes.
Il sera temps alors, Sylla, que tu me craignes.
Tremble, et crois voir bientôt trébucher ta fierté,
Si je puis t'enlever ce que tu m'as ôté.
Pour faire de Pompée un gendre de ta femme,
Tu l'as fait un parjure, un méchant, un infame [1] :
Mais, s'il me laisse encor quelques droits sur son cœur,

les plus distingués m'écrivit, *Vous prenez donc Tacite et Tite-Live pour des poëtes tragiques?* En effet, *Sertorius* et toutes les pièces suivantes sont plutôt des dialogues sur la politique, et des pensées dans le goût et non dans le style de Tacite, que des pièces de théâtre : il faut bien distinguer les intérêts d'état et les intérêts du cœur. Tout ce qui n'est point fait pour remuer fortement l'ame n'est pas du genre de la tragédie : le plus grand défaut est d'être froid. (V.)

[1] On ne doit jamais donner le nom d'infame à Pompée; et sur-

Il reprendra sa foi, sa vertu, son honneur;
Pour rentrer dans mes fers il brisera tes chaînes;
Et nous t'accablerons sous nos communes haines.
J'abuse trop, seigneur, d'un précieux loisir :
Voilà vos intérêts; c'est à vous de choisir.
Si votre amour trop prompt veut borner sa conquête,
Je vous le dis encor, ma main est toute prête [1].
Je vous laisse y penser : sur-tout souvenez-vous
Que ma gloire en ces lieux me demande un époux;
Qu'elle ne peut souffrir que ma fuite m'y range,
En captive de guerre, au péril d'un échange,
Qu'elle veut un grand homme à recevoir ma foi [2],
Qu'après vous et Pompée il n'en est point pour moi,
Et que....

SERTORIUS.
Vous le verrez, et saurez sa pensée.

ARISTIE.
Adieu, seigneur : j'y suis la plus intéressée,

tout Aristie, qui l'aime encore, ne doit point le nommer ainsi. (V.)

[1] L'amour de Sertorius n'est ni prompt ni lent; car en effet il n'en a point du tout, quoiqu'il ait dit qu'il est amoureux, pour être au ton du théâtre. Il faut avouer que les anciens Romains auraient été bien étonnés d'entendre reprocher à Sertorius un amour trop prompt. (V.)

[2] C'est un barbarisme : on dit bien, *Il est homme à recevoir sa foi*, et encore ce n'est que dans le style familier. Il y a dans *Polyeucte*, *Vous n'êtes pas homme à la violenter*; mais *un grand homme à faire quelque chose* ne se peut dire. Souvenez-vous qu'elle veut *un grand homme* est beau, mais *un grand homme à recevoir une foi* ne forme point un sens; *vouloir à* est encore plus vicieux. (V.) — Chez Corneille, *à* signifie *pour*. Cet emploi était commun avant Corneille. Il y a ici un mauvais vers, mais point de barbarisme. (A.-M.)

ACTE I, SCÈNE III.

Et j'y vais préparer mon reste de pouvoir[1].

SERTORIUS.

Moi, je vais donner ordre à le bien recevoir[2].
Dieux, souffrez qu'à mon tour avec vous je m'explique[3].
Que c'est un sort cruel d'aimer par politique!
Et que ses intérêts sont d'étranges malheurs,
S'ils font donner la main quand le cœur est ailleurs!

[1] On ne prépare point un pouvoir. Elle veut dire qu'elle va se préparer à regagner Pompée, ce qui n'est pas bien flatteur pour Sertorius. (V.)

[2] C'est ainsi qu'on pourrait finir une scène de comédie. Rien n'est plus difficile que de terminer heureusement une scène de politique. (V.)

[3] On ne doit, ce me semble, s'adresser aux dieux que dans le malheur ou dans la passion : c'est là qu'on peut dire, *nec deus intersit nisi dignus*; mais qu'il *s'explique* avec les dieux comme avec quelqu'un à qui il parlerait d'affaire!.... Le mot *s'expliquer* n'est pas le mot propre. Et que dit-il aux dieux? *que c'est un sort cruel d'aimer par politique, et que les intérêts de ce sort cruel sont des malheurs étranges, s'ils font donner la main quand le cœur est ailleurs*. C'est en effet la situation où Sertorius et Aristie se trouvent : mais on ne plaint nullement un vieux soldat dont le cœur est ailleurs. Il y a dans cet acte de beaux vers et de belles pensées; mais out est affaibli par le peu d'intérêt qu'on prend à la prétendue passion du héros et aux offres que lui fait Aristie. (V.)

FIN DU PREMIER ACTE.

ACTE SECOND.

SCÈNE I.

VIRIATE, THAMIRE.

VIRIATE.

Thamire, il faut parler, l'occasion nous presse :
Rome jusqu'en ces murs m'envoie une maîtresse;
Et l'exil d'Aristie, enveloppé d'ennuis,
Est prêt à l'emporter sur tout ce que je suis.
En vain de mes regards l'ingénieux langage
Pour découvrir mon cœur a tout mis en usage [1];
En vain par le mépris des vœux de tous nos rois
J'ai cru faire éclater l'orgueil d'un autre choix [2] :
Le seul pour qui je tâche à le rendre visible [3],
Ou n'ose en rien connoître, ou demeure insensible,
Et laisse à ma pudeur des sentiments confus,

---

[1] *Un exil qui est prêt à l'emporter sur tout ce qu'est Viriate*, expressions un peu trop négligées et trop impropres. Une grande reine, une héroïne ne doit pas dire, ce me semble, qu'elle a employé *l'ingénieux langage de ses regards*. (V.) — La première observation manque de justesse. L'*exil d'Aristie* est mis là poétiquement pour *Aristie exilée*. Une *exilée* l'emporte sur une *reine*, voilà ce que dit Corneille. (A.-M.)

[2] *J'ai cru faire éclater l'orgueil d'un autre choix* n'est pas une expression propre; ce choix n'est pas orgueilleux. (V.)

[3] Est-ce son cœur ? est-ce l'orgueil de son choix qu'elle tâche à rendre visible? (V.) — *Je tâche à*; on dirait aujourd'hui *je tâche de*, ce qui peut-être est moins bon. (A.-M.)

ACTE II, SCÈNE I.

Que l'amour-propre obstine à douter du refus[1].
Épargne-m'en la honte, et prends soin de lui dire,
A ce héros si cher.... Tu le connois, Thamire;
Car d'où pourroit mon trône attendre un ferme appui?
Et pour qui mépriser tous nos rois, que pour lui[2]?
Sertorius, lui seul digne de Viriate,
Mérite que pour lui tout mon amour éclate.
Fais-lui, fais-lui savoir le glorieux dessein
De m'affermir au trône en lui donnant la main :
Dis-lui.... Mais j'aurois tort d'instruire ton adresse[3],
Moi qui connois ton zèle à servir ta princesse.

THAMIRE.

Madame, en ce héros tout est illustre et grand;
Mais, à parler sans fard, votre amour me surprend.
Il est assez nouveau qu'un homme de son âge
Ait des charmes si forts pour un jeune courage,
Et que d'un front ridé les replis jaunissants
Trouvent l'heureux secret de captiver les sens[4].

---

[1] Il ne faut jamais parler de sa pudeur; mais il faut encore moins *laisser à sa pudeur des sentiments confus, que l'amour-propre obstine à douter du refus,* parceque c'est un galimatias ridicule. (V.)

[2] Cet embarras, cette crainte de nommer celui qu'elle aime, pourraient convenir à une jeune personne timide, et semblent peu faits pour une femme politique. Mais, *et pour qui mépriser tous nos rois, que pour lui?* est un vers digne de Corneille. Il faudrait, pour que ce vers fît son effet, qu'il fût pour un jeune héros aimable, et non pas pour un vieux soldat de fortune. (V.)

[3] Peut-être le mot d'*adresse* est-il plus propre au comique qu'au tragique dans cette occasion. (V.)

[4] *Des charmes si forts pour un jeune courage, des replis jaunissants d'un front qui trouvent le secret de captiver les sens.* Discours qui rendent Viriate un personnage intolérable à quiconque a un peu de goût. Ces replis jaunissants, et cette pudeur de Viriate, et ce

VIRIATE.

Ce ne sont pas les sens que mon amour consulte :
Il hait des passions l'impétueux tumulte ;
Et son feu, que j'attache aux soins de ma grandeur,
Dédaigne tout mélange avec leur folle ardeur.
J'aime en Sertorius ce grand art de la guerre
Qui soutient un banni contre toute la terre ;
J'aime en lui ces cheveux tout couverts de lauriers,
Ce front qui fait trembler les plus braves guerriers,
Ce bras qui semble avoir la victoire en partage.
L'amour de la vertu n'a jamais d'yeux pour l'âge :
Le mérite a toujours des charmes éclatants ;

héros si cher que Thamire connaît, font un étrange contraste. Rien n'est plus indigne de la tragédie.

La réplique de Viriate me paraît admirable. Je ne voudrais pourtant pas qu'une reine parlât des *sens*. Racine, qu'on regarde si mal-à-propos comme le premier qui ait parlé d'amour, mais qui est le seul qui en ait bien parlé, ne s'est jamais servi de ces mots, *les sens*. Voyez la première scène de *Pulchérie*. (V.) — Peu de personnes avaient observé cette délicatesse de Racine ; et véritablement il s'est interdit, même dans la tragédie de *Phèdre*, l'usage de ce mot, que son sujet semblait amener si naturellement. C'est une difficulté qui n'était pas aisée à vaincre, et que pourtant il a surmontée dans tout le rôle de Phèdre, qui est un des chefs-d'œuvre de notre théâtre. Mais, parceque Racine s'est interdit cette expression, il y aurait trop de rigueur à la condamner dans ces beaux vers de Viriate. Voltaire, dans *Œdipe*, a fait dire à Jocaste :

> Tu sais qu'à mon devoir tout entière attachée
> J'étouffai de mes sens la révolte cachée.

Elle ajoute, à quelques vers de distance, dans la même scène :

> Ce n'était point, Égine, un feu tumultueux,
> De mes sens enchantés enfant impétueux,

et personne ne s'en est scandalisé. Il ne faut rien outrer, même en matière de bienséance. (P.)

ACTE II, SCÈNE I. 347

Et quiconque peut tout est aimable en tout temps¹.

THAMIRE.

Mais, madame, nos rois, dont l'amour vous irrite,
N'ont-ils tous ni vertu, ni pouvoir, ni mérite?
Et dans votre parti se peut-il qu'aucun d'eux
N'ait signalé son nom par des exploits fameux?
Celui des Turdetans, celui des Celtibères,
Soutiendroient-ils si mal le sceptre de vos pères?....

VIRIATE.

Contre des rois comme eux j'aimerois leur soutien;
Mais contre des Romains tout leur pouvoir n'est rien.
Rome seule aujourd'hui peut résister à Rome :
Il faut pour la braver qu'elle nous prête un homme ²,
Et que son propre sang en faveur de ces lieux
Balance les destins, et partage les dieux ³.

¹ Ces sentiments de Viriate sont les seuls qu'elle aurait dû exprimer. Il ne fallait pas les affaiblir par cette *pudeur* et ce *héros si cher*. (V.)

² C'est dommage qu'un aussi mauvais vers suive ce vers si beau :

Rome seule aujourd'hui peut résister à Rome.

C'est presque toujours la rime qui amène les vers faibles, inutiles, et rampants, avant ou après les beaux vers. On en a fait souvent la remarque. Cet inconvénient attaché à la rime a fait naître plus d'une fois la proposition de la bannir; mais il est plus beau de vaincre une difficulté que de s'en défaire. La rime est nécessaire à la poésie française par la nature de notre langue, et est consacrée à jamais par les ouvrages de nos grands hommes. (V.)

³ *Balance*, etc., est un très beau vers; mais celui qui le précède est mauvais. *Le propre sang de Rome en faveur de ces lieux!* (V.) — Corneille ne dit pas, *le sang en faveur de ces lieux;* il dit, et très clairement, *et que le sang de Rome balance les destins en faveur de ces lieux,* ce qui est tout à fait différent. Quant au second vers, qui est très beau, Racine ne l'a pas dédaigné :

Mais, quoique seul pour elle, Achille furieux

Depuis qu'elle a daigné protéger nos provinces,
Et de son amitié faire honneur à leurs princes [1],
Sous un si haut appui nos rois humiliés
N'ont été que sujets sous le nom d'alliés ;
Et ce qu'ils ont osé contre leur servitude
N'en a rendu le joug que plus fort et plus rude.
 Qu'a fait Mandonius, qu'a fait Indibilis,
Qu'y plonger plus avant leurs trônes avilis [2],
Et voir leur fier amas de puissance et de gloire
Brisé contre l'écueil d'une seule victoire?
 Le grand Viriatus, de qui je tiens le jour,
D'un sort plus favorable eut un pareil retour [3].
Il défit trois préteurs, il gagna dix batailles,
Il repoussa l'assaut de plus de cent murailles ;
Et de Servilius l'astre prédominant [4]
Dissipa tout d'un coup ce bonheur étonnant.
Ce grand roi fut défait, il en perdit la vie,

Épouvantoit l'armée et partageoit les dieux.
Iphigénie, act. V, sc. VI. (A.-M.)

[1] *Faire honneur de son amitié* n'est pas le mot propre. (V.) — Voltaire a laissé passer le vers suivant, *sous un si haut appui*, et cependant l'expression n'a jamais pu être bonne, parcequ'on *s'appuie* sur et non *sous* quelque chose. Corneille voulait dire *sous une si haute protection*, ce qui eût été bon. (A.-M.)

[2] Aujourd'hui cette répétition du singulier n'autoriserait pas le pluriel du second vers ; on dirait : *qu'y plonger plus avant son trône avili*. (A.-M.)

[3] On dit bien en général *un retour du sort*, et encore mieux *un revers du sort*, mais non pas *un retour d'un sort favorable*, pour exprimer une disgrace ; au contraire, *un retour d'un sort favorable* signifie une nouvelle faveur de la fortune après quelque disgrace passagère. (V.)

[4] Nous rétablissons ce vers avec la correction de l'auteur. (Voyez la *préface de Sertorius*, page 316.) (Par.)

Var. Et du consul Brutus l'astre prédominant. (1662.)

Et laissoit sa couronne à jamais asservie,
Si pour briser les fers de son peuple captif
Rome n'eût envoyé ce noble fugitif.

Depuis que son courage à nos destins préside,
Un bonheur si constant de nos armes décide,
Que deux lustres de guerre assurent nos climats
Contre ces souverains de tant de potentats,
Et leur laissent à peine, au bout de dix années,
Pour se couvrir de nous l'ombre des Pyrénées.

Nos rois, sans ce héros, l'un de l'autre jaloux,
Du plus heureux sans cesse auroient rompu les coups [1];
Jamais ils n'auroient pu choisir entre eux un maître.

THAMIRE.
Mais consentiront-ils qu'un Romain puisse l'être?

VIRIATE.
Il n'en prend pas le titre, et les traite d'égal :
Mais, Thamire, après tout, il est leur général ;
Ils combattent sous lui, sous son ordre ils s'unissent ;
Et tous ces rois de nom en effet obéissent,
Tandis que de leur rang l'inutile fierté
S'applaudit d'une vaine et fausse égalité.

THAMIRE.
Je n'ose vous rien dire après cet avantage,
Et voudrois comme vous faire grace à son âge;
Mais enfin ce héros, sujet au cours des ans,
A trop long-temps vaincu pour vaincre encor long-temps,
Et sa mort....

---

[1] *Rompre les coups du plus heureux; avoir l'ombre d'une montagne pour se couvrir; un bonheur qui décide des armes*, tout cela est impropre, irrégulier, obscur. (V.) — Cette note est bien sévère, elle confond le bon et le mauvais : il nous semble que Rome qui se cache sous l'ombre des Pyrénées est une idée sublime, et que les deux vers qui l'expriment sont dignes de Corneille. (A.-M.)

VIRIATE.

Jouissons, en dépit de l'envie,
Des restes glorieux de son illustre vie :
Sa mort me laissera pour ma protection
La splendeur de son ombre et l'éclat de son nom [1].
Sur ces deux grands appuis ma couronne affermie
Ne redoutera point de puissance ennemie;
Ils feront plus pour moi que ne feroient cent rois.
Mais nous en parlerons encor quelque autre fois.
Je l'aperçois qui vient.

SCÈNE II.

SERTORIUS, VIRIATE, THAMIRE.

SERTORIUS.

Que direz-vous, madame,
Du dessein téméraire où s'échappe mon ame [2] ?

---

[1] Ces figures outrées ne réussissent plus. Le mot *d'ombre* est trop le contraire de *splendeur*; il n'est pas permis non plus à une femme telle que Viriate de dire que l'ombre d'un général mort protégera plus l'Espagne que ne feraient cent rois : ces exagérations ne seraient pas même tolérées dans une ode. Le vrai doit régner par-tout, et sur-tout dans la tragédie. La splendeur d'une ombre a quelque chose de si contradictoire, que cette expression dégénère en pure plaisanterie. (V.) — Oui, dans un moment d'enthousiasme Viriate peut dire que l'ombre de Sertorius protégera sa veuve : cette idée est antique, c'est ainsi que l'ombre du grand César veillait sur l'empire. Quant à la *splendeur de l'ombre*, qui ne voit que ce mot *ombre* tient ici la place du mot *ame?* Dans ce sens, on peut dire la *splendeur d'une ombre*. (A.-M.)

[2] Une ame ne s'échappe point à un dessein. (V.) — *Échapper* est là pour *s'emporter*. Du temps de Corneille, on l'employait dans cette acception. Au figuré, dit Richelet, *s'échapper* signifie *s'oublier, s'emporter, s'égarer*. D'Ablancourt a dit : *il s'échappe en des*

ACTE II, SCÈNE II.

N'est-ce point oublier ce qu'on vous doit d'honneur,
Que demander à voir le fond de votre cœur?

VIRIATE.

Il est si peu fermé, que chacun y peut lire,
Seigneur, peut-être plus que je ne puis vous dire;
Pour voir ce qui s'y passe, il ne faut que des yeux.

SERTORIUS.

J'ai besoin toutefois qu'il s'explique un peu mieux.
Tous vos rois à l'envi briguent votre hyménée;
Et comme vos bontés font notre destinée,
Par ces mêmes bontés j'ose vous conjurer,
En faisant ce grand choix, de nous considérer.
Si vous prenez un prince inconstant, infidèle,
Ou qui pour le parti n'ait pas assez de zèle,
Jugez en quel état nous nous verrons réduits,
Si je pourrai long-temps encor ce que je puis,
Si mon bras....

VIRIATE.

Vous formez des craintes que j'admire.
J'ai mis tous mes états si bien sous votre empire,
Que quand il me plaira faire choix d'un époux,
Quelque projet qu'il fasse, il dépendra de vous.
Mais, pour vous mieux ôter cette frivole crainte,
Choisissez-le vous-même, et parlez-moi sans feinte :
Pour qui de tous ces rois êtes-vous sans soupçon[1] ?
A qui d'eux pouvez-vous confier ce grand nom?

SERTORIUS.

Je voudrois faire un choix qui pût aussi vous plaire;

paroles déshonnêtes. Et l'on dit même encore aujourd'hui, *ce jeune homme s'est échappé à dire des injures.* (A.-M.)

[1] C'est un barbarisme de phrase. Il est vraisemblable que c'est une faute ancienne des imprimeurs, et qu'on doit lire, *sur qui de tous ces rois êtes-vous sans soupçon?* (V.)

Mais, à ce froid accueil que je vous vois leur faire,
Il semble que pour tous sans aucun intérêt....
VIRIATE.
C'est peut-être, seigneur, qu'aucun d'eux ne me plaît,
Et que de leur haut rang la pompe la plus vaine
S'efface au seul aspect de la grandeur romaine.
SERTORIUS.
Si donc je vous offrois pour époux un Romain ?
VIRIATE.
Pourrois-je refuser un don de votre main ?
SERTORIUS.
J'ose après cet aveu vous faire offre d'un homme
Digne d'être avoué de l'ancienne Rome.
Il en a la naissance, il en a le grand cœur [1],
Il est couvert de gloire, il est plein de valeur;
De toute votre Espagne il a gagné l'estime,
Libéral, intrépide, affable, magnanime;
Enfin c'est Perpenna sur qui vous emportez....
VIRIATE.
J'attendois votre nom après ces qualités;
Les éloges brillants que vous daigniez y joindre
Ne me permettoient pas d'espérer rien de moindre :

---

[1] Cette phrase signifie *il a la naissance de Rome, il a le grand cœur de Rome*. On sent bien que l'auteur veut dire *il est né Romain, il a la valeur d'un Romain*; mais il ne suffit pas qu'on puisse l'entendre, il faut qu'on ne puisse pas l'entendre autrement. (V.) — Cette phrase n'a pas le sens que lui prête Voltaire. *En* se rapporte à *homme*, et non à *Rome*, d'après cette règle que le pronom se rapporte toujours au dernier mot auquel *il peut raisonnablement* se rapporter. Dès-lors la phrase signifie : il a la naissance, il a le grand cœur d'un homme digne d'être avoué de l'ancienne Rome; et cette phrase est excellente. Il est difficile d'imaginer comment Voltaire a pu comprendre que Perpenna *a la naissance de Rome, et, qui pis est, de l'ancienne Rome*. (A.-M.)

ACTE II, SCÈNE II.

Mais certes le détour est un peu surprenant.
Vous donnez une reine à votre lieutenant!
Si vos Romains ainsi choisissent des maîtresses,
A vos derniers tribuns il faudra des princesses[1].

SERTORIUS.

Madame....

VIRIATE.

Parlons net sur ce choix d'un époux.
Êtes-vous trop pour moi? suis-je trop peu pour vous?
C'est m'offrir, et ce mot peut blesser les oreilles :
Mais un pareil amour sied bien à mes pareilles[2] :
Et je veux bien, seigneur, qu'on sache désormais
Que j'ai d'assez bons yeux pour voir ce que je fais.
Je le dis donc tout haut, afin que l'on m'entende[3] :
Je veux bien un Romain, mais je veux qu'il commande;
Et ne trouverois pas vos rois à dédaigner,
N'étoit qu'ils savent mieux obéir que régner.

[1] Cette réponse est fort belle, elle doit toujours faire un grand effet. Les vers suivants semblent l'affaiblir. *Parlons net* sent un peu trop le dialogue de comédie; et le mot de *maîtresse* n'a jamais été employé par Racine dans ses bonnes pièces. (V.) — On le trouve dans *Bajazet*, dans *Britannicus*, dans *Mithridate*, et par conséquent dans les bonnes pièces de Racine. Voltaire lui-même l'a employé plus d'une fois dans *Zaïre*. (P.)

[2] Un amour qui sied bien ou qui sied mal ne peut se dire; il semble qu'on parle d'un ajustement. On doit éviter le mot de *mes pareilles*, il est plus bourgeois que noble. (V.)

[3] Viriate n'élève pas ici la voix; elle parle devant sa confidente, qui connaît ses sentiments : ainsi ce vers n'est qu'un vers de comédie, qui ne devait pas avoir place dans une scène noble. (V.) — *Afin que l'on m'entende* signifie évidemment *afin que vous m'entendiez*. Viriate, qui a dit plus haut :

Choisissez-le vous même et parlez-moi sans feinte,

croit en avoir dit assez, et se plaint que Sertorius *n'a pas entendu. Afin que l'on m'entende* est un reproche. (A.-M.)

CORNEILLE. — T. VII. 23

Mais, si de leur puissance ils vous laissent l'arbitre [1],
Leur foiblesse du moins en conserve le titre :
Ainsi ce noble orgueil qui vous préfère à tous
En préfère le moindre à tout autre qu'à vous ;
Car enfin, pour remplir l'honneur de ma naissance [2],
Il me faudroit un roi de titre et de puissance [3] :

[1] Être *arbitre des rois* se dit très bien, parcequ'en effet des rois peuvent choisir ou recevoir un arbitre. On est l'arbitre des lois, parceque souvent les lois sont opposées l'une à l'autre; l'arbitre des états qui ont des prétentions, mais non pas l'arbitre de la puissance; encore moins a-t-on le titre de sa puissance. (V.) — *Arbitre* est ici employé dans le sens du latin *arbiter*, souverain maître. *Arbiter Adriæ* (Horace), *arbiter regni* (Tacite). L'*Académie* (1835) a sanctionné cette acception : Vous êtes l'arbitre de mon sort, de ma fortune. Dieu est l'arbitre de la vie et de la mort, est l'arbitre du monde. (A.-M.)

[2] On soutient l'honneur de sa naissance, on remplit les devoirs de sa naissance, mais on ne remplit point un honneur. Encore une fois, rien n'est si rare que le mot propre. (V.) — Ici le mot *remplir* est pris dans le sens d'*égaler*, sens fort beau qu'il avait du temps de Corneille, ce que Voltaire paraît n'avoir pas même soupçonné. On en trouve cependant un exemple dans Racine (*Britannicus*, acte II, sc. II) :

> . . . . Une fille
> Qui . . . .
> Passe subitement de cette nuit profonde
> Dans un rang qui l'expose aux yeux de tout le monde,
> Dont je n'ai pu de loin soutenir la clarté,
> Et dont un autre enfin *remplit* la majesté.

Ici, comme dans les vers de Corneille, *remplir* a le sens d'*égaler*. D'où peut naître ce sens si singulier ? D'une observation vulgaire, mais précise. Il ne saurait y avoir de mesure plus juste de l'*égalité* de deux choses que la *capacité* du vase, et la substance dont on le *remplit*. Corneille a encore employé deux fois le même mot avec la même signification, acte III, sc. Ire, et acte IV, sc. II, de *Sertorius*. (A.-M.)

[3] On dit bien, *un roi de nom*; par exemple, Jacques II fut roi

ACTE II, SCÈNE II.   355

Mais, comme il n'en est plus, je pense m'en devoir [1]
Ou le pouvoir sans nom, ou le nom sans pouvoir.

SERTORIUS.

J'adore ce grand cœur qui rend ce qu'il doit rendre
Aux illustres aïeux dont on vous voit descendre [2].
A de moindres pensers son orgueil abaissé
Ne soutiendroit pas bien ce qu'ils vous ont laissé.
Mais puisque, pour remplir la dignité royale,
Votre haute naissance en demande une égale,
Perpenna parmi nous est le seul dont le sang
Ne mêleroit point d'ombre à la splendeur du rang [3] ;
Il descend de nos rois et de ceux d'Étrurie.
Pour moi, qu'un sang moins noble a transmis à la vie,
Je n'ose m'éblouir d'un peu de nom fameux [4],

de nom, et Guillaume resta roi en effet ; mais on ne dit point *roi de titre :* on dit encore moins *roi de puissance ;* cela n'est pas français. Toutes ces expressions sont des barbarismes de phrase ; mais le sens est fort beau, et tous les sentiments de Viriate ont de la dignité. (V.) — *Roi de titre,* c'est-à-dire roi *par* le titre et *par* la puissance. *De,* pour *par,* était d'usage dans notre ancienne langue, et l'est encore dans quelques phrases toutes faites, telles que celles-ci : *roi de nom, roi de droit, roi de fait.* Il n'y a donc point là de barbarismes. (A.-M.)

[1] Var. Et, comme il n'en est plus, je pense m'en devoir.

[2] Cette expression ne paraît pas juste ; on ne voit personne descendre de ses aïeux. Racine dit, dans *Iphigénie :*

Le sang de ces héros dont tu me fais descendre ;

mais non pas, *le sang dont on me voit descendre.* (V.)

[3] Qu'est-ce qu'un sang qui ne mêlerait point d'ombre à une splendeur ? (V.) — Ici le *sang* est pris pour la *naissance,* c'est une métonymie tout à fait usitée ; et il est impossible de s'y tromper, puisque le mot *naissance* est employé dans le vers précédent. Il n'y a donc point de faute, et *mêler l'ombre à la splendeur* est excellent. (A.-M.)

[4] Le mot de *peu* ne convient point à un nom ; un peu de gloire,

23.

Jusqu'à déshonorer le trône par mes vœux [1].
Cessez de m'estimer jusqu'à lui faire injure :
Je ne veux que le nom de votre créature [2] ;
Un si glorieux titre a de quoi me ravir [3] ;
Il m'a fait triompher en voulant vous servir [4] ;
Et malgré tout le peu que le ciel m'a fait naître [5]....

VIRIATE.

Si vous prenez ce titre, agissez moins en maître,
Ou m'apprenez du moins, seigneur, par quelle loi

un peu de renommée, de réputation, de puissance, se dit dans toutes les langues, et *un peu de nom,* dans aucune. Il y a une grammaire commune à toutes les nations, qui ne permet pas que les adverbes de quantité se joignent à des choses qui n'ont pas de quantité. On peut avoir plus ou moins de gloire ou de puissance, mais non pas plus ou moins de nom. (V.) — Le mot, *peu,* il est vrai, ne convient pas à un nom ; mais ici le mot *nom* a le sens de *renom* comme en latin, et comme dans tous nos vieux auteurs. La note de Voltaire est excellente, mais elle n'est pas applicable. (A.-M.)

[1] Il est étrange que Corneille fasse parler ainsi un Romain, après avoir dit ailleurs, *pour être plus qu'un roi, tu te crois quelque chose,* et après avoir répété si souvent cette exagération prodigieuse, qu'*il n'y a point de bourgeois de Rome qui ne soit au-dessus de tous les rois.* Ces manières si différentes d'envisager la même chose font bien voir que l'archevêque Fénelon et le marquis de Vauvenargues avaient raison de dire que Corneille atteignit rarement le véritable but de la tragédie, et que trop souvent, au lieu d'émouvoir, il exagérait ou il dissertait. (V.)

[2] *Créature;* ce mot dans notre langue n'est employé que pour les subalternes qui doivent leur fortune à leurs patrons, et semble ne pas convenir à Sertorius. (V.)

[3] Ce titre n'est point *glorieux;* il n'a point *de quoi ravir.* Ce mot *ravir* est trop familier. (V.)

[4] Par la construction de la phrase, c'est le glorieux titre qui a voulu servir Viriate. (V.)

[5] *Tout le peu* est une contradiction dans les termes ; les mots de *peu* et de *tout* s'excluent l'un l'autre. (V.)

Vous n'osez m'accepter, et disposez de moi.
Accordez le respect que mon trône vous donne [1]
Avec cet attentat sur ma propre personne.
Voir toute mon estime, et n'en pas mieux user,
C'en est un qu'aucun art ne sauroit déguiser.
Ne m'honorez donc plus jusqu'à me faire injure ;
Puisque vous le voulez, soyez ma créature ;
Et, me laissant en reine ordonner de vos vœux,
Portez-les jusqu'à moi, parceque je le veux.
 Pour votre Perpenna, que sa haute naissance
N'affranchit point encor de votre obéissance,
Fût-il du sang des dieux aussi bien que des rois,
Ne lui promettez plus la gloire de mon choix.
Rome n'attache point le grade à la noblesse.
Votre grand Marius naquit dans la bassesse ;
Et c'est pourtant le seul que le peuple romain
Ait jusques à sept fois choisi pour souverain.
Ainsi pour estimer chacun a sa manière :
Au sang d'un Espagnol je ferois grace entière [2],
Mais parmi vos Romains je prends peu garde au sang,
Quand j'y vois la vertu prendre le plus haut rang.
Vous, si vous haïssez comme eux le nom de reine,
Regardez-moi, seigneur, comme dame romaine [3] :

---

[1] On ne donne point du respect, on l'impose, on l'imprime, on l'inspire, etc. (V.)

[2] *Au sang d'un Espagnol je ferois grace entière*, ne dit point ce qu'elle veut dire ; elle entend que ce serait faire une grace à un Espagnol que de l'épouser. *Faire grace entière*, c'est ne point pardonner à demi. (V.)

[3] Elle ne doit point dire à Sertorius qu'il peut haïr le trône, après que Sertorius lui a dit qu'il déshonorerait le trône, s'il osait aspirer à elle. Tous ces raisonnements sur le trône semblent trop se contredire : tantôt le trône de Viriate dépend de Sertorius, tantôt Sertorius est au-dessous du trône, tantôt il

Le droit de bourgeoisie à nos peuples donné
Ne perd rien de son prix sur un front couronné.
Sous ce titre adoptif, étant ce que vous êtes,
Je pense bien valoir une de mes sujettes ;
Et, si quelque Romaine a causé vos refus,
Je suis tout ce qu'elle est, et reine encor de plus.
Peut-être la pitié d'une illustre misère....

SERTORIUS.

Je vous entends, madame ; et, pour ne vous rien taire,
J'avouerai qu'Aristie....

VIRIATE.

Elle nous a tout dit ;
Je sais ce qu'elle espère et ce qu'on vous écrit.
Sans y perdre de temps, ouvrez votre pensée.

SERTORIUS.

Au seul bien de la cause elle est intéressée :
Mais puisque, pour ôter l'Espagne à nos tyrans,
Nous prenons, vous et moi, des chemins différents,

hait le trône, tantôt Viriate veut faire respecter son trône ; mais quand même il y aurait de la justesse dans ces dissertations, il y aurait toujours trop de froideur. Presque tous ces raisonnements sont faux : ils auraient besoin du style le plus élégant et le plus noble pour être tolérés ; mais malheureusement le style est guindé, obscur, souvent bas, et hérissé de solécismes et de barbarismes. (V.) — Il n'y a aucune contradiction, puisque ce n'est pas le même personnage qui parle. Il se peut fort bien que Sertorius dise à Viriate : Je ne suis pas digne du trône, et que Viriate, prenant cela pour une défaite, lui réponde :

> Vous, si vous haïssez comme eux le nom de reine,
> Regardez-moi, seigneur, comme dame romaine :
> Le droit de bourgeoisie à nos peuples donné
> Ne perd rien de son prix sur un front couronné.

Voilà, ce me semble, des vers qui ne sont ni guindés, ni obscurs, ni bas, ni hérissés de solécismes et de barbarismes. (A.-M.)

De grace, examinez le commun avantage,
Et jugez ce que doit un généreux courage.
 Je trahirois, madame, et vous et vos états,
De voir un tel secours, et ne l'accepter pas [1] :
Mais ce même secours deviendroit notre perte,
S'il nous ôtoit la main que vous m'avez offerte,
Et qu'un destin jaloux de nos communs desseins
Jetât ce grand dépôt en de mauvaises mains [2].
Je tiens Sylla perdu, si vous laissez unie
A ce puissant renfort votre Lusitanie.
Mais vous pouvez enfin dépendre d'un époux,
Et le seul Perpenna peut m'assurer de vous.
Voyez ce qu'il a fait ; je lui dois tant, madame,
Qu'une juste prière en faveur de sa flamme....

VIRIATE.

Si vous lui devez tant, ne me devez-vous rien ?
Et lui faut-il payer vos dettes de mon bien ?
Après que ma couronne a garanti vos têtes,
Ne méritai-je point de part en vos conquêtes ?
Ne vous ai-je servi que pour servir toujours,
Et m'assurer des fers par mon propre secours ?
Ne vous y trompez pas : si Perpenna m'épouse,
Du pouvoir souverain je deviendrai jalouse,
Et le rendrai moi-même assez entreprenant

---

[1] *Je trahirois de voir* est un solécisme. (V.) — Il n'y a pas, *je trahirois de voir*; il y a, *je trahirois vos états de voir*; c'est-à-dire *à voir, en voyant, si je voyais*; et cette forme était alors très correcte. (A.-M.)

[2] On ne *jette* point un *dépôt*, c'est un barbarisme; il faut, *remît ce grand dépôt*. (V.) — On dit : remettre un dépôt en de bonnes mains; d'où je conclus que *jeter* un dépôt en de mauvaises mains est une hardiesse fort heureuse, et dans le genre des créations de Racine. On comprend tout de suite que le précieux dépôt est perdu. (A.-M.)

Pour ne vous pas laisser un roi pour lieutenant.
Je vous avouerai plus : à qui que je me donne,
Je voudrai hautement soutenir ma couronne;
Et c'est ce qui me force à vous considérer,
De peur de perdre tout, s'il nous faut séparer.
Je ne vois que vous seul qui des mers aux montagnes
Sous un même étendard puisse unir nos Espagnes¹ :
Mais ce que je propose en est le seul moyen;
Et, quoi qu'ait fait pour vous ce cher concitoyen,
S'il vous a secouru contre la tyrannie,
Il en est bien payé d'avoir sauvé sa vie².
Les malheurs du parti l'accabloient à tel point,
Qu'il se voyoit perdu, s'il ne vous eût pas joint;
Et même, si j'en veux croire la renommée,
Ses troupes, malgré lui, grossirent votre armée.
Rome offre un grand secours; du moins on vous l'écrit;
Mais, s'armât-elle toute en faveur d'un proscrit,
Quand nous sommes aux bords d'une pleine victoire³,
Quel besoin avons-nous d'en partager la gloire?
Encore une campagne, et nos seuls escadrons
Aux aigles de Sylla font repasser les monts.
Et ces derniers venus auront droit de nous dire
Qu'ils auront en ces lieux établi notre empire!
Soyons d'un tel honneur l'un et l'autre jaloux;
Et quand nous pouvons tout, ne devons rien qu'à nous.

¹ Var. Sous un même étendard puisse unir les Espagnes. (1662.)

² Cette construction de la préposition *de* avec l'infinitif était fort commune autrefois. Il faudrait dire aujourd'hui : *puisqu'il a sauvé sa vie, puisqu'il a échappé à la mort*. (A.-M.)

³ La victoire n'a point de bords; on touche à la victoire, on est près de la remporter, de la saisir, mais on n'est point à ses bords. Cela ne peut se dire dans aucune langue, parceque dans toutes les langues les métaphores doivent être justes. (V.)

ACTE II, SCÈNE II.

SERTORIUS.

L'espoir le mieux fondé n'a jamais trop de forces [1].
Le plus heureux destin surprend par les divorces [2] ;
Du trop de confiance il aime à se venger [3] ;
Et dans un grand dessein rien n'est à négliger.
Devons-nous exposer à tant d'incertitude
L'esclavage de Rome et notre servitude [4],
De peur de partager avec d'autres Romains
Un honneur où le ciel veut peut-être leurs mains ?
Notre gloire, il est vrai, deviendra sans seconde,
Si nous faisons sans eux la liberté du monde ;
Mais si quelque malheur suit tant d'heureux combats,
Quels reproches cruels ne nous ferons-nous pas ?
D'ailleurs, considérez que Perpenna vous aime ;
Qu'il est ou qu'il se croit digne du diadème ;

[1] On ne peut dire *les forces d'un espoir;* aucune langue ne peut admettre ce mot, parceque les forces ne peuvent pas être dans un espoir. C'est un barbarisme. (V.) — Non, ce n'est pas un barbarisme ; la critique porte à faux. Corneille ne parle pas *des forces d'un espoir;* il dit que l'espoir le mieux fondé n'a jamais trop de *soldats, d'alliés,* etc., pour s'assurer de la victoire. (A.-M.)

[2] Un destin n'a point de divorces ; il a des vicissitudes, des changements, des revers ; et alors ce n'est pas l'heureux destin qui surprend. Cette expression est un barbarisme. (V.)

[3] Ce destin qui aime à se venger est une idée poétique qui n'a rien de vrai. Pourquoi aimerait-il à se venger de la confiance qu'on a en lui ? Est-ce ainsi que doit raisonner un grand capitaine, un homme d'état ? (V.) — Mais il ne raisonne pas ainsi ; il ne dit pas que le destin aime à se venger de la confiance qu'on a en lui, mais du *trop* de confiance. Le *trop* est toujours une faute, et mérite châtiment. Voilà ce qui fait passer le vers, qui du reste ne mérite ni éloge ni critique. (A.-M.)

[4] Ce n'est point l'esclavage qu'on expose ici à l'incertitude des événements ; au contraire, c'est la liberté de Rome et celle de l'Espagne, pour laquelle Sertorius et Viriate combattent, et qu'on exposerait. (V.)

Qu'il peut ici beaucoup; qu'il s'est vu de tout temps
Qu'en gouvernant le mieux on fait des mécontents;
Que, piqué du mépris, il osera peut-être....
####### VIRIATE.
Tranchez le mot, seigneur : je vous ai fait mon maître,
Et je dois obéir malgré mon sentiment.
C'est à quoi se réduit tout ce raisonnement.
 Faites, faites entrer ce héros d'importance[1],
Que je fasse un essai de mon obéissance;
Et si vous le craignez, craignez autant du moins
Un long et vain regret d'avoir prêté vos soins [2].
####### SERTORIUS.
Madame, croiriez-vous....
####### VIRIATE.
     Ce mot vous doit suffire;
J'entends ce qu'on me dit, et ce qu'on me veut dire.
Allez, faites-lui place, et ne présumez pas....
####### SERTORIUS.
Je parle pour un autre, et toutefois, hélas [3] !
Si vous saviez....

---

[1] L'auteur a déjà dit *des gens d'importance* : il n'est pas permis d'écrire d'un style si trivial, sur-tout après avoir écrit de si belles choses. (V.) — Viriate a bien l'intention d'être ironique; mais il faut reconnaître que dans la tragédie l'ironie doit être mordante, et non comique. Les genres n'étaient pas encore bien séparés. (A.-M.)

[2] Il faudrait achever la phrase. *Prêter vos soins* n'a pas un sens complet; on doit dire à qui on les a prêtés. De plus, on ne prête point de soins, on ne prête que les choses qu'on peut retirer. Quand les soins sont une fois donnés, on peut en refuser de nouveaux. Il n'en est pas de même du mot *appui, secours;* on prête son *appui,* son *secours,* son *bras,* son *armée,* etc., parcequ'on peut les retirer, les reprendre. Ce style est très vicieux. (V.)

[3] Cet *hélas* dans la bouche de Sertorius est trop déplacé; il ne

VIRIATE.

Seigneur, que faut-il que je sache?
Et quel est le secret que ce soupir me cache?

SERTORIUS.

Ce soupir redoublé¹....

VIRIATE.

N'achevez point; allez :
Je vous obéirai plus que vous ne voulez.

convient ni à son caractère, ni à son âge, ni à la scène politique et raisonnée qui vient de se passer entre Viriate et lui. (V.)

¹ Ce *soupir redoublé* achève de dégrader Sertorius.

Qu'Achille aime autrement que Tyrcis et Philène.

Un vieux capitaine romain qui fait remarquer ses soupirs à sa maîtresse est au-dessous de Tyrcis; car Tyrcis soupirera sans le dire, et ce sera sa maîtresse qui s'en apercevra. Qu'un amant passionné soit attendri, ému, troublé, qu'il soupire; mais qu'il ne dise pas : Voyez comme je suis attendri, comme je suis ému, comme je suis touché, comme je soupire! Cette pusillanimité dans laquelle Corneille fait tomber Sertorius et Viriate est une preuve bien manifeste de ce que nous avons dit tant de fois, que l'amour s'était emparé du théâtre très longtemps avant Racine; qu'il n'y avait aucune pièce où cette passion n'entrât, et c'était presque toujours mal-à-propos. Encore une fois, l'amour n'a jamais bien été traité que dans les scènes du *Cid*, imitées de Guillem de Castro, jusqu'à l'*Andromaque* de Racine : je dis jusqu'à l'*Andromaque*; car, dans *la Thébaïde* et dans l'*Alexandre*, on sent que Racine suit la mauvaise route que Corneille avait tracée; c'est l'unique raison peut-être pour laquelle ces deux pièces n'intéressent point du tout. (V.)

SCÈNE III.

VIRIATE, THAMIRE.

THAMIRE.
Sa dureté m'étonne, et je ne puis, madame [1]....
VIRIATE.
L'apparence t'abuse; il m'aime au fond de l'ame [2].
THAMIRE.
Quoi! quand pour un rival il s'obstine au refus....
VIRIATE.
Il veut que je l'amuse [3], et ne veut rien de plus.
THAMIRE.
Vous avez des clartés que mon insuffisance....
VIRIATE.
Parlons à ce rival; le voilà qui s'avance.

[1] Il est assez difficile de comprendre comment Thamire peut parler de dureté après ces *hélas* et ces soupirs. (V.)

[2] Rien n'est assurément moins tragique qu'une femme qui dit qu'un homme l'aime. C'est de la comédie froide. (V.)

[3] Viriate, dans cet hémistiche comique, ne dit point ce qu'elle doit dire : sa vanité lui persuade qu'elle est aimée, et que Sertorius sacrifie son amour à l'amitié; ce n'est pas là un amusement. (V.) — Voltaire se trompe sur le sens de ce vers. Viriate dit : Sertorius veut que j'amuse Perpenna, son rival ; c'est-à-dire que je lui donne quelque espoir pour l'empêcher de s'éloigner de nous. Il n'est pas question là de sacrifier l'amour à l'amitié. (A.-M.)

SCÈNE IV.

VIRIATE, PERPENNA, AUFIDE, THAMIRE.

VIRIATE.

Vous m'aimez, Perpenna ; Sertorius le dit :
Je crois sur sa parole, et lui dois tout crédit [1].
Je sais donc votre amour ; mais tirez-moi de peine :
Par où prétendez-vous mériter une reine ?
A quel titre lui plaire, et par quel charme un jour
Obliger sa couronne à payer votre amour [2] ?

PERPENNA.

Par de sincères vœux, par d'assidus services,
Par de profonds respects, par d'humbles sacrifices ;
Et si quelques effets peuvent justifier....

VIRIATE.

Eh bien ! qu'êtes-vous prêt de lui sacrifier ?

PERPENNA.

Tous mes soins, tout mon sang, mon courage, ma vie [3].

---

[1] Il fallait dire, *je le crois.* Corneille a bien employé le mot *je crois* sans régime dans *Polyeucte* : *je vois, je sais, je crois, je suis désabusée;* mais c'est dans un autre sens. Pauline veut dire *j'ai la foi;* mais Viriate n'a point la foi. *Et lui dois tout crédit;* ce terme est impropre, et n'est pas noble. *Crédit* ne signifie point *confiance.* Racine s'est servi plus noblement de ce mot dans un autre sens, quand il fait dire à Agrippine :

Je vois mes honneurs croître, et tomber mon crédit.

Crédit alors signifie *autorité, puissance, considération.* (V.) — Dans l'usage actuel, *crédit* et *confiance* ne peuvent s'employer l'un pour l'autre ; ils sont corrélatifs ; mais il est bien probable que, du temps de Corneille, cette distinction n'existait pas. (A.-M.)

[2] On n'oblige point une couronne à payer ; et payer un amour ! (V.)

[3] On peut sacrifier son sang et sa vie, ce qui est la même

VIRIATE.
Pourriez-vous la servir dans une jalousie¹?
PERPENNA.
Ah, madame!...
VIRIATE.
A ce mot en vain le cœur vous bat;
Elle n'est pas d'amour, elle n'est que d'état.
J'ai de l'ambition, et mon orgueil de reine
Ne peut voir sans chagrin une autre souveraine,
Qui, sur mon propre trône à mes yeux s'élevant,
Jusque dans mes états prenne le pas devant².
Sertorius y règne, et dans tout notre empire
Il dispense des lois où j'ai voulu souscrire³ :
Je ne m'en repens point, il en a bien usé;
Je rends graces au ciel qui l'a favorisé.

chose : mais sacrifier son courage! qu'est-ce que cela veut dire ? on emploie son courage, ses soins; on sacrifie sa vie. (V.) — *Courage* se disait alors pour *cœur, ame.* Nous avons déja fait plusieurs fois cette remarque. (A.-M.)

¹ *Dans une jalousie, le cœur vous bat; un orgueil de reine* ; ce n'est pas là le style noble; et cette idée de se *faire servir dans une jalousie* est non seulement du comique, mais du comique insipide : ce n'est pas là le φόβος καὶ ἔλεος, *la terreur et la pitié.* Voilà une plaisante intrigue tragique que de savoir qui de deux femmes passera la première à une porte! (V.)

² *Prenne le pas devant* ne se dit plus, et présente une petite idée. Voilà de ces choses qu'il faut ennoblir par l'expression. Racine dit :

Je ceignis la tiare, et marchai son égal.

Prendre le pas devant est une mauvaise façon de parler, qui n'est pas même pardonnable aux gazettes. (V.)

³ *Il dispense des lois. Dividit jura*, il fait des lois. Aujourd'hui l'on croirait que Sertorius *exempte* d'obéir aux lois. Le mot *dispense* signifie encore *départir, distribuer*, sens qui se rapproche un peu de celui de Corneille. (A.-M.)

ACTE II, SCÈNE IV.

Mais, pour vous dire enfin de quoi je suis jalouse,
Quel rang puis-je garder auprès de son épouse?
Aristie y prétend, et l'offre qu'elle fait,
Ou que l'on fait pour elle, en assure l'effet[1].
Délivrez nos climats de cette vagabonde,
Qui vient par son exil troubler un autre monde;
Et forcez-la sans bruit d'honorer d'autres lieux
De cet illustre objet qui me blesse les yeux.
Assez d'autres états lui prêteront asile.

PERPENNA.

Quoi que vous m'ordonniez, tout me sera facile :
Mais quand Sertorius ne l'épousera pas,
Un autre hymen vous met dans le même embarras[2].
Et qu'importe, après tout, d'une autre ou d'Aristie,
Si....?

VIRIATE.

Rompons, Perpenna, rompons cette partie;
Donnons ordre au présent; et quant à l'avenir,

---

[1] Il faut éviter ces expressions prosaïques et négligées : celle-ci n'est ni noble ni exacte. Une offre n'assure point un effet; une offre est acceptée ou dédaignée; le mot d'*effet* ne s'applique qu'aux desseins et aux causes, aux menaces, aux prières. (V.) — Il est évident que le mot *effet* avait, à l'époque de Corneille, un sens plus étendu qu'il ne l'a aujourd'hui. Racine a dit dans *Athalie* :

    Que deviendra l'*effet* de ses prédictions?

Ce mot signifiant la réalisation de toute pensée, on pouvait dire l'*effet* de ses prétentions, pour l'accomplissement de ses désirs. Il ne faut pas juger la langue de Corneille sur la nôtre. Voyez si, quelques vers plus bas, l'*illustre objet* ne nous ferait pas rire aujourd'hui. (A.-M.)

[2] Perpenna n'a aucune raison de parler d'un autre hymen de Sertorius, puisqu'il n'en est point question dans la pièce : et quel style de comédie! *un hymen qui met dans l'embarras*. (V.)

Suivant l'occasion nous saurons y fournir.
Le temps est un grand maître, il règle bien des choses,
Enfin je suis jalouse, et vous en dis les causes.
Voulez-vous me servir?

PERPENNA.

Si je le veux? j'y cours,
Madame, et meurs déja d'y consacrer mes jours [1] :
Mais pourrai-je espérer que ce foible service
Attirera sur moi quelque regard propice,
Que le cœur attendri fera suivre....

VIRIATE.

Arrêtez!
Vous porteriez trop loin des vœux précipités.
Sans doute un tel service aura droit de me plaire;
Mais laissez-moi, de grace, arbitre du salaire :
Je ne suis point ingrate, et sais ce que je dois;
Et c'est vous dire assez pour la première fois.
Adieu.

SCÈNE V.

PERPENNA, AUFIDE.

AUFIDE.

Vous le voyez, seigneur, comme on vous joue.
Tout son cœur est ailleurs; Sertorius l'avoue,
Et fait auprès de vous l'officieux rival,
Cependant que la reine....

PERPENNA.

Ah! n'en juge point mal.

---

[1] Il fallait, *et je meurs;* mais cette façon de parler est du style de la comédie; encore ne dit-on pas même, *je meurs d'aller, je*

A lui rendre service elle m'ouvre une voie
Que tout mon cœur embrasse avec excès de joie [1].

AUFIDE.

Vous ne voyez donc pas que son esprit jaloux
Ne cherche à se servir de vous que contre vous,
Et que, rompant le cours d'une flamme nouvelle,
Vous forcez ce rival à retourner vers elle?

PERPENNA.

N'importe, servons-la, méritons son amour;
La force et la vengeance agiront à leur tour.
Hasardons quelques jours sur l'espoir qui nous flatte,
Dussions-nous pour tout fruit ne faire qu'une ingrate.

AUFIDE.

Mais, seigneur....

PERPENNA.

Épargnons les discours superflus;
Songeons à la servir, et ne contestons plus;
Cet unique souci tient mon ame occupée.
Cependant de nos murs on découvre Pompée;
Tu sais qu'on me l'a dit : allons le recevoir,
Puisque Sertorius m'impose ce devoir [2].

---

meurs de servir, mais *je meurs d'envie d'aller, de servir*; et cela ne se dit que dans la conversation familière. (V.)

[1] *Embrasser avec excès de joie une voie à rendre service*; on ne peut écrire avec plus d'impropriété. (V.)

[2] Dans cette scène Perpenna paraît généreux; il n'est plus question de l'assassinat de Sertorius, qui fait le sujet du drame. C'est d'ordinaire un grand défaut dans une pièce, soit tragique, soit comique, qu'un personnage paraisse sans rappeler les premiers sentiments et les premiers desseins qu'il a d'abord annoncés; c'est rompre l'unité de dessein qui doit régner dans tout l'ouvrage.

Nous sommes entrés dans presque tous les détails de ces deux premiers actes, pour montrer aux commençants combien il est difficile de bien écrire en vers, pour éviter le reproche qu'on nous a fait de n'en avoir pas assez dit, et pour répondre au reproche ridicule que quelques gens de parti, très mal instruits, nous ont fait d'en avoir trop dit. Nous ne pouvons assez répéter que nous cherchons uniquement la vérité, et qu'aucune cabale ne nous a jamais intimidés. (V.)

FIN DU SECOND ACTE.

ACTE TROISIÈME.

SCÈNE I[1].

SERTORIUS, POMPÉE, suite.

SERTORIUS.
Seigneur, qui des mortels eût jamais osé croire

[1] Cette scène, ou plutôt la seconde, dont celle-ci n'est que le commencement, fit le succès de *Sertorius*, et elle aura toujours une grande réputation. S'il y a quelques défauts dans le style, ces défauts n'ôtent rien à la noblesse des sentiments, à la politique, aux bienséances de toute espèce, qui font un chef-d'œuvre de cette conversation. Elle n'est pas tragique, j'en conviens; elle n'est que politique. La pièce de *Sertorius* n'a rien de la chaleur et du pathétique de la vraie tragédie, comme Corneille l'avoue dans son examen; mais cette scène de Sertorius et de Pompée, prise à part, est un grand modèle.

Il n'y a, je crois, que deux autres exemples sur le théâtre de ces conférences entre de grands hommes, qui méritent d'être remarquées. La première, dans *Shakespeare*, entre Cassius et Brutus; elle est dans un goût un peu différent de celui de Corneille. Brutus reproche à Cassius *that he hath an itching palm;* ce qui signifie précisément que Cassius se fait graisser la patte. Cassius répond qu'il aimerait mieux être un chien, et aboyer à la lune, que de se faire donner des pots-de-vin. Il y a d'ailleurs des choses vives et animées, mais ce ton de la halle n'est pas tout-à-fait celui de la scène tragique; ce n'est pas celui du sage Addison.

La seconde conférence est dans l'*Alexandre* de Racine, entre Porus, Éphestion, et Taxile. Si Éphestion était un personnage principal, et si la tragédie était intéressante, cette conférence pourrait encore plaire beaucoup au théâtre, même après celle

Que la trève à tel point dût rehausser ma gloire[1] ;
Qu'un nom à qui la guerre a fait trop applaudir
Dans l'ombre de la paix trouvât à s'agrandir[2] ?
Certes, je doute encor si ma vue est trompée,
Alors que dans ces murs je vois le grand Pompée ;

de Sertorius et de Pompée. Le mal est que ces scènes ne sont pas absolument nécessaires à la pièce. Sertorius même dit au quatrième acte :

> . . . . Quel bruit fait par la ville
> De Pompée et de moi l'entrevue inutile ?

Ces scènes donnent rarement au spectateur d'autre plaisir que celui de voir de grands hommes conférer ensemble. (V.)

[1] Certainement Sertorius n'a jamais dit à Pompée, *quel homme aurait jamais osé croire que ma gloire pût être augmentée?* On ne parle point ainsi de soi-même; la bienséance n'est pas observée dans les expressions : le fond de la pensée est que la visite de Pompée est le plus grand honneur qu'il ait jamais reçu; mais il ne doit pas commencer par parler de sa gloire, et par dire que jamais mortel n'eût osé croire que cette gloire pût augmenter; ces vers peuvent paraître une fanfaronnade plutôt qu'un compliment. Il eût été plus court, plus naturel, plus décent, de supprimer ces vers, et de dire avec une noble simplicité, *Seigneur, je doute encor si ma vue est trompée.* (V.) — Cette manière orgueilleuse de parler de soi appartient essentiellement aux héros de l'antiquité. Le pieux Énée ne blessait pas les bienséances en disant : « Je suis le pieux Énée, dont la renommée s'élève au delà des étoiles. » (A.-M.)

[2] Comment est-ce qu'un nom trouve quelque chose ? Sertorius veut dire qu'il n'a jamais reçu tant d'honneurs; mais un nom ne s'agrandit pas, et il ne fallait pas qu'il commençât une conversation polie et modeste par dire que la guerre a fait applaudir à son nom. Ce n'est pas au nom qu'on applaudit, c'est à la personne, aux actions. (V.) — Est-ce que *nom* ne se prend pas, même encore aujourd'hui, pour *renom*, pour *renommée?* est-ce qu'une renommée ne grandit pas? est-ce qu'on ne peut pas se faire un grand nom? Ici Voltaire épluche les mots, et ne critique plus. (A.-M.)

ACTE III, SCÈNE I.

Et quand il lui plaira, je saurai quel bonheur
Comble Sertorius d'un tel excès d'honneur.

POMPÉE.

Deux raisons. Mais, seigneur, faites qu'on se retire [1],
Afin qu'en liberté je puisse vous les dire.
　L'inimitié qui règne entre nos deux partis
N'y rend pas de l'honneur tous les droits amortis [2].
Comme le vrai mérite a ses prérogatives [3],
Qui prennent le dessus des haines les plus vives,
L'estime et le respect sont de justes tributs
Qu'aux plus fiers ennemis arrachent les vertus ;
Et c'est ce que vient rendre à la haute vaillance [4],
Dont je ne fais ici que trop d'expérience,
L'ardeur de voir de près un si fameux héros,

　[1] Pompée ne doit pas demander qu'on se retire pour pouvoir dire en liberté à Sertorius qu'il l'estime. On peut faire un compliment en public, et faire ensuite retirer les assistants : cela même eût fait un bon effet au théâtre. (V.)

　[2] Cet *amortissement des droits*, ces *prérogatives du vrai mérite*, gâtent un peu ce commencement du discours de Pompée. *Prérogatives* n'est pas le mot propre ; et des *prérogatives qui prennent le dessus des haines!* rien n'est moins élégant. Quand même ces deux vers seraient bons, ils pècheraient en ce qu'ils sont inutiles ; ils affaibliraient ces deux beaux vers si nobles et si simples :

　　　　L'estime et le respect sont les justes tributs
　　　　Qu'aux cœurs même ennemis arrachent les vertus.

Rien de trop, voilà la grande règle. (V.)

　[3] Cette phrase, ce *comme*, ne conviennent pas à Pompée. Cela sent trop son rhéteur. Ce tour est trop apprêté, cette expression trop prosaïque. Le défaut est petit ; mais il faut remarquer tout dans un dialogue aussi important que celui de Pompée et de Sertorius. (V.)

　[4] Ce *rendre* se rapporte à *tribut* ; mais on ne rend point un tribut, on rend justice, on rend hommage ; on paie un tribut. (V.)
— On dit bien, Je ne fais que trop *l'expérience*, mais non, Je ne fais que trop *d'expérience* de sa vaillance. (A.-M.)

Sans lui voir en la main piques ni javelots,
Et le front désarmé de ce regard terrible [1]
Qui dans nos escadrons guide un bras invincible.
Je suis jeune et guerrier, et tant de fois vainqueur,
Que mon trop de fortune a pu m'enfler le cœur;
Mais (et ce franc aveu sied bien aux grands courages [2])
J'apprends plus contre vous par mes désavantages
Que les plus beaux succès qu'ailleurs j'aye emportés [3]
Ne m'ont encore appris par mes prospérités.
Je vois ce qu'il faut faire, à voir ce que vous faites :
Les siéges, les assauts, les savantes retraites,
Bien camper, bien choisir à chacun son emploi,
Votre exemple est par-tout une étude pour moi.
Ah! si je vous pouvois rendre à la république,
Que je croirois lui faire un présent magnifique!
Et que j'irois, seigneur, à Rome avec plaisir,
Puisque la trève enfin m'en donne le loisir,
Si j'y pouvois porter quelque foible espérance
D'y conclure un accord d'une telle importance!

[1] *Le front désarmé* se rapporte à *sans voir*; de sorte que la véritable construction est, *sans lui voir le front désarmé*; ce qui est précisément le contraire de ce qu'il entend. Il reste à savoir si un général doit parler à un autre général de son regard terrible. (V.)

[2] C'est ce qu'on doit dire de Pompée, mais c'est ce que Pompée ne doit pas dire de lui : c'est une parenthèse du poëte. Jamais un général d'armée ne se vante ainsi, et ne s'appelle *grand courage*. Il ne faut jamais faire parler les hommes autrement qu'ils ne parleraient eux-mêmes : c'est une règle générale qu'on ne peut trop répéter. (V.)—*Courage* pour *cœur*. Les anciens n'étaient pas modestes. Nous disons bien encore aujourd'hui, *entre honnêtes gens, entre gens de cœur*, en parlant de nous-mêmes. (Voyez page 372, note 1.) (A.-M.)

[3] On emporte une place, on remporte un avantage, on a un succès; on n'emporte point un succès. C'est un barbarisme. (V.)

ACTE III, SCÈNE I. 375

Près de l'heureux Sylla ne puis-je rien pour vous?
Et près de vous, seigneur, ne puis-je rien pour tous?
SERTORIUS.
Vous me pourriez sans doute épargner quelque peine,
Si vous vouliez avoir l'ame toute romaine [1] :
Mais, avant que d'entrer en ces difficultés,
Souffrez que je réponde à vos civilités [2].
Vous ne me donnez rien par cette haute estime
Que vous n'ayez déja dans le degré sublime [3].
La victoire arrachée à vos premiers exploits,
Un triomphe avant l'âge où le souffrent nos lois,
Avant la dignité qui permet d'y prétendre,
Font trop voir quels respects l'univers vous doit rendre.
Si dans l'occasion je ménage un peu mieux
L'assiette du pays et la faveur des lieux [4],

[1] Ce vers manque dans l'édition de 1682. (LEF....)
[2] Il eût été mieux que Sertorius eût répondu aux civilités de Pompée sans le dire ; cela donne à son discours un air apprêté et contraint. Il annonce qu'il veut faire un compliment : un tel compliment doit être sans appareil, afin qu'il paraisse plus naturel et plus vrai. On n'a pas besoin de faire retirer les assistants pour faire un compliment. (V.)
[3] On conçoit qu'un personnage puisse dire : vous ne me donnez rien que je n'aie déjà ; mais *vous ne me donnez rien que vous n'ayez*, n'est pas correct. Corneille veut dire : *vous ne m'attribuez rien que vous n'ayez*. Le mot *donnez* est une faute. (A.-M.)
[4] Je ne peux m'empêcher de remarquer ici qu'on trouve dans plusieurs livres, et sur-tout dans l'*Histoire du Théâtre*, que le vicomte de Turenne, à la représentation de *Sertorius*, s'écria : *Où donc Corneille a-t-il pu apprendre l'art de la guerre?* On pouvait plus justement dire que Corneille parlait supérieurement de politique. La preuve en est dans ces vers :

Lorsque deux factions divisent un empire, etc.

Elle est encore plus dans *Cinna*. Nous sommes inondés depuis peu de livres sur le gouvernement. Des hommes obscurs, inca-

Si mon expérience en prend quelque avantage,
Le grand art de la guerre attend quelquefois l'âge;
Le temps y fait beaucoup; et de mes actions
S'il vous a plu tirer quelques instructions,
Mes exemples un jour ayant fait place aux vôtres,
Ce que je vous apprends, vous l'apprendrez à d'autres;
Et ceux qu'aura ma mort saisis de mon emploi
S'instruiront contre vous, comme vous contre moi.
  Quant à l'heureux Sylla, je n'ai rien à vous dire.
Je vous ai montré l'art d'affoiblir son empire;
Et, si je puis jamais y joindre des leçons
Dignes de vous apprendre à repasser les monts,
Je suivrai d'assez près votre illustre retraite
Pour traiter avec lui sans besoin d'interprète,
Et sur les bords du Tibre, une pique à la main [1],
Lui demander raison pour le peuple romain.

POMPÉE.

De si hautes leçons, seigneur, sont difficiles,
Et pourroient vous donner quelques soins inutiles,
Si vous faisiez dessein de me les expliquer
Jusqu'à m'avoir appris à les bien pratiquer [2].

---

pables de se gouverner eux-mêmes, et ne connaissant ni le monde, ni la cour, ni les affaires, se sont avisés d'instruire les rois et les ministres, et même de les injurier. Y a-t-il un seul de ces livres, je n'en excepte pas un, qui approche de loin de la délibération d'Auguste dans *Cinna*, et de la conversation de Sertorius et de Pompée? C'est là que Corneille est bien grand; et la comparaison qu'on peut faire de ces morceaux avec tous nos fatras de prose sur la politique le rend encore plus grand, et est le plus bel éloge de la poésie. (V.)

[1] On se servait encore de piques en France lorsqu'on représenta *Sertorius*, et cette expression était plus noble qu'aujourd'hui. (V.)

[2] Ce vers n'a pas un sens net. On ne sait si l'intention de l'au-

ACTE III, SCÈNE I.

SERTORIUS.

Aussi me pourriez-vous épargner quelque peine,
Si vous vouliez avoir l'ame toute romaine;
Je vous l'ai déja dit.

POMPÉE.

Ce discours rebattu
Lasseroit une austère et farouche vertu.
Pour moi, qui vous honore assez pour me contraindre
A fuir obstinément tout sujet de m'en plaindre,
Je ne veux rien comprendre en ses obscurités.

SERTORIUS.

Je sais qu'on n'aime point de telles vérités :
Mais, seigneur, étant seuls, je parle avec franchise;
Bannissant les témoins, vous me l'avez permise;
Et je garde avec vous la même liberté
Que si votre Sylla n'avoit jamais été.
Est-ce être tout Romain qu'être chef d'une guerre [1]
Qui veut tenir aux fers les maîtres de la terre?
Ce nom, sans vous et lui, nous seroit encor dû;
C'est par lui, c'est par vous, que nous l'avons perdu.
C'est vous qui sous le joug traînez des cœurs si braves [2];

teur est, si vous vouliez m'expliquer mes leçons jusqu'à ce que vous m'apprissiez à les mettre en pratique; mais *faire dessein de les expliquer jusqu'à m'avoir appris* est un contre-sens en toute langue. *Faire dessein* est un barbarisme. (V.)

[1] On est chef de parti, on n'est pas chef d'une guerre. Le mot est trop impropre. (V.) — C'est un latinisme : *caput belli; dux femina facti.* (A.-M.)

[2] *Traîner des cœurs* peut se dire. Racine a dit :

Charmant, jeune, traînant tous les cœurs après soi.

Mais cet *après soi* ou *après lui* est absolument nécessaire.

Entraînant après lui tous les cœurs des soldats. (V.)

— *Après soi, après lui,* n'est pas absolument nécessaire. Il y a ici un autre régime, et plus beau : *sous le joug.* (A.-M.)

Ils étoient plus que rois, ils sont moindres qu'esclaves;
Et la gloire qui suit vos plus nobles travaux
Ne fait qu'approfondir l'abyme de leurs maux :
Leur misère est le fruit de votre illustre peine :
Et vous pensez avoir l'ame toute romaine!
Vous avez hérité ce nom de vos aïeux;
Mais, s'il vous étoit cher, vous le rempliriez mieux [1].

POMPÉE.

Je crois le bien remplir quand tout mon cœur s'applique
Aux soins de rétablir un jour la république :
Mais vous jugez, seigneur, de l'ame par le bras;
Et souvent l'un paroît ce que l'autre n'est pas [2].
Lorsque deux factions divisent un empire,
Chacun suit au hasard la meilleure ou la pire,
Suivant l'occasion ou la nécessité
Qui l'emporte vers l'un ou vers l'autre côté.
Le plus juste parti, difficile à connoître,
Nous laisse en liberté de nous choisir un maître;
Mais, quand ce choix est fait, on ne s'en dédit plus.
J'ai servi sous Sylla du temps de Marius,
Et servirai sous lui tant qu'un destin funeste
De nos divisions soutiendra quelque reste [3].

[1] *Remplir* le nom, pour *égaler* le nom, pour posséder toutes les qualités qui ont rendu ce nom illustre. Le mot *rempli* n'est plus d'usage dans cette acception. (Voyez la note acte II, sc. II.) (A.-M.)

[2] Ces expressions sont trop négligées : et comment un bras peut-il paraître différent d'une ame? La plupart des fautes de langage sont au fond des défauts de justesse. (V.)

[3] *Soutiendra* n'est pas le mot propre; on entretient un reste de divisions, on les fomente, etc.; on soutient un parti, une cause, une prétention : mais c'est un très léger défaut dans un aussi beau discours que celui de Pompée.

Lorsque deux factions divisent un empire,

Comme je ne vois pas dans le fond de son cœur,
J'ignore quels projets peut former son bonheur [1] :
S'il les pousse trop loin, moi-même je l'en blâme ;
Je lui prête mon bras sans engager mon ame ;
Je m'abandonne au cours de sa félicité,
Tandis que tous mes vœux sont pour la liberté ;
Et c'est ce qui me force à garder une place
Qu'usurperoient sans moi l'injustice et l'audace,
Afin que, Sylla mort, ce dangereux pouvoir
Ne tombe qu'en des mains qui sachent leur devoir [2].
Enfin je sais mon but, et vous savez le vôtre.

SERTORIUS.

Mais cependant, seigneur, vous servez comme un autre ;
Et nous, qui jugeons tout sur la foi de nos yeux [3],
Et laissons le dedans à pénétrer aux dieux,

> Chacun suit au hasard la meilleure ou la pire....
> Mais, quand ce choix est fait, on ne s'en dédit plus, etc.

Quelle vérité dans ces vers ! et quelle force dans leur simplicité ! point d'épithète, rien de superflu ; c'est la raison en vers. (V.)

[1] *Un bonheur qui forme des projets* est trop impropre. (V.) — Cela est vrai. Mais il y a ici une intention. Sylla attribuait tous ses succès à *son bonheur*, à sa fortune. Il nomma son fils *Faustus* et sa fille *Fausta*, noms qui signifient *favorisés de la fortune*. Ici Pompée rappelle à Sertorius que Sylla est toujours *heureux*. Ce n'est pas Sylla, c'est la fortune de Sylla qui forme des projets. On peut critiquer le vers, mais il faut admirer la justesse de l'idée. (A.-M.)

[2] On peut animer tout dans la poésie ; mais, dans une conférence sans passion, les métaphores outrées ne peuvent avoir lieu : peut-être cette expression porte encore plus l'empreinte d'une négligence qui échappe que d'une figure qu'on recherche. (V.)

[3] Sur *la foi* de nos yeux, pour *sur le témoignage* de nos yeux. L'expression est hasardée. On dirait bien : *nous avons foi au témoignage de nos yeux*. (A.-M.)

Nous craignons votre exemple, et doutons si dans Rome
Il n'instruit point le peuple à prendre loi d'un homme¹;
Et si votre valeur, sous le pouvoir d'autrui,
Ne sème point pour vous lorsqu'elle agit pour lui.
  Comme je vous estime, il m'est aisé de croire
Que de la liberté vous feriez votre gloire,
Que votre ame en secret lui donne tous ses vœux;
Mais, si je m'en rapporte aux esprits soupçonneux,
Vous aidez aux Romains à faire essai d'un maître,
Sous ce flatteur espoir qu'un jour vous pourrez l'être.
La main qui les opprime, et que vous soutenez,
Les accoutume au joug que vous leur destinez;
Et, doutant s'ils voudront se faire à l'esclavage,
Aux périls de Sylla vous tâtez leur courage².

POMPÉE.

Le temps détrompera ceux qui parlent ainsi;
Mais justifiera-t-il ce que l'on voit ici?
Permettez qu'à mon tour je parle avec franchise;
Votre exemple à-la-fois m'instruit et m'autorise :
Je juge, comme vous, sur la foi de mes yeux,
Et laisse le dedans à pénétrer aux dieux.

¹ *Prendre loi,* pour *prendre les ordres, se soumettre à la loi.* Cette locution a pu être française, car elle est tout-à-fait dans la forme de notre vieille langue. (A.-M.)

² Ce mot *tâter*, qui par lui-même est familier, et même ignoble, fait ici un très bel effet; car, comme on l'a déja remarqué, il n'y a guère de mot qui, étant heureusement placé, ne puisse contribuer au sublime. Ce discours de Sertorius est un des plus beaux morceaux de Corneille; et le reste de la scène en est digne, à quelques négligences près.
  Ces vers :

  Et votre empire en est d'autant plus dangereux, etc.
  Rome n'est plus dans Rome, elle est toute où je suis, etc.

sont égaux aux plus beaux vers de *Cinna* et des *Horaces*. (V.)

ACTE III, SCÈNE I.

Ne vit-on pas ici sous les ordres d'un homme?
N'y commandez-vous pas comme Sylla dans Rome?
Du nom de dictateur, du nom de général,
Qu'importe, si des deux le pouvoir est égal?
Les titres différents ne font rien à la chose;
Vous imposez des lois ainsi qu'il en impose;
Et, s'il est périlleux de s'en faire haïr,
Il ne seroit pas sûr de vous désobéir [1].

Pour moi, si quelque jour je suis ce que vous êtes,
J'en userai peut-être alors comme vous faites :
Jusque-là....

SERTORIUS.

Vous pourriez en douter jusque-là,
Et me faire un peu moins ressembler à Sylla.
Si je commande ici, le sénat me l'ordonne.
Mes ordres n'ont encore assassiné personne.
Je n'ai pour ennemis que ceux du bien commun ;
Je leur fais bonne guerre, et n'en proscris pas un.
C'est un asile ouvert que mon pouvoir suprême;
Et, si l'on m'obéit, ce n'est qu'autant qu'on m'aime.

POMPÉE.

Et votre empire en est d'autant plus dangereux,
Qu'il rend de vos vertus les peuples amoureux,
Qu'en assujettissant vous avez l'art de plaire,
Qu'on croit n'être en vos fers qu'esclave volontaire,
Et que la liberté trouvera peu de jour
A détruire un pouvoir que fait régner l'amour.

Ainsi parlent, seigneur, les ames soupçonneuses.
Mais n'examinons point ces questions fâcheuses,
Ni si c'est un sénat qu'un amas de bannis
Que cet asile ouvert sous vous a réunis.

---

[1] Var. Il ne feroit pas sûr de vous désobéir. (1662.)

Une seconde fois, n'est-il aucune voie
Par où je puisse à Rome emporter quelque joie?
Elle seroit extrême à trouver les moyens
De rendre un si grand homme à ses concitoyens.
Il est doux de revoir les murs de la patrie :
C'est elle par ma voix, seigneur, qui vous en prie;
C'est Rome....

SERTORIUS.
Le séjour de votre potentat,
Qui n'a que ses fureurs pour maximes d'état [1]?
Je n'appelle plus Rome un enclos de murailles
Que ses proscriptions comblent de funérailles;
Ces murs, dont le destin fut autrefois si beau,
N'en sont que la prison, ou plutôt le tombeau :
Mais, pour revivre ailleurs dans sa première force,
Avec les faux Romains elle a fait plein divorce;
Et, comme autour de moi j'ai tous ses vrais appuis,
Rome n'est plus dans Rome, elle est toute où je suis.
Parlons pourtant d'accord. Je ne sais qu'une voie
Qui puisse avec honneur nous donner cette joie.
Unissons-nous ensemble, et le tyran est bas :
Rome à ce grand dessein ouvrira tous ses bras.

[1] Voilà encore un des plus beaux endroits de Corneille : il y a de la force, de la grandeur, de la vérité, et même il est supérieurement écrit, à quelques négligences, à quelques familiarités près; comme *le tyran est bas, donner cette joie, ouvrir tous ses bras*. Mais quand une expression familière et commune est bien placée et fait un contraste, alors elle tient presque du sublime : tel est ce vers :

Je n'appelle plus Rome un enclos de murailles.

Ce mot *enclos*, qui ailleurs est si commun et même bas, s'ennoblit ici, et fait un très beau contraste avec ce vers admirable :

Rome n'est plus dans Rome, elle est toute où je suis. (V.)

Ainsi nous ferons voir l'amour de la patrie,
Pour qui vont les grands cœurs jusqu'à l'idolâtrie;
Et nous épargnerons ces flots de sang romain
Que versent tous les ans votre bras et ma main [1].

POMPÉE.

Ce projet, qui pour vous est tout brillant de gloire,
N'auroit-il rien pour moi d'une action trop noire?
Moi qui commande ailleurs, puis-je servir sous vous?

SERTORIUS.

Du droit de commander je ne suis point jaloux;
Je ne l'ai qu'en dépôt, et je vous l'abandonne :
Non jusqu'à vous servir de ma seule personne;
Je prétends un peu plus : mais dans cette union
De votre lieutenant m'envieriez-vous le nom?

POMPÉE.

De pareils lieutenants n'ont des chefs qu'en idée;
Leur nom retient pour eux l'autorité cédée;
Ils n'en quittent que l'ombre; et l'on ne sait que c'est [2]
De suivre ou d'obéir que suivant qu'il leur plaît.
Je sais une autre voie, et plus noble, et plus sûre.
Sylla, si vous voulez, quitte sa dictature;
Et déja de lui-même il s'en seroit démis,
S'il voyoit qu'en ces lieux il n'eût plus d'ennemis.
Mettez les armes bas, je réponds de l'issue;
J'en donne ma parole après l'avoir reçue [3].

---

[1] *Votre bras et ma main.* On sent trop que la rime seule a empêché de dire votre bras et le mien. Un peu plus bas, *action trop noire* est encore là pour la rime. (A.-M.)

[2] Il faut éviter ces expressions triviales *que c'est*, qui n'est pas français, et *ce que c'est*, qui, étant plus régulier, est dur à l'oreille et du style de conversation. (V.) — *Que,* en latin *quod,* pour *ce que,* était du très bon français à l'époque de Corneille. (A.-M.)

[3] Ce vers signifie grammaticalement *j'en donne ma parole après*

Si vous êtes Romain, prenez l'occasion.
.SERTORIUS.
Je ne m'éblouis point de cette illusion.
Je connois le tyran, j'en vois le stratagème ;
Quoi qu'il semble promettre, il est toujours lui-même.
Vous, qu'à sa défiance il a sacrifié
Jusques à vous forcer d'être son allié....
POMPÉE.
Hélas! ce mot me tue, et, je le dis sans feinte,
C'est l'unique sujet qu'il m'a donné de plainte.
J'aimois mon Aristie, il m'en vient d'arracher [1] ;
Mon cœur frémit encore à me le reprocher :
Vers tant de biens perdus sans cesse il me rappelle ;
Et je vous rends, seigneur, mille graces pour elle,
A vous, à ce grand cœur dont la compassion
Daigne ici l'honorer de sa protection.
SERTORIUS.
Protéger hautement les vertus malheureuses,
C'est le moindre devoir des ames généreuses [2] :
Aussi fais-je encor plus, je lui donne un époux.

avoir reçu ma parole. Ce n'est pas là certainement le sens de la phrase ; mais on ne sait trop quel autre sens lui donner. Dans les vers suivants Corneille a mis *prenez l'occasion,* il faudrait *saisissez l'occasion ; j'en vois le stratagème,* on dirait aujourd'hui *je vois son stratagème.* (A.-M.)

[1] Il faudrait : il vient de m'arracher d'elle, ou de ses bras. (A.-M.)

[2] Sertorius ne doit point dire *qu'il est une ame généreuse;* il doit le laisser entendre : c'est le défaut de tous les héros de Corneille de se vanter toujours. (V.) — Ce défaut appartient à tous les héros de l'antiquité, à tous, depuis Achille jusqu'à l'orateur qui répétait si souvent, *Me consule.* Corneille avait fait une étude approfondie des mœurs de l'antiquité, et, sur ce point, la critique a toujours tort avec lui. (A.-M.)

ACTE III, SCÈNE I.

POMPÉE.

Un époux! dieux! qu'entends-je? Et qui, seigneur?

SERTORIUS.

Moi.

POMPÉE.

Vous?

Seigneur, toute son ame est à moi dès l'enfance.
N'imitez point Sylla par cette violence ;
Mes maux sont assez grands, sans y joindre celui
De voir tout ce que j'aime entre les bras d'autrui.

SERTORIUS.

Tout est encore à vous. Venez, venez, madame,
Faire voir quel pouvoir j'usurpe sur votre ame,
Et montrer, s'il se peut, à tout le genre humain
La force qu'on vous fait pour me donner la main [1].

POMPÉE.

C'est elle-même, ô ciel!

SERTORIUS.

Je vous laisse avec elle [2],

---

[1] On ne dit point *faire une force*, ni même *faire une violence*, quoique l'on dise très bien *faire violence*. Ici l'analogie rend presque la faute excusable. (A.-M.)

[2] Remarquons ici que le grand Pompée est présenté sous un aspect bien défavorable; c'est l'aventure la plus honteuse de sa vie : il a répudié Antistia, qu'il aimait, et a épousé Æmilia, la petite-fille de Sylla, pour faire sa cour à ce tyran : cette bassesse était d'autant plus honteuse, qu'Émilie était grosse de son premier mari quand Pompée l'épousa par un double divorce. Pompée avoue ici sa honte à Sertorius : il ne parait que comme un esclave de Sylla, qui craint de déplaire à son maître; dans cette position, quelque chose qu'il dise ou qu'il fasse, il est impossible de s'intéresser à lui. On prend un intérêt médiocre à Sertorius amoureux. Viriate est peut-être le premier personnage de la pièce : mais quiconque n'étalera que de la politique n'ex-

Et sais que tout son cœur vous est encor fidèle.
Reprenez votre bien ; ou ne vous plaignez plus,
Si j'ose m'enrichir, seigneur, de vos refus.

SCÈNE II[1].

POMPÉE, ARISTIE.

POMPÉE.

Me dit-on vrai, madame, et seroit-il possible.... ?
ARISTIE.
Oui, seigneur, il est vrai que j'ai le cœur sensible ;
Suivant qu'on m'aime ou hait, j'aime ou hais à mon tour[2],
Et ma gloire soutient ma haine et mon amour.
Mais, si de mon amour elle est la souveraine,
Elle n'est pas toujours maîtresse de ma haine ;
Je ne la suis pas même ; et je hais quelquefois[3],

citera jamais les grands mouvements, qui sont l'ame de la tragédie. (v.)

[1] Après une scène de politique, il n'est guère possible que jamais une scène de tendresse puisse réussir. Le cœur veut être mené par degrés ; il ne peut passer rapidement d'un sujet à un autre : et toutes les fois qu'on promène ainsi le spectateur d'objets en objets, tout intérêt cesse. C'est une des raisons qui empêchent presque toutes les tragédies de Corneille d'être touchantes. Il paraît qu'il a senti ce défaut, puisque Sertorius et Pompée ont parlé d'Aristie à la fin de la scène précédente, mais ils n'en ont parlé que par occasion. (V.)

[2] Ce vers et les suivants sont un peu du haut comique, et ôtent à la femme de Pompée toute sa dignité. (v.)

[3] *Je ne la suis pas*. On dirait aujourd'hui, *je ne LE suis pas*, parceque *maîtresse* sans article est pris adjectivement. Êtes-vous *reine*? Non, je ne *le* suis pas. Êtes-vous *la reine*? Non, je ne *la* suis pas. Mais cette règle n'était pas établie à l'époque de Corneille. (A.-M.)

ACTE III, SCÈNE II.

Et moins que je ne veux, et moins que je ne dois.

POMPÉE.

Cette haine a pour moi toute son étendue,
Madame, et la pitié ne l'a point suspendue;
La générosité n'a pu la modérer.

ARISTIE.

Vous ne voyez donc pas qu'elle a peine à durer?
Mon feu, qui n'est éteint que parcequ'il doit l'être,
Cherche en dépit de moi le vôtre pour renaître [1];
Et je sens qu'à vos yeux mon courroux chancelant
Trébuche, perd sa force, et meurt en vous parlant.
M'aimeriez-vous encor, seigneur?

POMPÉE.

Si je vous aime [2] !
Demandez si je vis, ou si je suis moi-même.
Votre amour est ma vie, et ma vie est à vous.

ARISTIE.

Sortez de mon esprit, ressentiments jaloux :
Noirs enfants du dépit, ennemis de ma gloire,
Tristes ressentiments, je ne veux plus vous croire.
Quoi qu'on m'ait fait d'outrage, il ne m'en souvient plus.

---

[1] Ce feu qui cherche *le feu* de Pompée, ce courroux qui *trébuche*; en un mot, cette scène entre un mari et une femme ne passerait pas aujourd'hui. (V.)

[2] Ce qui fait en partie que cette scène est froide, c'est précisément cette chaleur que Pompée essaie de mettre dans sa réponse à sa femme. S'il est vrai qu'il l'aime si tendrement, il joue le rôle d'un lâche de l'avoir répudiée par crainte de Sylla; et Pompée ainsi avili ne peut plus intéresser les spectateurs, comme on vient de le faire voir. Aristie plaît encore moins, en ne paraissant que pour dire à Pompée qu'elle prendra un autre mari, s'il ne veut pas d'elle. Ce sont là des intérêts qui n'ont rien de grand ni d'attendrissant. (V.)

Plus de nouvel hymen, plus de Sertorius [1];
Je suis au grand Pompée; et puisqu'il m'aime encore,
Puisqu'il me rend son cœur, de nouveau je l'adore.
Plus de Sertorius. Mais, seigneur, répondez;
Faites parler ce cœur qu'enfin vous me rendez.
Plus de Sertorius. Hélas! quoi que je die,
Vous ne me dites point, seigneur, Plus d'Æmilie [2].

Rentrez dans mon esprit, jaloux ressentiments,
Fiers enfants de l'honneur, nobles emportements;
C'est vous que je veux croire; et Pompée infidèle
Ne sauroit plus souffrir que ma haine chancelle;
Il l'affermit pour moi. Venez, Sertorius,
Il me rend toute à vous par ce muet refus.
Donnons ce grand témoin à ce grand hyménée;
Son ame toute ailleurs n'en sera point gênée:
Il le verra sans peine, et cette dureté
Passera chez Sylla pour magnanimité.

POMPÉE.

Ce qu'il vous fait d'injure également m'outrage;
Mais enfin je vous aime, et ne puis davantage [3].
Vous, si jamais ma flamme eut pour vous quelque appas,

---

[1] Il n'y a personne qui puisse souffrir cet apprêt, ces refrains, ces jeux d'esprit compassés. Cela ressemble un peu à ces anciennes pièces de poésie nommées chants royaux, ballades, virelais; amusements que jamais ni les Grecs ni les Romains ne connurent, excepté dans les vers phaleuques, qui étaient une espèce de poésie molle et efféminée, où les refrains étaient admis, et quelquefois aussi dans l'églogue :

Ducite ab urbe domum, mea carmina, ducite Daphnim. (V.)

[2] Cela serait à sa place dans une pastorale; mais dans une tragédie!... (V.)

[3] *Ce qu'il fait d'injure* est un barbarisme; mais *je vous aime, et ne puis davantage,* déshonore entièrement Pompée. Le vainqueur de Mithridate ne devait pas s'avilir jusque-là. (V.)

ACTE III, SCÈNE II.

Plaignez-vous, haïssez, mais ne vous donnez pas ;
Demeurez en état d'être toujours ma femme,
Gardez jusqu'au tombeau l'empire de mon ame.
Sylla n'a que son temps, il est vieil et cassé ;
Son règne passera, s'il n'est déja passé ;
Ce grand pouvoir lui pèse, il s'apprête à le rendre ;
Comme à Sertorius, je veux bien vous l'apprendre.
Ne vous jetez donc point, madame, en d'autres bras [1] ;
Plaignez-vous, haïssez, mais ne vous donnez pas :
Si vous voulez ma main, n'engagez point la vôtre.

ARISTIE.

Mais quoi ! n'êtes-vous pas entre les bras d'une autre ?

POMPÉE.

Non, puisqu'il vous en faut confier le secret,
Æmilie à Sylla n'obéit qu'à regret.

---

[1] Corneille a été trop souvent un peintre trop exact des mœurs de l'antiquité. La scène, dans *Sertorius*, entre Pompée et Aristie est admirable pour un homme qui sait se transporter au temps de Pompée ; mais elle ne paroît pas vraisemblable au plus grand nombre des spectateurs, qui ne peuvent comprendre qu'un mari dise à sa femme :

Non, ne vous jetez point, madame, en d'autres bras.
. . . .

Pompée, pour prouver à son ancienne épouse que la nouvelle qu'il vient de prendre reste toujours attachée à son premier époux, s'exprime ainsi :

Elle porte en ses flancs. . . . .

A ces mots, qui étonnent un spectateur peu instruit des mœurs romaines, Aristie fait cette réponse non moins étonnante pour lui :

Rendez-le-moi, seigneur. . . . .

Pour sentir la beauté de cette réponse, il faudroit presque être un ancien Romain. Le tableau est ressemblant, mais il l'est trop : il est des occasions où une ressemblance exacte ne convient pas.

(L. RACINE.)

Des bras d'un autre époux ce tyran qui l'arrache
Ne rompt point dans son cœur le saint nœud qui l'attache;
Elle porte en ses flancs un fruit de cet amour [1],
Que bientôt chez moi-même elle va mettre au jour;
Et, dans ce triste état, sa main qu'il m'a donnée
N'a fait que l'éblouir par un feint hyménée,
Tandis que, tout entière à son cher Glabrion,
Elle paroît ma femme, et n'en a que le nom.

ARISTIE.

Et ce nom seul est tout pour celles de ma sorte.
Rendez-le-moi, seigneur, ce grand nom qu'elle porte [2].
J'aimai votre tendresse et vos empressements :
Mais je suis au-dessus de ces attachements;
Et tout me sera doux, si ma trame coupée
Me rend à mes aïeux en femme de Pompée,
Et que sur mon tombeau ce grand titre gravé
Montre à tout l'avenir que je l'ai conservé.
J'en fais toute ma gloire et toutes mes délices;
Un moment de sa perte a pour moi des supplices.
Vengez-moi de Sylla, qui me l'ôte aujourd'hui,
Ou souffrez qu'on me venge et de vous et de lui;
Qu'un autre hymen me rende un titre qui l'égale;
Qu'il me relève autant que Sylla me ravale :
Non que je puisse aimer aucun autre que vous;

---

[1] Ce détail domestique, cette confidence de Pompée, qu'il ne couche point avec sa nouvelle femme, et qu'elle est grosse d'un autre, sont au-dessous de la comédie. De telles naïvetés qui succèdent à la belle scène de l'entrevue de Pompée et de Sertorius justifient ce que Molière disait de Corneille, qu'il y avait un lutin qui tantôt lui faisait ses vers admirables, et tantôt le laissait travailler lui-même. (V.)

[2] C'est le lutin qui fit ce vers-là; mais ce n'est pas lui qui fit *pour celles de ma sorte :*

Et ce nom seul est tout pour celles de ma sorte. (V.)

ACTE III, SCÈNE II.

Mais pour venger ma gloire il me faut un époux [1],
Il m'en faut un illustre, et dont la renommée....

POMPÉE.

Ah! ne vous lassez point d'aimer et d'être aimée [2].
Peut-être touchons-nous au moment desiré
Qui saura réunir ce qu'on a séparé.
Ayez plus de courage et moins d'impatience [3];
Souffrez que Sylla meure, ou quitte sa puissance....

ARISTIE.

J'attendrai de sa mort ou de son repentir,
Qu'à me rendre l'honneur vous daigniez consentir?
Et je verrai toujours votre cœur plein de glace,
Mon tyran impuni, ma rivale en ma place,
Jusqu'à ce qu'il renonce au pouvoir absolu,
Après l'avoir gardé tant qu'il l'aura voulu?

POMPÉE.

Mais tant qu'il pourra tout, que pourrai-je, madame [4]?

ARISTIE.

Suivre en tous lieux, seigneur, l'exil de votre femme [5],
La ramener chez vous avec vos légions,

---

[1] Une femme qui dit que, pour la venger, il lui faut un mari, dit une étrange chose. Corneille l'a bien senti en relevant cet aveu par ces mots, *il m'en faut un illustre*; et ce n'est peut-être pas encore assez. (V.)

[2] *Ah! ne vous lassez point d'aimer et d'être aimée* est un vers d'églogue; et entre un mari et une femme, il est au-dessous de l'églogue. (V.)

[3] C'est, au contraire, c'est Aristie qui doit dire à Pompée, *ayez plus de courage*; c'est lui seul qui en manque ici. (V.)

[4] Ce vers humilie trop Pompée. Il y a des hommes qu'il ne faut jamais faire voir petits. (V.)

[5] On ne suit point un exil, on suit une exilée. (V.) — On peut dire : *suivre l'exil de quelqu'un* par métonymie, pour *suivre quelqu'un exilé*. (A.-M.)

Et rendre un heureux calme à nos divisions [1].
Que ne pourrez-vous point en tête d'une armée,
Par-tout, hors de l'Espagne, à vaincre accoutumée?
Et quand Sertorius sera joint avec vous,
Que pourra le tyran? qu'osera son courroux?

POMPÉE.

Ce n'est pas s'affranchir qu'un moment le paroître [2],
Ni secouer le joug que de changer de maître.
Sertorius pour vous est un illustre appui;
Mais en faire le mien, c'est me ranger sous lui;
Joindre nos étendards, c'est grossir son empire.
Perpenna qui l'a joint saura que vous en dire [3].
Je sers : mais jusqu'ici l'ordre vient de si loin,
Qu'avant qu'on le reçoive il n'en est plus besoin;
Et ce peu que j'y rends de vaine déférence,
Jaloux du vrai pouvoir, ne sert qu'en apparence [4].
Je crois n'avoir plus même à servir qu'un moment;
Et, quand Sylla prépare un si doux changement,
Pouvez-vous m'ordonner de me bannir de Rome,
Pour la remettre au joug sous les lois d'un autre homme;
Moi qui ne suis jaloux de mon autorité
Que pour lui rendre un jour toute sa liberté?

---

[1] On rend le calme à un peuple agité et divisé, on ne rend point le calme à une division; cela est impropre : on fait succéder le calme au trouble, à l'orage; l'union, la concorde, à la division. (V.)

[2] Pour que ce vers fût français, il faudrait *ce n'est pas être affranchi que le paraître*. (V.)

[3] Ce vers familier, et la dissertation politique de Pompée avec sa femme, augmentent les défauts de cette scène. Le principal vice est dans le sujet; et je crois qu'il était impossible de mettre de la chaleur dans cette pièce. (V.)

[4] *Le peu de déférence qui est jaloux du pouvoir, et qui sert en apparence*, est un galimatias qui n'est pas français. (V.)

Non, non, si vous m'aimez comme j'aime à le croire,
Vous saurez accorder votre amour et ma gloire,
Céder avec prudence au temps prêt à changer,
Et ne me perdre pas au lieu de vous venger.

ARISTIE.

Si vous m'avez aimée, et qu'il vous en souvienne,
Vous mettrez votre gloire à me rendre la mienne.
Mais il est temps qu'un mot termine ces débats.
Me voulez-vous, seigneur? ne me voulez-vous pas [1]?
Parlez : que votre choix règle ma destinée.
Suis-je encore à l'époux à qui l'on m'a donnée?
Suis-je à Sertorius? C'est assez consulté :
Rendez-moi mes liens, ou pleine liberté....

POMPÉE.

Je le vois bien, madame, il faut rompre la trève,
Pour briser en vainqueur cet hymen, s'il s'achève;
Et vous savez si peu l'art de vous secourir,
Que, pour vous en instruire, il faut vous conquérir.

ARISTIE.

Sertorius sait vaincre, et garder ses conquêtes.

POMPÉE.

La vôtre à la garder coûtera bien des têtes [2];
Comme elle fermera la porte à tout accord,
Rien ne la peut jamais assurer que ma mort [3].

---

[1] C'est un vers de comédie qui avilit tout; et ce vers est le précis de toute la scène. (V.)

[2] *La vôtre,* etc., est un vers de *Nicomède,* qui est bien plus à sa place dans *Nicomède* qu'ici, parcequ'il sied mieux à Nicomède de braver son frère qu'à Pompée de braver sa femme. (V.) — Pompée ne brave pas sa femme, mais le protecteur de sa femme, Sertorius. (A.-M.)

[3] Var. Rien ne l'en peut jamais assurer que ma mort. (1662.)

Oui, j'en jure les dieux, s'il faut qu'il vous obtienne,
Rien ne peut empêcher sa perte que la mienne;
Et peut-être tous deux, l'un par l'autre percés,
Nous vous ferons connoître à quoi vous nous forcez.
ARISTIE.
Je ne suis pas, seigneur, d'une telle importance.
D'autres soins éteindront cette ardeur de vengeance;
Ceux de vous agrandir vous porteront ailleurs,
Où vous pourrez trouver quelques destins meilleurs;
Ceux de servir Sylla, d'aimer son Æmilie,
D'imprimer du respect à toute l'Italie,
De rendre à votre Rome un jour sa liberté,
Sauront tourner vos pas de quelque autre côté.
Sur-tout ce privilége acquis aux grandes ames,
De changer à leur gré de maris et de femmes,
Mérite qu'on l'étale aux bouts de l'univers,
Pour en donner l'exemple à cent climats divers.
POMPÉE.
Ah! c'en est trop, madame, et de nouveau je jure [1]....
ARISTIE.
Seigneur, les vérités font-elles quelque injure?
POMPÉE.
Vous oubliez trop tôt que je suis votre époux.
ARISTIE.
Ah! si ce nom vous plaît, je suis encore à vous.
Voilà ma main, seigneur.
POMPÉE.
   Gardez-la-moi, madame.

---

[1] Ce vers fait bien connaître à quel point cette scène de politique amoureuse était difficile à faire. Quand on répète ce qu'on a déja dit, c'est une preuve qu'on n'a rien à dire. (V.)

ARISTIE.

Tandis que vous avez à Rome une autre femme?
Que par un autre hymen vous me déshonorez?
Me punissent les dieux que vous avez jurés,
Si, passé ce moment, et hors de votre vue,
Je vous garde une foi que vous avez rompue!

POMPÉE.

Qu'allez-vous faire? hélas!

ARISTIE.

Ce que vous m'enseignez.

POMPÉE.

Éteindre un tel amour!

ARISTIE.

Vous-même l'éteignez.

POMPÉE.

La victoire aura droit de le faire renaître.

ARISTIE.

Si ma haine est trop foible, elle la fera croître.

POMPÉE.

Pourrez-vous me haïr?

ARISTIE.

J'en fais tous mes souhaits.

POMPÉE.

Adieu donc pour deux jours.

ARISTIE.

Adieu pour tout jamais [1].

---

[1] *Pour jamais* est bien plus fort que *pour tout jamais*. Ce dialogue pressé, rapide, coupé, est souvent, dans Corneille, d'une grande beauté. Il ferait beaucoup d'effet entre deux amants; il n'en fait point entre un mari et une femme qui ne sont pas dans une situation assez douloureuse. Il était impossible de faire d'un tel sujet une véritable tragédie. Les demi-passions ne réussissent

jamais à la longue; et les intérêts politiques peuvent tout au plus produire quelques beaux vers qu'on aime à citer. La seule scène de Sertorius et de Pompée suffisait alors à une nation qui sortait des guerres civiles. On n'avait rien d'aucun auteur qu'on pût comparer à ce morceau sublime, et on pardonnait à tout le reste en faveur de ces beautés qui n'appartenaient, dans le monde entier, qu'à Corneille. (V.)

FIN DU TROISIÈME ACTE.

ACTE QUATRIÈME.

SCÈNE I[1].

SERTORIUS, THAMIRE.

SERTORIUS.
Pourrai-je voir la reine?
THAMIRE.
Attendant qu'elle vienne,
Elle m'a commandé que je vous entretienne,
Et veut demeurer seule encor quelques moments.
SERTORIUS.
Ne m'apprendrez-vous point où vont ses sentiments,
Ce que doit Perpenna concevoir d'espérance?
THAMIRE.
Elle ne m'en fait pas beaucoup de confidence;
Mais j'ose présumer qu'offert de votre main,
Il aura peu de peine à fléchir son dédain.

[1] Cette scène de Sertorius avec une confidente a quelque chose de comique. Les scènes avec les subalternes sont d'ordinaire très froides dans la tragédie, à moins que ces personnages secondaires n'apportent des nouvelles intéressantes, ou qu'ils ne donnent lieu à des explications plus intéressantes encore. Mais ici Sertorius demande simplement des nouvelles; il veut savoir *où vont* les sentiments de Viriate, quoique des sentiments n'aillent point. Thamire semble un peu le railler, en lui disant que Perpenna, offert par lui, *fléchira* le dédain de la reine; et Sertorius répond qu'il a pour elle un *violent* respect. Cela n'est pas fort tragique. (V.)

Vous pouvez tout sur elle.
SERTORIUS.
Ah! j'y puis peu de chose,
Si jusqu'à l'accepter mon malheur la dispose;
Ou, pour en parler mieux, j'y puis trop, et trop peu.
THAMIRE.
Elle croit fort vous plaire en secondant son feu.
SERTORIUS.
Me plaire?
THAMIRE.
Oui: mais, seigneur, d'où vient cette surprise?
Et de quoi s'inquiète un cœur qui la méprise?
SERTORIUS.
N'appelez point mépris un violent respect
Que sur mes plus doux vœux fait régner son aspect.
THAMIRE.
Il est peu de respects qui ressemblent au vôtre,
S'il ne sait que trouver des raisons pour un autre;
Et je préfèrerois un peu d'emportement
Aux plus humbles devoirs d'un tel accablement[1].
SERTORIUS.
Il n'en est rien parti capable de me nuire,
Qu'un soupir échappé ne dût soudain détruire :
Mais la reine, sensible à de nouveaux desirs,
Entendoit mes raisons, et non pas mes soupirs.

[1] Avouons que Sertorius et cette suivante débitent un étrange galimatias de comédie. Ce violent *respect* que l'aspect de Viriate fait régner sur les plus doux vœux de Sertorius, ce peu de *respects* qui ressemblent aux *respects* de Sertorius, ce *respect* qui ne sait que trouver des raisons pour un autre, et cette suivante qui préfèrerait *un peu d'emportement aux plus humbles devoirs d'un accablement !* enfin l'autre qui lui réplique qu'*il n'en est rien parti capable de lui nuire, et qu'un soupir échappé ne pût détruire !* Ce n'est pas le lutin qui a fait de tels vers. (V.)

ACTE IV, SCÈNE I.

THAMIRE.

Seigneur, quand un Romain, quand un héros soupire,
Nous n'entendons pas bien ce qu'un soupir veut dire;
Et je vous servirois de meilleur truchement,
Si vous vous expliquiez un peu plus clairement.
Je sais qu'en ce climat, que vous nommez barbare,
L'amour par un soupir quelquefois se déclare :
Mais la gloire, qui fait toutes vos passions,
Vous met trop au-dessus de ces impressions;
De tels desirs, trop bas pour les grands cœurs de Rome....

SERTORIUS.

Ah! pour être Romain, je n'en suis pas moins homme[1] :
J'aime, et peut-être plus qu'on n'a jamais aimé[2];
Malgré mon âge et moi, mon cœur s'est enflammé.
J'ai cru pouvoir me vaincre, et toute mon adresse
Dans mes plus grands efforts m'a fait voir ma foiblesse;

---

[1] Ce vers a quelque chose de comique; aussi est-il excellent dans la bouche du Tartuffe, qui dit :

Ah ! pour être dévot, je n'en suis pas moins homme.

Mais il n'est pas permis à Sertorius de parler comme le Tartuffe. (V.) — *Sertorius* a précédé de cinq ans le *Tartuffe*. (A-.M.)

[2] Ce vers prouve encore que ceux qui ont dit que Corneille dédaignait de faire parler d'amour ses héros se sont bien trompés. Ce vers est d'autant plus déplacé dans la bouche de Sertorius, qu'il n'a rien dit jusqu'ici qui puisse faire croire qu'il ait une grande passion. Rien ne déplait plus au théâtre que les expressions fortes d'un sentiment faible : plus on cherche alors à attacher, et moins on attache. Et qu'est-ce qu'une reine qui est sensible à de nouveaux desirs, et qui entend des raisons, et non pas des soupirs? Et cette suivante qui n'entend pas bien ce qu'un soupir veut dire, et qui serait un meilleur truchement? Non, jamais on n'a rien mis de plus mauvais sur la scène tragique. On dira tant qu'on voudra que cette critique est dure ; je dois et je veux la publier, parceque je déteste le mauvais autant que j'idolâtre le bon. (V.)

Ceux de la politique, et ceux de l'amitié,
M'ont mis en un état à me faire pitié.
Le souvenir m'en tue, et ma vie incertaine
Dépend d'un peu d'espoir que j'attends de la reine.
Si toutefois....

THAMIRE.
　　　　　Seigneur, elle a de la bonté;
Mais je vois son esprit fortement irrité;
Et, si vous m'ordonnez de vous parler sans feindre,
Vous pouvez espérer, mais vous avez à craindre.
N'y perdez point de temps, et ne négligez rien;
C'est peut-être un dessein mal ferme que le sien.
La voici. Profitez des avis qu'on vous donne,
Et gardez bien sur-tout qu'elle ne m'en soupçonne [1].

SCÈNE II [2].

VIRIATE, SERTORIUS, THAMIRE.

VIRIATE.
On m'a dit qu'Aristie a manqué son projet,

---

[1] *Profitez de mes avis, mais ne me nommez pas;* discours de soubrette ridicule. A quoi sert cette froide scène de comédie? (V.)

[2] Cette scène remplie d'ironie et de coquetterie semble bien peu convenable à Sertorius et à Viriate. Les vers en paraissent aussi contraints que les sentiments. Mais quand on voit ensuite Sertorius qui dit qu'il aime *malgré ses cheveux gris,* et qu'il a cru qu'il ne lui en coûterait *que deux ou trois soupirs,* Sertorius paraît trop petit. Viriate d'ailleurs lui dit à-peu-près les mêmes choses qu'Aristie a dites à Pompée. L'une dit : *Me voulez-vous? ne me voulez-vous pas?* l'autre dit : *M'aimez-vous?* L'une veut que Pompée lui rende sa main ; l'autre, que Sertorius lui donne sa main. Pompée a parlé politique à sa femme ; Sertorius parle politique à sa maîtresse. Viriate lui dit : *Vous savez que l'amour n'est pas ce*

Et que Pompée échappe à cet illustre objet.
Seroit-il vrai, seigneur?

SERTORIUS.

Il est trop vrai, madame;
Mais, bien qu'il l'abandonne, il l'adore dans l'ame,
Et rompra, m'a-t-il dit, la trève dès demain,
S'il voit qu'elle s'apprête à me donner la main.

VIRIATE.

Vous vous alarmez peu d'une telle menace?

SERTORIUS.

Ce n'est pas en effet ce qui plus m'embarrasse.
Mais vous, pour Perpenna qu'avez-vous résolu?

VIRIATE.

D'obéir sans remise au pouvoir absolu [1];
Et si d'une offre en l'air votre ame encor frappée
Veut bien s'embarrasser du rebut de Pompée,
Il ne tiendra qu'à vous que dès demain tous deux
De l'un et l'autre hymen nous n'assurions les nœuds;
Dût se rompre la trève, et dût la jalousie
Jusqu'au dernier éclat pousser sa frénésie.

SERTORIUS.

Vous pourrez dès demain....

qui me presse. L'un et l'autre s'épuisent en raisonnements. Enfin Viriate finit cette scène en disant :

> Je suis reine; et qui sait porter une couronne,
> Quand il a prononcé, n'aime point qu'on raisonne.

C'est parler à Sertorius, dont elle dépend, comme si elle parlait à son domestique; et ce *n'aime point qu'on raisonne* est d'un comique qui n'est pas supportable. La fierté est ridicule quand elle n'est pas à sa place. (V.)

[1] *Obéir sans remise, une offre en l'air, assurer des nœuds, une frénésie poussée au dernier éclat.* Quels vers! quelles expressions! Et de petits écoliers oseront me reprocher d'être trop sévère! (V.)

SERTORIUS.

VIRIATE.
             Dès ce même moment.
Ce n'est pas obéir qu'obéir lentement;
Et quand l'obéissance a de l'exactitude ¹,
Elle voit que sa gloire est dans la promptitude.
            SERTORIUS.
Mes prières pouvoient souffrir quelques refus.
            VIRIATE.
Je les prendrai toujours pour ordres absolus.
Qui peut ce qui lui plaît commande alors qu'il prie.
D'ailleurs Perpenna m'aime avec idolâtrie :
Tant d'amour, tant de rois d'où son sang est venu,
Le pouvoir souverain dont il est soutenu,
Valent bien tous ensemble un trône imaginaire
Qui ne peut subsister que par l'heur de vous plaire.
            SERTORIUS.
Je n'ai donc qu'à mourir en faveur de ce choix ² :
J'en ai reçu la loi de votre propre voix;
C'est un ordre absolu qu'il est temps que j'entende.
Pour aimer un Romain, vous voulez qu'il commande;
Et comme Perpenna ne le peut sans ma mort,
Pour remplir votre trône il lui faut tout mon sort ³.
Lui donner votre main, c'est m'ordonner, madame,
De lui céder ma place au camp et dans votre ame.

---

¹ *Une obéissance qui a de l'exactitude!* (V.) — On dit très bien, obéir avec *exactitude*. (A.-M.)

² Il n'y a guère dans toutes ces scènes d'expression qui soit juste; mais le pis est que les sentiments sont encore moins naturels. Un vieux factieux tel que Sertorius doit-il dire à une femme qu'*il mourra en faveur du choix qu'elle fera d'un autre?* (V.)

³ Voici encore le mot *remplir* employé pour *égaler* ou *être digne de* : Il faut à Perpenna mon suprême pouvoir pour qu'*il soit digne* du trône de Viriate. (Voyez la note, acte II, sc. II.) (A.-M.)

Il est, il est trop juste, après un tel bonheur,
Qu'il l'ait dans notre armée, ainsi qu'en votre cœur.
J'obéis sans murmure, et veux bien que ma vie....

VIRIATE.

Avant que par cet ordre elle vous soit ravie,
Puis-je me plaindre à vous d'un retour inégal [1]
Qui tient moins d'un ami qu'il ne fait d'un rival?
Vous trouvez ma faveur et trop prompte et trop pleine!
L'hymen où je m'apprête est pour vous une gêne!
Vous m'en parlez enfin comme si vous m'aimiez [2]!

SERTORIUS.

Souffrez, après ce mot, que je meure à vos pieds [3].
J'y veux bien immoler tout mon bonheur au vôtre;
Mais je ne vous puis voir entre les bras d'un autre;
Et c'est assez vous dire à quelle extrémité
Me réduit mon amour que j'ai mal écouté.
 Bien qu'un si digne objet le rendît excusable,
J'ai cru honteux d'aimer quand on n'est plus aimable;
J'ai voulu m'en défendre à voir mes cheveux gris,
Et me suis répondu long-temps de vos mépris.
Mais j'ai vu dans votre ame ensuite une autre idée
Sur qui mon espérance aussitôt s'est fondée;
Et je me suis promis bien plus qu'à tous vos rois,

---

[1] *Un retour inégal*. *Inégal* est employé ici pour *injuste*. Dans ce sens, il n'a jamais été français. (A.-M.)

[2] Il n'y a point de vers plus comique. (V.)

[3] Jamais le ridicule excessif des intrigues amoureuses de nos héros de théâtre n'a paru plus sensiblement que dans ce couplet où ce vieux militaire, ce vieux conjuré, veut mourir d'amour aux pieds de sa Viriate qu'il n'aime guère. Il s'en est défendu *à voir ses cheveux gris;* mais sa passion ne s'est pas *vue alentie*, quoiqu'il se fût figuré que de tels déplaisirs ne lui coûteraient que deux ou trois soupirs: il envisageait l'*estime de chef magnanime*. (V.)

Quand j'ai vu que l'amour n'en feroit point le choix,
J'allois me déclarer sans l'offre d'Aristie :
Non que ma passion s'en soit vue alentie;
Mais je n'ai point douté qu'il ne fût d'un grand cœur
De tout sacrifier pour le commun bonheur.
L'amour de Perpenna s'est joint à ces pensées;
Vous avez vu le reste, et mes raisons forcées.
Je m'étois figuré que de tels déplaisirs
Pourroient ne me coûter que deux ou trois soupirs;
Et, pour m'en consoler, j'envisageois l'estime[1]
Et d'ami généreux et de chef magnanime :
Mais, près d'un coup fatal, je sens par mes ennuis[2]
Que je me promettois bien plus que je ne puis.
Je me rends donc, madame; ordonnez de ma vie :
Encor tout de nouveau je vous la sacrifie.
Aimez-vous Perpenna?

VIRIATE.

Je sais vous obéir,
Mais je ne sais que c'est d'aimer ni de haïr[3];
Et la part que tantôt vous aviez dans mon ame
Fut un don de ma gloire[4], et non pas de ma flamme.

---

[1] *Estime* se disait alors pour *réputation* ; et même encore aujourd'hui on dit : *Il est perdu d'estime et de réputation.* (Voyez les notes de *Nicomède*, acte II, sc. II.) (A.-M.)

[2] VAR. Mais, près du coup fatal, je sens par mes ennuis. (1662.)

[3] Aristie a dit à Pompée : *Suivant qu'on m'aime ou hait, j'aime ou hais à mon tour;* et Viriate dit à Sertorius qu'*elle ne sait que c'est d'aimer ni de haïr.* Dès qu'elle ne sait que c'est ou ce que c'est, elle n'a qu'un intérêt de politique, par conséquent elle est froide. Cependant elle dit, le moment d'après, *m'aimez-vous?* Ne devroit-elle pas lui dire : *L'amour n'est pas fait pour nous; l'intérêt de l'état, le vôtre, celui de ma grandeur, doivent présider à notre hyménée?* (V.)

[4] *Ma gloire* est ici pour ma *fierté.* Corneille a déjà offert un

ACTE IV, SCÈNE II.

Je n'en ai point pour lui, je n'en eus point pour vous ;
Je ne veux point d'amant, mais je veux un époux,
Mais je veux un héros, qui par son hyménée
Sache élever si haut le trône où je suis née,
Qu'il puisse de l'Espagne être l'heureux soutien,
Et laisser de vrais rois de mon sang et du sien.
  Je le trouvois en vous, n'eût été la bassesse
Qui pour ce cher rival contre moi s'intéresse,
Et dont, quand je vous mets au-dessus de cent rois,
Une répudiée a mérité le choix.
  Je l'oublierai pourtant, et veux vous faire grace [1].
M'aimez-vous ?

SERTORIUS.

Oserois-je en prendre encor l'audace [2] ?

VIRIATE.

Prenez-la, j'y consens, seigneur ; et dès demain,
Au lieu de Perpenna, donnez-moi votre main.

SERTORIUS.

Que se tiendroit heureux un amour moins sincère
Qui n'auroit autre but que de se satisfaire,
Et qui se rempliroit de sa félicité
Sans prendre aucun souci de votre dignité !
Mais quand vous oubliez ce que j'ai pu vous dire,
Puis-je oublier les soins d'agrandir votre empire ;

---

exemple du mot *gloire* pris en ce sens, acte III, sc. II, vers 4ᵉ.
(A.-M.).

[1] *Je l'oublierai, et veux.* Pour sous-entendre le pronom devant un second verbe, il faut que les deux verbes soient au même temps. On dirait aujourd'hui : je *l'oublierai*, et vous *ferai* grace.
(A.-M.)

[2] On *prend la hardiesse*, mais on ne *prend pas l'audace*. C'est une bizarrerie, imposée non par la grammaire, mais par l'usage.
(A.-M.)

Que votre grand projet est celui de régner?
VIRIATE.
Seigneur, vous faire grace, est-ce m'en éloigner?
SERTORIUS.
Ah! madame, est-il temps que cette grace éclate?
VIRIATE.
C'est cet éclat, seigneur, que cherche Viriate.
SERTORIUS.
Nous perdons tout, madame, à le précipiter.
L'amour de Perpenna le fera révolter;
Souffrez qu'un peu de temps doucement le ménage,
Qu'auprès d'un autre objet un autre amour l'engage :
Des amis d'Aristie assurons le secours
A force de promettre, en différant toujours.
Détruire tout l'espoir qui les tient en haleine,
C'est les perdre, c'est mettre un jaloux hors de peine,
Dont l'esprit ébranlé ne se doit pas guérir
De cette impression qui peut nous l'acquérir [1].
Pourrions-nous venger Rome après de telles pertes?
Pourrions-nous l'affranchir des misères souffertes [2]?
Et de ses intérêts un si haut abandon....

[1] Prenez chaque membre de phrase de ces trois vers, et cherchez-en le sens naturel. *Mettre un jaloux hors de peine,* c'est lui prouver qu'il est aimé. *Un esprit qui ne doit pas guérir,* c'est un esprit incurable. *Nous acquérir quelqu'un,* c'est le faire passer du camp ennemi dans le nôtre. Eh bien! les vers de Corneille expriment des idées presque toutes contraires. Voici leur véritable sens, inintelligible, je crois, pour tout autre que pour un Français : *Gardez-vous d'exaspérer un jaloux (Perpenna) en lui ôtant l'espoir, car nous ne devons pas, dans notre intérêt, le désabuser d'une illusion qui le fait rester dans notre parti.* (A.-M.)

[2] *Affranchir* n'est pas le mot propre. On ne peut *affranchir* des misères souffertes, mais on peut en *effacer* les traces, ou en rendre les souvenirs moins cruels. (A.-M.)

VIRIATE.

Et que m'importe à moi si Rome souffre ou non [1] ?
Quand j'aurai de ses maux effacé l'infamie,
J'en obtiendrai pour fruit le nom de son amie !
Je vous verrai consul m'en apporter les lois,
Et m'abaisser vous-même au rang des autres rois !
Si vous m'aimez, seigneur, nos mers et nos montagnes
Doivent borner vos vœux, ainsi que nos Espagnes :
Nous pouvons nous y faire un assez beau destin,
Sans chercher d'autre gloire au pied de l'Aventin.
Affranchissons le Tage, et laissons faire au Tibre.
La liberté n'est rien quand tout le monde est libre ;
Mais il est beau de l'être, et voir tout l'univers
Soupirer sous le joug, et gémir dans les fers ;
Il est beau d'étaler cette prérogative
Aux yeux du Rhône esclave et de Rome captive ;
Et de voir envier aux peuples abattus
Ce respect que le sort garde pour les vertus.
  Quant au grand Perpenna, s'il est si redoutable,
Remettez-moi le soin de le rendre traitable :
Je sais l'art d'empêcher les grands cœurs de faillir.

SERTORIUS.

Mais quel fruit pensez-vous en pouvoir recueillir ?
Je le sais comme vous, et vois quelles tempêtes
Cet ordre surprenant formera sur nos têtes [2].
Ne cherchons point, madame, à faire des mutins,
Et ne nous brouillons point avec nos bons destins.

[1] Voilà enfin des sentiments dignes d'une reine et d'une ennemie de Rome ; voilà des vers qui seraient dignes de l'entrevue de Pompée et de Sertorius, avec un peu de correction. Si tout le rôle de Viriate était de cette force, la pièce serait au rang des chefs-d'œuvre. (V.)

[2] *Un ordre surprenant qui forme des tempêtes sur des têtes !* (V.)

Rome nous donnera sans eux assez de peine,
Avant que de souscrire à l'hymen d'une reine;
Et nous n'en fléchirons jamais la dureté,
A moins qu'elle nous doive et gloire et liberté.

VIRIATE.

Je vous avouerai plus, seigneur : loin d'y souscrire,
Elle en prendra pour vous une haine où j'aspire [1],
Un courroux implacable, un orgueil endurci;
Et c'est par où je veux vous arrêter ici.
Qu'ai-je à faire dans Rome? et pourquoi, je vous prie....

SERTORIUS.

Mais nos Romains, madame, aiment tous leur patrie;
Et de tous leurs travaux l'unique et doux espoir,
C'est de vaincre bientôt assez pour la revoir.

VIRIATE.

Pour les enchaîner tous sur les rives du Tage,
Nous n'avons qu'à laisser Rome dans l'esclavage :
Ils aimeront à vivre et sous vous et sous moi,
Tant qu'ils n'auront qu'un choix d'un tyran ou d'un roi [2].

SERTORIUS.

Ils ont pour l'un et l'autre une pareille haine,
Et n'obéiront point au mari d'une reine.

VIRIATE.

Qu'ils aillent donc chercher des climats à leur choix,
Où le gouvernement n'ait ni tyrans ni rois.
Nos Espagnols, formés à votre art militaire,
Achèveront sans eux ce qui nous reste à faire.
La perte de Sylla n'est pas ce que je veux;
Rome attire encor moins la fierté de mes vœux [3] :

---

[1] *Prendre une haine! aspirer à une haine! un orgueil endurci! et c'est par-là qu'on veut l'arrêter ici!* (V.)

[2] Il faudrait : tant qu'ils n'auront que *le* choix. (A.-M.)

[3] *Attirer la fierté des vœux*, c'est encore une de ces expressions

L'hymen où je prétends ne peut trouver d'amorces
Au milieu d'une ville où règnent les divorces;
Et du haut de mon trône on ne voit point d'attraits
Où l'on n'est roi qu'un an, pour n'être rien après.
Enfin, pour achever, j'ai fait pour vous plus qu'elle :
Elle vous a banni, j'ai pris votre querelle;
Je conserve des jours qu'elle veut vous ravir.
Prenez le diadème, et laissez-la servir.
Il est beau de tenter des choses inouïes,
Dût-on voir par l'effet ses volontés trahies.
Pour moi, d'un grand Romain je veux faire un grand roi;
Vous, s'il y faut périr, périssez avec moi :
C'est gloire de se perdre en servant ce qu'on aime.

SERTORIUS.

Mais porter dès l'abord les choses à l'extrême,
Madame, et sans besoin faire des mécontents!
Soyons heureux plus tard pour l'être plus long-temps.
Une victoire ou deux jointes à quelque adresse....

VIRIATE.

Vous savez que l'amour n'est pas ce qui me presse,
Seigneur. Mais, après tout, il faut le confesser,
Tant de précaution commence à me lasser.
Je suis reine; et qui sait porter une couronne,
Quand il a prononcé, n'aime point qu'on raisonne.
Je vais penser à moi, vous penserez à vous.

SERTORIUS.

Ah! si vous écoutez cet injuste courroux....

VIRIATE.

Je n'en ai point, seigneur; mais mon inquiétude
Ne veut plus dans mon sort aucune incertitude :

---

impropres et sans justesse. *Un hymen qui ne peut trouver d'amorces au milieu d'une ville! voir des attraits où l'on n'est roi qu'un an!* (V.)

Vous me direz demain où je dois l'arrêter.
Cependant je vous laisse avec qui consulter.

SCÈNE III[1].

SERTORIUS, PERPENNA, AUFIDE.

PERPENNA, à Aufide.
Dieux! qui peut faire ainsi disparoître la reine?
AUFIDE, à Perpenna.
Lui-même a quelque chose en l'ame qui le gêne,
Seigneur; et notre abord le rend tout interdit.
SERTORIUS.
De Pompée en ces lieux savez-vous ce qu'on dit?
L'avez-vous mis fort loin au-delà de la porte?
PERPENNA.
Comme assez près des murs il avoit son escorte,
Je me suis dispensé de le mettre plus loin.
Mais de votre secours, seigneur, j'ai grand besoin.
Tout son visage montre une fierté si haute....
SERTORIUS.
Nous n'avons rien conclu, mais ce n'est pas ma faute;
Et vous savez....
PERPENNA.
Je sais qu'en de pareils débats....

[1] Cette scène paraît encore moins digne de la tragédie que les précédentes. Perpenna et Sertorius ne s'entendent point : l'un dit, *Je parlais de Sylla*; l'autre, *Je parlais de la reine*. Ces petites méprises ne sont permises que dans la comédie. Il est vrai que cette scène est toute comique : *Quelque chose qui le gêne. Savez-vous ce qu'on dit? L'avez-vous mis fort loin au-delà de la porte? Je me suis dispensé de le mener plus loin. Nous n'avons rien conclu, mais ce n'est pas ma faute. Si je m'en trouvais mal, vous ne seriez pas bien...* Tout le reste est écrit de ce style. (V.)

SERTORIUS.
Je n'ai point cru devoir mettre les armes bas ;
Il n'est pas encor temps.
PERPENNA.
Continuez, de grace;
Il n'est pas encor temps que l'amitié se lasse.
SERTORIUS.
Votre intérêt m'arrête autant comme le mien :
Si je m'en trouvois mal, vous ne seriez pas bien.
PERPENNA.
De vrai, sans votre appui je serois fort à plaindre ;
Mais je ne vois pour vous aucun sujet de craindre.
SERTORIUS.
Je serois le premier dont on seroit jaloux ;
Mais ensuite le sort pourroit tomber sur vous.
Le tyran après moi vous craint plus qu'aucun autre,
Et ma tête abattue ébranleroit la vôtre.
Nous ferons bien tous deux d'attendre plus d'un an.
PERPENNA.
Que parlez-vous, seigneur, de tête et de tyran ?
SERTORIUS.
Je parle de Sylla, vous le devez connoître.
PERPENNA.
Et je parlois des feux que la reine a fait naître !
SERTORIUS.
Nos esprits étoient donc également distraits ;
Tout le mien s'attachoit aux périls de la paix ;
Et je vous demandois quel bruit fait par la ville [1]

---

[1] *Quel bruit fait par la ville* est du style de la comédie, comme on le sent assez. Mais ce que Sertorius fait trop sentir, c'est qu'en effet la conférence qu'il a eue avec Pompée n'a rien produit dans la pièce. Ce n'est, comme on l'a déja dit, qu'une belle conversation dont il ne résulte rien, un beau dialogue de politique.

De Pompée et de moi l'entretien inutile.
Vous le saurez, Aufide?
AUFIDE.
A ne rien déguiser,
Seigneur, ceux de sa suite en ont su mal user[1];
J'en crains parmi le peuple un insolent murmure :
Ils ont dit que Sylla quitte sa dictature,
Que vous seul refusez les douceurs de la paix,
Et voulez une guerre à ne finir jamais.
Déjà de nos soldats l'ame préoccupée
Montre un peu trop de joie à parler de Pompée,
Et si l'erreur s'épand jusqu'en nos garnisons,
Elle y pourra semer de dangereux poisons.
SERTORIUS.
Nous en romprons le coup avant qu'elle grossisse,
Et ferons par nos soins avorter l'artifice.

Si cette entrevue avait fait naître la conspiration de Perpenna, ou quelque autre intrigue intéressante et terrible, elle eût été une beauté tragique, au lieu qu'elle n'est qu'une beauté de dialogue. Remarquez que cette tragédie est un tissu de conversations souvent très embrouillées, jusqu'à ce que le héros de la pièce soit assassiné. De là naît la froideur, qui produit l'ennui. (V.)

[1] *Les gens de la suite de Pompée qui en ont su mal user; le coup d'une erreur qu'on veut rompre avant qu'elle grossisse; une pourpre qui agit; l'erreur qui s'épand jusqu'en nos garnisons; des gens comme vous deux et moi; Sylla qui prend cette mesure de rendre l'impunité fort sûre; la reine qui est d'une humeur si flère :* ce sont là des expressions peu convenables et bien vicieuses; mais le plus grand vice, encore une fois, c'est le manque d'intérêt; et ce manque d'intérêt vient principalement de ce qu'il n'y a dans la pièce que des demi-desseins, des demi-passions, et des demi-volontés. Sertorius conseille à Perpenna d'épouser la reine des Ilergètes, *qui rendra ses volontés bien plus tôt satisfaites;* après quoi il lui dit qu'il ira souper chez lui. Assurément il n'y a rien là de tragique. (V.)

D'autres plus grands périls le ciel m'a garanti.
PERPENNA.
Ne ferions-nous point mieux d'accepter le parti,
Seigneur? Trouvez-vous l'offre ou honteuse ou mal sûre?
SERTORIUS.
Sylla peut en effet quitter sa dictature;
Mais il peut faire aussi des consuls à son choix,
De qui la pourpre esclave [1] agira sous ses lois;
Et, quand nous n'en craindrons aucuns ordres sinistres,
Nous périrons par ceux de ses lâches ministres.
Croyez-moi, pour des gens comme vous deux et moi,
Rien n'est si dangereux que trop de bonne foi.
Sylla par politique a pris cette mesure
De montrer aux soldats l'impunité fort sûre;
Mais pour Cinna, Carbon, le jeune Marius,
Il a voulu leur tête, et les a tous perdus.
Pour moi, que tout mon camp sur ce bruit m'abandonne,
Qu'il ne reste pour moi que ma seule personne,
Je me perdrai plutôt dans quelque affreux climat,
Qu'aller, tant qu'il vivra, briguer le consulat.
Vous....
PERPENNA.
    Ce n'est pas, seigneur, ce qui me tient en peine.
Exclus du consulat par l'hymen d'une reine,
Du moins si vos bontés m'obtiennent ce bonheur,
Je n'attends plus de Rome aucun degré d'honneur;
Et, banni pour jamais dans la Lusitanie,
J'y crois en sûreté les restes de ma vie.

---

[1] *La pourpre esclave* est une de ces expressions de génie dont on ne trouve d'exemples que chez les poëtes vraiment inspirés; elle eût mérité que Voltaire en fit la remarque. (P.) — Dans le vers suivant, *aucuns*. Ce mot prenait autrefois le pluriel; aujourd'hui on ne l'emploie plus qu'au singulier. (A.-M.)

SERTORIUS.
Oui ; mais je ne vois pas encor de sûreté
A ce que vous et moi nous avions concerté.
Vous savez que la reine est d'une humeur si fière....
Mais peut-être le temps la rendra moins altière.
Adieu : dispensez-moi de parler là-dessus.
PERPENNA.
Parlez, seigneur : mes vœux sont-ils si mal reçus?
Est-ce en vain que je l'aime, en vain que je soupire?
SERTORIUS.
Sa retraite a plus dit que je ne puis vous dire.
PERPENNA.
Elle m'a dit beaucoup : mais, seigneur, achevez,
Et ne me cachez point ce que vous en savez.
Ne m'auriez-vous rempli que d'un espoir frivole?
SERTORIUS.
Non, je vous l'ai cédée, et vous tiendrai parole.
Je l'aime, et vous la donne encor malgré mon feu ;
Mais je crains que ce don n'ait jamais son aveu,
Qu'il n'attire sur nous d'impitoyables haines.
Que vous dirai-je enfin? L'Espagne a d'autres reines ;
Et vous pourriez vous faire un destin bien plus doux,
Si vous faisiez pour moi ce que je fais pour vous.
Celle des Vacéens, celle des Ilergètes[1],
Rendroient vos volontés bien plus tôt satisfaites ;
La reine avec chaleur sauroit vous y servir.
PERPENNA.
Vous me l'avez promise, et me l'allez ravir !
SERTORIUS.
Que sert que je promette et que je vous la donne,

[1] On ne s'attendait ni à la reine des Vacéens, ni à celle des Ilergètes. Rien n'est plus froid que de pareilles propositions ;

Quand son ambition l'attache à ma personne?
Vous savez les raisons de cet attachement,
Je vous en ai tantôt parlé confidemment ;
Je vous en fais encor la même confidence.
Faites à votre amour un peu de violence ;
J'ai triomphé du mien ; j'y suis encor tout prêt :
Mais, s'il faut du parti ménager l'intérêt,
Faut-il pousser à bout une reine obstinée,
Qui veut faire à son choix toute sa destinée,
Et de qui le secours, depuis plus de dix ans,
Nous a mieux soutenus que tous nos partisans?

PERPENNA.
La trouvez-vous, seigneur, en état de vous nuire?

SERTORIUS.
Non, elle ne peut pas tout-à-fait nous détruire ;
Mais, si vous m'enchaînez à ce que j'ai promis,
Dès demain elle traite avec nos ennemis.
Leur camp n'est que trop proche ; ici chacun murmure :
Jugez ce qu'il faut craindre en cette conjoncture.
Voyez quel prompt remède on y peut apporter,
Et quel fruit nous aurons de la violenter [1].

PERPENNA.
C'est à moi de me vaincre, et la raison l'ordonne :
Mais d'un si grand dessein tout mon cœur qui frissonne...

SERTORIUS.
Ne vous contraignez point ; dût m'en coûter le jour,
Je tiendrai ma promesse en dépit de l'amour.

PERPENNA.
Si vos promesses n'ont l'aveu de Viriate....

et, dans une tragédie, le froid est encore plus insupportable que le comique déplacé, et que les fautes de langage. (V.)

[1] On dit bien *recueillir le fruit d'une bonne action*, mais non *avoir le fruit de faire quelque chose*. (A.-M.)

SERTORIUS.
Je ne puis de sa part rien dire qui vous flatte.

PERPENNA.
Je dois donc me contraindre, et j'y suis résolu.
Oui, sur tous mes desirs je me rends absolu ;
J'en veux, à votre exemple, être aujourd'hui le maître;
Et, malgré cet amour que j'ai laissé trop croître,
Vous direz à la reine.....

SERTORIUS.
Eh bien! je lui dirai?

PERPENNA.
Rien, seigneur, rien encor; demain j'y penserai.
Toutefois la colère où s'emporte son ame
Pourroit dès cette nuit commencer quelque trame.
Vous lui direz, seigneur, tout ce que vous voudrez;
Et je suivrai l'avis que pour moi vous prendrez.

SERTORIUS.
Je vous admire et plains [1].

PERPENNA.
Que j'ai l'ame accablée!

SERTORIUS.
Je partage les maux dont je la vois comblée.
Adieu : j'entre un moment pour calmer son chagrin,
Et me rendrai chez vous à l'heure du festin [2].

---

[1] *Je vous admire et plains :* il faut absolument *et je vous plains.*
Il est assez rare que l'on puisse en français sous-entendre les
pronoms devant un second verbe ; on ne le peut même que lors
que les deux verbes concourent à exprimer une même action.
(A.-M.)

[2] La scène commence par un général de l'armée romaine, qui
dit qu'il a reconduit le grand Pompée jusqu'à la porte, et finit
par un autre général qui dit : *Allons souper.* (V.)

SCÈNE IV.

PERPENNA, AUFIDE.

AUFIDE.

Ce maître si chéri fait pour vous des merveilles [1] ;
Votre flamme en reçoit des faveurs sans pareilles !
Son nom seul, malgré lui, vous avoit tout volé,
Et la reine se rend sitôt qu'il a parlé.
Quels services faut-il que votre espoir hasarde,
Afin de mériter l'amour qu'elle vous garde [2] ?
Et dans quel temps, seigneur, purgerez-vous ces lieux
De cet illustre objet qui lui blesse les yeux ?
Elle n'est point ingrate ; et les lois qu'elle impose,
Pour se faire obéir, promettent peu de chose ;
Mais on n'a qu'à laisser le salaire à son choix,
Et courir sans scrupule exécuter ses lois.
Vous ne me dites rien ? Apprenez-moi, de grace,
Comment vous résolvez que le festin se passe ?
Dissimulerez-vous ce manquement de foi ?
Et voulez-vous....

PERPENNA.
Allons en résoudre chez moi [3].

---

[1] Du comique encore, et de l'ironie, et dans un subalterne ! (V.)

[2] *Des services qu'un espoir hasarde, et un amour qu'on garde !* (V.)

[3] Il peut aussi bien se résoudre dans l'endroit où il parle. (V.)
— Il n'est pas question de *se résoudre*, mais d'*en résoudre*, c'est-à-dire de *prendre une résolution*, d'*en décider*. Cette acception du mot *résoudre* n'est plus française. (A. M.)

FIN DU QUATRIÈME ACTE.

ACTE CINQUIÈME.

SCÈNE I[1].

ARISTIE, VIRIATE.

ARISTIE.

Oui, madame, j'en suis comme vous ennemie.
Vous aimez les grandeurs, et je hais l'infamie.
Je cherche à me venger, vous, à vous établir[2];

---

[1] Que veulent Aristie et Viriate? qu'ont-elles à se dire? Elles se parlent pour se parler : c'est une dame qui rend visite à une autre, elles font la conversation ; et cela est si vrai, que Viriate répète à la femme de Pompée tout ce qu'elle a déja dit de Sertorius.

La règle est qu'aucun personnage ne doit paraître sur la scène sans nécessité : ce n'est pas encore assez, il faut que cette nécessité soit intéressante. Ces dialogues inutiles sont ce qu'on appelle du remplissage. Il est presque impossible de faire une tragédie exempte de ce défaut. L'usage a voulu que les actes eussent une longueur à-peu-près égale. Le public, encore grossier, se croyait trompé s'il n'avait pas deux heures de spectacle pour son argent. Les chœurs des anciens étaient absolument ignorés, et, dans ces malheureux jeux de paume, où de mauvais farceurs étaient accoutumés à déclamer les farces de Hardi et de Garnier, le bourgeois de Paris exigeait pour ses cinq sous qu'on déclamât pendant deux heures. Cette loi a prévalu depuis que nous sommes sortis de la barbarie où nous étions plongés. On ne peut trop s'élever contre ce ridicule usage. (V.)

[2] *A vous établir*. Aristie veut-elle dire à vous marier? Je ne le crois pas, l'expression serait trop vulgaire. Le mot *établir* est

Mais vous pourrez me perdre, et moi vous affoiblir,
Si le cœur mieux ouvert ne met d'intelligence
Votre établissement avecque ma vengeance.
　On m'a volé Pompée ; et moi pour le braver,
Cet ingrat que sa foi n'ose me conserver,
Je cherche un autre époux qui le passe, ou l'égale :
Mais je n'ai pas dessein d'être votre rivale,
Et n'ai point dû prévoir, ni que vers un Romain
Une reine jamais daignât pencher sa main,
Ni qu'un héros, dont l'ame a paru si romaine,
Démentît ce grand nom par l'hymen d'une reine.
J'ai cru dans sa naissance et votre dignité
Pareille aversion et contraire fierté.
Cependant on me dit qu'il consent l'hyménée,
Et qu'en vain il s'oppose au choix de la journée,
Puisque, si dès demain il n'a tout son éclat,
Vous allez du parti séparer votre état.
　Comme je n'ai pour but que d'en grossir les forces,
J'aurois grand déplaisir d'y causer des divorces,
Et de servir Sylla mieux que tous ses amis,
Quand je lui veux par-tout faire des ennemis.
Parlez donc : quelque espoir que vous m'ayez vu prendre,
Si vous y prétendez, je cesse d'y prétendre.
Un reste d'autre espoir, et plus juste, et plus doux,
Saura voir sans chagrin Sertorius à vous.
Mon cœur veut à toute heure immoler à Pompée
Tous les ressentiments de ma place usurpée ;
Et, comme son amour eut peine à me trahir,
J'ai voulu me venger, et n'ai pu le haïr.
Ne me déguisez rien, non plus que je déguise.

pris ici dans le sens de consolider la puissance, de la rendre stable. Cette acception n'est plus d'usage. (A.-M.)

VIRIATE.

Viriate à son tour vous doit même franchise,
Madame; et d'ailleurs même on vous en a trop dit,
Pour vous dissimuler ce que j'ai dans l'esprit.
 J'ai fait venir exprès Sertorius d'Afrique
Pour sauver mes états d'un pouvoir tyrannique;
Et mes voisins domptés m'apprenoient que sans lui
Nos rois contre Sylla n'étoient qu'un vain appui.
Avec un seul vaisseau ce grand héros prit terre;
Avec mes sujets seuls il commença la guerre :
Je mis entre ses mains mes places et mes ports,
Et je lui confiai mon sceptre et mes trésors.
Dès l'abord il sut vaincre, et j'ai vu la victoire
Enfler de jour en jour sa puissance et sa gloire.
Nos rois lassés du joug, et vos persécutés,
Avec tant de chaleur l'ont joint de tous côtés,
Qu'enfin il a poussé nos armes fortunées
Jusques à vous réduire au pied des Pyrénées.
Mais, après l'avoir mis au point où je le voi,
Je ne puis voir que lui qui soit digne de moi;
Et, regardant sa gloire ainsi que mon ouvrage,
Je périrai plutôt qu'une autre la partage.
Mes sujets valent bien que j'aime à leur donner
Des monarques d'un sang qui sache gouverner,
Qui sache faire tête à vos tyrans du monde,
Et rendre notre Espagne en lauriers si féconde,
Qu'on voie un jour le Pô redouter ses efforts,
Et le Tibre lui-même en trembler pour ses bords.

ARISTIE.

Votre dessein est grand; mais à quoi qu'il aspire....

VIRIATE.

Il m'a dit les raisons que vous me voulez dire.
Je sais qu'il seroit bon de taire et différer

ACTE V, SCÈNE I.

Ce glorieux hymen qu'il me fait espérer :
Mais la paix qu'aujourd'hui l'on offre à ce grand homme
Ouvre trop les chemins et les portes de Rome.
Je vois que, s'il y rentre, il est perdu pour moi,
Et je l'en veux bannir par le don de ma foi.
Si je hasarde trop de m'être déclarée,
J'aime mieux ce péril que ma perte assurée;
Et, si tous vos proscrits osent s'en désunir,
Nos bons destins sans eux pourront nous soutenir,
Mes peuples aguerris sous votre discipline
N'auront jamais au cœur de Rome qui domine[1] ;
Et ce sont des Romains dont l'unique souci
Est de combattre, vaincre, et triompher ici.
Tant qu'ils verront marcher ce héros à leur tête,
Ils iront sans frayeur de conquête en conquête.
Un exemple si grand dignement soutenu
Saura.... Mais que nous veut ce Romain inconnu[2] ?

---

[1] *N'auront jamais au cœur de Rome qui domine.* Ce vers manque de clarté. Viriate veut dire : *Grace à mes peuples aguerris, il n'y aura jamais au cœur de l'Espagne une Rome qui nous domine.* (A.-M.)

[2] Comme Pompée et Sertorius ont eu un entretien qui n'a rien produit, Aristie et Viriate ont ici un entretien non moins inutile, mais plus froid. Viriate conte à Aristie l'histoire de Sertorius, qu'elle a déja contée à d'autres dans les actes précédents. Les fautes principales de langage sont, *daigner pencher sa main*, pour dire *abaisser sa main*; *consent l'hyménée*, au lieu de *consent à l'hyménée*; *s'il n'a tout son éclat*, pour *s'il ne s'effectue pas*; *un reste d'autre espoir*; *la paix qui ouvre trop les portes de Rome*; *Rome qui domine au cœur*; *l'ordre qu'un grand effet demande, et qui arrête Pompée à le donner.* (V.)

SCÈNE II.

ARISTIE, VIRIATE, ARCAS.

ARISTIE.

Madame, c'est Arcas, l'affranchi de mon frère;
Sa venue en ces lieux cache quelque mystère.
Parle, Arcas, et dis-nous....

ARCAS.

Ces lettres mieux que moi
Vous diront un succès qu'à peine encor je croi [1].

ARISTIE lit.

« Chère sœur, pour ta joie il est temps que tu saches
« Que nos maux et les tiens vont finir en effet.
« Sylla marche en public sans faisceaux et sans haches,
« Prêt à rendre raison de tout ce qu'il a fait.
 « Il s'est en plein sénat démis de sa puissance;
« Et si vers toi Pompée a le moindre penchant,
« Le ciel vient de briser sa nouvelle alliance,
« Et la triste Æmilie est morte en accouchant.
 « Sylla même consent, pour calmer tant de haines,
« Qu'un feu qui fut si beau rentre en sa dignité,
« Et que l'hymen te rende à tes premières chaînes,
« En même temps qu'à Rome il rend sa liberté.

« QUINTUS ARISTIUS. »

---

[1] La nouvelle arrivée de Rome, que Sylla quitte la dictature, qu'Émilie est morte en accouchant, et que Pompée peut reprendre sa femme, n'a rien qui soit digne de la tragédie; elle avilit le grand Pompée, qui n'ose se marier et se remarier qu'avec la permission de Sylla : de plus, cette nouvelle n'est qu'un événement qui ne naît point de l'intrigue et du fond du sujet. Ce n'est pas comme dans *Bajazet* :

Viens; j'ai reçu cet ordre; il faut l'intimider. (V.)

ACTE V, SCÈNE II. 423

Le ciel s'est donc lassé de m'être impitoyable [1] !
Ce bonheur, comme à toi, me paroît incroyable.
Cours au camp de Pompée, et dis-lui, cher Arcas....

ARCAS.
Il a cette nouvelle, et revient sur ses pas.
De la part de Sylla chargé de lui remettre
Sur ce grand changement une pareille lettre,
A deux milles d'ici j'ai su le rencontrer [2].

ARISTIE.
Quel amour, quelle joie a-t-il daigné montrer?
Que dit-il? que fait-il?

ARCAS.
　　　　　　　Par votre expérience
Vous pouvez bien juger de son impatience;
Mais, rappelé vers vous par un transport d'amour
Qui ne lui permet pas d'achever son retour,
L'ordre que pour son camp ce grand effet demande
L'arrête à le donner, attendant qu'il s'y rende [3].

[1] On ne dit plus *impitoyable à quelqu'un*. Cet adjectif ne s'emploie aujourd'hui que d'une manière absolue : *un homme impitoyable*. (A.-M.)

[2] Ce *j'ai su* fait entendre qu'il y avait beaucoup de peine, beaucoup d'art et de savoir-faire à rencontrer Pompée : *j'ai su vaincre et régner*, parceque ce sont deux choses très difficiles.

　　　J'ai su, par une longue et pénible industrie,
　　　Des plus mortels venins prévenir la furie....
　　　J'ai su lui préparer des craintes et des veilles....
　　　J'ai prévu ses complots, je sais les prévenir.

Le mot *savoir* est bien placé dans tous ces exemples : il indique la peine qu'on a prise. Mais *j'ai su rencontrer un homme en chemin* est ridicule. Tous les mauvais poëtes ont imité cette faute. (V.)

[3] Tout ce couplet est confus, obscur, inintelligible; tournez-le en prose : *Son transport d'amour qui le rappelle ne lui permet pas d'achever son retour, et l'ordre que ce grand effet demande pour son camp l'arrête à le donner, attendant qu'il se rende à ce camp.* Un pa-

Il me suivra de près, et m'a fait avancer
Pour vous dire un miracle où vous n'osiez penser.

ARISTIE.

Vous avez lieu d'en prendre une allégresse égale,
Madame; vous voilà sans crainte et sans rivale.

VIRIATE.

Je n'en ai plus en vous, et je n'en puis douter;
Mais il m'en reste une autre, et plus à redouter,
Rome, que ce héros aime plus que lui-même,
Et qu'il préfèreroit sans doute au diadème,
Si contre cet amour....

SCÈNE III[1].

VIRIATE, ARISTIE, THAMIRE, ARCAS.

THAMIRE.
Ah, madame!

reil langage est-il supportable? Il est triste d'être forcé de relever des fautes si considérables et si fréquentes.

Un domestique qui apporte une lettre et des nouvelles qui n'ont rien de surprenant, rien de tragique, est absolument une chose indigne du théâtre. Aristie, qui n'a produit dans la pièce aucun événement, apprend par un exprès que la seconde femme de Pompée est *morte en couche*. Arcas dit qu'il a rendu une pareille lettre à Pompée, qu'il a rencontré à deux milles de la ville. Ce ne sont pas là certainement les péripéties, les catastrophes que demande Aristote; c'est un fait historique altéré, mis en dialogues. (V.)

[1] L'assassinat de Sertorius qui devait faire un grand effet n'en fait aucun; la raison en est que ce qui n'est point préparé avec terreur n'en peut point causer : le spectateur y prend d'autant moins d'intérêt que Viriate elle-même ne s'en occupe presque pas; elle ne songe qu'à elle; elle dit qu'*on veut disposer d'elle et de son trône*. (V.) — Le lecteur que n'aura pas trop refroidi le

VIRIATE.

Qu'as-tu,
Thamire? et d'où te vient ce visage abattu [1]?
Que nous disent tes pleurs?

THAMIRE.

Que vous êtes perdue,
Que cet illustre bras qui vous a défendue....

VIRIATE.

Sertorius?

THAMIRE.

Hélas! ce grand Sertorius....

VIRIATE.

N'achèveras-tu point?

THAMIRE.

Madame, il ne vit plus.

VIRIATE.

Il ne vit plus, ô ciel! Qui te l'a dit, Thamire?

THAMIRE.

Ses assassins font gloire eux-mêmes de le dire :
Ces tigres, dont la rage, au milieu du festin,
Par l'ordre d'un perfide a tranché son destin,
Tout couverts de son sang, courent parmi la ville
Émouvoir les soldats et le peuple imbécile;
Et Perpenna par eux proclamé général
Ne vous fait que trop voir d'où part ce coup fatal.

commentaire de Voltaire verra peut-être ici une péripétie intéressante. Viriate recherche l'hymen de Sertorius, c'est son but. Elle est traversée par la rivalité politique d'Aristie. Mais la mort de Sylla va réaliser ses desirs, lorsqu'au même instant Sertorius est assassiné. Faites que l'on croie à l'amour de Viriate, et ce plan deviendra très pathétique. (A.-M.)

[1] *Qu'as-tu? d'où te vient ce visage? cet illustre bras!* (V.)

426 SERTORIUS.

VIRIATE.

Il m'en fait voir ensemble et l'auteur et la cause.
Par cet assassinat c'est de moi qu'on dispose ;
C'est mon trône, c'est moi qu'on prétend conquérir ;
Et c'est mon juste choix qui seul l'a fait périr.
　Madame, après sa perte, et parmi ces alarmes,
N'attendez point de moi de soupirs ni de larmes [1] ;
Ce sont amusements que dédaigne aisément
Le prompt et noble orgueil d'un vif ressentiment [2] :
Qui pleure l'affoiblit ; qui soupire l'exhale.
Il faut plus de fierté dans une ame royale ;
Et ma douleur, soumise aux soins de le venger....

ARISTIE.

Mais vous vous aveuglez au milieu du danger :
Songez à fuir, madame.

THAMIRE.

　　　　　Il n'est plus temps ; Aufide,
Des portes du palais saisi pour ce perfide,
En fait votre prison, et lui répond de vous.
Il vient, dissimulez un si juste courroux ;
Et, jusqu'à ce qu'un temps plus favorable arrive,
Daignez vous souvenir que vous êtes captive [3].

　[1] Il semble que l'auteur, refroidi lui-même dans cette scène, fait répéter à Viriate les mêmes vers et les mêmes choses que dit Cornélie en tenant l'urne de Pompée, à cela près que les vers de Cornélie sont très touchants, et que ceux de Viriate languissent. (V.)
　[2] *Ce sont amusements* est comique ; et *le prompt et noble orgueil* n'a point de sens. On n'a jamais dit, *un prompt orgueil,* et assurément ce n'est pas un sentiment d'orgueil qu'on doit éprouver quand on apprend l'assassinat de son amant. (V.) — Voltaire se trompe en supposant que cet *orgueil* ou cette *fierté* est inspiré à Viriate par la mort de son amant. (A.-M.)
　[3] J'ai dit souvent qu'on doit soigneusement éviter ce concours

ACTE V, SCÈNE IV.   427
VIRIATE.
Je sais ce que je suis, et le serai toujours,
N'eussé-je que le ciel et moi pour mon secours.

SCÈNE IV.

PERPENNA, ARISTIE, VIRIATE, THAMIRE, ARCAS.

PERPENNA, à Viriate.
Sertorius est mort; cessez d'être jalouse,
Madame, du haut rang qu'auroit pris son épouse,
Et n'appréhendez plus, comme de son vivant,
Qu'en vos propres états elle ait le pas devant [1],

de syllabes qui offensent l'oreille, *jusqu'à ce que.* Cela paraît une minutie; ce n'en est point une : ce défaut répété forme un style trop barbare. J'ai lu dans une tragédie :

> Nous l'attendrons tous trois jusqu'à ce qu'il se montre,
> Parceque les proscrits s'en vont à sa rencontre. (V.)

[1] C'est une chose également révoltante et froide que l'ironie avec laquelle cet assassin vient répéter à Viriate ce qu'elle lui avait dit au second acte, qu'elle craignait qu'Aristie ne prît *le pas devant.* Il vient se proposer avec des *qualités* où Viriate trouvera *de quoi mériter une reine.* Son bras l'a dégagée d'un *choix abject.* Enfin il fait entendre à la reine qu'il est plus jeune que Sertorius. Il n'y a point de connaisseur qui ne se rebute à cette lecture; le seul fruit qu'on en puisse retirer, c'est que jamais on ne doit mettre un grand crime sur la scène, qu'on ne fasse frémir le spectateur; que c'est là où il faut porter le trouble et l'effroi dans l'ame, et que tout ce qui n'émeut point est indigne de la scène tragique.

C'est une règle puisée dans la nature, qu'il ne faut point parler d'amour quand on vient de commettre un crime horrible, moins par amour que par ambition. Comment ce froid amour d'un scélérat pourrait-il produire quelque intérêt? Que le forcené Ladislas, emporté par sa passion, teint du sang de son rival, se

Si l'espoir d'Aristie a fait ombrage au vôtre,
Je puis vous assurer et d'elle et de toute autre,
Et que ce coup heureux saura vous maintenir [1]
Et contre le présent et contre l'avenir.
C'étoit un grand guerrier, mais dont le sang ni l'âge
Ne pouvoient avec vous faire un digne assemblage ;
Et malgré ces défauts, ce qui vous en plaisoit,
C'étoit sa dignité qui vous tyrannisoit.
Le nom de général vous le rendoit aimable ;
A vos rois, à moi-même il étoit préférable ;
Vous vous éblouissez du titre et de l'emploi :
Et je viens vous offrir et l'un et l'autre en moi,
Avec des qualités où votre ame hautaine
Trouvera mieux de quoi mériter une reine.
Un Romain qui commande et sort du sang des rois
(Je laisse l'âge à part) peut espérer son choix,
Sur-tout quand d'un affront son amour l'a vengée,
Et que d'un choix abject son bras l'a dégagée.

ARISTIE.

Après t'être immolé chez toi ton général,
Toi, que faisoit trembler l'ombre d'un tel rival,
Lâche, tu viens ici braver encor des femmes [2],
Vanter insolemment tes détestables flammes,
T'emparer d'une reine en son propre palais,
Et demander sa main pour prix de tes forfaits !

jette aux pieds de sa maîtresse, on est ému d'horreur et de pitié. Oreste fait un effet admirable dans *Andromaque*, quand il parait devant Hermione qui l'a forcé d'assassiner Pyrrhus. Point de grands crimes sans de grandes passions qui fassent pleurer pour le criminel même. C'est là la vraie tragédie. (V.)

[1] *Un coup qui saura la maintenir !* Voilà encore ce mot de *savoir* aussi mal placé que dans les scènes précédentes. (V.).

[2] Pourquoi Aristie ne fait-elle aucun effet ? c'est qu'elle est de trop dans cette scène. (V.)

Crains les dieux, scélérat; crains les dieux, ou Pompée;
Crains leur haine, ou son bras, leur foudre, ou son épée;
Et, quelque noir orgueil qui te puisse aveugler,
Apprends qu'il m'aime encore, et commence à trembler.
Tu le verras, méchant, plus tôt que tu ne penses;
Attends, attends de lui tes dignes récompenses.
PERPENNA.
S'il en croit votre ardeur, je suis sûr du trépas;
Mais peut-être, madame, il ne l'en croira pas;
Et quand il me verra commander une armée
Contre lui tant de fois à vaincre accoutumée,
Il se rendra facile à conclure une paix
Qui faisoit dès tantôt ses plus ardents souhaits.
J'ai même entre mes mains un assez bon otage,
Pour faire mes traités avec quelque avantage.
Cependant vous pourriez, pour votre heur et le mien,
Ne parler pas si haut à qui ne vous dit rien.
Ces menaces en l'air vous donnent trop de peine.
Après ce que j'ai fait, laissez faire la reine;
Et, sans blâmer des vœux qui ne vont point à vous,
Songez à regagner le cœur de votre époux.
VIRIATE.
Oui, madame, en effet c'est à moi de répondre,
Et mon silence ingrat a droit de me confondre.
Ce généreux exploit, ces nobles sentiments,
Méritent de ma part de hauts remerciements :
Les différer encor, c'est lui faire injustice.
   Il m'a rendu sans doute un signalé service;
Mais il n'en sait encor la grandeur qu'à demi.
Le grand Sertorius fut son parfait ami.
Apprenez-le, seigneur (car je me persuade
Que nous devons ce titre à votre nouveau grade;
Et pour le peu de temps qu'il pourra vous durer,

Il me coûtera peu de vous le déférer) :
Sachez donc que pour vous il osa me déplaire,
Ce héros; qu'il osa mériter ma colère;
Que malgré son amour, que malgré mon courroux,
Il a fait tous efforts pour me donner à vous;
Et qu'à moins qu'il vous plût lui rendre sa parole,
Tout mon dessein n'étoit qu'une atteinte [1] frivole;
Qu'il s'obstinoit pour vous au refus de ma main.

ARISTIE.

Et tu peux lui plonger un poignard dans le sein!
Et ton bras....

VIRIATE.

Permettez, madame, que j'estime
La grandeur de l'amour par la grandeur du crime.
Chez lui-même, à sa table, au milieu d'un festin,
D'un si parfait ami devenir l'assassin,
Et de son général se faire un sacrifice,
Lorsque son amitié lui rend un tel service;
Renoncer à la gloire, accepter pour jamais
L'infamie et l'horreur qui suit les grands forfaits;
Jusqu'en mon cabinet porter sa violence,
Pour obtenir ma main m'y tenir sans défense;
Tout cela d'autant plus fait voir ce que je doi
A cet excès d'amour qu'il daigne avoir pour moi;
Tout cela montre une ame au dernier point charmée :
Il seroit moins coupable à m'avoir moins aimée;
Et comme je n'ai point les sentiments ingrats,

---

[1] La dernière édition donnée par Pierre Corneille (1682), et celle publiée par Thomas Corneille, son frère (1692), portent *atteinte*. Cependant Voltaire, et après lui tous les éditeurs modernes, ont mis *attente*, qui rend la phrase inintelligible, et qui, dans l'édition originale (1662), doit être regardé comme une faute d'impression. (PAL.)

ACTE V, SCÈNE IV. 431

Je lui veux conseiller de ne m'épouser pas.
Ce seroit en son lit mettre son ennemie,
Pour être à tous moments maîtresse de sa vie ;
Et je me résoudrois à cet excès d'honneur,
Pour mieux choisir la place à lui percer le cœur [1].
　Seigneur, voilà l'effet de ma reconnoissance.
Du reste, ma personne est en votre puissance :
Vous êtes maître ici ; commandez, disposez,
Et recevez enfin ma main si vous l'osez.

PERPENNA.

Moi ! si je l'oserai ? Vos conseils magnanimes
Pouvoient perdre moins d'art à m'étaler mes crimes [2] :
J'en connois mieux que vous toute l'énormité,
Et pour la bien connoître ils m'ont assez coûté.
On ne s'attache point, sans un remords bien rude,
A tant de perfidie et tant d'ingratitude :
Pour vous je l'ai dompté, pour vous je l'ai détruit ;
J'en ai l'ignominie, et j'en aurai le fruit.
Menacez mes forfaits et proscrivez ma tête,
De ces mêmes forfaits vous serez la conquête ;

---

[1] Rodelinde dit dans *Pertharite* :

　　Pour mieux choisir la place à te percer le cœur.
　. . . . .
　　A ces conditions, prends ma main si tu l'oses.

Mais ces vers ne font aucune impression ni dans *Pertharite*, ni dans *Sertorius*, parceque les personnages qui les prononcent n'ont pas d'assez fortes passions. On est quelquefois étonné que le même vers, le même hémistiche, fasse un très grand effet dans un endroit, et soit à peine remarqué dans un autre. La situation en est cause : aussi on appelle vers de *situation* ceux qui par eux-mêmes n'ayant rien de sublime le deviennent par les circonstances où ils sont placés. (V.)

[2] Dès qu'on fait sentir qu'il y a de l'art dans une scène, cette scène ne peut plus toucher le cœur. (V.)

Et n'eût tout mon bonheur que deux jours à durer,
Vous n'avez dès demain qu'à vous y préparer.
J'accepte votre haine, et l'ai bien méritée ;
J'en ai prévu la suite, et j'en sais la portée.
Mon triomphe....

SCÈNE V.

PERPENNA, ARISTIE, VIRIATE, AUFIDE, ARCAS, THAMIRE.

AUFIDE.

Seigneur, Pompée est arrivé,
Nos soldats mutinés, le peuple soulevé [1].
La porte s'est ouverte à son nom, à son ombre.
Nous n'avons point d'amis qui ne cèdent au nombre :
Antoine et Manlius déchirés par morceaux,
Tout morts et tout sanglants, ont encor des bourreaux.
On cherche avec chaleur le reste des complices,
Que lui-même il destine à de pareils supplices.
Je défendois mon poste, il l'a soudain forcé,
Et de sa propre main vous me voyez percé ;
Maître absolu de tout, il change ici la garde.
Pensez à vous, je meurs ; la suite vous regarde.

ARISTIE.

Pour quelle heure, seigneur, faut-il se préparer [2]

---

[1] Ceci est une aventure nouvelle qui n'est pas assez préparée. Pompée pouvait venir ou ne venir pas le même jour ; les soldats pouvaient ne se pas mutiner : ces accidents ne tiennent point au nœud de la pièce. Toute catastrophe qui n'est pas tirée de l'intrigue est un défaut de l'art, et ne peut émouvoir le spectateur. (V.)

[2] Aristie répète ici les mêmes choses que lui a dites Perpenna

A ce rare bonheur qu'il vient vous assurer?
Avez-vous en vos mains un assez bon otage,
Pour faire vos traités avec grand avantage?

PERPENNA.

C'est prendre en ma faveur un peu trop de souci,
Madame; et j'ai de quoi le satisfaire ici.

SCÈNE VI.

POMPÉE, PERPENNA, VIRIATE, ARISTIE, CELSUS, ARCAS, THAMIRE.

PERPENNA.

Seigneur, vous aurez su ce que je viens de faire.
Je vous ai de la paix immolé l'adversaire,
L'amant de votre femme, et ce rival fameux
Qui s'opposoit par-tout au succès de vos vœux.
Je vous rends Aristie, et finis cette crainte
Dont votre ame tantôt se montroit trop atteinte;
Et je vous affranchis de ce jaloux ennui
Qui ne pouvoit la voir entre les bras d'autrui.
 Je fais plus, je vous livre une fière ennemie,
Avec tout son orgueil et sa Lusitanie;
Je vous en ai fait maître, et de tous ces Romains

---

dans la scène précédente. On a déja observé que l'ironie doit rarement être employée dans le tragique; mais dans un moment qui doit inspirer le trouble et la terreur, elle est un défaut capital.

 Aristie ne fait ici qu'un rôle inutile, et peu digne de la femme de Pompée. On a tué Sertorius qu'elle n'aimait point; elle se trouve dans les mains de Perpenna; elle ne sert qu'à faire remarquer combien elle a fait un voyage inutile en Espagne. (V.)

Que déjà leur bonheur a remis en vos mains.
Comme en un grand dessein, et qui veut promptitude,
On ne s'explique pas avec la multitude,
Je n'ai point cru, seigneur, devoir apprendre à tous
Celui d'aller demain me rendre auprès de vous ;
Mais j'en porte sur moi d'assurés témoignages.
Ces lettres de ma foi vous seront de bons gages ;
Et vous reconnoîtrez, par leurs perfides traits,
Combien Rome pour vous a d'ennemis secrets,
Qui tous, pour Aristie enflammés de vengeance,
Avec Sertorius étoient d'intelligence.
Lisez.

(Il lui donne les lettres qu'Aristie avoit apportées de Rome à Sertorius.)

ARISTIE.

Quoi, scélérat ! quoi, lâche ! oses-tu bien....

PERPENNA.

Madame, il est ici votre maître et le mien [1] ;
Il faut en sa présence un peu de modestie ;
Et si je vous oblige à quelque repartie,
La faire sans aigreur, sans outrages mêlés,
Et ne point oublier devant qui vous parlez.

Vous voyez là, seigneur, deux illustres rivales,
Que cette perte anime à des haines égales.
Jusques au dernier point elles m'ont outragé ;
Mais, puisque je vous vois, je suis assez vengé [2].
Je vous regarde aussi comme un dieu tutélaire ;
Et ne puis.... Mais, ô dieux ! seigneur, qu'allez-vous faire ?

---

[1] Quand même la situation serait intéressante, théâtrale et terrible, elle ne pourrait émouvoir, parceque Perpenna n'est là qu'un misérable, qu'un vil délateur, et qu'on ne peut jouer un rôle plus bas et plus lâche. (V.)

[2] VAR. Mais, puisque je vous vois, j'en suis assez vengé. (1662.)

ACTE V, SCÈNE VI.

POMPÉE, après avoir brûlé les lettres sans les lire.
Montrer d'un tel secret ce que je veux savoir [1].
Si vous m'aviez connu, vous l'auriez su prévoir.
　Rome en deux factions trop long-temps partagée
N'y sera point pour moi de nouveau replongée;
Et quand Sylla lui rend sa gloire et son bonheur,
Je n'y remettrai point le carnage et l'horreur [2].
Oyez, Celsus.
(Il lui parle à l'oreille.)
　　　　　Sur-tout empêchez qu'il ne nomme
Aucun des ennemis qu'elle m'a faits à Rome.
　(à Perpenna.)
Vous, suivez ce tribun; j'ai quelques intérêts
Qui demandent ici des entretiens secrets.

PERPENNA.
Seigneur, se pourroit-il qu'après un tel service....

POMPÉE.
J'en connois l'importance, et lui rendrai justice.
Allez.

PERPENNA.
　Mais cependant leur haine....

POMPÉE.
　　　　　　　　　　　C'est assez.
Je suis maître, je parle; allez, obéissez [3].

---

[1] Cette action de brûler des lettres est belle dans l'histoire, et fait un mauvais effet dans une tragédie. (V.)

[2] On ne remet point le carnage dans une ville, comme on y remet la paix. *Le carnage et l'horreur,* termes vagues et usés qu'il faut éviter. Aujourd'hui, tous nos mauvais versificateurs emploient le carnage et l'horreur à la fin d'un vers, comme les armes et les alarmes pour rimer. (V.)

[3] Le froid qui règne dans ce dénouement vient principalement du rôle bas et méprisable que joue Perpenna. Il est assez lâche

28.

SCÈNE VII.

POMPÉE, VIRIATE, ARISTIE, THAMIRE, ARCAS.

POMPÉE.

Ne vous offensez pas d'ouïr parler en maître,
Grande reine ; ce n'est que pour punir un traître.

pour venir accuser la femme de Pompée d'avoir voulu faire des ennemis à son mari dans le temps de son divorce, et assez imbécile pour croire que Pompée lui en saura gré dans le temps qu'il reprend sa femme. Un défaut non moins grand, c'est que cette accusation contre Aristie est un faible épisode auquel on ne s'attend point. C'est une belle chose dans l'histoire que Pompée brûle des lettres sans les lire ; mais ce n'est point du tout une chose tragique : ce qui arrive dans un cinquième acte, sans avoir été préparé dans les premiers, ne fait jamais une impression violente.

Ces lettres sont une chose absolument étrangère à la pièce. Ajoutez à tous ces défauts contre l'art du théâtre que le supplice d'un criminel, et sur-tout d'un criminel méprisable, ne produit jamais aucun mouvement dans l'ame ; le spectateur ne craint ni n'espère. Il n'y a point d'exemple d'un dénouement pareil qui ait remué l'ame, et il n'y en aura point. Aristote avait bien raison, et connaissait bien le cœur humain, quand il disait que le simple châtiment d'un coupable ne pouvait être un sujet propre au théâtre.

Encore une fois, le cœur veut être ému ; et, quand on ne le trouble pas, on manque à la première loi de la tragédie.

Viriate parle noblement à Pompée ; mais des compliments finissent toujours une tragédie froidement. Toutes ces vérités sont dures, je l'avoue ; mais à qui dures ? à un homme qui n'est plus ? Quel bien lui ferai-je en le flattant ? quel mal, en disant vrai ? Ai-je entrepris un vain panégyrique ou un ouvrage utile ? Ce n'est pas pour lui que je réfléchis, et que j'écris ce que m'ont appris cinquante ans d'expérience ; c'est pour les auteurs et pour

Criminel envers vous d'avoir trop écouté
L'insolence où montoit sa noire lâcheté,
J'ai cru devoir sur lui prendre ce haut empire,
Pour me justifier avant que vous rien dire :
Mais je n'abuse point d'un si facile accès,
Et je n'ai jamais su dérober mes succès.
 Quelque appui que son crime aujourd'hui vous enlève,
Je vous offre la paix, et ne romps point la trêve;
Et ceux de nos Romains qui sont auprès de vous
Peuvent y demeurer sans craindre mon courroux.
 Si de quelque péril je vous ai garantie,
Je ne veux pour tout prix enlever qu'Aristie,
A qui devant vos yeux, enfin maître de moi,
Je rapporte avec joie et ma main et ma foi.
Je ne dis rien du cœur, il tint toujours pour elle.

ARISTIE.

Le mien savoit vous rendre une ardeur mutuelle;
Et, pour mieux recevoir ce don renouvelé,
Il oubliera, seigneur, qu'on me l'avoit volé.

VIRIATE.

Moi, j'accepte la paix que vous m'avez offerte;

les lecteurs. Quiconque ne connait pas les défauts est incapable de connaître les beautés ; et je répète ce que j'ai dit dans l'examen de presque toutes ces pièces, que la vérité est préférable à Corneille, et qu'il ne faut pas tromper les vivants par respect pour les morts. Je ne suis pas même retenu par la crainte de me voir soupçonné de sentir un plaisir secret à rabaisser un grand homme, dans la vaine idée de m'égaler à lui en l'avilissant : je me crois trop au-dessous de lui. Je dirai seulement ici que je parlerais avec plus de hardiesse et de force si je ne m'étais pas exercé quelquefois dans l'art de Corneille. J'ai dit ma pensée avec l'honnête liberté dont j'ai fait profession toute ma vie; et je sens si vivement ce que le père du théâtre a de sublime, qu'il m'est permis plus qu'à personne de montrer en quoi il n'est pas imitable. (V.)

C'est tout ce que je puis, seigneur, après ma perte;
Elle est irréparable : et, comme je ne voi
Ni chefs dignes de vous, ni rois dignes de moi,
Je renonce à la guerre ainsi qu'à l'hyménée [1];
Mais j'aime encor l'honneur du trône où je suis née.
D'une juste amitié je sais garder les lois,
Et ne sais point régner comme règnent nos rois.
S'il faut que sous votre ordre ainsi qu'eux je domine,
Je m'ensevelirai sous ma propre ruine :
Mais, si je puis régner sans honte et sans époux,
Je ne veux d'héritiers que votre Rome, ou vous;
Vous choisirez, seigneur; ou, si votre alliance
Ne peut voir mes états sous ma seule puissance,
Vous n'avez qu'à garder cette place en vos mains,
Et je m'y tiens déja captive des Romains.

POMPÉE.

Madame, vous avez l'ame trop généreuse
Pour n'en pas obtenir une paix glorieuse;
Et l'on verra chez eux mon pouvoir abattu,
Ou j'y ferai toujours honorer la vertu [2].

---

[1] Cette tirade de Viriate est très à sa place, pleine de raison et de noblesse. (V.)

[2] Après tant de tragédies peu dignes de Corneille, en voici une où vous retrouvez souvent l'auteur de *Cinna*; elle mérite plus d'attention et de remarques que les autres. L'entrevue de Pompée et de Sertorius eut le succès qu'elle méritait; et ce succès réveilla tous ses ennemis. Le plus implacable était alors l'abbé d'Aubignac, homme célèbre en son temps, et que sa *Pratique du Théâtre*, toute médiocre qu'elle est, faisait regarder comme un législateur en littérature. Cet abbé, qui avait été long-temps prédicateur, s'était acquis beaucoup de crédit dans les plus grandes maisons de Paris. Il était bien douloureux sans doute à l'auteur de *Cinna* de voir un prédicateur et un homme de lettres considérable écrire à madame la duchesse de Retz, à l'abri d'un

SCÈNE VIII.

POMPÉE, ARISTIE, VIRIATE, CELSUS, ARCAS, THAMIRE.

POMPÉE.

En est-ce fait, Celsus?

privilége du roi, des choses qui auraient flétri un homme moins connu et moins estimé que Corneille.

« Vous êtes poëte, et poëte de théâtre, dit-il à ce grand homme
« dans sa quatrième dissertation adressée à madame de Retz ; vous
« êtes abandonné à une vile dépendance des histrions : votre
« commerce ordinaire n'est qu'avec leurs portiers ; vos amis ne
« sont que des libraires du Palais. Il faudroit avoir perdu le sens,
« aussi bien que vous, pour être en mauvaise humeur du gain
« que vous pouvez tirer de vos veilles et de vos empressements
« auprès des histrions et des libraires. Il vous arrive assez sou-
« vent de dire, lorsqu'on vous loue, que vous n'êtes plus affamé
« de gloire, mais d'argent.... Défaites-vous, M. de Corneille, de
« ces mauvaises façons de parler, qui sont encore plus mauvaises
« que vos vers.... J'avois cru, comme plusieurs, que vous étiez
« le poëte de *la Critique de l'École des femmes,* et que Lysidas
« étoit un nom déguisé comme celui de M. de Corneille ; car vous
« êtes sans doute le marquis de Mascarille, qui piaille toujours,
« qui ricane toujours, qui parle toujours, et ne dit jamais rien
« qui vaille, etc. » Ces horribles platitudes trouvaient alors des protecteurs, parceque Corneille était vivant. Jamais les Zoïle, les Gacon, les Fréron, n'ont vomi de plus grandes indignités. Il attaqua Corneille sur sa famille, sur sa personne ; il examina jusqu'à sa voix, sa démarche, toutes ses actions, toute sa conduite dans son domestique ; et dans ces torrents d'injures il fut secondé par les mauvais auteurs, ce que l'on croira sans peine.

J'épargne à la délicatesse des honnêtes gens, et à des yeux accoutumés à ne lire que ce qui peut instruire et plaire, toutes ces personnalités, toutes ces calomnies que répandirent contre ce grand homme ces faiseurs de brochures et de feuilles qui dés-

CELSUS.

Oui, seigneur; le perfide

honorent la nation, et que l'appât du plus léger et du plus vil gain engage encore plus que l'envie à décrier tout ce qui peut faire honneur à leur pays, à insulter le mérite et la vertu, à vomir imposture sur imposture, dans le vain espoir que quelqu'un de leurs mensonges pourra venir enfin aux oreilles des hommes en place, et servir à perdre ceux qu'ils ne peuvent rabaisser. On alla jusqu'à lui imputer des vers qu'il n'avait point faits; ressource ordinaire de la basse envie, mais ressource inutile; car ceux qui ont assez de lâcheté pour faire courir un ouvrage sous le nom d'un grand homme n'ayant jamais assez de génie pour l'imiter, l'imposture est bientôt reconnue.

Mais enfin rien ne put obscurcir la gloire de Corneille, la seule chose presque qui lui restât. Le public de tous les temps et de toutes les nations, toujours juste à la longue, ne juge les grands hommes que par leurs bons ouvrages, et non par ce qu'ils ont fait de médiocre ou de mauvais.

Les belles scènes du *Cid*, les admirables morceaux des *Horaces*, les beautés nobles et sages de *Cinna*, le sublime de Cornélie, les rôles de Sévère et de Pauline, le cinquième acte de *Rodogune*, la conférence de Sertorius et de Pompée; tant de beaux morceaux, tous produits dans un temps où l'on sortait à peine de la barbarie, assureront à Corneille une place parmi les plus grands hommes jusqu'à la dernière postérité.

Ainsi l'excellent Racine a triomphé des injustes dégoûts de madame de Sévigné, des farces de Subligny, des méprisables critiques de Visé, des cabales des Boyer et des Pradon; ainsi Molière se soutiendra toujours, et sera le père de la vraie comédie, quoique ses pièces ne soient pas suivies comme autrefois par la foule; ainsi les charmants opéras de Quinault feront toujours les délices de quiconque est sensible à la douce harmonie de la poésie, au naturel et à la vérité de l'expression, aux graces faciles du style, quoique ces mêmes opéras aient toujours été en butte aux satires de Boileau, son ennemi personnel, et quoiqu'on les représente moins souvent qu'autrefois.

Il est des chefs-d'œuvre de Corneille qu'on joue rarement; il y en a, je crois, deux raisons: la première, c'est que notre na-

A vu plus de cent bras punir son parricide;
Et, livré par votre ordre à ce peuple irrité,
Sans rien dire....

POMPÉE.
Il suffit, Rome est en sûreté;
Et ceux qu'à me haïr j'avois trop su contraindre,
N'y craignant rien de moi, n'y donnent rien à craindre.
(à Viriate.)
Vous, madame, agréez pour notre grand héros
Que ses mânes vengés goûtent un plein repos.

tion n'est plus ce qu'elle était du temps des *Horaces* et de *Cinna* : les premiers de l'état alors, soit dans l'épée, soit dans la robe, soit dans l'Église, se faisaient un honneur, ainsi que le sénat de Rome, d'assister à un spectacle où l'on trouvait une instruction et un plaisir si noble.

Quels furent les premiers auditeurs de Corneille? un Condé, un Turenne, un cardinal de Retz, un duc de La Rochefoucauld, un Molé, un Lamoignon, des évêques gens de lettres, pour lesquels il y avait toujours un banc particulier à la cour, aussi bien que pour messieurs de l'Académie : le prédicateur venait y apprendre l'éloquence et l'art de prononcer; ce fut l'école de Bossuet : l'homme destiné aux premiers emplois de la robe venait s'instruire à parler dignement. Aujourd'hui, qui fréquente nos spectacles? un certain nombre de jeunes gens et de jeunes femmes.

La seconde raison est qu'on a rarement des acteurs dignes de représenter *Cinna* et *les Horaces*. On n'encourage peut-être pas assez cette profession, qui demande de l'esprit, de l'éducation, une connaissance assez grande de la langue, et tous les talents extérieurs de l'art oratoire. Mais quand il se trouve des artistes qui réunissent tous ces mérites, c'est alors que Corneille paraît dans toute sa grandeur.

Mon admiration pour ce rare génie ne m'empêchera point de suivre ici le devoir que je me suis prescrit, de marquer avec autant de franchise que d'impartialité ce qui me paraît défectueux, aussi bien que ce qui me semble sublime. Autant les injures des

Allons donner votre ordre à des pompes funèbres
A l'égal de son nom illustres et célèbres,
Et dresser un tombeau, témoin de son malheur,
Qui le soit de sa gloire et de notre douleur.

d'Aubignac et de ceux qui leur ressemblent sont méprisables, autant on doit aimer un examen réfléchi, dans lequel on respecte toujours la vérité que l'on cherche, le goût des connaisseurs qu'on a consultés, et l'auteur illustre que l'on commente. La critique s'exerce sur l'ouvrage, et non sur la personne : elle ne doit ménager aucun défaut, si elle peut être utile. (V.)

N. B. La Préface tient lieu d'Examen dans les éditions de 1682 et 1692.

Voyez, dans le tome XII, une lettre sur Sertorius, adressée par Corneille à l'abbé de Pure, le 3 novembre 1661.

FIN DU SEPTIÈME VOLUME.

TABLE DES PIÈCES

CONTENUES

DANS LE TOME SEPTIÈME.

Don Sanche d'Aragon. . . . . Page   1
Pertharite, roi des Lombards, tragédie. 101
OEdipe, tragédie 199
Sertorius, tragédie. 313

FIN DE LA TABLE.

www.ingramcontent.com/pod-product-compliance
Lightning Source LLC
Chambersburg PA
CBHW070544230426
43665CB00014B/1805